500 Jahre Reformation

500 Jahre Reformation

—

Rückblicke und Ausblicke
aus interdisziplinärer Perspektive

Herausgegeben von
Peter Opitz

DE GRUYTER
OLDENBOURG

ISBN 978-3-11-071005-2
e-ISBN (PDF) 978-3-11-054241-7
e-ISBN (EPUB) 978-3-11-054031-4

Library of Congress Control Number: 2018945660

Bibliografische Information der Deutschen Nationalbibliothek
Die Deutsche Nationalbibliothek verzeichnet diese Publikation in der Deutschen Nationalbibliografie; detaillierte bibliografische Daten sind im Internet über http://dnb.dnb.de abrufbar.

© 2020 Walter de Gruyter GmbH, Berlin/Boston
Dieser Band ist text- und seitenidentisch mit der 2018 erschienenen gebundenen Ausgabe.
Abbildung auf dem Cover: *Der uralten wytbekannten Statt Zürych Gestalt und Gelaegenheit, wie sy zu diser Zyt in waesen.* Zürich, [1878] (Murer, Jos), Zentralbibliothek Zürich, Signatur: 5 Lb 02: 6 + 3 Lb 02: 2 [Persistenter Link: http://dx.doi.org/10.3931/e-rara-28029]
Druck und Bindung: CPI books GmbH, Leck

www.degruyter.com

Vorwort

Im Frühjahrssemester 2017 fand an der Universität Zürich eine interdisziplinäre Ringvorlesung unter dem Titel *500 Jahre Reformation – Rückblicke und Ausblicke* statt. Der Grundgedanke der unter der Federführung der Theologischen Fakultät stehenden Vorlesungsreihe ist auf dem Hintergrund des geschichtlichen Zusammenhangs zwischen der Reformation und der Zürcher Universität zu verstehen, wie ihn die Großmünstertürme im Universitätslogo bis heute andeuten. Aus der 1525 vom humanistischen Reformator Ulrich Zwingli ins Leben gerufenen Institution der *Prophezei*, in welcher die Bibel mit den besten Methoden der Zeit ausgelegt wurde, war unter seinem Nachfolger Heinrich Bullinger 1532 die *Schola Tigurina*, die Zürcher Hohe Schule zur Ausbildung reformierter Pfarrer geworden. Mit Erfolg konnten namhafte Gelehrte von europäischem Rang dafür gewonnen werden. Die Verbindung von reformierter Theologie und dem ganzen Kreis humanistischer Bildung war in Zürich von Anfang an eine Selbstverständlichkeit. Kontinuierlich wurde der Fächerkanon an der seit dem 17. Jahrhundert *Collegium Carolinum* genannten Einrichtung erweitert, weit über den Bereich der theologischen Fächer hinaus. Auf dieser Grundlage konnte 1833 schließlich die moderne Universität Zürich entstehen. Dass sich nicht nur die Universität als Ganzes, sondern auch die Theologische Fakultät, in der heute neben Theologie auch Religionswissenschaft gelehrt wird, über die Jahrhunderte hin erheblich entwickelt, ausdifferenziert und gewandelt hat, versteht sich von selbst.

Auf diesem Hintergrund erschien es reizvoll, Vertreterinnen und Vertreter von gegenwärtigen Forschungsperspektiven einzuladen, je aus der Sicht ihres Fachs und damit aus mehr oder weniger großer Distanz auf die Reformation zurückzublicken und mit ihr ins Gespräch zu kommen. Es war naheliegend, dabei zunächst Vertreter heutiger Bibelwissenschaften zu Wort kommen zu lassen und den Kreis an Perspektiven über verschiedene andere Fächer der Theologie und der Religionswissenschaft hinaus auf Vertreterinnen und Vertreter anderer Disziplinen und Fakultäten zu erweitern. Auch eine katholische Stimme durfte selbstverständlich nicht fehlen. Entstanden ist ein Strauß von disziplinspezifischen, aber auch durch persönliche Einschätzungen geprägten Rückblicken auf die Reformation, wie sie die heutige Universitätslandschaft prägen – 500 Jahre danach.

Ich danke an dieser Stelle allen Mitwirkenden an diesem Band für ihre Bereitschaft, sich auf ein für Manche eher ungewohntes Forschungsterrain zu begeben und so zum Gelingen des Unternehmens beizutragen.

Peter Opitz, Zürich

Inhalt

Peter Opitz
Jubelfest der Befreiung? Ein Streifzug durch die Geschichte der Reformationsfeiern —— 1

Thomas Krüger
Reformation, Altes Testament und Judentum im Licht der heutigen Diskussion —— 27

Jörg Frey
Hat Luther Paulus missverstanden?
    Reformation als Paulusinterpretation und die Diskussion um die Bedeutung der reformatorischen Rechtfertigungslehre —— 49

Christiane Tietz
Reformation als theologisches Ereignis —— 79

Ralph Kunz
Reformation als Frömmigkeitsbewegung
    Im Gespräch mit heutiger Spiritualitätsforschung —— 95

Thomas Schlag
Reformation als Bildungsbewegung und ihre Bedeutung für religiöse Bildung in der pluralen Gesellschaft —— 111

Eva-Maria Faber
Die Reformation und die römisch-katholische Theologie: Alte und neue Gemeinsamkeiten —— 131

Andreas Thier
Die Reformation und ihre Wirkungen aus rechtshistorischer Sicht —— 149

Thomas Maissen
Die Folgen der Glaubensspaltung für die politischen Strukturen in Europa —— 181

Rafael Walthert
Reformation und Säkularisierung —— 201

Peter-Ulrich Merz-Benz
Protestantismus und „moderne Welt"
    Die Protestantismusthesen von Max Weber und Ernst Troeltsch aus heutiger Sicht —— 223

Ursula Amrein
Zwingli, Wiedertäufer, Bildersturm
    Gottfried Keller und die Zürcher Reformation —— 245

Verzeichnis der Autorinnen und Autoren —— 269

Peter Opitz
Jubelfest der Befreiung? Ein Streifzug durch die Geschichte der Reformationsfeiern

1 Einleitung

500 Jahre Reformation geben Anlass zu mancherlei Feierlichkeiten, Besinnungen und Reflexionen. Aber so einzigartig der Anlass auch scheint und so verlockend es ist, vom festen Richterstuhl der Gegenwart aus kritisch nach der bleibenden Relevanz von Vergangenem zu fragen: Auch dieser Anlass reiht sich ein in eine Geschichte – etwa in eine Geschichte der Säkularfeiern der Reformation. Ihr soll im Folgenden etwas Aufmerksamkeit geschenkt werden in der Hoffnung, dass dieser besondere Rückblick auch etwas Licht auf die Gegenwart zu werfen und so Ausblicke zu ermöglichen vermag. Dass im vorliegenden Zusammenhang keine umfassende Darstellung der vergangenen vier Säkularfeiern zur Reformation geboten werden kann, versteht sich von selbst. Stattdessen müssen wir uns mit einigen Schlaglichtern und ausgewählten Beispielen begnügen. Nach jeweils einem kurzen Blick auf die gut untersuchte deutsche Geschichte der Reformationsjubiläen[1] soll für die diesbezüglich noch wenig erforschte Schweiz, die aus historischen Gründen keine nationale Reformationsfeierkultur kennt, Zürich als Wiege der Schweizer Reformation im Zentrum stehen.

---

[1] Erwähnt seien lediglich einige neuere Überblickspublikationen, die auch zur Vertiefung des hier Skizzierten empfohlen werden: HARTMUT LEHMANN: Luthergedächtnis 1817 bis 2017, Göttingen 2012; DOROTHEA WENDEBOURG: Vergangene Reformationsjubiläen. Ein Rückblick auf 400 Jahre im Vorfeld von 2017, in: HEINZ SCHILLING (Hg.), Der Reformator Martin Luther 2017. Symposion des Historischen Kollegs im November 2013, München 2014, 261–281; DOROTHEA WENDEBOURG: Am Anfang war das Reformationsjubiläum, in: WOLFGANG BERGSDORF/HANS-GERT PÖTTERING/BERNHARD VOGEL (Hgg.), Die politische Meinung. Sonderausgabe November 2016, 19–25: www.kas.de/wf/doc/kas_47026-544-1-30.pdf?161130170509; CHRISTIAN DANZ: Erinnerte Reformation. Studien zur Luther-Rezeption von der Aufklärung bis zum 20. Jahrhundert, Berlin 2008.

https://doi.org/10.1515/9783110542417-002

2 Reformation: Von der Wiederentdeckung des befreienden Gottes zur Organisation *reformierter* und *lutherischer* Christlichkeit

Am Anfang stand die Wiederentdeckung der befreienden Zuwendung Gottes zu den Menschen als Kern der christlichen Botschaft. Gereinigt von Verdunkelungen und Verzerrungen der spätmittelalterlichen Papstkirche und Frömmigkeit, begann diese Botschaft in der direkten Begegnung mit biblischen Texten wieder aufzuleuchten. Der Augustinermönch Martin Luther fand nach langer existenzieller Suche den gnädigen Gott im Christuszeugnis des Neuen Testaments. Die „Freiheit eines Christenmenschen", wie Luther sie in seiner berühmten Schrift von 1520 formulierte, bestand in der Einsicht, dass die menschliche Seele

> kein anderes Ding [hat], weder im Himmel noch auf der Erde, worin sie lebt, fromm, frei und Christ ist, als das heilige Evangelium, das Wort Gottes, von Christus gepredigt. Wie er selbst sagt (Joh 11,25): ‚Ich bin das Leben und die Auferstehung; wer da an mich glaubt, der lebt ewig.'[2]

Auf die freie und zur Gottesgemeinschaft befreiende Zuwendung Gottes in Christus stieß auch der gebildete Humanist, Eidgenosse und Volksseelsorger Ulrich Zwingli in seiner nicht weniger existenziellen Frage nach dem wahrhaft verlässlichen Grund und Ziel des menschlichen Lebens. Einzig im Vertrauen auf sie bestand auch für ihn die christliche Freiheit, die zugleich die konkrete Befreiung von kirchlich auferlegten religiösen Lasten und Zwängen seiner Zeit implizierte:

> Darum soll sich ein jeder Christ mit seinem ganzen Herzen und seinem ganzen Glauben allein auf Christus verlassen und seinen Worten vorbehaltlos vertrauen. Schau, wenn du das tust, dann glaubst du auch, dass keine Speise den Menschen verunreinigen kann. Glaubst du das ganz gewiss, dann hast du auch die Freiheit, alles zu essen.[3]

Wie Luther, so begründete auch Zwingli seine reformatorische Entdeckung letztlich – und einzig – mit einem Christuswort aus dem Neuen Testament (Mt 11,28):

---

[2] MARTIN LUTHER: Von der Freiheit eines Christenmenschen, in: KARIN BORNKAMM/GERHARD EBELING (Hgg.), Martin Luther. Aufbruch zur Reformation, Frankfurt am Main 1995, 240.
[3] ULRICH ZWINGLI: Die freie Wahl der Speisen, in: THOMAS BRUNNSCHWEILER/SAMUEL LUTZ (Hgg.): Huldrych Zwingli Schriften, IV Bde., Zürich 1995, Bd. 1, 28.

Kommt zu mir alle, die ihr euch abmüht und beladen und bedrückt seid; ich will euch Ruhe geben.[4]

Es war die vorbehaltlose Bindung an diesen christlichen Gott, die beide Reformatoren von Gewissensangst und Verknechtung durch kirchliche, religiöse und andere geschichtlichen Mächte und Herrschaftsansprüche befreite. Man kann dies als den *religiösen*, oder vielleicht weniger missverständlich den *theologischen* Grundimpuls der Reformation bezeichnen, der sich letztlich dem Zugriff verobjektivierender (religions)geschichtlicher Methoden entzieht.

Eine Reformation als *geschichtliche Bewegung* entstand daraus, weil diese Botschaft breite Resonanz in weiten Teilen der Bevölkerung fand, auch wenn die Erwartungen, die mit ihr verbunden wurden, unterschiedlich sein konnten. Der Boden für eine tiefgreifende Umgestaltung der kirchlichen und politischen Verhältnisse war offensichtlich vorbereitet, und der noch junge Buchdruck ermöglichte eine rasche Verbreitung von Büchern und illustrierten Flugschriften. Luther forderte unter Aufnahme eines biblischen Motivs die Befreiung der Kirche aus der „babylonischen Gefangenschaft",[5] in die er sie durch den im Mittelalter zunehmend durchgesetzten Anspruch des Papstes, als Stellvertreter Christi auf Erden die Gottesbeziehung des Menschen verwalten zu können, geraten sah. Zwingli verglich die notwendige Befreiung der Kirche mit dem Auszug der Israeliten aus der Gefangenschaft in Ägypten, weg von den dortigen „Fleischtöpfen" in Richtung auf das „verheißene Land" hin.[6] Sie lösten damit eine Bewegung aus, die nahezu alle Dimensionen der frühneuzeitlichen Gesellschaft erfasste. In einer Zeit, in welcher man sich selbstverständlich in Politik, Recht, Wirtschaft, Moral und Kultur auf die althergebrachte Christlichkeit berief und gesellschaftliche Verhältnisse wie Macht- und Ausbeutungsstrukturen mit ihr legitimierte, war dies unvermeidlich, und damit wohl auch der Einsatz von Gewalt im Dienst der Bewahrung traditioneller Herrschaftsordnungen und Einkünfte. Innerhalb eines kurzen Zeitraums von wenigen Jahrzehnten erfolge so eine erhebliche Umgestaltung der politischen und soziokulturellen Landschaft weiter Gebiete Europas. Reformation wurde ein religions-, sozial- kultur- politik- und institutionengeschichtliches *Phänomen*. Luthers Schrift *An den christlichen Adel deutscher Nation* von 1520 zeigt den Übergang von der einen in die andere Sphäre auf. Mit einer Reihe von revolutionären Vorschlägen machte der Wittenberger Reformator dort aus seinen theologischen Gedanken ein Reformationsprogramm, das, wie immer

---

4 ZWINGLI, Die freie Wahl der Speisen (wie Anm. 3), 36.
5 Vgl. MARTIN LUTHER: De captivitate Babylonica ecclesiae praeludium (1520), Werke. Kritische Gesamtausgabe, Weimarer Ausgabe (WA) 6, 497–573.
6 ZWINGLI, Die freie Wahl der Speisen (wie Anm. 3), 19.

auch umgesetzt, aus einer individuellen religiösen Einsicht ein soziologisch fassbares, Kirche und Gesellschaft veränderndes geschichtliches Geschehen machte. Luther selber, auch als Reformator vom zeitgenössischen Ständedenken geprägt, blieb in der Rolle des prophetischen theologischen Publizisten. Die soziale und politische Umsetzung seiner Gedanken war Sache der politischen Obrigkeit und der Juristen. Für den nicht ständisch, sondern (eid-)genossenschaftlich denkenden Zwingli lagen demgegenüber die religiös-theologische und die politisch-gesellschaftliche Dimension schon immer sehr nah beieinander. Seine Schrift über *Die Freiheit der Speisen* von 1522 machte die reformatorische Gewissensfreiheit vor Gott gleich für einen konkreten Fall, die kirchlichen Fastengesetze, geltend. Seine *67 Artikel* zur ersten Zürcher Disputation vom Januar 1523 zogen dann auf der Grundlage des freien, selbstmächtigen Wortes Gottes und der durch Christus vollzogenen Versöhnung der Menschen mit Gott Konsequenzen für Frömmigkeit und Lebensführung der Christen, ebenso wie für die Organisation des christlich-politischen Gemeinwesens.[7] Die vielerorts stattfindenden Disputationen zur Einführung der Reformation in einer bestimmten Stadt oder auf einem bestimmten Territorium folgten diesem Muster.[8]

Als geschichtliche Bewegung fand Reformation statt in Gestalt von Kirchen- und Gesellschaftsreformen, durchgeführt von politischen Obrigkeiten und Räten, und es entstanden lutherische und reformierte Territorien und Länder, die mit der landeseigenen religiösen Konfession in der Regel auch größere politische Souveränität in Europa gewonnen hatten. Dass man in solchen Territorien der Reformation zu gedenken begann, liegt nahe. Dabei war man sich durch alle Zeiten hindurch in einem einig: Reformation hat mit *Freiheit* oder doch mit *Befreiung* zu tun. Aber was hat es mit dieser Freiheit bzw. Befreiung genauer auf sich, und wie wurde sie jeweils verstanden?

---

[7] Ulrich ZWINGLI: Auslegung der Artikel oder Thesen, in: THOMAS BRUNNSCHWEILER/SAMUEL LUTZ (Hgg.), Huldrych Zwingli Schriften, IV Bde., Zürich 1995, Bd. 2.
[8] Vgl. BERND MOELLER: Zwinglis Disputationen. Studien zur Kirchengründung in den Städten der frühen Reformation. Mit einem Vorwort von Thomas Kaufmann, 2. Auflage, Göttingen 2011; PETER BLICKLE: Gemeindereformation. Die Menschen des 16. Jahrhunderts auf dem Weg zum Heil, München 1987.

3 Reformation als Befreiung von der „päpstlichen Tyrannei"

Sowohl die Säkularfeiern von 1617/1619 als auch diejenigen von 1717/1719 standen im Zeichen des *Konfessionellen Zeitalters*[9]. Wie der Ausdruck besagt, ist ein zentrales Merkmal der auf die Reformation folgenden Periode die Bildung von konfessionellen Staaten, geprägt durch die enge Verbindung zwischen einer bestimmten, territorial einheitlichen christlichen Konfession und einer sie verordnenden und schützenden, aber auch mitprägenden Staatsgewalt. Politik- und gesellschaftsgeschichtlicher Hintergrund ist der aufkommende Absolutismus. Traditionelle, zum Teil althergebrachte korporative und partizipative Strukturen wurden zurückgedrängt zugunsten hierarchischer Ordnungsmodelle, in denen Obrigkeiten ihre Machtansprüche und Zuständigkeiten erweiterten. Die Ständegesellschaft wurde akzentuiert und Gehorsam zur zentralen Untertanenpflicht. Begründet und legitimiert wurden die hierarchischen Gesellschaftsordnungen mit christlich-theologischen Argumenten, basierend auf der jeweiligen Konfession. Die zahllosen obrigkeitlichen Dekrete, Erlasse und Verordnungen, durch die Pfarrerschaft und Vertreter der kirchlichen Führungsschicht von der Kanzel verlesen, dokumentieren dies eindrücklich. Sie suchen das bürgerliche Leben in sittlicher und religiöser Hinsicht bis in Fragen der Kleiderordnung, des Speiseplans und des Gebetslebens hinein zu regeln.[10] Ungeachtet bleibender regionaler und kultureller Unterschiede ist diese Tendenz ein gemeinsamer, Fürstentümer und stadtrepublikanisch-zünftisch organisierte Territorien verbindender Zug der Zeit. Reformationsjubiläen dienten hier vornehmlich der Identitätsvergewisserung. Sie wurden zu Beginn des 17. und noch zu Beginn des 18. Jahrhunderts „hochobrigkeitlich verordnet" und von kirchlichen Amts- und Würdenträgern durchgeführt. Es versteht sich von selbst, dass die zu Wort kommende politisch- oder kirchlich-obrigkeitliche Sicht der Reformation primär ordnungsstabilisierende und volkserzieherische Absichten verfolgte und nicht zwangsläufig identisch war mit der Sicht der nicht zu Wort kommenden bäuerlichen oder bürgerlichen Bevölkerung. Die Reformation des 16. Jahrhunderts vollzog sich unter den selbstverständlichen, aus dem Mittelalter vererbten Voraussetzungen, dass eine geordnete, friedliche politische Gemeinschaft auf dem Boden einer gemeinsamen christlich-religiösen Grundlage stehen musste, und

---

9 Zur Diskussion des Begriffs vgl. HARM KLUETING: Das Konfessionelle Zeitalter 1525–1648, Stuttgart 1989, 13–30.
10 Vgl. einführend: PAUL MÜNCH: Das Jahrhundert des Zwiespalts. Deutsche Geschichte 1600–1700, Stuttgart 1999, 67–91.

dass die Obrigkeiten im Blick auf ihr Volk diesbezüglich einen göttlich gegebenen Erziehungsauftrag besaßen. Entsprechend wurden von Theologen Bekenntnisse und Katechismen verfasst, die das Volk zu lernen hatte, um so mit den Glaubensinhalten vertraut zu werden. So ist es schon für die Reformatoren und erst recht für die Nachfolgegenerationen charakteristisch, bei der Auslegung des 5. Gebotes: „Du sollst deinen Vater und deine Mutter ehren", auf das Amt der christlichen Obrigkeit und den christlichen Gehorsam ihr gegenüber zu sprechen zu kommen.

Für die zu großen Teilen unter lutherischem Einfluss stehenden Territorien des *Römischen Reiches Deutscher Nation* kann der Beginn des feierlichen Reformationsgedenkens auf das Jahr 1617 angesetzt werden, auch wenn bereits eine Vorgeschichte existiert. Schon 1519 wurde Luther als der „deutsche Herkules" dargestellt, der die Papstkirche gleichsam im Alleingang besiegt und die deutsche Nation vom Joch der geistigen Fremdherrschaft und Ausbeutung befreit hatte.[11] Damit war eine spätere politisch-nationale Inanspruchnahme der Gestalt Luthers vorgeprägt. Bekanntlich stieß Luthers Kritik zunächst am Ablass und bald an der zeitgenössischen Gestalt der römischen Kirche schnell auf breite Resonanz und schon früh hatte sich der Wittenberger Reformator an die deutschen Fürsten gewandt, die sein Anliegen aufnehmen sollten. Die Hundertjahrfeier der Reformation von 1617 ging auf die Initiative von Friedrich V. von der Pfalz (1596–1632) zurück, der sich als Reformierter nicht zuletzt aus konfessionspolitischen Gründen mit Erfolg um eine von lutherischen und reformierten Reichsständen gemeinsam begangene, breit abgestützte Reformationsfeier bemühte.[12] Sie wurde als Dankfeier für die durch Martin Luther erwirkte Befreiung und „Kirchenreform" begangen[13] und stand am Vorabend des Dreißigjährigen Krieges ganz im Zeichen des Konfessionalismus. Es war die gemeinsame, von breiter Publizistik unter-

---

11 Vgl. HANS HOLBEIN D. J. (1497–1543): Luther als Hercules Germanicus, kolorierter Holzschnitt, ca. 1519; Zentralbibliothek Zürich (ZBZ), Ms A 2, 150.
12 Vgl. THOMAS K. KUHN: Erinnerung und protestantische Repräsentation, in: UDO WENNEMUTH (Hg.), 450 Jahre Reformation in Baden und Kurpfalz, Stuttgart 2009, 112f.; VOLKER LEPPIN: Identitätsstiftende Erinnerung. Das Reformationsjubiläum 1617, in: BERND JOCHEN HILBERATH/ANDREAS HOLZEM/VOLKER LEPPIN (Hgg.), Vielfältiges Christentum. Dogmatische Spaltung – kulturelle Formierung – ökumenische Überwindung?, Leipzig 2016, 45–67.
13 Vgl. BERNHARD MÜLLER: „Gedenket, welche Taten unsere Väter zu ihrer Zeit getan haben!" Reformationsjubiläen in Heilbronn vom 18. bis 20. Jahrhundert, Sonderdruck aus: CHRISTHARD SCHRENK/PETER WANNER (Hgg.), heilbronnica 5 (Beiträge zur Stadt- und Regionalgeschichte. Quellen und Forschungen zur Geschichte der Stadt Heilbronn 20; Jahrbuch für schwäbisch-fränkische Geschichte 37), Stadtarchiv Heilbronn 2013.

stützte¹⁴ Polemik gegen die „Papisten", welche die protestantischen Konfessionen gleichzeitig einander näher brachte. Auch die Kunst hatte hier zu dienen. Die Kantate *Gaudium Christianum* oder *Lasst zürnen der Papisten Gott* des Erfurter Theologen und Komponisten Michael Altenburg (1584–1640) wurde eigens für diesen Anlass komponiert. Das Motiv des Kampfes des Erzengels Michael mit dem Teufel aus der Offenbarung des Johannes wird auf Luthers Tat hin gedeutet. Ihr Höhepunkt ist das Lutherlied „Ein feste Burg ist unser Gott!".

Während in deutschen Territorien neben der Erinnerung an den Thesenanschlag als Initialereignis der Reformation auch Luthers Geburts- und Todestage öffentliche Beachtung fanden, beschränkten sich die Feiern in der *Eidgenossenschaft*, entsprechend der kantonalen politischen und kirchlichen Tradition, auf jeweils lokale Initialereignisse wie den Beginn von Zwinglis Predigttätigkeit in Zürich am 1. Januar 1519, die Berner Disputation vom Januar 1528 oder Calvins Ankunft in Genf 1536. In *Zürich* wurde die erste Hundertjahrfeier der Reformation am ersten Januar 1619, dem hundertsten Jahrestag von Zwinglis Amtsantritt als dortiger Leutpriester begangen. Anders als bei den Lutherfeiern im Reich zwei Jahre zuvor stand hier nicht der konfessionelle Triumpf im Zentrum. Stattdessen dominierte die obrigkeitliche Sorge für die gemeinsame reformierte christliche Religion und Sittlichkeit. Ein Ratsmandat vom 2. Dezember 1618 hatte die Einzelheiten verfügt. Es war eine vornehmlich akademisch-kirchliche Feier, die im Zeichen der Identitätsvergewisserung durch dankbares Erinnern stand. Gleichzeitig besaß die Feier den Charakter einer Selbstbesinnung und hatte die Gestalt eines Buß- und Bettages, einer Einrichtung, die auch vom Reformationsgedenken abgesehen in dieser Zeit ihren Anfang nahm.¹⁵ Den politischen Hintergrund der Feiern bildete der eben ausgebrochene Dreißigjährige Krieg mit seinen ungewissen Auswirkungen auf die Schweiz.¹⁶ Johann Jacob Ulrich (1569–1638), Leutpriester am Großmünster und als *Schulherr* Leiter der dortigen *Hohen Schule*, hielt am ersten Januar vor den versammelten kirchlich-politischen Verantwortungsträgern an der Hohen Schule eine lateinische Gedenkrede über die Reformation. Unter starkem Bibelbezug und Bezug zu den Kirchenvätern wurde dankbar an die Reformation erinnert und diese mit dem Auszug Israels aus Ägypten und mit der Rückkehr aus der babylonischen Gefangenschaft verglichen. Man sah sich in der

---

14 Vgl. RUTH KASTNER: Geistlicher Rauffhandel. Form und Funktion der illustrierten Flugblätter zum Reformationsjubiläum 1617 in ihrem historischen und publizistischen Kontext, Frankfurt am Main/Bern 1982.
15 Vgl. das Bettagsmandat von 1620, in: EMIDIO CAMPI/PHILIPP WÄLCHLI (Hgg.), Zürcher Kirchenordnungen 1520–1675. Erster Teil, Zürich 2011, 593 f.
16 Vgl. das 1619 gedruckte Fürbittgebet in Kriegsgefahr, CAMPI/WÄLCHLI, Zürcher Kirchenordnungen (wie Anm. 15), 562.

Tradition des einen, schon in der Bibel bezeugten göttlichen Befreiungshandelns. Der kritische, ja schmerzhafte Blick auf die Gegenwart fehlte aber nicht. Die Rede mündete in ein Gebet für alle von der Reformation berührten Regionen und Länder in Europa.[17] In einer Mahnrede, die am 12. September desselben Jahres gehalten wurde und zusammen mit der Dankesrede im Druck erschien, erinnerte Ulrich auch an den „Skandal" der innerprotestantischen Trennung und rief unter Berufung auf zahlreiche biblische Stellen (Joh 17; 1Kor 13; Eph 4) zu Einheit und gegenseitiger brüderlicher Liebe auf. Gleichzeitig erinnerte Ulrich an die vielen grundlegenden gemeinsamen Überzeugungen des lutherischen und des reformierten Protestantismus.[18] Auch im *Konfessionellen Zeitalter* konnte zumindest auf reformierter Seite deutlich ausgesprochen werden, dass das primäre Zeichen des wahren Glaubens die gegenseitige Liebe ist. Im Blick auf das Kirchenvolk sahen sich die christliche Obrigkeit und die von ihr gelenkte Kirche in der Pflicht, ihre erzieherische Verantwortung wahrzunehmen. Besondere Predigten wurden gehalten, die an die Reformation erinnerten, und um das Volk zur Buße anzuhalten, erließ der Rat Einschränkungen bei den traditionellen Neujahrsfestivitäten und „Lustbarkeiten". Bräuche wie das „unverschämte Neujahrsingen" wurden verboten und ein dreitägiges Ausgehverbot sollte Raum für Besinnung schaffen.[19]

Das Reformationsjubiläum 1717 wurde insbesondere im *lutherischen Raum* mit großem Aufwand begangen.[20] Zwar waren die Samen für die geistigen Umbrüche, die sich im 18. Jahrhundert auch auf dem politischen Feld bemerkbar machen sollten, längst gelegt. Die Feierlichkeiten selber standen aber noch deutlich im

---

17 *Orationes duae, in coetu praesidum ecclesiae et Scholae Tigurinae habitae: quarum prior secularis, commemorans reformationis ecclesiae Tigurinae, annis ab hinc centenis elapsis, institutae, beneficium divinum / posterior paraenetica, suggerens remedia, quae gravi dissidiorum scandalo, in ecclesiis reformatis leniendo, pie adhiberi possunt / authore Iohanne Iacobo Huldrico, Tigurino* [1619], ohne Paginierung: ZBZ. Den beiden Reden schließt sich ein Lob- bzw. Dankesgedicht über die Reformation an.
18 *Orationes duae* (wie Anm. 17), ZBZ, persistenter Link: http://dx.doi.org/10.3931/e-rara-11528.
19 Vgl. CAMPI/WÄLCHLI, Zürcher Kirchenordnungen (wie Anm. 15), 532; vgl. FRIEDRICH VOGEL: Die alten Chroniken oder Denkwürdigkeiten der Stadt und Landschaft Zürich von den ältesten Zeiten bis 1820, Zürich 1854: Bibliothek der Eidgenössisch-Technischen Hochschule Zürich (ETH), Rar 6616:2; Persistenter Link: http://dx.doi.org/10.3931/e-rara-26753, 664 f.
20 Vgl. HANS-JÜRGEN SCHÖNSTÄDT: Das Reformationsjubiläum 1717. Beiträge zur Geschichte seiner Entstehung im Spiegel landesherrlicher Verordnungen, Stuttgart 1982; HARM CORDES: Hilaria evangelica academica. Das Reformationsjubiläum von 1717 an den deutschen lutherischen Universitäten, Göttingen 2006; eine knappe Zusammenfassung und weitere Literatur bei: WALTER FLEISCHMANN-BISTEN: Die Reformations- und Lutherjubiläen in freikirchlicher Rezeption, in: VOLKER SPANGENBERG (Hg.), Luther und die Reformation aus freikirchlicher Sicht, Göttingen 2013, 175 f.

Zeichen der lutherischen oder reformierten konfessionalistisch-orthodoxen Obrigkeitskirchen. So glichen die obrigkeitlichen Verordnungen für das Jubiläum 1717 denjenigen von 1617. Während die erste große Reformationsfeier im Reich 1617 eine Feier von lutherischen und reformierten Ständen war, die sich auf die Reformation als ihre *gemeinsame* Wurzel besannen, waren die Feierlichkeiten von 1717 im ausgehenden Zeitalter der Orthodoxie stärker von (insbesondere lutherischem) Konfessionalismus geprägt. Polemik gegen die „Papstkirche" war ein zentraler Bestandteil der Feiern. Erinnert wurde auch hier an ein Befreiungsgeschehen: An die Befreiungstat Gottes, durch die die evangelische Kirche „aus der herrschsüchtigen, päpstlichen Clerisei gerissen worden"[21] ist. Die zentrale Gestalt war Martin Luther, dessen Befreiungstat darin bestand, dass er die „reine Lehre" wieder ans Licht gebracht hat. Nachdem Kurfürst Johann Georg II. von Sachsen bereits 1667 den 31. Oktober als Termin des Reformationsgedenkens festgelegt hatte, zementierten die groß angelegten Feierlichkeiten 1717 endgültig den Thesenanschlag Luthers vom 31. Oktober 1517 zum Initialereignis der Reformation. Aber auch die wichtige Rolle der „weltberufenen Helden" in Gestalt der sächsischen Fürsten wurde dabei gebührend herausgestrichen.

Auch die Reformationsfeier 1719 *in Zürich*[22] stand noch deutlich im Zeichen des Konfessionalismus. In allen Kirchen der Stadt, aber auch auf der Landschaft wurden Predigten und Reden zum Reformationsgedenken gehalten. Es waren „heilige Jubelbetrachtungen", die an die „großen Taten Gottes" in der Reformationszeit erinnerten. So hielt etwa Johann Jakob Ulrich (1683–1731), Prediger am Waisenhaus und Professor für Ethik und Naturrecht am *Carolinum*, der Zürcher *Hohen Schule*, in den ersten Januartagen 1719 drei Reden zum Reformationsgedenken, die auch gedruckt wurden,[23] und beschrieb die Reformation als Befreiung von der „unleidenliche[n] Tyranney" und vom „unvertragliche[n] Gewissens-Zwang" durch die römische Papstkirche.[24] In der Predigerkirche erinnerte Johann Rudolf Kramer (1678–1737), auch er Lehrer am *Carolinum*, an Neujahr 1719 an die Reformation und an den „hocherleuchtete[n] Magister Ulrich Zwingli."[25] Im Rat-

---

21 BERNHARD MÜLLER, Reformationsjubiläen in Heilbronn (wie Anm. 13), 139.
22 Vgl. FRIEDRICH VOGEL: Die alten Chroniken (wie Anm. 19), 664f.
23 Magnalia Dei oder die grossen und herzlichen Thaten Gottes, die er jm Anfang Aussführung des herrlichen Gnaden-Wercks der sel. Reformation und Glaubens-Verbesserung gewürcket hat [...], Zürich 1719: ZBZ, persistenter Link: http://dx.doi.org/10.3931/e-rara-14649.
24 Die erste heilige Jubel-Betrachtung bey Anlass der feyerlichen Wiedergedächtnuss des vor zweihundert Jahren angefangenen Werks der seligen Reformation, gehalten den ersten Tag Jenner 1719, in: Magnalia Dei (wie Anm. 23), 11.
25 Danckbare Gedächtnus des grossen Jubel-Jahrs der Gnaden-reichen Reformation, darzu der selige und hocherleuchtete Magister Ulrich Zwingli mit seiner am Neu-Jahrs-Tag 1519. Allhier bey dem Grossen Münster gehaltenen ersten evangelischen Predig den Anfang gemachet / nun auf

haus von Winterthur hielt Johann Caspar Sulzer eine Festrede in Gedichtform mit dem Titel *Der Sieg über Babylon, oder, Frolockungs-Red ueber die uns vor 200 Jahren von Gott gnädig bescheerte Befreyung von der antichristlichen Tyraney nach Feyrung des reformierten Jubel-Fests*, die in ein Gespräch zwischen einem „Papisten" und einem Reformierten mündet.[26]

Im Vergleich mit der eher bescheidenen vorangegangenen Säkularfeier waren die Feierlichkeiten nun erheblich umfangreicher. Deutlicher war das Bestreben, das Kirchenvolk einzubeziehen, dies vor allem durch verstärkte Aufmerksamkeit auf die Belehrung des Volkes. Die Erinnerung an die Reformation und die reformierten Glaubenswahrheiten erfolgte in didaktisch aufbereiteter Form und diente neben apologetischen vor allem katechetischen Zwecken.[27] Wie seit dem Kappeler Landfrieden üblich, war man in der Eidgenossenschaft allerdings auf eine Eindämmung der Konfessionspolemik bedacht. Stattdessen wurden die Errungenschaften der Reformation ins Zentrum gestellt.[28] Diese bestanden in der Befreiung von der geistlichen Knechtschaft durch den Papst und von der leiblichen Knechtschaft durch die politische Macht des römischen Klerus. Die christlich-reformierte religiöse Identität und der politische unabhängige, christlich-obrigkeitliche Stadtstaat waren zwei Seiten derselben Sache, für die es dankbar zu sein galt. Auf dem Hintergrund des Alten Testaments verstand man sich als durch Gott befreites Volk – wie das aus Ägypten herausgeführte Volk Israel – und feierte das „Jubeljahr" der Reformation unter Anknüpfung an das *Jubeljahr* nach Lev 25 und Dtn 15. Die „Gewissensfreiheit" bestand darin, Gott nach Gottes eigenen Vorschriften – und nicht mehr nach denjenigen Roms – zu dienen. Die „leibliche Freiheit" bestand aus der Befreiung von weltlichen Ansprüchen der römischen

---

den Neu-Jahrs-Tag 1719 hoch-oberkeitlich angeordnet und bey Verhandlung der Worten Psal. CVII. 1.2 in der Kirchen zun Predigeren kurz und einfältig vorgestellt von Johann Rudolff Kramer, der Stifft und Professore. Getruckt in der Gessnerischen Truckerey, [1719]: ZBZ, 7.67,13, persistenter Link: http://dx.doi.org/10.3931/e-rara-15311.

26 Der Sieg über Babylon, oder, Frolockungs-Red ueber die uns vor 200 Jahren von Gott gnädig bescheerte Befreyung von der antichristlichen Tyraney nach Feyrung des reformierten Jubel-Fests / gehalten auf dem Rathhauss zu Winterthur den 3. Tag Jenner 1719 von Johann Caspar Sultzer, V. D. M. und nun auf vielfaltiges Begehren zum Truk überlassen, Johann Kaspar Sulzer [1660–1719], Getrukt zu Zürich: bey Joh. Rudolf Simler, a. 1719: ZBZ, 7.67,18, persistenter Link: http://dx.doi.org/10.3931/e-rara-15315.

27 Bericht von dem zur danckbezeugender Wider-Gedächtnuss der vor 200 Jahren von Gott gegeben höchst-seligen Reformation jn der Stadt und Landschaft Zürich : auf den 1. und 2. Tag Jenner 1719 angestellten Jubel-Jahres samt einem nothwendigen Nachricht vom dem Werck der Reformation selbst: Zum Preis des Herzen und Erbauung und Stärkung im Glauben durch Frag und Antwort einfältig fürgestellt, Zürich 1719: ZBZ, 7.109: a,4, persistenter Link: http://dx.doi.org/10.3931/e-rara-14650.

28 Vgl. VOGEL, Die alten Chroniken (wie Anm. 19), 664.

Kirche, vom Missbrauch des religiösen Banns zu machtpolitischen Zwecken und von der finanziellen und wirtschaftlichen Ausbeutung der Bevölkerung, also in der Rückgewinnung politischer Autonomie, konkret des Ansehens und der Kompetenzen der politischen Obrigkeit.[29] Eine Streitschrift gegen katholische Theologen wurde verfasst in Gestalt eines durch den Chorherrn Rudolf Ziegler verfassten Buches, welches die Biographien Zwinglis (1–32) und Bullingers einschließlich einer Übersicht über deren Schriften enthielt (33–53). Abgeschlossen wurde das Buch durch den Abdruck einer Abschiedsermahnung an die Zürcher Räte, die Bullinger kurz vor seinem Tode verfasst hatte.[30] Absicht der Schrift war es, durch Erinnerung an die wahren Ereignisse Zwingli gegen katholische Verleumdungen und Verketzerungen zu verteidigen[31] und an die durch Bullinger gesetzten Grundwerte der Zürcher Reformation zu erinnern. Mit deutlichen Worten wird an die zahlreichen Anfeindungen und die gewaltsamen Unterdrückungsversuche der Reformationsbewegung durch die katholischen Orte erinnert. Die Beschreibung Zwinglis selber ist nicht ganz frei von hagiographischen Zügen. Im Zentrum steht allerdings nicht der Mensch als Wahrheitsbringer, sondern der fehlbare, aber vorbildlich tugendhafte und gottesfürchtige prophetische Gotteszeuge Zwingli und seine Botschaft, die nicht an seiner Person hängt. Zentral für die Reformationsfeier war die Auffrischung des Wissens in Form der Erzählung der Gründungsgeschichte der Reformation. Die Feier ist ein anschauliches Beispiel für die Verbindung von theologischer reformierter Identität und christlichem Obrigkeitsstaat.

---

29 „Unter dem Joch des Antichrists war unsere Knechtschaft geistlich; unter dem von ihm verübten Gewissenszwang, unter der tyrannischen Herrschaft des Papsts, unter den Menschensatzungen. Sie war aber auch leiblich, denn die Klerisey hat sich der oberkeitlichen politischen Gewalt entzogen, hingegen hat sie die Oberkeit mit dem Bann geschlagen [...] Von diesem Joch nun hat uns der grosse Gott durch die hocherwünschte Reformation erlöst und in doppelte, Leibes- und Seelenfreiheit gesetzt: unsere Seele ist entronnen wie ein Vogel [...] Wir haben die Gewissensfreiheit unserem Gott zu dienen nach den Vorschriften seines Wortes, dasselbige zu lesen und unser Seelenheil darin zu suchen. Auch unsere leibliche Freiheit wird nicht mehr angefochten, und der oberkeitliche Stand hat sein Ansehen und Gewalt." *Danckbare Gedächtnus* (wie Anm. 25).
30 Sie ist datiert auf den 2. August 1575, vgl. RUDOLF ZIEGLER: Lebensbeschreibung M. Ulrichs Zwingli, als des ersten Reformators und vordersten Pfarrers in Zürich, Zürich 1719, 56.
31 Zwingli war „ein Mann voller Klugheit, begabet mit des Propheten Eli Eifer-Geist, ein Liebhaber der Gerechtigkeit, eine Säule der Dapfferkeit, in Gefahren unerschrocken [...] Die Liebe des Vatterlands war bei ihm unbeschreiblich. Gegen die Armen war er mildreich und ist ihnen öfters mit Geld, Korn und andern Notwendigkeiten beygesprungen. Der freien Künste war er vortrefflich berichtet, ein Meister der Philosophie, in der Kriegs-Wissenschaft nicht unerfahren, in den Burgerlichen Händlen von langer Zeit geübet [...], von scharffem Verstand, lieblich und lustig", ZIEGLER, Lebensbeschreibung M. Ulrichs Zwingli (wie Anm. 30), 28 f.

4 Reformation als „Fortschritt im Bewusstsein der Freiheit"[32]

Lassen sich zwischen den Feiern von 1617/19 und 1717/19 leicht Parallelen ziehen, so dokumentieren die Feierlichkeiten von 1817/19 ein gegenüber früheren Säkularfeiern sehr anderes Verständnis von Reformation und von der durch sie bewirkten Freiheit. Im tief im 17. Jahrhundert verwurzelten „Jahrhundert der Aufklärung" war aus der Freiheit, einem von der „Tyrannei des Papstes" befreiten, protestantischen politisch-christliches Gemeinwesen als Träger der „reinen Lehre" anzugehören, eine jedem Einzelnen von Natur aus zustehende Freiheit geworden, sich jeder Form von verordneter *öffentlicher Religion* zu entziehen; eine Freiheit, für die man nun nicht in die Vergangenheit zu blicken hatte, sondern die man von der Zukunft erwartete.[33]

Auch dieser Freiheitsbegriff, in dessen Namen nun die Tyrannei der protestantischen Staats- und Konfessionskirchen mit derjenigen der Papstkirche in eine Linie gestellt wurde, konnte sich auf die Reformation berufen. Und dies zumindest wirkungsgeschichtlich nicht ohne Grund, wie ein kurzer Blick auch über den deutschsprachigen Raum hinaus zeigen kann. Es waren insbesondere – in der Regel unterdrückte – protestantische Minderheiten, die Aspekte des Freiheitsverständnisses der Reformatoren in den Vordergrund rückten, welche in protestantischen Konfessionsstaaten in Vergessenheit geraten waren. So hat die Reformation etwa zu dem für die Aufklärungsphilosophie zentralen Gedanken eines Fortschritts der Geschichte hin zum Besseren, der hinter den Begriffen *Neuzeit* bzw. *Moderne* steht, ihren vorbereitenden Beitrag geleistet. Neben dem erwachenden (Selbst)bewusstsein durch die fortschreitende empirische Erforschung und Beherrschung der Natur im 17. Jahrhundert trugen chiliastische Impulse aus der biblisch-christlichen Tradition das Ihre dazu bei. Dort ging es um die Hoffnung auf ein *drittes Zeitalter* der künftigen Vollendung der Geschichte im Reich Gottes. Die aus der Reformation heraus erwachsenden Bewegungen des englischen Puritanismus und des Pietismus nahmen sie – angesichts einer als fragwürdig empfundenen Christlichkeit ihrer eigenen Gesellschaft – auf als Hoffnung

---

[32] GEORG LASSON (Hg.), GEORG WILHELM FRIEDRICH HEGEL: Vorlesungen über die Philosophie der Weltgeschichte, Leipzig 1917, 40; vgl. den Zusammenhang, 39–56.
[33] Aus der unüberschaubaren Vielzahl von Studien seien herausgegriffen: PAUL HAZARD: La crise de la conscience européenne. 1680–1715. Paris 1935 (dt.: Die Krise des europäischen Geistes 1680–1715, 5. Auflage, Hamburg 1965); REINHARD KOSELLEK: Kritik und Krise. Eine Studie zur Pathogenese der bürgerlichen Welt, 7. Auflage, Frankfurt/M 1992; MARTIN MULSOW: Moderne aus dem Untergrund. Radikale Frühaufklärung in Deutschland 1680–1720, Hamburg 2002.

auf „bessere Zeiten" und beeinflussten die Aufklärung damit maßgeblich.[34] Eine wichtige Wurzel für einen anderen Kerngedanken der Aufklärung, die Religionstoleranz im Sinne einer *individuellen* Glaubens- und Bekenntnisfreiheit, bildet – neben wichtigen in Frankreich verfolgten protestantischen Vordenkern wie Pierre Bayle[35] – der englische Puritanismus. John Milton (1608–1674) forderte zur Zeit Oliver Cromwells eine republikanische Staatsverfassung, religiöse Selbstbestimmung und Rede- und Pressefreiheit.[36] Die Bewegung der *Levellers*[37] leitete aus der reformatorisch-biblischen Einsicht in die Gleichheit aller Christenmenschen die Forderung nach politisch gleichen Rechten ab. Und John Locke schließlich (1632–1704) – er ist als Sprecher einer ganzen Bewegung zu verstehen – begründete seine Forderung, dass sich die politische Obrigkeit auf die Regelung der irdischen Dinge beschränken und die religiöse Sphäre der persönlichen Verantwortung den Einzelnen überlassen solle, mit dem Neuen Testament. Denn dort wird kein obrigkeitlich durchgesetztes öffentliches christliches Bekenntnis empfohlen; stattdessen werden einzelne Menschen zur freien Christusnachfolge berufen. Das christliche Wahrheitszeugnis, einschließlich der Sorge um das Heil verirrter Menschen, kann somit nur bestehen als freie Christusnachfolge, „nicht bewaffnet mit dem Schwerte und anderen Werkzeugen der Gewalt", sondern einzig „mit dem Evangelium des Friedens" ausgerüstet.[38] Wenn Locke dies etwa damit begründet, dass Gott keinem Menschen geistliche Autorität über andere Menschen verliehen hat, tut er dies selbstverständlich in protestantischer Tradition.[39] Entsprechend ist „Duldung" (*toleration*) „das hauptsächlichste Kennzeichen der wahren Kirche".[40] Im Konsens mit allen Aufklärern machte Locke gegenüber jeder das Bekenntnis zur wahren Lehre einfordernden Kirche entschieden auf die christliche *Ethik* als biblisches Bewährungsfeld und Kriterium wahrer Christlichkeit aufmerksam – und erinnert damit auch an anfängliche Einsichten der Reformatoren, die den Glauben als freies Geschenk Gottes ver-

---

34 Vgl. dazu RICHARD BAUCKHAM: Tudor Apocalypse. Sixteenth century apocalypticism, millenarianism and the English Reformation: From John Bale to John Foxe and Thomas Brightman, Oxford 1975; MAJORIE REEVES: Joachim of Fiore and the Prophetic Future, London 1976; WOLFGANG BREUL; JAN CARSTEN SCHNURR (Hgg.), Geschichtsbewusstsein und Zukunftserwartung in Pietismus und Erweckungsbewegung, Göttingen 2013.
35 Vgl. NICOLA STRICKER: Die maskierte Theologie von Pierre Bayle, Berlin und New York 2003.
36 Vgl. etwa: JOHN MILTON: Areopagitica, in: JOHN HOLLANDER/FRANK KERMODE (Hgg.), Literature of Renaissance England, in: The Oxford Compendium of Literature, London [u. a.] 1973.
37 Vgl. ANDREW SHARP (Hg.), The English Levellers, Cambridge 1998.
38 JOHN LOCKE: Ein Brief über Toleranz. Übersetzt, eingeleitet und in Anmerkungen erläutert von JULIUS EBBINGHAUS (Nachdr. der Ausgabe von 1975), Hamburg 1996, 9.
39 Vgl. LOCKE, Ein Brief über Toleranz (wie Anm. 38), 13 f.
40 LOCKE, Ein Brief über Toleranz (wie Anm. 38), 3.

standen und den Kern des Christentums in der nur in Freiheit möglichen Gottes- und Nächstenliebe gesehen hatten. Es waren also weniger die staatlich anerkannten protestantischen Konfessionskirchen mit ihrer engen Verbindung zur politischen Macht, die einen Beitrag zur Durchsetzung der individuellen Glaubensfreiheit geleistet haben, als vielmehr die unterdrückten protestantischen Minderheitsgemeinden in Frankreich und besonders im England des 17. Jahrhunderts. In deren Milieu konnte die Erinnerung an einen den Reformatoren wesentlichen, in den staatlichen Konfessionskirchen aber vergessen gegangenen Aspekt der christlichen Freiheit wach gehalten und erneuert werden.[41] Die Menschenrechtsbewegung begann nicht erst mit der französischen Aufklärung, in der deistische Philosophen den autoritären französischen Katholizismus in seiner engen Verbindung zur absolutistischen politischen Macht zu kritisieren begannen, er hat entscheidende Wurzeln im Diasporareformiertentum und im protestantischen englischen „Dissentertum" des 17. Jahrhunderts.

Stark von den entsprechenden Diskursen in England beeinflusst waren zwei wichtige Exponenten der Aufklärungstheologie im *deutschen protestantischen Raum*, in den wir nun zurückkehren: Johann Joachim Spalding und Gotthold Ephraim Lessing.[42] Selber aus protestantisch-theologischem Hause stammend und auch im Blick auf ihr Zielpublikum kam für beide eine Kritik an den Reformatoren, zumal an Martin Luther nicht in Frage. Eine solche war auch nicht notwendig. Das für Luther zentrale Thema der *Freiheit eines Christenmenschen* ließ sich leicht mit dem für die Aufklärung zentralen Freiheitsgedanken verbinden. Man berief sich nun gegen die vermeintlichen Hüter des „orthodoxen" Luthertums auf die eigentliche, wahre Intention des Wittenberger Reformators, die sich mit dem Anliegen der theologischen und religiösen Aufklärung nicht schlecht zu vertragen schien. Gleichzeitig wurde nun die Reformation als Freiheitsbewegung in ein ganz anderes Geschichtsverständnis hineingestellt. Aus der Reformation als einer „Religionsverbesserung" durch *Rückkehr* zu früheren, intakteren Verhältnissen wurde eine „Religionsverbesserung" im Sinne eines *Verbesserungsschritts*, der von der Vergangenheit befreit auf eine bessere Zukunft hin.

---

41 Vgl. etwa: WILLIAM HALLER (Hg.): Tracts on liberty in the Puritan revolution 1638–1647, New York 1979; DAVID M. HART/ROSS KENYON (Hgg.): Tracts on Liberty by the Levellers and their Critics (1638–1659), 7 Bde., Indianapolis 2010–.
42 Zu Lessing vgl. etwa DENNY MCCLELLAND: Lessing and the Eighteenth-Century Humanistic Tradition, in: JUTTA MEISE (Hg.), Lessings Anglophilie, Frankfurt am Main [u. a.] 1997, 112–133; MICHAEL SQUIRE: Laocoon among the Gods, or: On the Theological Limits of Lessing's Grenzen, in: AVI LIFSCHITZ/MICHAEL SQUIRE (Hgg.), Rethinking Lessing's Laocoon: Antiquity, Enlightenment, and the ‚Limit' of Painting and Poetry, Oxford 2017, 87–132.

Im Streit mit der obrigkeitlich gestützten theologischen Orthodoxie berief sich der lutherische Pfarrersohn, Schriftsteller und Philosoph Gotthold Ephraim Lessing auf den *Geist* der Reformation, und sah dessen Wesen in der Erlaubnis der freien Wahrheitsforschung:

> Luther, du! – Großer, verkannter Mann! [...] Du hast uns von dem Joche der Tradition erlöset: wer erlöset uns jetzt von dem unerträglichern Joche des Buchstabens! Wer bringt uns endlich ein Christentum, wie du es itzt lehren würdest; wie es Christus selbst lehren würde [...] Der wahre Lutheraner will nicht bei Luthers Schriften, er will bei Luthers Geiste geschützt sein; und Luthers Geist erfordert schlechterdings, dass man keinen Menschen in der Erkenntnis der Wahrheit nach seinem eigenen Gutdünken fortzugehen, hindern muss.[43]

Auch der protestantische Aufklärungstheologe Johann Joachim Spalding nahm Luther als wichtigen Zeugen für ein *fortschrittliches* und damit wahrhaftiges Christentum in Anspruch. Gerade in Luthers Reformation, so seine These, ist die ursprüngliche, reine Intention der christlichen Botschaft wieder ans Licht getreten. Spalding war Pfarrer und Propst an der St. Nicolai-Kirche in Berlin und gehörte zu den Häuptern der als *Neologie* bekannt gewordenen neuen theologischen Richtung. Ihr Ziel war es, der christentumsfeindlichen Aufklärung dadurch zu begegnen, dass man als legitim und zeitgemäß erachtete Momente der Aufklärung in die eigene *neue* Theologie integrierte. Spaldings Einfluss auf die deutsche und auf die Schweizer Pfarrerschaft war groß. Sein Werk *Über die Nutzbarkeit des Predigtamtes* (1776), das in vielen Studierstuben auch der reformierten Pfarrer in der Schweiz stand, würdigt die Reformation folgendermaßen:

> Unsere ehrwürdigen Reformatoren und ihre guten Nachfolger werden des hochachtungsvollsten und dankbarsten Andenkens bei jedem edel gesinnten auf immer würdig bleiben [...] wegen des unsterblichen Verdienstes um die christliche Welt, dass sie mit Mut und Kraft die ersten Schritte gewagt, sich aus der langen unnatürlichen Verstandessklaverei in Ansehung der Religion heraus zu reißen, das Recht der Christen zur eigenen freien Erforschung der Wahrheit in der heiligen Schrift zu behaupten und uns damit ein großes Vorbild zur pflichtgemäßen Nachahmung zu hinterlassen.[44]

Damit sind gleichzeitig zwei Wege der Berufung auf den emanzipatorischen Gehalt der Reformation angebahnt: Während der Weg „zur freien Erforschung der Wahrheit in der Schrift" an das in der frühen Reformation stark gemachte, aber bald in den Hintergrund getretene *Schriftprinzip* erinnert, eröffnet sich mit dem

---

[43] KLAUS BOHNEN/ARNO SCHILSON (Hgg.): Gotthold Ephraim Lessing Werke 1778–1780, Frankfurt am Main 1993, 50, 95.
[44] JOHANN JOACHIM SPALDING: Über die Nutzbarkeit des Predigtamtes und deren Beförderung, hg. von TOBIAS JERSAK, Tübingen 2002, 217 f.

Weg, den „Buchstaben" hinter sich zu lassen und auf der Suche nach der Wahrheit „nach seinem eigenen Gutdünken fortzugehen" die Möglichkeit, den Raum des Christentums zu verlassen.⁴⁵

Blicken wir von hier aus auf die Säkularfeiern der Reformation von 1817/1819, wird der Unterschied zu den Vorangegangenen verständlich. Nun rückte die Erinnerung an die Reformation als konfessionsbegründendes Ereignis in den Hintergrund zugunsten der Berufung auf die Reformatoren als wichtige geistige Impulsgeber im Rahmen der Fortschrittsgeschichte der Menschheit. Ein in akademischen Kreisen der Zeit wirkungsreiches Buch soll dies illustrieren. Es stammt vom Franzosen und Katholiken Charles de Villers, der in Göttingen lehrte. 1802 hatte die Akademie der Wissenschaften in Paris eine Preisfrage ausgegeben, die lautete: „Welches ist der Einfluss Luthers auf die politische Lage der verschiedenen Staaten und auf den Fortschritt der Wissenschaften gewesen?" Charles de Villers war es, der den Preis erhielt für sein zunächst auf Französisch verfasstes und dann ins Deutsche übersetztes Buch: *Versuch über den Geist und Einfluss der Reformation Luthers* (1805). Unverkennbar wird die Reformation hier im Lichte von Kants Aufklärungsverständnis interpretiert: Reformation war ein Geschehen, das den Menschen aus seiner selbstverschuldeten Unmündigkeit aufweckte.⁴⁶ Während Kant mit öffentlichen konkreten politischen Freiheitsforderungen noch vorsichtig umgehen musste, ebenso wie Spalding und Lessing, der sich lediglich die Freiheit nahm, insgeheim Spinozist zu sein, wird hier Reformation als politische Befreiungsgeschichte verstanden, die zugleich einen wirtschaftlichen, kulturellen und nicht weniger einen moralischen Fortschritt der Menschheit darstellt. De Villers berief sich auf Reiseberichte und andere Quellen um zu zeigen, dass in protestantischen Ländern die Gefängnisse leerer und die Menschen glücklicher sind. Schon eine Reise durch die bikonfessionelle Schweiz macht dies deutlich:

> Trifft man bei solchen Durchreisen auf ein elendes, aus Lehm erbautes Dorf, auf schlecht bearbeitete Felder, auf traurige, ungeschlachte Leute, auf einen Bettlerschwall, so kann man zehn gegen eins wetten, dass Katholiken dort wohnen. Sieht man hingegen lachende reinliche Behausungen, in denen man nichts als Wohlhabenheit und Fleiß antrifft, gut einge-

---

45 Vgl. FRIEDRICH HEINRICH JACOBI: Über die Lehre des Spinoza in Briefen an den Herrn Moses Mendelssohn (Erstdruck Breslau 1785), Neuausgabe, hg. von KARL-MARIA GUTH, Berlin 2017.
46 „Der menschliche Geist wird sowohl von dem äusseren Zwange, den ihm der hierarchische Despotismus auferlegte, als von dem inneren der Untätigkeit und Schlafsucht befreit, worin ein blinder Aberglaube ihn zurückhielt. Er reisst sich ganz aus der Vormundschaft heraus, und fängt an, einen freieren, mithin mächtigeren und ihm angemesseneren Gebrauch seiner Kräfte zu machen.", CHARLES DE VILLERS: Versuch über den Geist und Einfluss der Reformation Luthers (erste deutsche Auflage 1805), Reutlingen 1818, 336.

friedigte Felder, und einen wohlverstandenen Anbau, so wird man immer wieder höchst wahrscheinlich sich vorstellen können, dass man sich unter Protestanten, oder Wiedertäufer, oder Mennoniten befindet. Nirgends fällt das mehr ins Auge als in den begrenzten Gebieten Helvetiens.[47]

De Villers Buch wurde im Jahr der Reformationsfeier 1817 in Deutschland neu herausgegeben, gleichzeitig aber deutsch-national gedeutet, wie das Vorwort des Herausgebers und die angefügte ausführliche Biographie Luthers zeigen.[48] Insgesamt standen die offiziellen Reformationsfeiern von 1817 im neugegründeten politischen Gebilde des *Deutschen Bundes* vier Jahre nach der *Völkerschlacht von Leipzig* im Zeichen einer Verbindung von politischer Befreiungsgeschichte und Nationalismus. Entsprechend wurde die Linie von Luthers Thesenanschlag am 31. Oktober 1517 bis zur Gegenwart gezogen: Luther hatte eine Befreiungsgeschichte eröffnet, in der „das Göttliche im Menschen" durch viele Kämpfe hindurch immer deutlicher zutage tritt. Der Einsatz für Denk- und Glaubensfreiheit, die Kraft des deutschen Volkes und christlich-fromme Gottesfurcht und Dankbarkeit sind untrennbar miteinander verschränkt. Die Säkularfeier sollte eine Gelegenheit zu „feierlichen Dankgebeten" werden und daran erinnern, dass die Völker „mit Gottvertrauen ausgezogen, und ihre Taten mit Gott vollbracht hatten."[49] Gleichzeitig herrschte in der Zeit des sogenannten deutschen *Vormärz* der Geist der *Restauration*. Die Saat des religiösen und dann auch politischen Freiheitsgedankens hatte zwar unausrottbare Wurzeln geschlagen, die konkreten, von den Aufklärern geforderten politischen Reformen wurden allerdings vorerst ausgesetzt. Im Unterschied zu vorangegangenen Säkularfeiern trat die Konfessionspolemik aber in den Hintergrund. Im Gegenteil gab die Feier Anlass zu innerprotestantischen Verständigungsschritten und zum Abbau von Konfessionsschranken. Sie wurden offenbar nicht mehr als integraler Teil der jeweiligen politischen und territorialen Identität empfunden. Unmittelbar vor den eigentlichen Feierlichkeiten im September 1817 erfolgte der Aufruf des preußischen Königs Friedrich Wilhelm III. zur Vereinigung der lutherischen und reformierten Gemeinden zu einer *unierten* Kirche, die wenig später auch institutionelle Wirk-

---

47 DE VILLERS, Versuch über den Geist (wie Anm. 46), 264 f.
48 „Das bevorstehende dritte Sekular-Jubelfest der evangelischen christlichen Kirche erinnert die denkende Menschheit an ein höchst wichtiges Ereignis, welches sich [...] in der allgemeinen Weltgeschichte, so wie in der besonderen Geschichte Deutschlands, stets auszeichnen wird.", DE VILLERS, Versuch über den Geist (wie Anm. 46), iv.
49 Vgl. etwa: Erinnerungen an die zweite Jubelfeier der Reformation im Jahre 1717. Herausgegeben bei der Annäherung des dritten Secularfestes von VALENTIN KARL VEILLODTER, Decan und Hauptprediger und in Nürnberg, Nürnberg 1817, 5 f.

lichkeit wurde.⁵⁰ Auch jetzt stand Martin Luther im Zentrum der Gedenkfeiern, nun aber weniger als Befreier aus der papistischen Knechtschaft denn als deutscher Nationalheld und Vorkämpfer gegen den Geist der französischen Revolution; ein wichtiger Schritt auf dem Weg zu Luthers Erhebung zur Orientierungs- und Integrationsfigur des deutschen Volkes schlechthin, wie sie in der Kaiserzeit erfolgte und schließlich in der Zeit des Nationalsozialismus aufgegriffen und propagiert werden konnte.

Auch in *Zürich* hatte in der zweiten Hälfte des 18. Jahrhunderts die Aufklärungstheologie unaufhaltsam Einzug gehalten, und damit ein neues Bild der Reformation. Exemplarisch sei auf die *Geschichte von Zürich* von Leonhard Meister (1741–1811)⁵¹ hingewiesen. Das Kapitel über die Reformation trägt den bezeichnenden Titel: *Religionstrennung Anfang des 16. Jahrhunderts*. Als Grund für die Notwendigkeit der Reformation in Zürich nennt Meister die sittliche Verdorbenheit, zu der aber auch „der Mangel an Aufklärung, besonders der religiösen" viel beitrug.⁵² Die Notwendigkeit eines radikalen Umbruchs innerhalb kurzer Zeit, wie er dort erfolgte, wird dabei mit folgender Erklärung gerechtfertigt:

> Wahrscheinlich indess hätte bei dem denklosen Volke die Aufklärung allein nur langsamen Eingang gefunden, wofern es nicht durch das Interesse wäre aufgeweckt worden. Weit eher fühlte man die Nothwendigkeit der Sittenverbesserung als die Nothwendigkeit der Glaubensverbesserung. Den Drang nach zeitlichem Heil weit eher als nach ewigen.⁵³

Obwohl Meister die Sittenmandate der Reformation kritisch als „von spartanischer Strenge"⁵⁴ gekennzeichnet sieht, lobt er die Reformation als Impuls zu eigenständiger Forschung, insbesondere im Blick auf die Natur und als einen Schritt der Menschheitsgeschichte aus der mentalen Kindheit heraus.⁵⁵ Dagegen

---

50 Vgl. WALTER FLEISCHMANN-BISTEN: Die Reformations- und Lutherjubiläen in freikirchlicher Rezeption (wie Anm. 20), 177 f.
51 LEONHARD MEISTER: Geschichte von Zürich. Von ihrem Ursprung bis zum Ende des XVIten Jahrhunderts, Zürich 1786: ETH, persistenter Link: http://dx.doi.org/10.3931/e-rara-24580.
52 „Zur Verdorbenheit der Sitten trug, ausser den Kriegsdiensten, auch der Mangel an Aufklärung, besonders der religiösen, viel bey. Weit weniger durch Verbesserung des Herzens und Wandels, als durch Cäremonien und Vergabungen glaube man Gott zu gefallen.", MEISTER, Geschichte von Zürich (wie Anm. 51), 165.
53 MEISTER, Geschichte von Zürich (wie Anm. 51), 166.
54 MEISTER, Geschichte von Zürich (wie Anm. 51), 223.
55 „In diesem Zeitraume befand sich der menschliche Geist in einer Art Kindheit. Das Gedächtnis war die erste und vornehmste Fähigkeit, die man übte. Jedoch anstatt wie die Jugend der Schöpfung, die Natur selbst zu beschauen, bediente man sich eines Hilfsmittels, dessen die ersten Menschen beraubt waren; nicht in Urbilder, nur in Kopeyen studierte man die Welt und Natur.

war die Konzentration der Reformation auf die Bibel als Erkenntnisquelle und ihre Skepsis gegenüber der Philosophie eher ein Hindernis für den Erkenntnisfortschritt.[56] Jedenfalls gilt es heute, so Meister, im Kampf gegen den immer noch grassierenden Aberglauben weiterzufahren,[57] und dies ist wohl die sachgemäße Weiterführung der Reformation in der Gegenwart. Zumindest langfristig waren die Folgen der Reformation in Meisters Augen aber durchaus erfreulich:

> Durch Abschaffung der Klöster sowohl als der Kriegsdienste wurden die Bevölkerung, durch die Bevölkerung Landwirtschaft und Kunstfleiss, durch diese endlich republikanische Sitten befördert.[58]

Im Unterschied zum Umgang mit Luther in Deutschland war Meisters Umgang mit dem Zürcher Reformator Zwingli grundsätzlich kritischer, wenn auch nicht unbedingt weniger vereinnahmend. Er beschreibt ihn als Gestalt, die „den gefälligen Weltmann mit dem entschlossenen Helden, den Mann von Geschmack und Lebensart mit dem ersten Zeloten" vereinigte.[59] Auch die Schweizer Aufklärer versuchten, die Reformation für sich in Anspruch zu nehmen. Ein übermäßiges Lob des eigenen Reformators fehlt indessen; Zwingli wird gewürdigt, aber auch in seinen Grenzen gezeichnet. So unterschied sich dann auch in Zürich die offizielle kirchliche Reformationsfeier von 1819 erheblich von den vorangehenden Säkularfeiern.[60] Es war nun nicht mehr die politische Obrigkeit, sondern der (aller-

---

Grossenteil begnügte man sich, in den Schriften der Alten nur zu lesen, was diese in der Natur selbst sah.", MEISTER, Geschichte von Zürich (wie Anm. 51), 224f.
56 „Eben die grossen Verdienste, die Zürich um die Kirchenreformation hat, waren vielleicht Hindernis bey Erwerbung des philosophischen Verdienstes. Die Reformatoren verachteten die einzige Philosophie, die zu ihrer Zeit üblich war, die Scholastik. Gegen die Hierarchie bot ihnen die Bibel siegreichere Waffen, als die Schulweisheit [...] Ununterbrochene Religionszwiste hinderten den Fortgang der Philosophie oder gaben ihr einen allzu theologischen oder pedantischen Zuschnitt.", MEISTER, Geschichte von Zürich (wie Anm. 51), 228.
57 Trotz der Reformation „wagten es nichts desto weniger Aberglaube und Schwärmerey immer noch bald lauter, bald leiser zu spuken. Tief liegt der Hang zum Wunderbaren in dem ebenso trägen als unruhigen Geiste des Menschen ...", MEISTER, Geschichte von Zürich (wie Anm. 51), 249.
58 „Durch Abschaffung der Klöster sowohl als der Kriegsdienste wurden die Bevölkerung, durch die Bevölkerung Landwirtschaft und Kunstfleiss, durch diese endlich republikanische Sitten befördert.", MEISTER, Geschichte von Zürich (wie Anm. 51), 220.
59 „In seiner Person vereinigte Zwingli den gefälligen Weltmann mit dem entschlossenen Helden, den Mann von Geschmack und Lebensart mit dem ersten Zeloten.", MEISTER, Geschichte von Zürich (wie Anm. 51), 167.
60 Vgl. VOGEL, Die alten Chroniken (wie Anm. 19), 664f.; GEROLD MEYER VON KNONAU: Der Canton Zürich, historisch-geographisch-statistisch geschildert von den ältesten Zeiten bis auf die Gegenwart, Zweiter Band, St. Gallen/Bern 1846, weiß zu berichten, dass die von der Obrigkeit angeordneten Reformationsfeiern von 1619 und 1719 „an Ausdehnung der Anstalten und an der

dings keineswegs politisch unabhängige) Kirchenrat, der Vorschläge für eine Feier ausarbeitete.⁶¹ Nun wurde erstmals das Volk in die Feierlichkeiten einbezogen bzw. zum Mitfeiern aufgefordert. Zwar war die Zeit der Helvetik, des starken Einflusses der französischen Aufklärung und der Trennung von Kirche und Staat Vergangenheit; eine geistige Rückkehr zum Ancien Régime war aber nicht mehr möglich und die Zeit der *Restauration*, konkret etwa fassbar in der Wiederherstellung der Staatskirchen, war eine Übergangsperiode, die mit Beginn der *Regenerationszeit* 1830 endgültig zu Ende ging. Nicht ohne ein gutes Maß an Patriotismus wird die Reformation Zwinglis als Impuls bürgerlicher und politischer Freiheit gerühmt:

> Wo gibt uns doch die Weltgeschichte ein schöneres Beispiel von einem Volke, das aus reiner Liebe zur Wahrheit, in solcher Eintracht, eine solche religiöse Umwandlung seines Staates vornahm, als das Volk der Stadt und des Landes Zürich, so ganz dem Muster seines Reformators folgend! [...] Auch in unsern Tagen sehen wir den Geist Zwinglis Zürichs Regierung und Bürgerschaft beseelen. Kein Gemeinwesen übertrifft sie an Beweisen von hoher Vaterland- und Menschenliebe [...] in keiner Stadt des Vaterlandes blüht wie hier seit Jahrhunderten die Bildung aller Stände – im Schweizer-Athen. [...] Zwingli ist der Apostel der Glaubensfreiheit – nicht nur für seine, auch für unsere Zeit. – Es sei und werde immer mehr unser eidgenössisches Vaterland der Wohnsitz bürgerlicher und geistiger Freiheit.⁶²

5 Reformation als Erinnerung an die „Väter" von Nation und Staat

Noch stärker als im 19. Jahrhundert machten sich die politisch unterschiedlichen Wege in Deutschland und der Schweiz in den Säkularfeiern von 1917/1919 bemerkbar. Gemeinsam war, dass die Aufklärung im 18. Jahrhundert und ihr Be-

---

Theilnahme des Volkes" diejenige von 1819 „in hohem Grade" übertrafen. Zur Feier 1819 hatte „der kleine Rath das Publikum durch eine Bekanntmachung vom 14. März 1818" aufgefordert. Es war eine Zeit, so der Verfasser, als „tausende in gänzlicher Unkenntnis des Reformationswerkes lebten." Meyer von Knonau berichtet weiter doch von einem grossen Erfolg der Feier im Blick auf die Belehrung des Volkes, und von einem Geist „brüderlicher Milde, so dass auch viele Katholiken Wohlgefallen und sogar Teilnahme bezeugten." Abgeordnete von Bern und Genf und der Diplomat Justus von Gruner im Auftrag des Königs von Preussen waren anwesend (MEYER VON KNONAU, Der Canton Zürich, 360 f.).

61 Vgl. „Die Vorschläge des L. Kirchenraths zu Feyer des Secularfestes der Reformation werden genehmigt." (Entstehungszeitraum: 21.04.1818), Staatsarchiv Zürich (StZH): MM 1.66 RRB 1818/0352.

62 JOHANN MELCHIOR SCHULER: Huldreich Zwingli. Geschichte seiner Bildung zum Reformator des Vaterlandes, Zürich 1818, 273 f, 281.

streben, das Monopol des traditionellen, konfessionellen Kirchenchristentums zurückzudrängen und die politische Gemeinschaft auf eine andere, davon unabhängige Basis zu stellen, seit dem 19. Jahrhundert zunehmend politische Früchte getragen hatte. Gemeinsam war auch, dass, aufs Ganze gesehen, eine zumindest formelle Kirchenmitgliedschaft der Bevölkerung, konfessionell vornehmlich homogene Gebiete und eine enge Beziehung zwischen den traditionellen Großkirchen und dem Staat immer noch den Normalfall bildeten.

In Deutschland hatte sich die Personalisierung der Reformation auf die Gestalt Martin Luthers im 19. Jahrhundert noch einmal deutlich verstärkt, und Luther wurde im aufkommenden, auch militante Züge einschließenden Nationalismus zunehmend politisch instrumentalisiert. 1883 wurde Luthers 400. Geburtstag auf staatliche Anordnung hin als *deutsches Fest* mit Großanlässen begangen. Nachdem schon Leopold von Ranke in seiner *deutschen Geschichte* Luthers Reformation als zentrales Ereignis dargestellt hatte, hielt der Historiker Heinrich von Treitschke seinen berühmten Vortrag über „Luther und die deutsche Nation".[63] Von der zweiten Jahrhunderthälfte an schossen Lutherstatuen im deutschen Reich wie Pilze aus dem Boden und unzählige Gebäude und Straßen wurden nach dem Reformator benannt. Martin Luther wurde zur deutschen Identifikations- und Integrationsfigur schlechthin. Die Reformationsfeiern von 1917, im Entscheidungsjahr des Ersten Weltkrieges, waren von dieser Interpretation der Reformation geprägt, auch wenn es durchaus Stimmen gab, welche die religiöse Bedeutung Luthers stärker von der politisch-nationalen abheben wollten. Eine ganze Reihe von Schriften belehrte die Deutschen über die „Segnungen der Reformation für das deutsche Volk".[64] Die Bewegung wurde von zahlreichen akademischen Theologen mitgetragen. Programmatisch formulierte der Kirchenhistoriker Hans Preuss:

> Wenn wir Deutschen sagen, dass Gott den Luther in erster Linie uns geschenkt hat, so ist das keine törichte Selbstüberhebung, sondern nur eine dankbare Anerkennung dessen, was Gott dem Herrn nun einmal an uns zu tun gefallen hat. [...] Luthers Frömmigkeit in ihrer herz-

---

63 Vgl. HEINRICH VON TREITSCHKE: Deutsche Lebensbilder, Leipzig [u. a.], 10, 11, 28 und 29. Dazu: J. H. BRINKS: Einige Überlegungen zur politischen Instrumentalisierung Martin Luthers durch die deutsche Historiographie im 19. und 20. Jahrhundert, in: WOLFGANG WEBER/ADINA SEEGER (Hgg.), Zeitgeschichte 7–8/22 (1995), 233–248. JOHANN BAPTIST MÜLLER (Hg.): Die Deutschen und Luther. Texte zur Geschichte und Wirkung, Stuttgart 1983.
64 GEORG BUCHWALD [u. a.] (Hg.): Die Segnungen der Reformation für das deutsche Volk, Leipzig 1917; PAUL CONRAD: Die Reformation und das deutsche Volk. Festschrift zur Jahrhundertfeier der Reformation im Auftrage des Deutschen Evangelischen Kirchenausschusses verfasst, Berlin 1917; EMIL FUCHS: Luthers deutsche Sendung, Tübingen 1917; HERMANN STEINLEIN: Luther und der Krieg, Nürnberg 1916; THEODOR BRIEGER: Martin Luther und wir, Gotha 1916; usw.

lichen, vertrauenden Art, voll Ehrfurcht vor dem geschichtlich Gegebenen und voll Geduld in allem Leid, voll Freude über das Schöne und voll kindlichen Gemütes – *das* ist gerade auch deutsche Art.[65]

Die nationalsozialistische Verwendung Luthers als dem *deutschen Mann* bis hin zu seiner Parallelisierung mit dem Geschick und Auftrag Adolf Hitlers durch akademische Theologen konnte hier anknüpfen.[66]

In der vom Krieg nicht direkt berührten und politisch andere Wege beschreitenden *Schweiz* herrschte ein anderes Klima. Gedenkreden zur Reformation noch während des Krieges 1917 und zwei Jahre später zur vierten Säkularfeier 1919 waren von den schwierigen politischen Verhältnissen in Europa geprägt, vor allem aber auch von der Sorge um den Schweizer nationalen Zusammenhalt angesichts innerer sozialer Unruhen. Diese gipfelten im Landesstreik vom November 1918 und führten die Schweiz an den Rand eines Bürgerkriegs. Eine Inanspruchnahme der Reformation für patriotisch-politische Zwecke legte sich auch in diesem Kontext nahe. Gerade in kritischen Zeiten musste, in der Tradition der bikonfessionellen Eidgenossenschaft seit der Reformation, der eidgenössische Zusammenhalt trotz Unterschieden beschworen werden. Gleichzeitig war der Blick auf die Reformation kritischer und distanzierter als ein Jahrhundert zuvor. Eine nationale Verherrlichung der eigenen Reformatoren wie in Deutschland hat es in der Schweiz nie gegeben, was politische Instrumentalisierungen nicht ausschloss. So legte sich im Klima von 1919 nahe, im protestantisch-liberalen Geist die Linie von Zwingli, dem *Staatsmann* – 1885 war eine entsprechende Statue bei der Zürcher Wasserkirche feierlich eingeweiht worden – auszuziehen bis hin zum erst einige Jahrzehnte alten Schweizer Bundesstaat mit seiner demokratisch-föderalistischen Verfassung. In einem umfangreichen Gedenkband an „Zürichs größte[n] Sohn" erinnerten die Zürcher Gelehrten der Zeit an Ulrich Zwingli, der als „feuriger Patriot" Zürich „aus innerer Zersetzung auf neue Wege geführt und ihm einen neuen Geist eingeflößt" hat. Er hat damit, „wenn auch noch gehaltenen Auges, der Schweiz neue Ziele gesteckt", die, nach manchen Irrungen der Jahrhunderte, später verwirklicht wurden. So kann Zwingli „auch heute noch Führer

---

[65] HANS PREUSS: Unser Luther. Jubiläumsgabe der Allgemeinen Evangelisch-Lutherischen Konferenz, Leipzig 1917, 75 f, zitiert nach: HARTMUT LEHMANN: Protestantisches Christentum im Prozess der Säkularisierung, Göttingen 2001, 53 f.

[66] Dieses schon oft bearbeitete, spezifisch deutsche Thema soll uns hier nicht weiter beschäftigen. Vgl. etwa HARTMUT LEHMANN: Hans Preuß 1933 über „Luther und Hitler", in: DERS., Protestantisches Christentum im Prozess der Säkularisierung, Göttingen 2001, 52–63; aufschlussreich über das Klima 1933 sind die Einleitungen und Anmerkungen zu den Vorträgen und Aufsätzen Karl Barths in diesem Jahr: KARL BARTH: Vorträge und kleinere Arbeiten 1930–1933, hg. von MICHAEL BEINTKER/MICHAEL HÜTTENHOFF/PETER ZOCHER, Zürich 2013.

und Geleiter sein".[67] Weit über Zürich hinaus blickte auch der bei Theodor Mommsen ausgebildete Schweizer Theologe und Historiker Wilhelm Oechsli, wenn er Zwingli als politischen Impulsgeber für die Idee des liberalen, demokratisch-föderalistischen Bundesstaats würdigte:

> Und der Staatsmann Zwingli ist seiner Zeit vorausgeeilt; was er gewollt, hat eine spätere Zeit verwirklicht […] Durch die Bundesverfassung von 1848 haben die großen Kantone das ihnen gebührende Gewicht erhalten, ohne die Kleinen entrechten zu müssen, und das Verbot der Fremdendienste und Pensionen ist endlich für die ganze Schweiz Wahrheit geworden. Wenn Zwingli sich in seinen Zielen und Mitteln vergriffen haben mag, wenn er überhaupt ein Mensch in den Schranken seines Jahrhunderts war, so bleibt er doch die stolzeste Gestalt unserer Geschichte, und der Anteil, den die Schweiz durch ihn und Calvin an dem gewaltigen Verjüngungsprozess, welche die Reformation für die Menschheit bedeutet, genommen hat, ist ihre größte Tat.[68]

Nachdem das 18. Jahrhundert und dessen Umgang mit der Reformation auf weiten Strecken von einem nicht allzu sehr um historische Gerechtigkeit bemühten Aufklärungspathos beseelt gewesen war, entwickelte sich im 19. Jahrhundert aber auch ein Bewusstsein von Geschichte und Geschichtlichkeit, das es nun besser erlaubte, das Besondere und Einmalige – einschließlich des Fremden und Befremdlichen – von Gestalten und Vorgängen der Vergangenheit in den Blick zu nehmen und zu würdigen. Stärker als bis anhin war es nun möglich, auch der Reformation ihr eigenes Recht zu belassen, ohne sie allzu unmittelbar für die eigene Gegenwart in Anspruch zu nehmen. Als Beispiel sei die umsichtige historische und wirkungsgeschichtliche Würdigung genannt, die Hermann Escher an einer Feier zum Reformationsgedenken am 31. Oktober 1917 in Zürich vorgetragen hat. In einer kurzen Bilanz im Blick auf die Reformation in der Schweiz erinnerte Escher an einige wichtige, längerfristige Folgen: Die konfessionelle Trennung, die Eröffnung eines unmittelbaren Verkehrs des Menschen mit Gott, langfristig gesehen auch die Gleichheit der Menschen, das Recht auf freie Religionsausübung, Freiheit für die Wissenschaften, Freiheit des Staates gegenüber der Kirche und eine ethische Verpflichtung des Staates auf den Gebieten Unterrichtswesen, Armenfürsorge und Ehegesetzgebung. Aber auch die Übernahme von politischer

---

67 StZH: Ulrich Zwingli. Zum Gedächtnis der Zürcher Reformation 1519–1919, Zürich, Neujahr 1919, Geleitwort, Neujahr 1919.
68 WILHELM OECHSLI: Zwingli als Staatsmann, in: StZH, Ulrich Zwingli, Zürich 1919, 190. Oechsli war auch im Blick auf die Universität bemüht, die Linie von der Reformation her auszuziehen. Vgl. DERS.: Zwingli als Stifter unserer Hochschule: Ansprache an der Reformations-Feier der Universität Zürich am 5. Januar 1919 in der Kirche zu St. Peter in Zürich, in: FRIEDRICH FRITSCHI (Hg.), Schweizerische pädagogische Zeitschrift, 29 (1919), 25–33: ETH: https://www.e-periodica.ch/digbib/view?pid=spa-001:1919:29::6#57.

und sozialer Verantwortung durch die Bürgerschaft gehört nach ihm zum Erbe des Freiheitsimpulses der Reformation.[69]

6 Fazit und Ausblick

Schon nur dieser knappe und exemplarische Blick auf die vergangenen Säkularfeiern der Reformation illustriert hinreichend: Säkularfeiern der Reformation bestanden bisher vornehmlich in politisch-weltanschaulichen Vereinnahmungen der Reformation, auch wenn die Akzente im deutschen und im schweizerischen Raum aus historisch nachvollziehbaren Gründen gelegentlich unterschiedlich gesetzt wurden. Die Rückfrage nach dem in der Reformation *Geschehenen*, vor allem aber nach dem dort im Kern mit „Freiheit" *Gemeinten* hatte regelmäßig zurückzustehen gegenüber einem selbstdefinierten Freiheitsverständnis, gefüllt von den Interessen der eigenen Zeit. Es wäre unrealistisch zu erwarten, dass sich offizielle Reformationsfeiern 2017–2019 in dieser Hinsicht wesentlich von früheren unterscheiden, und auch die jeweiligen Säkularfeiertraditionen sind im 21. Jahrhundert durchaus noch präsent. In mancher Hinsicht hingegen gibt es erhebliche Unterschiede zu früheren Feiern. Die Reformationsfeiern 2017–2019 fanden in komplexen, auch religiös und weltanschaulich heterogenen Gesellschaften ohne *öffentliche Religion* als gesellschaftlicher Klammer statt, in denen sich die traditionellen protestantischen Landeskirchen als Akteure unter vielen anderen wiederfanden und zu behaupten versuchten. Dass unter solchen Umständen keine staatlichen oder gesamtgesellschaftlich organisierten Reformationsfeiern stattfinden konnten, versteht sich von selbst. Stattdessen mussten sich Reformationsfeiern auf dem Feld der kulturellen Angebote und Anlässe im freien Wettbewerb um öffentliche Aufmerksamkeit bewähren. Die Pluralität der Perspektiven und Wertehaltungen im 21. Jahrhunderts spiegelte sich auch in der Pluralität des Umgangs mit dem Thema „Reformation" wieder. Auch die Reformation als geschichtliches Ereignis, und noch viel mehr die *religiöse* bzw. *theologische* Kernbotschaft der Reformation, die Bezeugung der freien und befreienden Zuwendung Gottes zu den Menschen, unterliegt nun – als Kehrseite individueller religiöser Freiheit – in einem bisher nicht gekannten Maße dem „Streit um die Wirklichkeit",[70] der im 21. Jahrhundert sehr viel komplexer ist, als es etwa Lessings Ringparabel noch auszudrücken versucht hatte, der auf jeden

---

[69] Reden zur Feier der Reformation am 31. Oktober 1917 im Großmünster und St. Peter, Staatsarchiv Zürich (StaZ), D 40.8.
[70] Vgl. GERHARD EBELING: Glaube und Unglaube im Streit um die Wirklichkeit, in: DERS., Wort und Glaube, Tübingen ³1967, 393–406.

Fall aber nur – *auch* als Wirkung der Reformation – in persönlicher Verantwortung entschieden werden kann.[71] Zum Kontext der fünften Säkularfeier gehört außerdem, dass der europäische Protestantismus mit seiner langsam, aber kontinuierlich verblassenden volks- und zugehörigkeitskirchlichen Tradition in globaler Perspektive längst nicht mehr im Zentrum der Dynamik des protestantischen Christentums und seiner vielfältigen Enkel steht. Mit dem Bewusstsein, eine religiöse Minderheitsposition in pluralistischen Gesellschaften zu vertreten, kann aber auch das Bewusstsein der Freiheit zunehmen. Entbunden von der Rolle, eine staatlich gestützte oder volksreligiös getragene *öffentliche Religion* sein zu dürfen und zu müssen, erhalten auch die alten Reformationskirchen wieder größere Freiheit, ganz neu nach dem ursprünglichen *religiösen* bzw. *christlich-theologischen* Freiheitsimpuls zu fragen, und von hier aus nach konkreten Wegen und Gestalten, seine Konsequenzen in der stets ambivalenten geschichtlichen Wirklichkeit *ihrer* Zeit sichtbar zu machen. Sie fänden sich dann auf derselben Ebene wieder, auf der die eingangs zitierten Reformatoren Luther und Zwingli zu Beginn der 1520er Jahre standen.

---

[71] Schon an der Feier von 1917 fasste Hermann Escher die „religiöse" Bilanz der Reformation in die Worte: „Es ist eine ernste Sache um den Protestantismus! Wer es unternimmt, den Weg zu seinem Gott allein zu suchen, wie die Reformatoren es wieder gelehrt haben, der trägt größere Verantwortung, als wer sich einer Kirche anvertraut, die ihren Gliedern so mannigfache Gnadenmittel und Wegleitungen an die Hand gibt." Reden zur Feier der Reformation am 31. Oktober 1917 (wie Anm. 69).

Thomas Krüger
Reformation, Altes Testament und Judentum im Licht der heutigen Diskussion

Vorbemerkung

Mein Fachgebiet ist nicht die Reformationsgeschichte, sondern die Hebräische Bibel bzw. das Alte Testament. Meine Aussagen über die Reformatoren und ihr Verhältnis zum Judentum und zur Hebräischen Bibel basieren deshalb weitgehend auf der Sekundärliteratur, die ich in den Anmerkungen nenne. Wenn ich überhaupt etwas zur Diskussion über das mir angetragene Thema beitragen kann, ist es am ehesten noch der Vergleich mit dem heutigen Stand der Bibelwissenschaft.

Die Reformatoren und das Judentum

Nach Achim Detmers stellte sich „das christliche Bild vom zeitgenössischen Judentum am Vorabend der Reformation (ca. 1475–1520)" etwa folgendermaßen dar: Juden galten „als blutdürstige[] Feind[e] des christlichen Glaubens", „als Bilderschänder und Marienverächter" und „als von Gott verstossene[] und verblendete[] Christusmörder". Sie waren durch ihren „lästerlichen Talmud verstockt[]" und galten als „unrein[]", „als Bundesgenosse[n] der gottfeindlichen Mächte", „als Hostienschänder", „als Wucherer und Nutzniesser wirtschaftlicher Notlagen". Juden verschafften „sich durch Bestechungsgelder Vorteile" und übten als Ärzte ihre „verführerischen Künste" aus. Zum Christentum konvertierte Juden standen unter dem Verdacht der Heuchelei.[1]

Dieses christliche Bild des Judentums ging nach Detmers „auf eine mehr als 400jährige Geschichte zurück, in der fast alle jüdischen Gemeinden Westeuropas massiven Verfolgungen ausgesetzt waren."[2] Sie lässt sich mit Michael A. Meyer etwa so zusammenfassen:

---

[1] ACHIM DETMERS: Reformation und Judentum. Israel – Lehren und Einstellungen zum Judentum von Luther bis zum frühen Calvin (Judentum und Christentum 7), Stuttgart 2001, 42 ff. Vgl. THOMAS KAUFMANN: Luthers Juden, Stuttgart 2014, 18 ff.
[2] DETMERS, Reformation (wie Anm. 1), 40.

Die Beziehungen zw[ischen] Juden und Christen verschlechterten sich im Spät-M[ittelalter], bes[onders] in der 2. Hälfte des 12. Jh., erheblich. Dominikanische und franziskanische Mönche verschrieben sich einer neuen Lehre, die Juden keinen Platz in einer christl[ichen] Gesellschaft einräumte. 1215 veranlasste das IV. Laterankonzil, dass Juden an ihrer Kleidung erkennbar sein sollten, um sie so klarer von Christen zu trennen. Der Talmud wurde nun entweder als Zeugnis für Jesus als Messias dargestellt oder, bösartiger, als Quelle vom Lüge und Blasphemie [...]. 1242 wurde er öff[entlich] in Paris verbrannt. Im christl[ichen] Spanien wurden Juden gezwungen, an rel[igiösen] Disputationen [...] teilzunehmen (Barcelona, 1263; Tortosa, 1314), um so ihre Konversion herbeizuführen. In Verleumdungsschriften wurde den Juden vorgeworfen, Ritualmorde durchzuführen, Brunnen während der Pest zu vergiften und die Kreuzigung durch das Stehlen der Hostie und ihre Durchbohrung rituell zu wiederholen. In gleichem Masse rel[igiöse] wie säkulare Motive führten zur Vertreibung der Juden aus England (1290), Frankreich (1394) und Spanien (1492) [...]. Wer heimlich an seinem jüd[ischen] Glauben auch nach erzwungener Konversion festhielt, wurde von der Inquisition verfolgt [...]. Jüd[ische] Haltungen gegenüber Christen waren während dieser Zeit in ähnlicher Weise negativ. Juden beteten zu Gott, er möge ihnen Rache verschaffen gegen ihre christl[ichen] Unterdrücker und endlich ihren Anspruch, Gottes auserwähltes Volk zu sein, zur Geltung bringen [...]. Nur schrittweise begannen jüd[ische] Denker, das Ch[ristentum] vorteilhaft von den heidnischen Rel[igionen] der antiken Welt zu unterscheiden.[3]

„Durch die Vertreibungsedikte war" nach Achim Detmers

das einst blühende jüdische Leben in den meisten Ländern und Territorien fast vollständig zum Erliegen gekommen. Und in den allermeisten Städten hatten die Juden aufgehört als geschlossene Sozialgruppe zu existieren. Nur im Umfeld der wenigen intakten Judengemeinden und dort, wo sich vereinzelt Juden niedergelassen hatten, gab es für die christliche Mehrheitsgesellschaft überhaupt noch Gelegenheit, mit Juden in Kontakt zu kommen. Deshalb dürfte zu Beginn des 16. Jahrhunderts nur noch ein geringer Teil der christlichen Bevölkerung aus unmittelbar eigener Anschauung mit Juden und jüdischem Leben vertraut gewesen sein. Vor allem im unmittelbaren Einflussbereich der Reformation gab es nur wenige Regionen und Städte, in denen Juden geduldet wurden: Brandenburg (ab 1539), Sachsen (bis 1536. 1539–43), Liegnitz, Hessen, Friedberg, Frankfurt a.M., Worms und Augsburg (ab 1533).[4]

Die Rückbesinnung der Reformatoren auf die Bibel in ihren Ursprachen und ihre Kritik am Heiligen- und Bilderkult konnte auf jüdischer Seite Hoffnungen wecken. Das zeigt beispielhaft ein Brief, den Rabbi Abraham ben Eliezer ha-Levi ca. 1525 in Jerusalem verfasst hat. Er schreibt darin:

---

[3] MICHAEL A. MEYER: Artikel Judentum und Christentum V. Mittelalter und Neuzeit, in: HANS DIETER BETZ/ DON S. BROWNING/ BERND JANOWSKI [u.a.] (Hgg.), Religion in Geschichte und Gegenwart[4] 4, Tübingen 2001, 633–635, 633f.
[4] DETMERS, Reformation (wie Anm. 1), 40. Vgl. Karte 1. Vertreibungen der Juden in Westeuropa 1415–1520, in DETMERS, Reformation (wie Anm. 1), 41.

Martin Luther ist der Mann, dessen Kunde alle Länder durchläuft, der im Jahre 284 [=1524/ 1525] begann, sich mit der Religion der Unbeschnittenen (kritisch) auseinanderzusetzen und ihnen zu zeigen, dass ihre Väter Lügen ererbt haben, Nichtigkeiten, in denen kein Nutzen liegt [...] viele Völker schlossen sich ihm mit starker Hand an, indem sie die Standbilder ihrer Götter vernichten und mit Feuer verbrennen und die Götzen ausrotten [...] und er nähert sich nach und nach der Religion des Mose [...] die Zwangsgetauften erheben ihr Haupt, und den Juden wurde Licht und Freude.[5]

Während Rabbi Abraham ben Eliezer ha-Levi die Hoffnung hatte, dass Martin Luther sich immer weiter „der Religion des Mose" annähern würde, erwartete Luther in seiner Schrift *Dass Jesus Christus ein geborener Jude sei* von 1523, dass sich die Juden nun bald zum Christentum bekehren würden, nachdem er ihnen die Hindernisse der kirchlichen Traditionen und Rituale aus dem Weg geräumt hatte:

Denn unsere narren die Bepste, Bischoff, Sophisten und Munche, die groben esels kopffe, haben bis her also mit den Juden gefaren, das, wer eyn gutter Christ were gewessen, hette wol mocht eyn Jude werden. Und wenn ich ein Jude gewesen were und hette solche tolpell und knebel gesehen den Christen glauben regirn und leren, so were ich ehe eyn saw geworden denn eyn Christen. Denn sie haben mit den Juden gehandelt als weren es hunde und nicht menschen, haben nichts mehr kund thun denn sie schelten und yhr gutt nehmen, wenn man sie taufft hat, keyn Christlich lere leben hat man yhn beweiset, sondern nur der Bepsterey und muncherey untherworffen [...]. Ich habs selbs gehort von frumen getaufften Juden das, wenn sie nicht bey unser tzeyt das Evangelion gehort hetten, sie weren yhr leben lang Juden unter dem Christen mantel blieben. Denn sie bekennen, das sie noch nie nichts von Christo gehort haben bey yhren teuffern und meytern. Ich hoff, wenn man mit den Juden freundlich handelt und aus der heyligen schrifft sie seuberlich unterweysset, es sollten yhr viel rechte Christen werden und widder tzu yhrer vetter, der Propheten und Patriarchen glauben tretten, davon sie nur weytter geschreckt werden, wenn man yhr ding furwirfft und sso gar nichts will seyn lassen und handelt nur mit hohmut und verachtung gegen sie [...]. Und wenn wyr gleich hoch uns rhumen, so sind wyr dennoch heyden und die Juden von dem geblutt Christi, wyr sind schweger und frembdling, sie sind blut freund, vettern und bruder unsers hern. Darumb wenn man sich des bluts und fleyschs rhumen solt, so gehoren yhe die Juden Christo neher tzu denn wyr, wie auch S. Paulus Roma. 9. sagt [...]. Ich bitte hie mit meyne lieben Papisten, ob sie schir mude weren, mich eyn ketzer tzu schelten, das sie nu anfahen, mich eyn Juden zu schelten. Denn ich werde villeicht auch noch eyn turck werden und was meyn junckern nur wollen.[6]

---

[5] Zitiert nach DETMERS, Reformation (wie Anm. 1), 64. Übersetzung von JOHANN MAIER: Die messianische Erwartung im Judentum seit der talmudischen Zeit, in: Judaica 20 (1964), 23–58, 90–120, 156–183, 213–236, 163.
[6] MARTIN LUTHER: Dass Jesus Christus ein geborner Jude sei, 1523, in: MARTIN LUTHER, Werke. Kritische Gesamtausgabe, Weimarer Ausgabe (WA), Schriften 11, Weimar 1900, 314–336, 314–316. Vgl. DETMERS, Reformation (wie Anm. 1), 66f. Vgl. KAUFMANN, Luthers Juden (wie Anm. 1), 63ff.

Die unvereinbaren und einander widerstreitenden Hoffnungen auf beiden Seiten mussten zwangsläufig enttäuscht werden. Martin Luther hat seiner Enttäuschung in fortgeschrittenem Alter Luft gemacht in einer Reihe von antijüdischen Schriften. In seiner Abhandlung *Von den Juden und ihren Lügen* aus dem Jahr 1543 schreibt er u.a., die Juden seien nicht Gottes auserwähltes Volk, sondern Propheten-Mörder und Feinde des Wortes Gottes. Sie haben das Gesetz und den Bund gebrochen und können das Gebot Gottes nicht erkennen (vgl. 2 Kor 3,13ff). Gott hat sie aus ihrem Land vertrieben und es gibt keine Verheißung, dass sie dorthin zurückkehren werden. „Darumb", schreibt Luther, „wo du einen rechten Jüden sihest, magstu mit gutem gewissen ein Creutz fur dich schlahen, und frey sicher sprechen: Da gehet ein leibhafftiger Teufel".[7] Und weiter: „So ists auch unser schuld, das wir das grosse unschüldige Blut, so sie an unserm Herrn und den Christen [...] vergossen (welchs noch aus jren augen und haut scheinet) nicht rechen, sie nicht totschlahen"[8].

Luther empfiehlt eine Reihe von Maßnahmen gegen die Juden im Sinne einer „scharffen barmhertzigkeit": Ihre Synagogen und Schulen sollen verbrannt werden. Ihre Häuser sollen zerstört werden und sie selbst sollen in Notunterkünften untergebracht werden. Man soll ihre Gebetbücher und Talmudschriften konfiszieren und ihren Rabbinern das Lehren verbieten. Ihnen soll der Geleitschutz aufgekündigt und das Zinsnehmen verboten werden. Ihr Vermögen soll eingezogen und mittellosen Konvertiten gegeben werden. Junge Juden und Jüdinnen sollen zu körperlicher Zwangsarbeit verpflichtet werden. Wenn diese „scharffe barmhertzigkeit" nichts fruchtet und die Juden sich nicht zum Christentum bekehren, soll man sie vertreiben.[9] Hier zeigt sich die erschreckende Entwicklung Martin Luthers vom Judenfreund zum antijüdischen Hassprediger.

Heinrich Bullinger hat die antijüdischen Hetzschriften Luthers in einem Brief an Martin Bucer in Straßburg vom 8. Dezember 1543 folgendermaßen kommentiert:

> Luther schreibt [zwar] gegen die Juden und predigt zugunsten unseres heiligen christlichen Glaubens weder gänzlich unpassend noch unnütz, aber er hat durch seine dortigen schändlichen Sprüche und durch leichtfertiges Gerede, das niemandem, geschweige denn einem bejahrten Theologen ansteht, den nutzbringenden und dankbaren Gegenstand in einen unerfreulichen, geradezu unangebrachten, verkehrt [...]. Wer erstarrt nicht im Hinblick auf jenen anmassenden und rücksichtslosen Menschengeist [...]. Er bestreitet sogar, dass die Biblia Hebraica zuverlässig und unzweifelhaft sei; er bestreitet, dass diesen (Schriften) ein

---

7 MARTIN LUTHER: Von den Juden und ihren Lügen, 1543, zitiert nach: MARTIN LUTHER, Werke, Kritische Gesamtausgabe, Weimarer Ausgabe (WA), Schriften 53, Weimar 1920, 417–552, 479.
8 LUTHER, Von den Juden (wie Anm. 7), 522.
9 DETMERS, Reformation (wie Anm. 1), 108. Vgl. KAUFMANN, Luthers Juden (wie Anm. 1), 106ff.

genuin christlicher Sinn entnommen werden könne. Er fügt hinzu, dass sie von den Rabbinen verfälscht seien. Er gibt zu, dass er die Biblia Germanica nicht unvoreingenommen genug übersetzt habe, bloss zieht er diese Übersetzung nicht zurück [...]. Ich werde nicht mit wenigen Worten aufgezählt haben das Widersinnige, Falsche und Verdrehte, das sich in dieser Ansicht Luthers zeigt [...]. Wahrhaftig muss aufgrund des bisher Vorgefallenen befürchtet werden, dass dieser Mensch noch einmal grosses Unglück über die Kirche bringen wird.[10]

Bei aller erfreulichen Kritik an Luthers Ausfällen sollte man allerdings nicht übersehen, dass Bullinger mit ihm im Kern der Sache übereinstimmt.

So kann man mit Michael A. Meyer kurz und bündig resümieren: „In Deutschland brachte die Reformation keinerlei Annäherung zw[ischen] Ch[risten] und J[uden]. Luthers Spätschriften fügten sich nahtlos ein in den Geist m[ittelalterlicher] Dämonisierung des J[udentums]."[11] Peter Marshall weist aber darauf hin, dass „die Reformation dem Judentum aber doch Freiräume eröffnet" hat,

> in denen ihm der Atem wieder leichter ging [...]. Mancherorts lockerten sich allmählich die Juden auferlegten Siedlungssperren. Die habsburgischen Kaiser Maximilian II. und Rudolf II. erlaubten den Juden Ende des 16. Jahrhunderts, sich in Böhmen niederzulassen, und Cromwells Protektorat liess sie ein paar Jahrzehnte später wieder nach England. Als attraktivstes Ziel aber erwies sich die heterogene Republik der Niederlande, wo die Autoritäten nicht viel nach privaten Glaubenspraktiken fragten.

Unter Druck zum Christentum bekehrte Juden aus Spanien und Portugal emigrierten in großer Zahl in die Niederlande und nahmen dort wieder die Religion ihrer Vorfahren an. Sie „betrachteten den reformierten Protestantismus als erfreuliche, wenn auch unzureichende Rückkehr zu den Werten der hebräischen Bibel." Auf protestantischer Seite änderte die intensive Beschäftigung mit dem Alten Testament das Bild des Judentums und machte neben allen Unterschieden die Gemeinsamkeiten mit den jüdischen Nachbarn deutlicher. So zeigten die holländischen Protestanten eine „Schwäche [...] für alttestamentliche Vornamen – Abraham, Benjamin, Daniel usw. [...] In radikalem Bruch mit der ikonographischen Tradition porträtiert Rembrandts 1645 entstandenes Bild *Die heilige Familie* Maria erkennbar als jüdische Mutter, die, während sie die Wiege ihres Sohnes schaukelt, in einem hebräischen Buch liest."[12]

---

10 Zitiert nach DETMERS, Reformation (wie Anm. 1), 161f.
11 MEYER, Judentum und Christentum (wie Anm. 3), 634.
12 PETER MARSHALL: Die Reformation in Europa, Stuttgart 2014, 170f.

Die Reformatoren und das Alte Testament

Lassen Sie mich zuerst einige grundlegende Informationen über das Alte Testament bzw. die Hebräische Bibel in Erinnerung rufen.[13] Das Alte Testament ist der erste und umfangreichere Teil der christlichen Bibel neben dem Neuen Testament. Zur Beginn der Reformation las man die Bibel in der römisch-katholischen Kirche vor allem in der auf Hieronymus (347–420) zurückgehenden lateinischen Übersetzung der so genannten Vulgata. Sie enthielt im Alten Testament über die Hebräische Bibel hinaus auch die heute so genannten Apokryphen bzw. deuterokanonischen Schriften Tobit und Judit, Weisheit Salomos und Jesus Sirach (Ecclesiasticus), Baruch (einschließlich des Briefs Jeremias) und die beiden Makkabäerbücher, außerdem in einem Anhang das Gebet Manasses, das 3. und 4. Buch Esra (einschließlich des 5. und 6. Esra-Buchs) und den 151. Psalm. Der Inhalt der biblischen Bücher unterschied sich in der Vulgata teilweise erheblich von der Hebräischen Bibel. So enthielt etwa das Danielbuch mehr Erzählungen über Daniel als in der Hebräischen Bibel. Auch die Abfolge der Bücher des Alten Testaments in der Vulgata ist eine andere als in der Hebräischen Bibel.

In der griechisch-orthodoxen Kirche benutzte man die ältere griechische Übersetzung der Bibel, die so genannte Septuaginta. Über die Vulgata hinaus enthielt sie im Alten Testament noch zwei weitere Makkabäer-Bücher, die Oden und die Psalmen Salomos. Nochmals anders sahen die Bibel und das Alte Testament z. B. in der syrischen, der koptischen oder der äthiopischen Kirche aus. Dabei unterscheiden sich die verschiedenen Bibelausgaben nicht nur in der Sprache und im Umfang des Alten (und zum Teil auch des Neuen) Testaments, sondern auch in der Anordnung der biblischen Schriften. Alle diese christlichen Bibelausgaben enthalten aber neben dem Alten auch das Neue Testament. In ihnen ist also das Alte Testament nur ein Teil der Bibel.

Demgegenüber ist die im Judentum bis heute gebräuchliche Hebräische Bibel (mit einigen aramäischen Anteilen) für Juden bereits die ganze Bibel. Sie enthält von allen Versionen der Bibel bzw. des Alten Testaments die wenigsten Schriften – wenn man einmal von der Bibel der Samaritaner absieht, die nur die fünf Bücher Mose umfasst. Die in den anderen Bibelversionen enthaltenen alttestamentlichen Schriften sind aber ebenfalls jüdischen Ursprungs und galten zumindest Teilen des Judentums um die Zeitenwende als heilige Schriften. Sie wurden jedoch vom Hauptstrom des Judentums ab etwa dem zweiten Jahrhundert n.Chr. nicht mehr

---

13 Vgl. KARIN SCHÖPFLIN: Artikel Kanon (AT), in: Das wissenschaftliche Bibellexikon im Internet (WiBiLex): www.bibelwissenschaft.de/stichwort/11768/ (April 2009) und z.B. THOMAS RÖMER [u.a.] (Hg.): Einleitung in das Alte Testament, Zürich 2013.

als solche anerkannt. Die heutige alttestamentliche Wissenschaft ist außerdem mit guten Gründen der Ansicht, dass der griechischen Septuaginta öfters eine ältere hebräische Textform zugrunde liegt als der Hebräischen Bibel. Insofern war wahrscheinlich auch das Alte Testament der Septuaginta einmal eine jüdische Bibel.

All dies haben die Reformatoren erst ansatzweise erkannt und gewusst.[14] Deshalb mussten sie die dadurch nahegelegte Schlussfolgerung noch nicht ziehen, dass es sich bei der Bibel um ein Produkt von Menschen handelt und nicht um Gottes Wort (was die Bibel – im Gegensatz etwa zum Koran – ja auch gar nicht von sich behauptet), jedenfalls nicht in dem Sinne, dass alles, was in der Bibel steht, direkt auf Gott zurückzuführen ist und der Meinung Gottes entspricht. Trotzdem ist es auch aus heutiger Sicht bemerkenswert, wie stark die Reformatoren von der Bibelwissenschaft ihrer Zeit beeinflusst waren und sich um deren Weiterentwicklung verdient gemacht haben. So sind sie im Sinne des Humanismus zu den Quellen (ad fontes) zurück gegangen und haben sich zunehmend der Hebräischen Bibel zugewandt, die ihnen in verschiedenen gedruckten Ausgaben zugänglich wurde, wie etwa der des Gerson Ben Moses Soncino (Brescia 1494) oder der von Daniel Bomberg (1479/1480 – 1549) herausgegebenen Biblia Rabbinica (Venedig 1517/1518), aber auch in mehrsprachigen Ausgaben wie der 1514 – 1517 erschienenen so genannten Complutensischen Polyglotte, die an der Universität von Alcalá (Complutum) unter der Leitung von Diego López de Zúñiga (Jacobus Stunica, †1531), der über Kenntnisse des Aramäischen und des Arabischen verfügte, und der Mitarbeit des Latinisten Hernán Núñez de Toledo y Guzmán (1475 – 1553) und des Hebraisten Alfonso de Zamora (1476 – 1544) erarbeitet wurde. Die nötigen Hebräisch- und Aramäisch-Kenntnisse verdankten die Reformatoren jüdischen und christlichen Hebraisten wie Johannes Reuchlin (1455 – 1522), Elijah Levita (1469 – 1549), Johann Böschenstein (1472 – 1540), Konrad Pellikan (1476 – 1556) oder Sebastian Münster (1488 – 1552). Ulrich Zwingli (1484 – 1531) widmete sich daneben auch der Erforschung der Septuaginta. In der Zürcher *Prophezei*, der von Zwingli begründeten theologischen Schule, wurde ab Sommer 1525 täglich das Alte Testament auf der Grundlage des hebräischen Textes im Vergleich mit der Vulgata und der Septuaginta übersetzt und ausgelegt.

Eine zentrale Frage im Rahmen der theologischen Beschäftigung mit dem Alten Testament in der Reformationszeit war die nach dem Verhältnis von Altem und Neuem Testament. An ihr lassen sich auch Grundentscheidungen über die

---

14 Vgl. zum Folgenden MAGNE SAEBØ (Hg.): Hebrew Bible/Old Testament. The History of its Interpretation, Volume II. From the Renaissance to the Enlightenment, Göttingen 2008; HENNING GRAF REVENTLOW: Epochen der Bibelauslegung, Band III: Renaissance, Reformation, Humanismus, München 1997.

Bedeutung der Bibel als Ganzes für die theologische Urteilsbildung und die religiöse Praxis erkennen. Grundsätzlich lassen sich bei den Reformatoren vier Möglichkeiten erkennen, das Verhältnis zwischen Altem und Neuem Testament zu bestimmen: 1. Beide sind gleichwertig und gleich gültig. 2. Altes und Neues Testament interpretieren und korrigieren sich gegenseitig. 3. Das Neue Testament hebt das Alte auf und löst es ab. 4. Altes und Neues Testament sind zeitgebundene Produkte einer geschichtlichen Entwicklung, die nach ihrem Abschluss weiter gegangen ist.

1. Zumindest teilweise gleichwertig sind Altes und Neues Testament nach Ansicht von Andreas Bodenstein von Karlstadt (1486–1541).[15] Beide sind seiner Meinung nach für Christen *ius divinum* (bzw. *biblicum*). So gilt beispielsweise das Bilderverbot des Dekalogs (der Zehn Gebote in Exodus 20 bzw. Deuteronomium 5) auch für Christen, was Karlstadt 1522 dazu bewog, die Bilder aus den Kirchen in Wittenberg zu entfernen. Dass mindestens der Dekalog auch für Christen gilt, und damit auch das Sabbatgebot, vertraten in Mähren die so genannten *Sabbater* Oswald Glait (ca. 1480/1490–1546) und Andreas Fischer (ca. 1480–ca. 1540).[16]

2. Um solche Konsequenzen vermeiden zu können, gleichzeitig aber auch das Alte Testament nicht als für Christen überholt aufgeben zu müssen, hat Martin Luther (1483–1546) bekanntlich die Zehn Gebote nur in einer verstümmelten und inhaltlich zurechtgebogenen Fassung in seine Katechismen aufgenommen. So hat er nach dem ersten Satz „Ich bin der Herr, dein Gott" nicht nur den Relativsatz „der dich aus dem Land Ägypten, einem Sklavenhaus, befreit hat" weggelassen, sondern auch das gesamte Bilderverbot. Das relativ ausführliche Sabbatgebot hat er in dem einen Satz „Du sollst den Feiertag heiligen" zusammengefasst und damit nicht nur den Sabbat durch den Sonntag ersetzt, sondern auch das Gebot einer allgemeinen Arbeitsruhe zur Erholung von Menschen und Tieren in ein Gebot des sonntäglichen Kirchenbesuchs verwandelt, wie es seine Auslegung im *Kleinen Katechismus* verdeutlicht: „Wir sollen Gott fürchten und lieben, dass wir die Predigt und sein Wort nicht verachten, sondern es heilig halten, gerne hören und lernen." Luther konstruiert also aus dem alttestamentlichen Dekalog für Israel einen neuen Dekalog für Christen.

---

15 Vgl. HANS-JÜRGEN GOERTZ: Scriptural Interpretation among Radical Reformers, in: SAEBØ, Hebrew Bible (wie Anm. 14), 576–601, 577 ff.
16 Vgl. DETMERS, Reformation (wie Anm. 1), 81 f.

In der lutherischen, u. a. von Philipp Melanchthon (1497–1560) weiter entwickelten Tradition[17] wirkt das Wort Gottes in der Bibel als Gesetz, das den Menschen mit Gottes Forderungen konfrontiert, und als Evangelium, das dem Menschen, der am Anspruch des Gesetzes scheitert, Vergebung und Erlösung zuspricht. Damit wird die Bibel insgesamt im Lichte der Lebenserfahrung Martin Luthers und der daraus entwickelten Rechtfertigungslehre gedeutet und zugleich auf dieses Thema engeführt. Grundsätzlich ist nach Luther das Alte Testament Gesetz und das Neue Testament Evangelium, aber es gibt auch im Alten Testament „etliche Verheissung und Gnadensprüche, damit die heiligen Väter und Propheten im Glauben Christi, wie wir, erhalten sind."[18] Im Blick auf die Gebote und Gesetze des Alten Testaments wird unterschieden zwischen politischen, zeremoniellen (religiös-kultischen) und moralischen Gesetzen. Ihre Funktion ist einerseits politisch, sie dienen der äußeren Ordnung des Gemeinwesens, andererseits pädagogisch, sie halten den Menschen vor Augen, wie sie leben sollten und zeigen ihnen damit zugleich, dass sie nicht so leben und aus eigener Kraft auch gar nicht so leben können. In dieser pädagogischen Funktion treiben die Gebote und Gesetze des Alten Testaments (und hier v. a. die moralischen Gebote) die Menschen zum Evangelium. Ob und inwiefern sie auch für Christen dann noch eine handlungsleitende und orientierende Funktion haben, ist in der lutherischen Tradition Gegenstand der Diskussion. Auf keinen Fall aber kann man durch die Befolgung der Gebote und Gesetze Gottes das Heil erlangen. Wenn die Juden dies versuchen, verfallen sie damit aus lutherischer Sicht einer *Werkgerechtigkeit*, die zum Scheitern verurteilt ist.

Während die lutherische Tradition Altes und Neues Testament mit der Unterscheidung von Gesetz und Evangelium zugleich zusammenbindet und unterscheidet, akzentuiert die reformierte Tradition[19] stärker ihre grundsätzliche Einheit und Gleichwertigkeit. So gibt es nach Zwingli nur einen Bund zwischen Gott und den Menschen, der in dem schon vor der Schöpfung gefassten Entschluss Gottes besteht, die Menschen in Jesus Christus zu retten. Dieser Bund wird im Alten Testament verheißen und im Neuen Testament gegeben, sein Wesen ist im

---

17 Vgl. SIEGFRIED RAEDER: The Exegetical and Hermeneutical Work of Martin Luther, in: SAEBØ, Hebrew Bible (wie Anm. 14), 363–406; GERALD HOBBS: Pluriformity of Early Reformation Scriptural Interpretation, in: SAEBØ, Hebrew Bible (wie Anm. 14), 452–511, 487 ff; REVENTLOW, Epochen (wie Anm. 14), 68 ff, 90 ff.
18 MARTIN LUTHER, Vorrede auf das Alte Testament 1523, zitiert nach EMANUEL HIRSCH: Hilfsbuch zum Studium der Dogmatik, Berlin ³1958, 89.
19 Vgl. PETER OPITZ: The Exegetical and Hermeneutical Work of John Oecolampadius, Huldrych Zwingli and John Calvin, in: SAEBØ, Hebrew Bible (wie Anm. 14), 407–451; DETMERS, Reformation (wie Anm. 1), 177 ff; REVENTLOW, Epochen (wie Anm. 14), 97 ff.

Alten Testament noch verhüllt, im Neuen Testament hingegen offenbar. Daraus ergeben sich die grundsätzliche Einheit zwischen Altem und Neuem Testament ebenso wie die Unterschiede zwischen ihnen. Altes und Neues Testament bilden nach Zwingli auch nur *ein* Gesetz, in dem der unveränderliche Wille Gottes zum Ausdruck kommt. Dieses Gesetz dient der Ordnung des Zusammenlebens, dem Erschrecken der Sünder und der Wegweisung für die Erlösten. „Wer getauft ist, ist nicht weniger als der Beschnittene dem ganzen Gesetz des Bundes verpflichtet, ausser dass die äusseren Dinge, die nur in sinnbildhafter Form zuteil wurden, zusammen mit der Beschneidung abgeschafft sind."[20] So gelten z. B. die alttestamentlichen Inzesttabus oder die Forderung der Wiedergutmachung von Schäden auch für Christen. Das Alte wie das Neue Testament bezeugen die gnädige Fürsorge Gottes. Und beide erhellen sich gegenseitig. So argumentiert Zwingli z. B. gegen die so genannten Wiedertäufer in Zürich, die unter Berufung auf das Neue Testament für die Erwachsenentaufe eintraten, mit dem Hinweis auf die innerbiblische Entsprechung von Beschneidung und Taufe. Wenn die Beschneidung für Babies geboten wurde, muss Entsprechendes auch für die Taufe gelten. In diesem Fall ist also nach Zwingli das Neue Testament vom Alten her zu interpretieren.

Heinrich Bullinger (1504–1575) hat das Verständnis des Verhältnisses von Altem und Neuem Testament bei Zwingli aufgenommen und weiter entwickelt. Die Bibel handelt substanziell von *einem* Bund, *einem* Gottesvolk und *einem* unveränderten Willen Gottes. „Das Neue Testament ist nichts anderes als die Auslegung des Alten".[21] Die Unterschiede zwischen Altem und Neuem Testament beziehen sich nicht auf deren Substanz, sondern nur auf die Akzidenzien, die Zeremonien und Sakramente. Während sie im Alten Testament zeitgebunden und inzwischen überholt sind, gelten die Sakramente des Neuen Testaments ewig. Die Zeremonien des Alten Testaments sind Verheißungen dessen, was sich im Neuen Testament erfüllt. Die beschwerlichen und dunklen Zeremonien des Alten Testaments sind im Neuen abgeschafft. In der Kirche ist der Geist in vergleichsweise größerer Fülle vorhanden als in der alttestamentlichen Gemeinde. Er erstreckt sich hier auch nicht nur auf Israel, sondern auf die ganze Welt. Ansonsten haben aber die Gebote und Gesetze des Alten Testaments in ihrer pädagogischen Funktion, Menschen zur Einsicht in ihre Sündenverfallenheit zu bringen (*usus paedagogicus*), in ihrer Orientierungsfunktion für gläubige Christen (*usus in renatis*) und in ihrer politischen Funktion (*usus civilis*) einen bleibenden Wert. Juden, die danach streben, die alttestamentlichen Gebote und Gesetze zu befolgen, sind also nach reformierter Tradition nicht grundsätzlich auf einem falschen Weg.

---

20 DETMERS, Reformation (wie Anm. 1), 149.
21 Vgl. DETMERS, Reformation (wie Anm. 1), 167.

Sie sind nur nicht auf dem aktuellen (und definitiven) Stand des offenbarten göttlichen Gesetzes.

Neben Konzepten wie Gesetz, Evangelium und Bund finden sich bei den Reformatoren auch andere Deutungsmuster zur Beschreibung des Verhältnisses von Altem und Neuem Testament, die sie aus der älteren theologischen Tradition übernommen haben und die bereits im Neuen Testament begegnen.[22] So konnte man das Alte Testament als ein Buch lesen, in dem Jesus als Messias (griechisch: Christus) verheißen wird, und das Neue Testament als Bericht über die Erfüllung dieser Verheißungen. Oder man konnte alttestamentliche Gestalten, Gebräuche oder Geschichten mit ähnlichen Gegebenheiten im Neuen Testament *typologisch* als Typen und Antitypen miteinander verbinden (z. B. Beschneidung und Taufe). Wenn man Christus wie den alttestamentlichen Gott Jahwe als *Herrn* bezeichnete (und ihn später als zweite Person des dreieinigen Gottes betrachtete), konnte man sein Wirken und Reden schon im Alten Testament entdecken. Eher zurückhaltend waren die Reformatoren gegenüber einer *allegorischen* Interpretation alttestamentlicher Texte, die davon ausging, dass diese neben ihrer wörtlichen Bedeutung auch noch ganz andere spirituelle Bedeutungen haben konnten.

3. Dass das Neue Testament das Alte ablöst, vertraten nach Zwinglis Ansicht die so genannten (Wieder-) Täufer in Zürich,[23] wenn sie im Gefolge des Neuen Testaments auf der Erwachsenentaufe beharrten, statt die Taufe als Ersatz der alttestamentlichen Beschneidung zu verstehen (s. o.). Aus eigenen Äußerungen belegt ist diese Ansicht über das Verhältnis von Altem und Neuem Testament bei Michael Servet (geb. 1509/1511),[24] der 1553 in Genf als Ketzer verbrannt wurde:

> Der Neue Bund macht alles neu und bringt neue Geschöpfe hervor [...]. Niemals war einer der Juden erwählt oder in der Weise durch die Erwählung vorherbestimmt, wie Gott uns vorherbestimmt hat, so dass wir die uneingeschränkte (Gottes-) Kindschaft empfangen und Brüder Christi sind [...]. Jetzt ist Gott offenbar, einst war er es nicht. Nun erst wird der Vater wahrhaft angebetet, denn vorher gab es den blossen Schatten der wahrhaften Anbetung [...]. Nun hat er wahrhaft die Sünden abgewaschen [...], indem er das Gesetz aufhob."[25] Diejenigen, die durch [...] Gleichmacherei die Testamente durcheinander bringen, irren somit nicht unerheblich; sie schmälern die Gnade der Ankunft Christi, indem sie die Juden uns gleich machen.[26]

---

22 Vgl. ACHIM BEHRENS: Das Alte Testament verstehen, Göttingen 2013, 33 ff.
23 Vgl. GOERTZ, Scriptural Interpretation (wie Anm. 15), 584 ff; REVENTLOW, Epochen (wie Anm. 14), 158 ff.
24 Vgl. DETMERS, Reformation (wie Anm. 1), 216 ff.
25 DETMERS, Reformation (wie Anm. 1), 216 f.
26 DETMERS, Reformation (wie Anm. 1), 223.

4. Noch einen Schritt weiter gingen Reformatoren wie Sebastian Franck (1499–1542) und Sebastian Castellio (1515–1563), die die Zeitbedingtheit und Zeitgebundenheit des Alten wie des Neuen Testaments erkannten. Sie stellten in der älteren Reformations-Geschichtsschreibung eher Randfiguren dar, entwickelten aber aus Sicht der heutigen Bibelwissenschaft unter den Reformatoren die vergleichsweise fortschrittlichsten Einsichten zur historischen und theologischen Interpretation des Alten Testaments. Sebastian Franck[27] erkannte, dass das Alte wie das Neue Testament zeitbedingt, zeitgebunden und mehrdeutig sind. Bei beiden handelt es sich nicht um göttliche Offenbarungen, sondern um Zeugnisse von Menschen über ihre Erfahrungen. Gottes Wort ist nicht nur in der Bibel zu finden, sondern auch außerhalb von ihr.

Nach Sebastian Castellio[28] ist die Bibel teils klar, teils unklar und mehrdeutig. In diesen Fällen muss man sich zur Klärung theologischer Streitfragen der Sinneswahrnehmung und des Verstandes bedienen. Im Anschluss an die Ausführungen des Apostels Paulus im Römerbrief 2,14 ff stellt Castellio fest:

> [...] was recht und was übel ist, das lehrt die Vernunft, und daraus entsteht das Gewissen [...]. Und dieselbe Vernunft ist es schliesslich, welche die Wahrheit erforscht, herausfindet und interpretiert und das, was in weltlichen wie in heiligen Schriften (!) unklar ist oder im Lauf der Zeit falsch überliefert wurde, korrigiert oder so lange unter Zweifel stellt, bis zuletzt die Wahrheit aufleuchtet oder die Entscheidung über eine Sache, die ungewiss ist, zumindest vertagt wird.[29]

Altes Testament, Judentum und Christentum aus heutiger bibelwissenschaftlicher Sicht

Aus heutiger Sicht relativieren sich viele der Diskussionen der Reformationszeit durch die Einsicht, dass es weder *das* Alte Testament gibt (s. o.) noch *das* Judentum oder *das* Christentum. Das gilt zum einen im Blick auf geschichtliche Veränderungen. Das Christentum in Korinth zur Zeit des Apostels Paulus unterscheidet sich erheblich vom Christentum in Wittenberg zur Zeit Martin Luthers

---

[27] Vgl. GOERTZ, Scriptural Interpretation (wie Anm. 15), 598 f; REVENTLOW, Epochen (wie Anm. 14), 167 ff.
[28] Vgl. GOERTZ, Scriptural Interpretation (wie Anm. 15), 601.
[29] WOLFGANG F. STAMMLER (Hg.): SEBASTIAN CASTELLIO, Die Kunst des Zweifelns und Glaubens, des Nichtwissens und Wissens (De arte dubitandi et confidendi, ignorandi et sciendi), übersetzt von WERNER STINGL, eingeführt und kommentiert von HANS-JOACHIM PAGEL, Essen 2015, 119 (I.25).

oder vom heutigen Christentum in Zürich, und das Judentum in Alexandria zur Zeitenwende unterscheidet sich stark vom Judentum in Europa während des Mittelalters oder vom heutigen Judentum. Zum anderen existieren und existierten das Judentum wie das Christentum zur selben Zeit jeweils in vielfältigen unterschiedlichen Gestalten – man denke nur an die zahlreichen christlichen und jüdischen Gemeinden und Denominationen im heutigen Zürich (sowie die zahlreichen Menschen in diesen Gemeinschaften und außerhalb von ihnen, die in ihrem Denken und Leben mit keiner von ihnen völlig übereinstimmen).

Das Judentum bzw. die Judentümer ab der rabbinischen Zeit unterscheiden sich nicht weniger von den Judentümern (bzw. israelitischen, judäischen und Diaspora-Kulturen), aus denen die alttestamentlichen Schriften hervorgegangen sind, als das Christentum bzw. die Christentümer ab der Zeit der Kirchenväter von den ur- und frühchristlichen Gruppen der neutestamentlichen Zeit. Zwar sind die Schriften des Alten Testaments durchweg älter als die des Neuen, aber einen abgeschlossenen Kanon heiliger Schriften des Judentums gab es zur Entstehungszeit der neutestamentlichen Schriften noch nicht. (Insofern ist es nicht ganz korrekt, wenn bisweilen gesagt wird, die Hebräische Bibel bzw. das Alte Testament sei die Bibel der ersten Christen gewesen.) Der jüdische Religionshistoriker Norman Solomon schreibt in seiner kurzen Einführung in das Judentum: „Als der Papst kürzlich von den Juden als den ‚älteren Brüdern' der Christen sprach, irrte er sich. Natürlich sind wir beide ‚Kinder' der Hebräischen Schrift, doch von ihren konstitutiven Texten her gesehen (Neues Testament, Talmud) sind die Christen die ‚älteren Brüder'."[30] Diese Feststellung ist sicherlich etwas überspitzt formuliert, sie macht aber die Probleme gängiger, scheinbar selbstverständlicher Annahmen über die jüdische und christliche Religionsgeschichte deutlich.

Einiges für sich hat die vom Religionswissenschaftler Bertram Schmitz vorgeschlagene Rekonstruktion der Entwicklung *Von der einen Religion des Alten Israel zu den drei Religionen Judentum, Christentum und Islam.*[31] Danach wären Judentum, Christentum und Islam als drei verschiedene Weiterentwicklungen der mosaischen Tora, des Prophetentums und des Kults in der Hebräischen Bibel zu verstehen (man müsste hier vielleicht noch die Weisheitstraditionen ergänzen), die „die mosaische Religion des Alten Israel" widerspiegelt (wobei der Singular nicht ganz unproblematisch ist). Aus diesem Blickwinkel stellen die drei Religionen Judentum, Christentum und Islam „ein religionsgeschichtliches Gesamtsystem" dar, in dem die drei Religionen nicht nur voneinander abgegrenzt, son-

---

30 NORMAN SOLOMON, Judentum. Eine kurze Einführung, Stuttgart 1999, 31.
31 BERTRAM SCHMITZ, Von der einen Religion des Alten Israel zu den drei Religionen Judentum, Christentum und Islam, Stuttgart 2009.

dern auch miteinander verflochten sind und sich in wechselseitiger Beeinflussung gemeinsam weiter entwickeln.

Die Hebräische Bibel bzw. das Alte Testament stellt sich aus heutiger bibelwissenschaftlicher Sicht wesentlich weniger einheitlich dar, als es von den Reformatoren wahrgenommen wurde.[32] Das gilt nicht weniger für das Neue Testament.[33] So gibt es z. B. in der Hebräischen Bibel und in der christlichen Bibel insgesamt recht verschiedene Verständnisse des *Gesetzes*.[34] Schon die der Septuaginta (*nomos*) und der Vulgata (*lex*) folgende deutsche Übersetzung des hebräischen Wortes *tora* mit *Gesetz* ist nicht unproblematisch. Unter einem Gesetz stellen wir uns so etwas vor wie das Strafgesetzbuch oder das Zivilgesetzbuch der Schweiz, allenfalls auch so etwas wie ein Naturgesetz. *Tora* meint dagegen eher so etwas wie Wegweisung, Weisung oder Lehre, wobei sich der Gegenstand von der richtigen Durchführung eines Opfers über die Bestrafung eines Verbrechens bis hin zu allgemeinen Fragen der Lebensführung erstrecken kann. Man muss jeweils genau auf den Kontext achten, um die präzise Bedeutung von *tora* zu erfassen. Wenn die im Pentateuch, den fünf Büchern Mose, überlieferten Gesetze und Gebote als Tora bezeichnet werden, wird damit gesagt, dass es sich dabei nicht nur um Gesetze im politischen und juristischen Sinn handelt, sondern auch um Gebote für eine gute Lebensführung, die die Israeliten lehren sollen, im Einklang mit dem Willen Gottes zu leben. Dabei wird mehrfach die Überzeugung zum Ausdruck gebracht, dass es sich dabei nicht um willkürliche Vorschriften handelt, sondern um Regeln, die eigentlich jedem vernünftigen Menschen gut und gerecht einleuchten sollten (vgl. z. B. Deuteronomium 4,6–8; 30,11–14). Dementsprechend wird es an den meisten Stellen auch nicht als unmöglich angesehen, der Tora entsprechend zu leben. Gelegentlich wird allerdings angenommen, dass die Israeliten erst in der Lage sein werden, nach der Tora zu leben, wenn Gott ihr Herz – das ist in der Hebräischen Bibel das Organ der Erkenntnis, des Gewissens und des Willens – dafür instand setzen wird (vgl. z. B. Deuteronomium 29,3; 30,6 und Ezechiel 11,19 f; 36,26 f gegenüber 18,31).

---

32 Vgl. dazu knapp JAN CHRISTIAN GERTZ (Hg.): Grundinformation Altes Testament, Göttingen ³2008, 597 ff; ausführlicher GEORG FISCHER: Theologien des Alten Testaments, Stuttgart 2012; JÖRG JEREMIAS: Theologie des Alten Testaments, Göttingen 2015.
33 Vgl. dazu knapp FRIEDRICH WILHELM HORN: Vielfalt und Einheit der neutestamentlichen Botschaft, in: KARL-WILHELM NIEBUHR (Hg.), Grundinformation Neues Testament, Göttingen ²2003, 371–387; ausführlicher FERDINAND HAHN: Theologie des Neuen Testaments, Tübingen ³2011.
34 Vgl. WOLFGANG OSWALD: Artikel Tora (AT), in: WiBiLex: www.bibelwissenschaft.de/stichwort/200199/ (Oktober 2016); STEFAN KRAUTER: Artikel Gesetz/Tora (NT), in: WiBiLex: www.bibelwissenschaft.de/stichwort/48920/ (November 2013).

Auch für den ungeschulten Blick ist es leicht zu erkennen, dass im Pentateuch verschiedene Rechtssammlungen enthalten sind[35] (z. B. das sog. Bundesbuch in Exodus 20–23, das sog. Heiligkeitsgesetz in Leviticus 17–26 und das sog. deuteronomische Gesetz in Deuteronomium 12–26), deren Bestimmungen sich teilweise gegenseitig widersprechen (wie z. B. die Gesetze über die Schuldsklaverei in Exodus 21, Deuteronomium 15 und Leviticus 25). Das deutet darauf hin, dass hinter der Zusammenstellung dieser Rechtssammlungen und weiterer Vorschriften im Pentateuch nicht die Absicht stand, eine verbindliche Rechtsordnung für Israel zu etablieren, sondern dass diese Zusammenstellung eher den Zweck hatte, die Leser anhand von Beispielen für die selbständige Rechtsprechung zu schulen. Außerdem sollten diese Beispiele wohl zeigen, wie weise und gerecht der Gott Israels ist, auf den die Gesetze und Gebote nun zurückgeführt wurden. Ursprünglich war es in Israel wohl wie auch sonst im Alten Orient der König gewesen, der für die Rechtsprechung und Gesetzgebung zuständig war.

Später gab es dann allerdings auch Theologen, die der Ansicht waren, dass die Israeliten die Gebote und Gesetze Gottes sozusagen blind befolgen sollten, ohne darüber nachzudenken (so etwa der Verfasser von Numeri 15,37–41). Es gibt in der Hebräischen Bibel aber auch Stimmen, die der Ansicht sind, dass nicht alle Gebote und Gesetze Gottes gut sind (vgl. Ezechiel 20,25f), oder dass die Abschreiber sie verfälscht und „zur Lüge gemacht" haben (Jeremia 8,8). Und es gibt auch Stimmen, die der Ansicht sind, dass die Menschen selbst dazu in der Lage sind, zu erkennen, was gut ist und was schlecht bzw. böse und folglich dazu keiner besonderen Belehrung durch Gott mehr bedürfen (vgl. Genesis 3; Micha 6,8).

In der Hebräischen Bibel zeigt sich also eine theologische Diskussion über die Notwendigkeit, den Inhalt und die Leistungsfähigkeit einer göttlichen Unterweisung der Israeliten (*tora*). Diese Diskussion bleibt im Alten Testament offen und wird auch im Neuen Testament nicht entschieden (vgl. nur die unterschiedlichen Aussagen über das Gesetz bei Paulus, Matthäus und Jakobus). Das haben die meisten Reformatoren nicht erkannt und vielleicht auch nicht erkennen können, weil sie die Bibel als sachlich einheitliches und eindeutiges Wort Gottes (miss-)verstanden haben. Für die Verständigung zwischen Juden und Christen relativiert sich die Diskussion um das Gesetzesverständnis erheblich, sobald man erkennt, dass es nicht nur in der Bibel, sondern auch in den verschiedenen Richtungen des heutigen Judentums und Christentums ganz erhebliche Differenzen in der theo-

---

[35] Vgl. KLAUS GRÜNWALDT: Artikel Recht (AT), in: WiBiLex: www.bibelwissenschaft.de/stichwort/32882/ (Januar 2011).

logischen Beurteilung und im religiösen Stellenwert der Tora bzw. des Gesetzes gibt.

Entsprechendes gilt für theologische Konzepte wie Bund oder Volk Gottes, die in der Religions- und Theologiegeschichte bis in die Gegenwart für die Diskussion über das Verhältnis von Judentum und Christentum von Bedeutung waren und sind. Der Gedanke, dass der Gott Jahwe und Israel durch einen Bund oder Vertrag (hebräisch: eine *berit*)[36] miteinander verbunden sein könnten, kam nach heutigem Erkenntnisstand in der Zeit auf, in der Israel und Juda unter der Vorherrschaft des neuassyrischen Reiches standen, also grob gesagt im 8. und v. a. im 7. Jahrhundert v. Chr. Die assyrischen Herrscher schlossen mit den von ihnen abhängigen Kleinkönigen Staatsverträge, in denen sie von diesen Liebe und Gehorsam verlangten und ihnen dafür reichen Segen versprachen bzw. für den Fall des Ungehorsams Flüche androhten. Das Buch Deuteronomium scheint nach diesem Vorbild als Vertrag zwischen Jahwe und Israel gestaltet worden zu sein. Im Anschluss daran bzw. daneben hat sich in der Hebräischen Bibel eine Vielzahl von Bundestheologien entwickelt. In Genesis 9, nach der Sintflut, schließt Gott einen Bund mit „allem Fleisch", also allen Lebewesen, in dem er ausschließlich sich selbst verpflichtet, keine Sintflut mehr kommen zu lassen, ohne dafür eine Gegenleistung zu fordern (wenn nicht das Gebot des Schächtens in V. 4 und der Bestrafung von Totschlägern mit dem Tod in V. 6 in diesem Sinne zu verstehen sind). In Genesis 17 schließt Gott einen Bund mit Abraham, in dem er sich dazu verpflichtet, aus seinen Nachkommen verschiedene Völker und Könige entstehen zu lassen und ihnen (oder einem Teil von ihnen?) das Land Kanaan als Eigentum zu geben. Als Gegenleistung fordert er die Beschneidung aller männlichen Knaben – wobei ein Verstoß gegen diese Forderung nur den jeweils betroffenen Unbeschnittenen selbst treffen soll (V. 13 f) – und sonst nichts (wenn nicht die Aufforderung zu einem vollkommenen Lebenswandel in V. 1 als weitere Forderung zu verstehen ist). In Exodus 19–24 schließt Jahwe mit dem Volk Israel einen Bund, in dem er die Einhaltung der Zehn Gebote und des Bundesbuchs verlangt. Dieser Bund wird noch am Sinai durch die Herstellung und Verehrung des *Goldenen Kalbs* von Seiten der Israeliten gebrochen und sogleich von Jahwe erneuert (Exodus 32–34). Im Deuteronomium erinnert Mose die Israeliten an diesen Sinai-Bund (vgl. Deuteronomium 4 f), schließt dann aber mit ihnen nochmals einen Bund zwischen ihnen und Jahwe (vgl. Deuteronomium 28,69; 29). Entsprechend verfährt nach der Einnahme des verheißenen Landes Josua in Josua 24. Ähnliches wird in 2. Könige 23,3 von König Josia erzählt (vgl. 2. Chronik 34,31 f und schon 2.

---

[36] Vgl. UDO RÜTERSWÖRDEN: Artikel Bund (AT), in: WiBiLex: www.bibelwissenschaft.de/stichwort/15777/ (Januar 2006).

Chronik 29,10 über Chiskija). Im Lichte der Bundesschlüsse zwischen Jahwe und dem Volk Israel konnte der Untergang der Staaten Israel und Juda 722 und 586 v. Chr. als Strafe für den Bruch des Bundes durch die Israeliten bzw. Judäer gedeutet werden (vgl. z. B. Jeremia 11). Für die Zukunft konnte man dann erwarten, dass Jahwe trotzdem an seinen Bundeszusagen festhält (vgl. Leviticus 26,42.44 f) oder einen neuen Bund mit den Israeliten schließen wird (vgl. Jeremia 31,31–34).

Die verschiedenen Aussagen über einen Bund zwischen Jahwe und Israel oder dessen Vorfahren in der Hebräischen Bibel lassen sich nicht widerspruchsfrei zu einem sinnvollen Ganzen zusammenfügen. Die Vorstellung eines Bundes zwischen Gott und bestimmten Menschen bzw. Völkern findet sich außerdem nur in einem Teil der Schriften der Hebräischen Bibel und ist für diese nicht durchgängig prägend. Dass der Gedanke, dass Gott vertragliche Abmachungen mit Teilen seiner Geschöpfe eingeht, für heutige theologische Diskussionen noch nützlich und hilfreich sein könnte, kann man durchaus bezweifeln.

Dasselbe gilt für das Konzept eines Volkes Gottes.[37] Das hebräische Wort 'amm kann sowohl die (väterliche) Verwandtschaft oder Sippe bezeichnen als auch ein Volk, das durch biologische Verwandtschaft, territorial oder kulturell definiert sein kann, aber auch einfach die Leute im allgemeinen oder im Sinne der Bewohner einer Stadt oder der Angehörigen einer Armee u. dgl. Wenn vom Volk Gottes die Rede ist, muss man also jeweils fragen, wodurch dieses Volk definiert wird: etwa durch Abstammung, durch eine gemeinsame Kultur oder Religion oder durch die besondere Treue zur Tora. Dass das Volk Israel als Volk Gottes gegenüber anderen Völkern privilegiert ist, wird schon in der Hebräischen Bibel stillschweigend (besonders in der sog. Weisheitsliteratur), gelegentlich aber auch ausdrücklich bestritten (z. B. in Amos 9,7). Nach Psalm 100 sind alle Menschen Jahwes Volk und die Schafe seiner Weide (vgl. Psalm 47,9 f). Entsprechend kritisch wären auch Ansprüche christlicher Kirchen zu sehen, das neue Volk Gottes zu sein, das neben Israel als altes Gottesvolk oder gar an seine Stelle tritt. Für die Beschreibung und theologische Reflexion des Verhältnisses von Christen und Juden im Horizont der Menschheit mit ihren vielfältigen Kulturen und Religionen ist die Vorstellung eines Gottesvolkes oder mehrerer Gottesvölker heute wohl kaum noch hilfreich (wenn sie es je gewesen ist).

Mehr Potential für eine produktive theologische Weiterentwicklung enthalten m. E. Modelle einer christlichen Interpretation des Alten und des Neuen Testaments im Sinne von Verheißung und Erfüllung, Typologie oder christologischer

---

37 Vgl. CHRISTOPH KOCH: Artikel Gottesvolk (AT), in: WiBiLex: www.bibelwissenschaft.de/stichwort/20000/ (Mai 2012); KRISTIN WEINGART: Artikel Volk (AT), in: WiBiLex: www.bibelwissenschaft.de/stichwort/34299/ (November 2016).

Deutung. Nicht alle Fälle, in denen das Neue Testament von einer Erfüllung alttestamentlicher Verheißungen spricht, sind aus heutiger bibelwissenschaftlicher Sicht plausibel. So erfüllt sich etwa nach Matthäus 1 in der Geburt Jesu durch die Jungfrau Maria eine Verheißung des alttestamentlichen Propheten Jesaja: „Siehe, die Jungfrau wird schwanger werden und einen Sohn gebären, und man wird ihm den Namen Immanuel geben" (Matthäus 1,23). Im hebräischen Text heißt es: „Seht, die junge Frau ist schwanger und wird einen Sohn gebären und ihm den Namen Immanuel geben" (Jesaja 7,14). Es geht also nicht um eine Jungfrau, sondern um eine junge Frau, die noch kein Kind geboren hat. Und diese Frau wird nicht irgendwann einmal schwanger werden, sondern ist schon schwanger. Der Text kann also ursprünglich nicht als Verheißung der Geburt Jesu durch die Jungfrau Maria gemeint sein.

Trotzdem kann man dem Modell von Verheißung und Erfüllung[38] historisch und theologisch auch heute noch etwas abgewinnen. Jesus lebte und wirkte in einem Milieu, in dem verschiedene Heilserwartungen virulent waren. Er hat sich selbst und sein Wirken im Horizont solcher Erwartungen verstanden (auch wenn wir heute kaum noch sicher ermitteln können, wie er sich selbst verstanden hat), und sein Leben wurde von seinen Anhängerinnen und Anhängern im Horizont solcher Erwartungen gedeutet. Dabei hat Jesus (nach seinem eigenen Verständnis oder nach dem seiner Anhängerschaft) solche Erwartungen und Hoffnungen nicht nur erfüllt, sondern auch enttäuscht oder modifiziert. Und sein Wirken hat seinerseits Erwartungen geweckt, die sich dann mehr oder weniger (oder auch gar nicht) erfüllt haben. Solche Erwartungen lassen sich teilweise bis in die Hebräische Bibel zurückverfolgen, wo sie zum Teil auch schon kritisch diskutiert werden. Dabei ist das Verständnis der Hebräischen Bibel bei Jesus, seinen Anhängern und seinen Gegnern beeinflusst durch ihre Deutung in frühjüdischen Schriften, die nicht in die Hebräische Bibel oder das Alte Testament aufgenommen wurden, deren Kenntnis aber unerlässlich ist, wenn man die Bezugnahmen auf das Alte Testament im Neuen Testament richtig verstehen will.[39]

Ähnliches gilt für eine typologische Deutung,[40] die im Alten Testament sachliche Entsprechungen oder Ähnlichkeiten mit dem Neuen Testament erkennt. So vergleicht z. B. Paulus in 1. Korinther 10 Situationen und Herausforderungen

---

38 Vgl. Christoph Rösel: Artikel Verheißung/Erfüllung, in: WiBiLex: www.bibelwissenschaft.de/stichwort/14477/ (März 2006).
39 Vgl. Werner Georg Kümmel/Hermann Lichtenberger (Hgg.): Jüdische Schriften aus hellenistisch-römischer Zeit, Gütersloh 1973; Louis H. Feldman u. a. (Hg.): Outside the Bible: Ancient Jewish Writings Related to Scripture, 3 Bände, Philadelphia 2013.
40 Vgl. Stuart George Hall: Artikel Typologie, in: Gerhard Müller/Horst Balz/Gerhard Krause (Hgg.), Theologische Realenzyklopädie 34 (2002), 208–224.

der christlichen Gemeinde in Korinth mit ähnlichen Situationen und Herausforderungen der Israeliten im Alten Testament. 1. Petrus 3,20 sieht Entsprechungen zwischen der Sintflut und der Taufe, und Matthäus 12,39 solche zwischen dem Ergehen des Propheten Jona und dem Tod und der Auferstehung Jesu: „Denn wie Jona im Bauch des Fisches war, drei Tage und drei Nächte, so wird der Menschensohn im Schoss der Erde sein, drei Tage und drei Nächte." Wir deuten neue Erfahrungen immer im Lichte älterer Erfahrungen, und frühere Erfahrungen können im Lichte späterer Erfahrungen in einem neuen Licht erscheinen. Solche Deutungsprozesse und ihre geschichtliche Entwicklung zeigen sich beispielhaft in derartigen typologischen Interpretationen und können bibelwissenschaftlich und bibeltheologisch weit darüber hinaus – und auch über die Textsammlungen des Alten und des Neuen Testaments hinaus – verfolgt und analysiert werden. So können wir lernen, auch unsere eigenen theologischen Deutungen traditionsgeschichtlich zu verstehen, kritisch zu prüfen und weiter zu entwickeln.

Eine so genannte christologische Interpretation des Alten Testaments oder der Hebräischen Bibel im Lichte eines von Jesus als dem Christus (bzw. Messias) bestimmten christlichen Wirklichkeitsverständnisses wird heute besonders im Horizont des jüdisch-christlichen Dialogs häufig als höchst problematisch angesehen, insofern es den Eigensinn der alttestamentlichen Texte verfälscht, indem es ihnen fremde, christliche Gedanken in sie hineinträgt.[41] Versteht man Christologie jedoch in einem weiteren Sinne so, dass damit gemeint ist, was Jesus als historischer Mensch und als literarische Figur für Christen bedeutet, welche lebensorientierenden und -verändernden Impulse und Wirkungen von ihm ausgehen, macht es durchaus Sinn, auch nichtchristliche Texte daraufhin zu befragen, ob sie ähnliche Einsichten enthalten, und zu versuchen, aus ihrer Sicht die eigene *Christologie* kritisch zu beleuchten, zu überprüfen und weiter zu entwickeln. In einer solchen vergleichenden Perspektive wäre im Alten Testament (oder in anderen religiösen oder säkularen Texten) nicht nur interessant, was den eigenen christlichen Ansichten entspricht oder entgegen kommt, sondern ebenso, was von ihnen abweicht und auf Defizite oder Fehlurteile in der eigenen Perspektive hindeuten könnte. Ob, in welchem Ausmaß und in welchem Sinne das Christentum sich im Vergleich mit anderen Religionen, Philosophien oder Weltsichten als einzigartig oder sogar überlegen erweist, wird sich dann vielleicht einmal herausstellen. Es ist für den christlichen Glauben nicht von großer Bedeutung, solange er sich nicht unter dem Eindruck anderer Traditionen dazu gedrängt

---

41 Vgl. JOHANN MICHAEL SCHMIDT: Artikel Jüdisch-christlicher Dialog (christl. Sicht), in: WiBiLex: www.bibelwissenschaft.de/stichwort/10514/ (Mai 2007).

sieht, Jesus Christus als maßgeblichen Bezugspunkt der Lebensorientierung aufzugeben.

In neueren Stellungnahmen zum jüdisch-christlichen Gespräch wird vermehrt auf die Mehrdeutigkeit der Hebräischen Bibel bzw. des Alten Testaments hingewiesen, das für jüdische wie für christliche Interpretationen offen sei.[42] Es ist die Aufgabe der Bibelwissenschaft, durch die historische, literarische und theologische Analyse der biblischen Texte und ihrer Zusammenstellung in den verschiedenen Sammlungen (Hebräische Bibel, Alte Testamente, Neue Testamente, christliche Bibeln) deren meist nicht eindeutigen Eigen-Sinn möglichst präzise herauszuarbeiten. An dieser Arbeit sind heute Wissenschaftlerinnen und Wissenschaftler mit den unterschiedlichsten religiösen, konfessionellen oder säkularen Hintergründen beteiligt. Daneben steht es jedem Menschen frei, die Bibel in irgend einer Gestalt zu lesen, sich von der Lektüre zum eigenen Nachdenken oder auch zu einer Neuorientierung seines Lebens bewegen zu lassen, und sich dabei an verschiedenen religiösen, philosophischen oder säkularen Traditionen zu orientieren. Die Bibelwissenschaft kann ihn oder sie dabei allenfalls auf Missverständnisse aufmerksam machen und ihnen bewusst machen, dass bei ihrer Deutung Gesichtspunkte mit einfließen, die nicht den biblischen Vorgaben selbst entnommen sind. Denn „der Schrift allein" ist nicht zu entnehmen, ob und wie sie jüdisch oder christlich zu lesen ist, sondern nur, welche Lektüren sie ermöglicht und welche nicht.[43] Eine solche kritische Relativierung des eigenen Bibelverständnisses kann vielleicht zu einer gewissen Entspannung des jüdisch-christlichen Gesprächs beitragen bzw. zu einem solchen Gespräch über verschiedene Interpretationen der Bibel(n) anregen. Außerdem kann die Bibelwissenschaft auf Erfahrungen, Gedanken und Diskussionen in den biblischen Texten aufmerksam machen, die in ihren herkömmlichen jüdischen oder christlichen Deutungen übersehen oder nicht in ihrer Tragweite erkannt wurden. So kann sie die jüdischen und christlichen *Heiligen Schriften* vor religiöser Vereinnahmung schützen und denen, die sich an ihnen orientieren wollen, helfen,

---

[42] Vgl. SCHMIDT: Jüdisch-christlicher Dialog (wie Anm. 41), Abschnitt 2.2. mit Verweis auf PÄPSTLICHE BIBELKOMMISSION: Das jüdische Volk und seine Heilige Schrift in der christlichen Bibel, in: Verlautbarungen des Apostolischen Stuhls 152 (2001) und LEUENBERGER KIRCHENGEMEINSCHAFT: Kirche und Israel (Leuenberger Texte 6), Frankfurt am Main 2001. Vgl. auch EVANGELISCH-JÜDISCHE GESPRÄCHSKOMMISSION DES SCHWEIZERISCHEN EVANGELISCHEN KIRCHENBUNDS SEK und SCHWEIZERISCHER ISRAELITISCHER GEMEINDEBUND SIG (Hgg.): In gegenseitiger Achtung auf dem Weg: Gemeinsame Erklärung zum Dialog von Juden und evangelischen Christen in der Schweiz, 2010, 13: www.swissjews.ch/de/downloads/politik/achtung-auf-dem-weg.pdf.

[43] Vgl. FRIEDEMANN STENGEL: Sola Scriptura im Kontext, Leipzig 2016; JÖRG LAUSTER: Prinzip und Methode, Tübingen 2004.

sich auch mit ungewohnten und unbequemen Einsichten ihrer *Heiligen Schriften* auseinanderzusetzen.

Fazit und Ausblick

Was können wir aus den voranstehenden Überlegungen zum Thema Reformation, Altes Testament und Judentum im Licht der heutigen Diskussion lernen? Ich möchte versuchen, dies zum Schluss in einigen Thesen anzudeuten.

Judentum und Christentum, Altes und Neues Testament sind keine kompakten und einheitlichen Größen, sondern in sich vielfältige Gebilde, die aus unterschiedlichen Blickwinkeln betrachtet und definiert werden können.

In den verschiedenen Judentümern und Christentümern haben die jeweiligen *Heiligen Schriften* (teilweise in unterschiedlicher Gestalt) unterschiedliche religiöse und theologische Bedeutung.

Aufgabe der Bibelwissenschaft ist es zunächst einmal, diese Sachverhalte in ihrer Komplexität und Differenziertheit zu beschreiben, zu verstehen und zu erklären, wobei der Aspekt der geschichtlichen Kontexte und Entwicklungen eine wichtige Rolle spielt.

Diese Herangehensweise an die biblischen Texte wurde grundsätzlich auch schon von den Reformatoren praktiziert. Sie wird bei ihnen aber vielfach getrübt und behindert durch das Interesse, der Bibel theologisch normative Aussagen zu entnehmen und Konflikte zwischen verschiedenen Auslegungen der Bibel unter Berufung auf die Bibel normativ zu entscheiden. Das erschwerte ihnen eine genaue Wahrnehmung der theologischen Differenzen, Spannungen und Widersprüche innerhalb der Bibel bzw. nötigte sie dazu, solche Spannungen exegetisch oder theologisch zu bereinigen.

Die moderne Bibelwissenschaft hat demgegenüber gelernt, die innere Vielfalt und Widersprüchlichkeit der Bibel auch theologisch wertzuschätzen. Die Bibel nimmt uns das eigene Denken nicht ab, sondern fordert uns dazu heraus.

Dabei nötigt uns der Fortgang der Geschichte dazu, die theologischen Diskussionen in der Bibel angesichts neuer Erfahrungen weiter zu führen, zu ergänzen und dabei auch über die Bibel hinaus weiter zu denken.

Hierzu kann der Austausch zwischen verschiedenen konfessionellen und religiösen (aber auch nichtreligiösen!) Perspektiven auf die biblischen Texte hilfreich sein. Zumindest über philologische, literaturwissenschaftliche und historische Fragen sollte dabei eine Perspektiven-übergreifende Verständigung auf der Basis der Bibelwissenschaft möglich sein.

Eine fruchtbare Kooperation bei der Arbeit an der Interpretation der Bibel aus verschiedenen Blickwinkeln setzt eine Haltung des gegenseitigen Wohlwollens, des Respekts und der Toleranz voraus. Diese Haltung ergibt sich z. B. aus den Geboten der Nächstenliebe und der Feindesliebe, die sich im Alten wie im Neuen Testament finden.

Gegenseitiges Wohlwollen, Respekt und Toleranz sind grundsätzlich allen Menschen entgegenzubringen, auch und gerade solchen, deren Ansichten man nicht teilt.

Sie schließen einen friedlichen und sachlichen Streit um die Wahrheit nicht aus, sondern ermöglichen ihn.

Jörg Frey
Hat Luther Paulus missverstanden?

Reformation als Paulusinterpretation und die Diskussion um die Bedeutung der reformatorischen Rechtfertigungslehre

Die Reformation kann man unter vielen unterschiedlichen Gesichtspunkten fassen und über ihr Wesen können die Gelehrten trefflich streiten. Doch eines war sie sicher: eine *Bibelbewegung*. Dies gilt für Zürich und Genf ebenso wie für Wittenberg und die von der dortigen Bewegung erfassten Gebiete. Es kam durch die Aufnahme der reformatorischen Gedanken zu einer neuen, breiteren und wirkmächtigen Wahrnehmung der Bibel, die unmittelbar und unverstellt, ohne den Filter kirchlicher Autoritäten, in der Landessprache gelesen und gepredigt werden sollten. Bis heute ist es Kennzeichen evangelischen Glaubens, dass er sich auf die Schrift als Quelle und Norm christlichen Glaubens und Lebens beruft und den biblischen Texten – nicht kirchlichen Amtsträgern, hergebrachten Traditionen oder gesellschaftlichen Trends – kriteriale Funktion zuerkennt. Dass die Schrift dabei nicht nur naiv und ‚flächig' gelesen werden darf, sondern in ihrer Geschichte und ihren inneren Spannungen und Zusammenhängen *verstanden* werden muss,[1] ist ebenso eine Errungenschaft reformatorischen Denkens: Ein schlichter Biblizismus oder gar Fundamentalismus ist nicht evangelisch.

Geringfügig veränderte und mit den notwendigen Verweisen versehene Fassung der am 23. März 2017 in Zürich gehaltenen Ringvorlesung. Für die kritische Durchsicht des Textes danke ich meiner Mitarbeiterin Esther Marie Joas sehr herzlich.

1 Evangelische Schriftauslegung ist daher notwendigerweise verbunden mit der hermeneutischen Frage nach Kriterien der Gültigkeit (z. B. der Zuordnung von Buchstabe und Geist, Gesetz und Evangelium) und der Frage nach der *Klarheit* der Schrift (dazu REINHARD SCHWARZ: Martin Luther. Lehrer der christlichen Religion, Tübingen 2015, 27–45). Sie ist daher notwendigerweise *kritisch* (im Sinne von unterscheidend). Zugleich führt von der reformatorischen Betonung des *Schriftprinzips* und der gleichzeitigen Anerkennung der Weltlichkeit der Welt eine deutliche Linie zur freien historischen Untersuchung der Schrift und damit zur historischen Bibelwissenschaft, die nicht zufällig ihren Anfang im evangelischen Kontext nahm. Dazu siehe nach wie vor den grundlegenden Aufsatz von GERHARD EBELING: Die Bedeutung der historisch-kritischen Methode für die protestantische Theologie und Kirche, in: Zeitschrift für Theologie und Kirche (ZThK) 47 (1950), 1–46.

1 Die Reformation als Bibelbewegung

a) Dass die Reformation eine Bibelbewegung war, zeigt sich zunächst in den breiten Bemühungen um die *Übersetzung* der Bibel, wobei Luthers Übersetzung des Neuen Testament eine Pionierrolle zukam.[2] Zwar waren die Reformatoren nicht die ersten, die die Bibel in die Sprache des Volkes übertrugen,[3] aber die reformatorischen Projekte waren von neuer Qualität: Übersetzt wurde nicht nur der kirchlich rezipierte lateinische Bibeltext, sondern der griechische Text des Neuen Testaments, den Erasmus von Rotterdam 1516 herausgegeben hatte, und – soweit möglich – der hebräische Text der aus der synagogalen Überlieferung übernommenen jüdischen Bibel, zu dessen Verständnis die Reformatoren bei christlichen Hebraisten wie Reuchlin[4] und teilweise. auch bei jüdischen Zeitgenossen in die Lehre gingen. Mit der humanistischen Parole *ad fontes* verband sich das Ziel, philologisch und geistlich aus den frischen Quellen zu trinken und nicht nur aus den langen Strömen oder gar – wie man polemisch sagte – den abgestandenen „Pfützen" der Tradition zu schöpfen.[5] Und während viele der älteren Übertragungen der Bibel oder einzelner ihrer Teile unvollständig oder textlich

---

[2] Siehe zum Überblick über deutsche Bibelübersetzungen WALTRAUT INGEBORG SAUER-GEPPERT: Bibelübersetzungen III: Mittelalterliche und reformationszeitliche Bibelübersetzungen, III/1: Übertragungen ins Deutsche, in: Theologische Realenzyklopädie (TRE) 6 (1980), 228–246. Zu Luthers Übersetzung siehe grundlegend HANS VOLZ: Martin Luthers deutsche Bibel. Entstehung und Geschichte der Lutherbibel, Hamburg 1978–1981; DERS.: Vorwort, in: D. MARTIN LUTHER: Die gantze Heilige Schrifft Deudsch Wittenberg 1545, München 1972, 7*–144*, sowie zur Sprache besonders BIRGIT STOLT: Martin Luthers Rhetorik des Herzens, Uni-Taschenbücher (UTB) 2141, Göttingen 2000.

[3] Die Reihe der Vorgänger reicht von der gotischen Übersetzung Wulfilas über mittelalterliche Übertragungen wie den althochdeutschen Tatian bis zur Übersetzung von William Tyndale in England.

[4] Christliche Hebraisten wie Johannes Reuchlin, ein entfernter Verwandter Melanchthons, bemühten sich – im Anschluss an jüdische Vorgänger – um ein Verständnis der hebräischen Sprache und setzten sich in ihren Schriften u. a. auch gegen die Konfiszierung jüdischer Bücher ein. Zum christlichen Hebraismus siehe STEPHEN G. BURNETT: Christian Hebraism in the Reformation Era (1500–1660), Library of the Written Word – The Handpress World 19, Leiden 2012; DERS.: Philosomitism and Christian Hebraism in the Reformation Era (1500–1620), in: IRENE A. DIEKMANN/ELKE-VERA KOTOWSKI (Hgg.), Geliebter Feind, gehasster Freund: Antisemitismus und Philosemitismus in Geschichte und Gegenwart. Festschrift zum 65. Geburtstag von Julius Schoeps, Berlin 2009, 135–146.

[5] Vgl. das im Blick auf die biblischen Sprachen geformte Diktum aus einer Tischrede Luthers: „Die Ebräer trinken aus der Bornquelle; die Griechen aber aus den Wässerlin, die aus der Quelle fließen; die Lateinischen aber aus der Pfützen.", MARTIN LUTHER: Werke. Kritische Gesamtausgabe, Weimarer Ausgabe (WA), Tischreden 1, Weimar 1912, Nr. 525, 15–20.

uneinheitlich waren und andere sklavisch-wörtlich am lateinischen Text und damit sprachlich schwerfällig und unverständlich blieben, waren die reformatorischen Übersetzungswerke vom hermeneutischen Bemühen um die Herausarbeitung des theologischen Sinnes der Schrift geleitet und praktizierten eine Orientierung an der Zielsprache, denn die Schriften sollten verständlich sein.[6]

Die verdeutschte Bibel wurde angesichts des aufblühenden Buchdrucks und der damit eröffneten Verbreitungswege zu einem Bestseller mit bislang unerreichter Breitenwirkung. Wesentlich für diese Breitenwirkung war aber auch die Sorge der Reformatoren um die Lesefähigkeit breiterer Kreise, die Entwicklung von Bildungsprogrammen und die Einrichtung von Schulen, damit auch Laien ohne fremde Vermittlung in der Bibel lesen und aufgrund der postulierten Klarheit der Schrift die für das Heil wesentlichen Dinge daraus entnehmen konnten. Bibel und Katechismus wurden so zum prägenden Element protestantischer Bildung und Konfessionskultur.

b) Hinzu kommt die neue Zentralstellung der Bibel im *Gottesdienst*. Die *Predigt des Wortes Gottes* sollte im Zentrum stehen, im sonntäglichen Gottesdienst wie in zusätzlichen Predigtgottesdiensten. Während die lutherische Tradition weithin an der Form der (verdeutschten) Messe festhielt, kam es in der Zürcher Reformation seit der Berufung Zwinglis ans Großmünster (am 01.01.1519) zu der neuen Praxis der *lectio continua*, d. h. der fortlaufenden Lektüre und Auslegung ganzer biblischer Bücher in ihrem Zusammenhang. Dabei trat das von der kirchlichen Tradition vorgegebene Kirchenjahr mit seinen Fest- und (Heiligen-) Gedenktagen in den Hintergrund zugunsten der ausschließlichen Orientierung an der Schrift. Der Übergang zur *biblischen* Predigt markiert in Zürich den ersten Schritt zur Reformation, auch wenn sich Zwingli erst später öffentlich zu dieser bekannte.[7]

c) Mit der Zentralstellung der Bibel in Gottesdienst und Verkündigung verbindet sich die exklusive Bedeutung der Bibel als Norm und Richtschnur[8] in der *theologischen Argumentation* und damit das protestantische *Schriftprinzip*.

---

6 Dazu auch IRENE DINGEL: Reformation. Zentren – Akteure – Ereignisse, Neukirchen-Vluyn 2016, 63 f. Gänzlich unkommentiert wurde die Bibel allerdings nicht präsentiert. Vielmehr übernahmen schon im Septembertestament von 1522 und dann auch in den späteren Bibelausgaben die Randglossen und die Vorreden die „Funktion eines populärtheologischen Kommentars", so HEINZ BLANKE: Bibelübersetzung, in: ALBRECHT BEUTEL (Hg.), Luther-Handbuch, Tübingen ³2017, 298–305, 299 (vgl. 303–305).
7 So MARTIN H. JUNG: Reformation und konfessionelles Zeitalter (1517–1648), Uni-Taschenbücher (UTB) 3628, Göttingen 2012, 87; vgl. DINGEL, Reformation (wie Anm. 6), 87–89.
8 Nach der Konkordienformel kann „allein die Heilige Schrift der einig Richter, Regel und Richtschnur" (‚sola sacra scriptura iudex, norma et regula') sowie „Probierstein" (‚lydius lapis')

Aufgrund der Schrift konnte Luther gegen kirchliche Praktiken wie z. B. den Verkauf von Ablassbriefen argumentieren oder den Anspruch des Papstes, Vergebung von Sündenstrafen gewähren zu können, bestreiten.[9] Die Schrift wurde damit im Streit der Autoritäten bzw. gegen die geistlichen und weltlichen Autoritäten zur entscheidenden Berufungsinstanz: gegen die Tradition, gegen kirchliche Lehrentscheidungen und Konzilien, ja selbst gegen den obersten Repräsentanten Christi auf Erden, den Papst, und die mit ihm verbundenen weltlichen Instanzen von Kaiser und Reich. Als Gotteswort tritt die Schrift allen Traditionen gegenüber, die lediglich Menschenwort sind und daher nicht für den Glauben und das Leben der Christen verbindlich gemacht werden und das Gewissen binden können, „selbst wenn sie durch Worte der Kirchenväter, durch Konzilsbeschlüsse oder Papstdekrete sanktioniert sind."[10] Dabei kommt schon früh 1520[11] der Begriff des „ersten Prinzips" *(principium primum)* ins Spiel, das als solches keiner weiteren Herleitung mehr bedarf. Damit verband sich das Postulat der Klarheit *(claritas)* und Heilsgenügsamkeit *(sufficientia)* der Schrift[12] und ihrer Selbstauslegung. Nur wenn die Schrift in sich (in ihren wesentlichen, heilsrelevanten Aussagen) klar ist und nicht erst einer klärenden Auslegung durch das kirchliche Lehramt bedarf, kann sie als Argument gegen die Tradition gestellt und zur Entscheidungsgrundlage im Blick auf die kirchliche Lehre und das kirchliche Leben werden. *Sola Scriptura* (allein die Schrift) wird von hier aus zu einer der Zentralformeln der Reformation.[13]

---

für alle kirchlichen Lehren und Traditionen sein, Die Bekenntnisschriften der lutherischen Kirche (BSLK) 769, 22f.
9 So zentral in den *Ablassthesen*, vgl. Martin Luther: Disputatio pro declaratione virtutis indulgetiarium in: Martin Luther: Werke. Kritische Gesamtausgabe, Weimarer Ausgabe (WA), Schriften 1, Weimar 1881, 233–238.
10 Schwarz, Martin Luther (wie Anm. 1), 27.
11 So in der *Assertio omnium articulorum*, in: Martin Luther: Werke. Kritische Gesamtausgabe, Weimarer Ausgabe (WA), Weimar 1897, Schriften 7, Nr. 98, 4–7; siehe dazu Schwarz, Martin Luther (wie Anm. 1), 36f., auch Jörg Lauster: Prinzip und Methode. Die Transformation des protestantischen Schriftprinzips durch die historische Kritik von Schleiermacher bis zur Gegenwart, Hermeneutische Untersuchungen zur Theologie (HUTh) 46, Tübingen 2004, 12.
12 Siehe dazu auch Luthers Aussagen zur „zweifachen Klarheit der Schrift" *(duplex claritas scripturae)* vgl. Martin Luther: De servo arbitrio, in: Martin Luther: Werke. Kritische Gesamtausgabe, Weimarer Ausgabe (WA), Weimar 1908, Schriften18, 4–14 (dazu Schwarz, Martin Luther (wie Anm. 1), 38f.); sowie Ulrich Zwingli: Die Klarheit und Gewissheit und Untrüglichkeit des Wortes Gottes, in: Thomas Brunnschweiler/Samuel Lutz (Hgg.), Huldrych Zwingli Schriften, IV Bde., Zürich 1995, Bd. 1, 105–154.
13 Natürlich sind mit diesem Postulat nicht alle Probleme der Auslegung gelöst, und da Luther „nicht die kurzschlüssige ... Vorstellung ... einer platten Textinspiration der biblischen Schriften" (Schwarz, Martin Luther (wie Anm. 1), 35) vertritt, bedurfte es sehr wohl einer weiteren her-

2 Die zentrale Entdeckung an Paulus

Die Wiederentdeckung der Schrift bzw. die Entdeckung des in den Schriften bezeugten Evangeliums und seiner Kraft ist für Luther entscheidend mit exegetischen Entdeckungen an den paulinischen Briefen verbunden. Natürlich waren diese seit alters Gegenstand vielfältiger Auslegung gewesen. Dennoch ist der Eindruck berechtigt, dass der Apostel in der christlichen Antike zwar als größter Missionar und Märtyrer verehrt oder als Vorbild oder kraftvoller Vermittler der Kirchenlehre präsentiert werden konnte, dass aber nur wenige Ausleger die kühnen theologischen Gedanken seiner Briefe erfassten – mit der Ausnahme des (antipelagianischen) Augustin.[14] Auch in der mittelalterlichen Auslegung wurden die Briefe des Apostels nach den Regeln der exegetischen Kunst ausgelegt und diskutiert, doch für das kirchliche Leben und die gottesdienstliche Praxis waren die narrativen Texte der Evangelien stärker im Zentrum und daneben – v. a. im Mönchtum – der Psalter.

Dass Martin Luther seine Entdeckungen an Paulus machen sollte, ist insofern nicht selbstverständlich, aber durch seine augustinische Vorbildung begünstigt. Er war aus seiner monastischen Frömmigkeit zudem mit dem täglichen Gebet der Bußpsalmen vertraut, den stetig wiederholten Worten wie z. B. „an dir allein habe ich gesündigt und übel vor dir getan" (Ps 51,4).[15] Die Brisanz der Suche Luthers ‚nach dem gnädigen Gott'[16] ist auf dem Hintergrund dieser Praxis sowie im wei-

---

meneutischen Reflexion, nicht nur darüber, aus welchen Schriften legitim argumentiert werden kann (d. h. über die Kanonfrage), sondern auch darüber, wie mit den Differenzen innerhalb dieses Kanons umzugehen ist. Die Diskussionen um die hermeneutischen Leitperspektiven der Auslegung, um das Verhältnis von Gesetz und Evangelium oder um das Kriterium *was Christum treibet* mussten von nun an umso mehr geführt werden.
14 Siehe zur Frühzeit (bis Ende des 2. Jahrhunderts besonders ERNST DASSMANN: Der Stachel im Fleisch. Paulus in der frühchristlichen Literatur bis Irenäus, Münster 1979; ANDREAS LINDEMANN: Paulus im ältesten Christentum, in: Beiträge zur Historischen Theologie (BHTh) 58, Tübingen 1979; DERS.: Der Apostel Paulus im 2. Jahrhundert, in: DERS. (Hg.), Paulus, Apostel und Lehrer der Kirche, Tübingen 1999, 294–322. Siehe zur frühchristlichen Kunst auch ERNST DASSMANN: Paulus in frühchristlicher Frömmigkeit und Kunst (RhWAW.G 256), Opladen 1982; DERS.: Aspekte frühchristlicher Paulusverehrung, in: DERS./KLAUS THRAEDE/JOSEF ENGEMANN (Hgg.), Chartulae. Festschrift für Wolfgang Speyer (JAC.E 28), Münster 1998, 87–103.
15 Siehe dazu OSWALD BAYER: Aus Glauben leben. Über Rechtfertigung und Heiligung, Stuttgart 1990, 80.
16 Die Formel ist pietistisch gefärbt (so MARTIN SCHMIDT: Der Pietismus und das moderne Denken, in: KURT ALAND (Hg.), Pietismus und moderne Welt (AGP 12), Witten 1974, 9–74, 9, aber sie hatte einen Sitz im Leben bei Luther, da sie im Zeremoniell der Aufnahme in den Augustinereremitenorden vorkam, wo der Postulant auf die Frage „Wonach verlangst du?" zu antworten

teren Kontext der spätmittelalterlichen Religiosität[17] verständlich: Die verbreitete Heilsangst, die Omnipräsenz von Krankheit und Tod, die vielfältigen Bemühungen der Menschen, ihr eigenes jenseitiges Ergehen und das ihrer verstorbenen Angehörigen durch Gebete, Seelenmessen und andere Akte der Frömmigkeit zu sichern, sowie schließlich die augustinisch-monastische Bußfrömmigkeit bilden den Hintergrund dafür, dass für Luther die Frage der Buße und der vor Gott zu erlangenden Gerechtigkeit zur Grundfrage seiner Theologie wurde. In diesem Kontext musste die Botschaft des paulinischen Evangeliums, dass der Mensch allein durch den Glauben, nicht durch eigene Werke vor Gott ‚gerecht' (Röm 3,28) und zum Heil gebracht wird, als revolutionäre Neuentdeckung erscheinen.

Freilich war diese zunächst versperrt durch ein herkömmliches philosophisches Verständnis des Terminus *Gerechtigkeit*. In einem späten Selbstzeugnis, der Vorrede zur Ausgabe seiner lateinischen Werke 1545, schreibt Luther im Rückblick den berühmten Text über seine reformatorische Entdeckung. Deren genaue zeitliche Ansetzung ist in der Forschung strittig und auch davon abhängig, worin man inhaltlich jene Entdeckung oder den ‚reformatorischen Durchbruch' sehen will.[18] In dem späten Selbstzeugnis ist wohl ein längerer Prozess zu einer markanten *Erinnerung*[19] narrativ verdichtet,[20] aber gleichwohl sollte man die Sachfrage, das richtige Verständnis der *Gerechtigkeit Gottes* als Zentralthema ernst nehmen:

---

hatte: „Ich verlange nach Gottes und Eurem Erbarmen" (siehe dazu GERD THEISSEN/PETRA VON GEMÜNDEN: Der Römerbrief. Rechenschaft eines Reformators, Göttingen 2016, 27).

17 Siehe dazu CHRISTOPH BURGER: Religiosität, in: ALBRECHT BEUTEL (Hg.), Luther-Handbuch, Tübingen ³2017, 56–60, sowie ausführlich BERNDT HAMM: Religiosität im späten Mittelalter. Spannungspole, Neuaufbrüche, Normierungen (SMHR) 54, Tübingen 2011; zur Buße DIETRICH KORSCH: Die religiöse Leitidee, in: ALBRECHT BEUTEL (Hg.), Luther-Handbuch, Tübingen ³2017, 115–121, 117 f. Mit Ps 51 hat sich Luther in einer späteren Vorlesung explizit befasst: Vorlesung über Ps 51, in: MARTIN LUTHER: Werke. Kritische Gesamtausgabe, Weimarer Ausgabe (WA), Weimar 1914, Schriften 40.II, 315–470.

18 In einer Tischrede (TR 3,3232c) spricht Luther von einem (einmaligen) Turmerlebnis. Zu den Forschungspositionen, die sich zwischen einer Frühdatierung des *Durchbruchs* ca. 1515 und einer Spätdatierung ca. 1518/1519 bewegen, siehe VOLKER LEPPIN: Martin Luther, Darmstadt 2006, 107–117. Siehe die ältere Diskussion in BERNHARD LOHSE (Hg.): Der Durchbruch der reformatorischen Erkenntnis bei Luther, in: Wege der Forschung (WdF) 123, Darmstadt 1968.

19 Die reformationshistorischen Diskussionen könnten hier evtl. hermeneutisch davon profitieren, wie z. B. in der neutestamentlichen Wissenschaft der *memory approach* (im Anschluss an Theorien des Sozialen Gedächtnisses von Jan Assman, Maurice Halbwachs u. a.) für Fragen der Jesusforschung rezipiert wurde. Die historische Echtheits- und Datierungsfrage kann damit etwas zurücktreten, ohne dass die Bedeutung der *Erinnerung* für die spätere Identitätsbildung (von Gruppen und Einzelpersonen) dadurch vermindert würde.

20 So plausibel THEISSEN/VON GEMÜNDEN, Römerbrief (wie Anm. 16), 29.

Von einem wunderbaren Eifer war ich gewiss ergriffen gewesen, Paulus im Brief an die Römer kennenzulernen; aber es hatte bis dahin im Wege gestanden nicht die Kälte meines Herzens, sondern das einzige Wort im 1. Kapitel (Röm 1,17): ‚Die Gerechtigkeit Gottes wird in jenem (dem Evangelium) geoffenbart.' Denn ich hasste dieses Wort ‚Gerechtigkeit Gottes', welches ich nach der üblichen Gewohnheit aller Doktoren gelehrt worden war, philosophisch von der sogenannten formalen oder aktiven Gerechtigkeit zu verstehen, durch die Gott gerecht ist und Sünder wie Ungerechte straft. Ich aber fühlte mich, obwohl ich als Mönch untadelig lebte, vor Gott als Sünder und unruhig in meinem Gewissen und konnte nicht hoffen, dass ich durch meine Genugtuung versöhnt sei. Ich liebte den gerechten Gott, der die Sünder straft, nicht, sondern hasste ihn. Ich war unmutig gegen Gott, wenn nicht mit heimlicher Lästerung, so doch mit gewaltigem Murren, indem ich sprach: als ob es nicht genug ist, dass die elenden, durch die Ursünde ewig verdammten Sünder von vielfältigem Unheil bedrückt sind durch das Gesetz des Dekalogs! Muss Gott durch das Evangelium Leid auf Leid fügen und uns auch durch das Evangelium seine Gerechtigkeit und seinen Zorn androhen? So raste ich in meinem verwirrten Gewissen, pochte aber trotzdem ungestüm an dieser Stelle bei Paulus an, indem ich vor Durst brannte zu wissen, was der hl. Paulus wollte. Da erbarmte sich Gott meiner. Unablässig sann ich Tag und Nacht, bis ich auf den Zusammenhang der Worte achtete, nämlich: ‚Die Gerechtigkeit wird in jenem (dem Evangelium) geoffenbart, wie geschrieben steht: Der Gerechte lebt aus dem Glauben.' Da begann ich die Gerechtigkeit als diejenige zu verstehen, durch welche der Gerechte als durch Gottes Geschenk lebt ..., nämlich aus dem Glauben, und (erkannte), dass dies die Meinung sei, dass durch das Evangelium die Gerechtigkeit Gottes geoffenbart wird, nämlich die passive, durch welche uns der barmherzige Gott durch den Glauben rechtfertigt, wie geschrieben steht: ‚Der Gerechte lebt aus dem Glauben.' Hier meinte ich geradezu, ich sei wiedergeboren, die Türen hätten sich geöffnet und ich sei in das Paradies selbst eingetreten. Gleich darauf zeigte mir die ganze Schrift ein anderes Gesicht. Ich durchlief darauf die Schrift, wie ich sie im Gedächtnis hatte, und stellte bei anderen Begriffen Ähnliches fest, wie etwa: Werk Gottes, das heißt das, was Gott in uns wirkt, Kraft Gottes, durch die er uns stark macht, Weisheit Gottes, durch die er uns weise macht, Stärke Gottes, Heil Gottes, Herrlichkeit Gottes. So, wie ich vorher das Wort ‚Gerechtigkeit Gottes' gehasst hatte, mit solcher Liebe pries ich jetzt den mir süßesten Begriff, so wurde mir diese Paulus-Stelle zur Pforte des Paradieses. Danach las ich Augustin, De spiritu et littera, wo ich wider Erwarten fand, dass auch er die Gerechtigkeit Gottes ähnlich versteht: (nämlich als) die, mit der Gott uns bekleidet, wenn er uns rechtfertigt. Und obwohl das (von ihm) noch unvollkommen gesagt ist und er nicht deutlich alles von der Zurechnung auslegt, gefiel es mir doch, dass (von ihm) die Gerechtigkeit Gottes gelehrt wird, durch die wir gerechtfertigt werden.[21]

Der Hintergrund dieser Aussagen ist in der spätmittelalterlichen Bußlehre zu sehen, nach der es für die heilvolle Wirksamkeit der Buße darauf ankommt, dass der sündige Mensch in der Zerknirschung des Herzens dem vernichtenden Urteil

---

21 MARTIN LUTHER: Vorrede zu den „Opera latina", Wittenberg 1545, in: MARTIN LUTHER: Werke. Kritische Gesamtausgabe, Weimarer Ausgabe (WA), Schriften 54, Weimar 1928, 185. Übersetzung von BERNHARD LOHSE: Luthers Theologie in ihrer historischen Entwicklung und in ihrem systematischen Zusammenhang, Göttingen, 1995, 104 f. (orthographisch modifiziert).

Gottes über ihn zustimmt, wobei immer die Frage bleibt, ob diese Buße hinreichend echt und tiefgehend ist. Gott ist dabei in erster Linie als ein gerechter Richter vorgestellt. Seine Gerechtigkeit ist – gut aristotelisch gedacht – eine neutrale Eigenschaft, die jedem das zuteilt, was ihm zusteht – die *iustitia distributiva*.[22] Die daraus für jeden ernsten Christen entstehende existentielle Frage ist für heutige Menschen häufig nur noch schwer nachvollziehbar:[23] Gott gibt Gebote und belohnt oder bestraft nach ihrer Befolgung, und der Mensch muss seine Unzulänglichkeit eingestehen und kann bei allem Bemühen doch nie sicher sein, ob die Reue und die Genugtuung wirklich genügen. Ein solches Gottesbild bewirkt Groll. Kann man so einen Gott für *gerecht* halten, ja noch mehr: ihn von ganzem Herzen lieben – und gerade das ist doch das größte Gebot. Das Scheitern erscheint damit vorprogrammiert.

Hier bedeutet Luthers Entdeckung der ganz anders verstandenen, nämlich sich geschenkweise vermittelnden und damit gerecht machenden *Gerechtigkeit Gottes*, tatsächlich einen Ausbruch aus dem *circulus vitiosus*, aus dem System, das den Menschen immer nur zu noch größerer religiöser Anstrengung und letztlich zum Scheitern führen konnte: Die Rede von der ‚Gerechtigkeit Gottes' bzw. dem ‚gerechten' Gott wandelt sich von Drohbotschaft zur Frohbotschaft, zum befreienden, rettenden und kräftigenden Evangelium. Von hier aus wird für Luther insgesamt deutlich, was das Evangelium ist, so dass sich von hier aus auch eine hermeneutische Leitperspektive im Ganzen eröffnet, eben das, ‚was Christum treibet', das nun zum ‚Kanon im Kanon' für Luthers Lektüre der Schrift wird. So kann Luther in seiner Vorrede zum Neuen Testament die Paulusbriefe und besonders den Römer- und Galaterbrief (neben dem ersten Petrusbrief und dem Johannesevangelium) als „der rechte Kern und das Mark unter allen Buchern" bezeichnen.[24] Der Römerbrief sei „das rechte Hauptstück des Neuen Testaments und das allerlauterste Evangelium". Diese Epistel sei „wohl würdig und wert, dass sie ein Christenmensch nicht allein von Wort zu Wort auswendig wisse, sondern dass er auch täglich damit umgehe als mit täglichem Brot der Seele."[25] An Paulus

---

[22] Dazu siehe EBERHARD JÜNGEL: Das Evangelium von der Rechtfertigung des Gottlosen als Zentrum des christlichen Glaubens. Eine theologische Studie in ökumenischer Absicht, Tübingen ⁶2011, 48–52.

[23] Freilich ist das entsprechende Gottesbild gerade in evangelikalen Kreisen in Verbindung mit einer an Anselm angelehnten Satisfaktionstheorie nach wie vor verbreitet.

[24] So in der Vorrede auf das Neue Testament von 1522 (in einem Anhang „Wilchs die rechten und edlichsten Bucher des Neuen Testaments sind", nach THOMAS KAUFMANN (Hg.): Martin Luther, Reformation der Frömmigkeit und Bibelauslegung. Schriften 2, Berlin 2014, 102–108, 106.

[25] Vorrede auff die Epistel S. Paul: an die Römer, in: D. MARTIN LUTHER: Die gantze Heilige Schrifft (wie Anm. 2), 2254 [sprachlich angepasst].

hat Luther seine entscheidende Entdeckung gemacht im Blick auf das, was das Evangelium als befreiende Botschaft ausmacht, und diese Einsicht verteidigt er gegen alle Relativierung (durch kirchliche Tradition und Autoritäten oder auch durch anderslautende Aussagen in der Schrift). Hier ist zentral ausgesagt, ‚was Christum treibet' und was mithin sachlicher Maßstab der christlichen Verkündigung ist.

Sachlich-theologisch stellt sich natürlich die Frage, ob man diese Einsicht so verabsolutieren darf, dass die entsprechende Sicht der Rechtfertigungslehre als Mitte der neutestamentlichen Theologie, ja als *das* Grundkriterium christlicher Verkündigung wird,[26] der „Artikel, mit dem die Kirche steht und fällt."[27] Kann man die sich daraus ergebende Perspektivierung der biblischen Botschaft als legitim oder gar notwendig anerkennen, oder sollte man biblisch-theologisch nicht doch ein weniger auf Paulus fokussiertes Verständnis des Kanons voraussetzen, ein Verständnis, in dem Paulus *und* Jakobus, das paulinische Evangelium von der Rechtfertigung des Gottlosen *und* die matthäische Weltgerichtsvision (Mt 25), Evangelium *und* Gesetz gleichberechtigt nebeneinander stehen? Oder würde dadurch das paulinisch verstandene Evangelium letztlich entwertet und entkräftet? Die reformierte Tradition hat v. a. im Anschluss an Johannes Calvin immer ein stärkeres Nebeneinander von Gesetz und Evangelium (oder Altem und Neuem Testament) gelehrt und damit auch ein stärkeres Gewicht auf die Einschärfung und Einübung eines christlichen Lebenswandels gelegt. Auch die pietistische Auslegung (von Adolf Schlatter[28] bis Peter Stuhlmacher[29]) hat die lutherische

---

26 So dezidiert Ernst Käsemann, für den die Rechtfertigungslehre paulinischen Zuschnitts den theologisch eigentlich gültigen *Kanon im Kanon* markiert, von dem aus die „Unterscheidung der Geister" vorzunehmen ist, siehe ERNST KÄSEMANN: Zusammenfassung, in: DERS. (Hg.), Das Neue Testament als Kanon. Dokumentation und kritische Analyse zur gegenwärtigen Diskussion, Göttingen 1970, 399–410, 405.
27 So eine wohl auf den lutherisch-orthodoxen Theologen Abraham Calov zurückgehende Formulierung, siehe zur Sache Bekenntnisschriften der lutherischen Kirche (BSLK) 415, 21f.; vgl. auch LUTHER, in: MARTIN LUTHER: Werke. Kritische Gesamtausgabe, Weimarer Ausgabe (WA), Schriften 40 III, Weimar 1930, 352, 3 und DERS., in: MARTIN LUTHER: Werke. Kritische Gesamtausgabe, Weimarer Ausgabe (WA), Schriften 39 I, Weimar 1926, 205, 20–22; weiter THEODOR MAHLMANN: Zur Geschichte der Formel „Articulus stantis et cadentis ecclesiae", in: Lutherische Theologie und Kirche (LuThK) 17 (1993), 187–194; DERS.: Articulus stantis et (vel) cadentis ecclesiae, Religion in Geschichte und Gegenwart (RGG)⁴ I (1998), 799f.
28 ADOLF SCHLATTER: Luthers Deutung des Römerbriefs, Beiträge zur Förderung christlicher Theologie (BFChTh) 21,7, Gütersloh 1917; siehe dazu EDUARD ELLWEIN: Schlatters Kritik an Luthers Römerbriefvorlesung, in: Zwischen den Zeiten (ZZ) 5 (1927), 530–543; PAUL ALTHAUS: Adolf Schlatters Verhältnis zur Theologie Luthers, in: Zeitschrift für Systematische Theologie (ZSTh) 22 (1953), 245–256; WERNER NEUER: Adolf Schlatter. Ein Leben für Theologie und Kirche, Stuttgart 1996, 546–553; PETER STUHLMACHER: Adolf Schlatter als Paulusausleger – ein Versuch, in:

Rechtfertigungslehre bzw. ihre neuzeitlichen Rezeptionsformen im Interesse einer stärker gesamtbiblischen Perspektive und zugunsten einer größeren Berücksichtigung der Heiligung nur in modifizierter Form akzeptiert. Aus dem Interesse an der Vermeidung antijüdischer Aussagen und an der Erneuerung des jüdisch-christlichen Verhältnisses sowie insbesondere durch Vertreter der im angelsächsischen Raum entwickelten *New Perspective on Paul* hat der Chor der Kritiker des lutherischen Paulusverständnisses[30] weiter an Kraft gewonnen. Allerdings sind auch diese Perspektiven auf ihre systematischen Interessen und Implikationen hin kritisch zu befragen.

3 Paulus und sein Verständnis von Gerechtigkeit Gottes in Röm 1,17

Doch bevor diese Fragen zu reflektieren sind, müssen wir uns den von Luther genannten Paulustext vor Augen führen und Luthers philologische Entdeckung nachvollziehen.

Es handelt sich dabei um den Themasatz des Römerbriefes (Röm 1,16f), die grundlegende Proposition, die den Briefeingang, das Proömium (Röm 1, 8–17), abschließt und an die unmittelbar die Entfaltung dieses Themas, die Rede von der *Offenbarung des Zornes Gottes* (Röm 1,18) und der *Gerechtigkeit Gottes* (Röm 3,21), anschließt. Es handelt sich somit zweifellos um eine strukturell und auch theologisch zentrale Stelle in dem längsten und theologisch gewichtigsten Brief des Paulus, in dem der Apostel sein Verständnis des Evangeliums für die ihm persönlich unbekannte Gemeinde in Rom darlegt.[31]

MARTIN HENGEL/ULRICH HECKEL (Hgg.), Paulus und das antike Judentum, Wissenschaftliche Untersuchungen zum Neuen Testament (WUNT) 58, Tübingen 1991, 409–424.
29 Siehe neben dem in der vorigen Fussnote erwähnten Aufsatz auch PETER STUHLMACHER: Paulus und Luther, in: ERICH GRÄSSER/OTTO MERK (Hgg.), Glaube und Eschatologie. Festschrift für Werner Georg Kümmel zum 80. Geburtstag, Tübingen 1985, 285–302; DERS.: Zum Thema Rechtfertigung, in: DERS., Biblische Theologie und Evangelium, Wissenschaftliche Untersuchen zum Neuen Testament (WUNT) 146, Tübingen 2002, 23–65.
30 Siehe dazu ausführlich STEPHEN WESTERHOLM: Perspectives Old and New on Paul: The ‚Lutheran' Paul and His Critics, Grand Rapids 2004; DERS.: The „New Perspective" at Twenty-Five, in: DERS., Law and Ethics in Early Judaism and the New Testament, Wissenschaftliche Untersuchungen zum Neuen Testament (WUNT) 383, Tübingen 2017, 195–236.
31 Zu den vielfältigen Thesen um die Abfassungsintention des Briefs siehe die abgewogene Darstellung bei UDO SCHNELLE: Einleitung in das Neue Testament, Göttingen ⁸2013, 137–139, sowie ALEXANDER J. M. WEDDERBURN: The Reasons for Romans, London/New York 2004. Grundsätzlich ist festzuhalten, dass auch der Römerbrief kein systematisch-theologischer Trak-

Οὐ γὰρ ἐπαισχύνομαι τὸ εὐαγγέλιον,δύναμις γὰρ θεοῦ ἐστιν εἰς σωτηρίαν παντὶ τῷ πιστεύοντι, Ἰουδαίῳ τε πρῶτον καὶ Ἕλληνι. δικαιοσύνη γὰρ θεοῦ ἐν αὐτῷ ἀποκαλύπτεται ἐκ πίστεως εἰς πίστιν, καθὼς γέγραπται· ὁ δὲ δίκαιος ἐκ πίστεως ζήσεται.

Denn ich schäme mich des Evangeliums nicht, denn es ist eine Macht Gottes zur Rettung für jeden, der glaubt, dem Juden zuerst, und auch dem Griechen. Denn die Gerechtigkeit Gottes wird in ihm offenbart, (die kommt) aus Glauben zum Glauben, wie geschrieben steht: ‚Der aus Glauben Gerechte wird leben.'

Was Paulus seinen Adressaten in Rom zu Beginn seines Briefes schreibt, ist in mehrfacher Hinsicht bemerkenswert: Zunächst wird das *Evangelium*, die *gute Botschaft* von *seinem Sohn* (Röm 1,1), d. h. von Jesus Christus, hier nicht einfach als eine Information oder Lehre verstanden, sondern als eine rettende Macht. Das Evangelium ist eine Kraft, deren Urheber Gott ist und die *jedem Glaubenden* zur Rettung verhilft. Ähnlich hatte Paulus schon am Anfang des Ersten Korintherbriefs (1 Kor 1,18), in einer analogen Themenformulierung von dem *Wort vom Kreuz* als einer Kraft zur Rettung gesprochen. D. h. hier ist von Gott die Rede, der alle Glaubenden *rettet* und insofern *Subjekt* dieses Heilsgeschehens ist, nicht Objekt einer besänftigenden Handlung des Menschen, auch nicht ein neutraler Richter, der jedem das ihm gerecht Zustehende zuteilt.[32]

Der Kern der Entdeckung Luthers liegt in der Wortverbindung *Gerechtigkeit Gottes* (δικαιοσύνη θεοῦ), die er zuvor philosophisch (d. h. aristotelisch), als eine

---

tat, sondern wie alle Paulusbriefe ein situationsbezogenes Schreiben ist, wenngleich Paulus seine Verkündigung hier – aus gegebenem Anlass – stärker systematisch entfaltet als z. B. im polemischen Galaterbrief. Anzunehmen ist, dass in der römischen Gemeinde Juden- und Heidenchristen zusammen lebten, und einige paränetische Passagen (Röm 14,1–15,13) weisen auf gewisse Spannungen zwischen beiden hin, wobei Paulus interessanterweise die judenchristlichen *Schwachen* gegenüber einer heidenchristlichen Überheblichkeit in Schutz nimmt, siehe dazu VOLKER GÄCKLE: Die Starken und die Schwachen in Korinth und Rom, Wissenschaftliche Untersuchen zum Neuen Testament (WUNT) II/200, 361–449. Die Auseinandersetzung mit jüdischen bzw. judenchristlichen Einwänden gegen die Mission und das Evangeliumsverständnis des Paulus ist mithin auch durch die römische Situation veranlasst, wenngleich der Apostel hier bereits auf eine längere Geschichte der Einwände, Widerstände und Gegnerschaft gegen seine Mission zurückblickt und z.T. auf die Argumentation aus dem Galaterbrief zurückgreifen kann. Insofern kann man den Römerbrief doch *cum grano salis* als eine Summe des paulinischen Denkens, eine reflektierte „Rechenschaft" (so im Untertitel von THEISSEN/VON GEMÜNDEN, Römerbrief (wie Anm. 16)), ansehen.

32 Vgl. zum Motiv des Rettens schon 1 Thess 1,5 und für die inhaltliche Entfaltung des Evangeliums die alte, vorpaulinische Formel 1 Kor 15,3–5 (sowie analog Röm 4,25). Zum Verständnis von Heil und Rettung siehe JÖRG FREY: Heil. Neutestamentliche Perspektiven, in: DERS., Von Jesus zur neutestamentlichen Theologie. Kleine Schriften 2, Wissenschaftliche Untersuchen zum Neuen Testament (WUNT) 386, Tübingen 2016, 539–584 (dort zu Paulus 568–575).

formale oder *aktive* Gerechtigkeit, d. h. als Eigenschaft Gottes, zu verstehen gelernt hatte. Das neue Verständnis ist das einer *passiven* Gerechtigkeit, d.h. einer Qualität, die dem Menschen von Gott zuerkannt oder vermittelt wird und insofern *vor Gott* besteht. Gerechtigkeit ist dabei nicht statisch, sondern kommunikabel verstanden: Gott ist mithin gerade darin *gerecht*, dass er von der ihm eigenen Gerechtigkeit etwas weitergibt und Menschen gerecht *macht*, d. h. ihnen Heil und Leben *schenkt*.

Lässt sich dieses Verständnis der Wortverbindung δικαιοσύνη θεοῦ dem für Luther zentralen Vers Röm 1,17 entnehmen, der begründend an die Rede vom Evangelium als rettender Macht anschließt: „Denn darin [d.h. im Evangelium] wird die Gerechtigkeit Gottes enthüllt"? Der Sinn von *Gerechtigkeit Gottes* ist nach dieser Bestimmung aus dem Geschehen der Rettung von *jedem, der glaubt*, d. h. aus der Verkündigung und heilvollen Wirksamkeit des Evangeliums von Jesus Christus zu verstehen. Gerechtigkeit Gottes ist somit *Heilsmacht und Heilgabe*[33] zugleich. Und wenn in diesem Zusammenhang von ‚Offenbarung' die Rede ist,[34] impliziert das zugleich, dass im Evangelium etwas erkennbar wird, das zuvor und ohne das Evangelium so nicht erkannt werden konnte – ein heilsgeschichtlich neues, erst in Christus und in der Christusbotschaft eröffnetes Verständnis Gottes und seines rechtfertigenden Handelns, wie es Paulus dann in Röm 1,18–4,25 entfaltet.

Die exegetische Diskussion hat sich intensiv mit der Frage beschäftigt, wie diese Gerechtigkeit dem Menschen vermittelt wird. Wird sie ihm lediglich in der Predigt zugesprochen, so dass sich letztlich nur im Selbstverständnis des Glaubenden etwas ändert? So interpretierte Rudolf Bultmann, der vielleicht bedeutendste Exeget des 20. Jahrhunderts, in seiner existenzialtheologischen Aufnahme der lutherischen Tradition die paulinische Rechtfertigungslehre.[35] Oder rechnet Paulus im Horizont seiner apokalyptischen Weltsicht tatsächlich damit, dass Gott den an Christus glaubenden Menschen effektiv gerecht *macht* und damit in seinem Sein (und nicht nur in seinem Selbstverständnis) verändert und zugleich zu einem neuen Gehorsam beruft? So interpretierte Bultmanns großer Schüler und Kontrahent Ernst Käsemann, gleichfalls in dezidiert lutherischer Tradition, die

---

33 So MICHAEL WOLTER: Paulus. Ein Grundriss seiner Theologie, Neukirchen-Vluyn 2011, 392f.
34 So in Röm 1,17: ἐν αὐτῷ ἀποκαλύπτεται. Vgl. auch dasselbe Lexem 1,18 im Blick auf den Zorn und in 3,21 im Blick auf die Gerechtigkeit Gottes *ohne Gesetz*.
35 So RUDOLF BULTMANN: Theologie des Neuen Testaments, Tübingen 1953, 270f., siehe auch DERS.: ΔΙΚΑΙΟΣΥΝΗ ΘΕΟΥ, in: Journal of biblical literature (JBL) 83 (1964), 12–16, in Auseinandersetzung mit Ernst Käsemann.

paulinische Rechtfertigungslehre.³⁶ Die Rede von einer rettenden *Kraft* spricht meines Erachtens eher dafür, dass Paulus ein solches effektives Verständnis teilte, ohne dass damit die forensische Dimension, die Betrachtung des Menschen im eschatologischen Urteil Gottes, in Frage gestellt wäre.

Besonders schwierig zu verstehen ist freilich die von Paulus angefügte Wendung ἐκ πίστεως εἰς πίστιν, weil der Anschluss der Wendung syntaktisch nicht völlig klar ist und ein Verb fehlt: „Kommt" die Gerechtigkeit Gottes „aus Glauben in Glauben",³⁷ wie Luther übersetzte? Da das Lexem πίστις zudem auch als ‚Treue' wiedergegeben und so und auf ein göttliches oder auf ein menschliches Subjekt bezogen werden kann, vermehrt sich die Zahl der Deutungsmöglichkeiten noch: Kommt die Gerechtigkeit aus Gottes Treue oder aus der Treue der glaubenden Menschen oder gar – aus der Treue oder dem Vertrauen Jesu?³⁸ Ich kann hier nur knapp die Gründe für das mir plausibelste Verständnis nennen.

a) Wenn die Wendung ἐκ πίστεως εἰς πίστιν nicht nur eine rhetorische Verstärkung ist³⁹, dann ist also hier etwas über den Grund (ἐκ) und das Ziel (εἰς) der im Evangelium offenbarten Gottesgerechtigkeit ausgesagt. Klärung kann hier der Blick auf das folgende Schriftzitat aus Habakuk 2,4 bringen, denn Paulus sieht seine Aussage in einem alttestamentlichen Prophetenwort begründet: „... wie geschrieben steht: ὁ δὲ δίκαιος ἐκ πίστεως ζήσεται: Der Gerechte wird aus Glau-

---

36 Zum apokalyptisch inspirierten Verständnis von Gottes Gerechtigkeit als Gabe und Macht siehe grundlegend ERNST KÄSEMANN: Gottesgerechtigkeit bei Paulus, in: DERS., Exegetische Versuche und Besinnungen 2, Göttingen 1964, 181–192; DERS.: An die Römer, Handbuch zum Neuen Testament (HNT) 8a, Tübingen ⁴1980, 21–29; vgl. auch PETER STUHLMACHER: Gerechtigkeit Gottes bei Paulus, Forschungen zur Religion und Literatur des Alten und Neuen Testaments (FRLANT) 87, Göttingen ²1966; DERS.: Erwägungen zum *ontologischen Charakter* der *KAINE KTISIS* bei Paulus, in: Evangelische Theologie (EvTh) 27 (1967), 1–35. Zur Theologie Ernst Käsemanns siehe auch JÖRG FREY: Paulinische Perspektiven zur Kreuzestheologie, in: DERS., Von Jesus zur neutestamentlichen Theologie (wie Anm. 23) 443–484, 451–460.
37 D. MARTIN LUTHER: Die gantze Heilige Schrifft (wie Anm. 2): „Sintemal darinnen offen baret wird die Gerechtigkeit / die fur Gott gilt / welche kompt aus glauben in glauben / Wie denn geschrieben stehet / Der Gerechte wird seines Glaubens leben."
38 So ein neuerer Trend in der angelsächsischen Exegese, in dem im Anschluss an RICHARD HAYS: The Faith of Jesus Christ, Grand Rapids 1983; das Syntagma die πίστις Χριστοῦ in Röm 3,22, Gal 2,16, Gal 3,22 u.a. im Sinne der Treue des Messias Jesus verstanden wird. Siehe zu dieser Diskussion KARL-FRIEDRICH ULRICHS: Christusglaube: Studien zum Syntagma πίστις Χριστοῦ und zum paulinischen Verständnis von Glaube und Rechtfertigung, Wissenschaftliche Untersuchen zum Neuen Testament (WUNT) II/227, Tübingen 2007 und zuletzt NADINE UEBERSCHAER: Theologie des Lebens bei Paulus und Johannes. Ein theologisch-konzeptioneller Vergleich des Zusammenhangs von Glaube und Leben auf dem Hintergrund ihrer Glaubenssummarien, Wissenschaftliche Untersuchen zum Neuen Testament (WUNT), 389, Tübingen 2017, 53–59.
39 Siehe dazu zuletzt WOLTER: Der Brief an die Römer (wie Anm. 33), 125f.

ben (oder: aus Treue) leben."⁴⁰ Das entspricht der Deutung in dem berühmten Habakuk-Kommentar aus Qumran (1QpHab VIII 2–3), wo das alttestamentliche Prophetenwort in dem Sinne (auf die Gegenwart der Qumran-Gemeinde) gedeutet wird, dass Gott einige Menschen aus dem „Gerichtshaus" retten wird aufgrund ihrer Leiden und ihrer Treue zum ‚Lehrer der Gerechtigkeit', jener für die Qumrangemeinschaft prägenden Gestalt.⁴¹ Auch in dieser Deutung sind die Menschen, nicht Gott, Subjekt der *emuna*, der Gemeinschafts-Treue zu dem genannten Lehrer und seinen Unterweisungen.

b) Im Vergleich zum hebräischen Bibeltext⁴² findet sich in der von Paulus aufgenommenen griechischen Version der LXX ein präzisierendes Wort. Die LXX formuliert (als Gottesrede) „der Gerechte wird ἐκ πίστεώς μου leben", d. h. nach dem nächstliegenden Verständnis: „aus meiner [d. h. Gottes] Treue".⁴³ Paulus lässt jedoch in seiner Rezeption des Bibelwortes genau dieses Pronomen weg und öffnet damit den Satz stärker für ein Verständnis, nach dem die Lebenszusage mit dem Glauben *des Glaubenden* verknüpft ist: „Der Gerechte wird aus Glauben leben" oder eher: „Der aus Glauben Gerechte wird leben." Mit dem Rückbezug auf Hab 2,4 LXX belegt Paulus die Kontinuität seines Evangeliums mit den Schriften (vgl. Röm 1,1; 3,5). Er will zeigen, dass es schon im Alten Testament der Glaube war, der dem Menschen (unabhängig von der Toraerfüllung) zur Rechtfertigung vor Gott gereichte, und dies untermauert er dann in Röm 4 am Beispiel des Glaubens Abrahams unter Rückgriff auf Gen 15,6.

c) Entscheidend ist, dass Gottes Gerechtigkeit auf den Glauben jedes Glaubenden hin bezogen ist und sich darin als rettende Macht erweist. Dies entspricht den weiteren Aussagen über Gottes Gerechtigkeit im Römerbrief: Sie ist „unabhängig vom Gesetz erschienen" (Röm 3,21), sie erweist sich darin, dass er Sünden unberücksichtigt lässt (Röm 3,25), und Gott erweist sich gerade darin gerecht, dass er den rechtfertigt (oder: gerecht macht), der an Jesus Christus glaubt (Röm 3,26). Damit erscheint Gottes Gerechtigkeit als eine kommunikative, als Geschenk vermittelnde: Gott schenkt dem auf das Christusgeschehen und seine Heilswirksamkeit vertrauenden sündigen Menschen das eschatologische Heil, das hier mit

---

40 Siehe Ueberschaer: Theologie des Lebens (wie Anm. 38), 51; weiter die Diskussion bei Ulrichs, Christusglaube (ebenfalls wie Anm. 38), 185–187.
41 1QpHab VIII 1–3: „Seine Deutung bezieht sich auf alle Täter des Gesetzes im Hause Juda, die Gotte erretten wird aus dem Hause des Gerichtes um ihrer Mühsal und ihrer Treue willen zum Lehrer der Gerechtigkeit." Siehe Eduard Lohse (Hg.): Die Texte aus Qumran. Hebräisch und Deutsch, Darmstadt 1981, 237.
42 הִנֵּה עֻפְּלָה לֹא־יָשְׁרָה נַפְשׁוֹ בּוֹ וְצַדִּיק בֶּאֱמוּנָתוֹ יִחְיֶה „Siehe, geschwunden (Pu'al), nicht stark ist seine Näfäs (Leben) in ihm. Aber ein Gerechter, durch seine Treue/Glauben wird er am Leben bleiben."
43 Wolter, An die Römer (wie Anm. 33), 127.

dem forensischen Begriff ‚Gerechtigkeit' umschrieben wird (vgl. Röm 10,10). Diese von Gott zugewandte Gerechtigkeit steht in einzelnen Passagen der vom Menschen selbst erstrebten Gerechtigkeit entgegen (Röm 10,3), insofern sie gerade ohne Berücksichtigung der Werke der Toraerfüllung zugeeignet wird. Das hat Luther in einer treffenden Weise zur Geltung gebracht, wenn er in seiner Übersetzung von Röm 3,28 λογιζόμεθα γὰρ δικαιοῦσθαι πίστει ἄνθρωπον χωρὶς ἔργων νόμου die Exklusivpartikel *allein* einführt: „So halten wir es nu / Das der Mensch gerecht werde / on des Gesetzes werck / alleine durch den Glauben".[44] So heftig Luther für diese Einfügung der im griechischen Text fehlenden Exklusivpartikel kritisiert wurde, sachlich ist diese Formulierung zutreffend: Wenn die hier bezeichneten Taten der gehorsamen Erfüllung des (jüdischen) Gesetzes für die Zuwendung des Heils in Christus irrelevant sind, dann ist es in der Tat „allein der Glaube", während jede Verbindung des Typs „Glaube *und* X" ausgeschlossen bleibt.[45]

Das reformatorische Neuverständnis der Gerechtigkeit Gottes als einer nicht exklusiv Gott zukommenden, sondern kommunikativen, sich vermittelnden und den Menschen einbeziehenden Größe war in der Tat eine eindrückliche Entdeckung am Bibeltext, und vielleicht gründet hier, in dieser von Luther philologisch gemachten Erkenntnis auch der Optimismus, dass am Wortlaut des Textes – der klar ist – die geistliche Wahrheit der Schrift zu erkennen sei.[46]

---

[44] D. Martin Luther, Die gantze Heilige Schrifft Deudsch (wie Anm. 2), 2274.
[45] Bemerkenswert ist die Zustimmung des katholischen Römerbrief-Auslegers Otto Kuss: Der Römerbrief, Erste Lieferung Röm 1,1–6,11, Regensburg ²1963, 177: „… das ‚durch den Glauben'[…] trägt ganz deutlich den Ton, und die Hervorhebung durch die deutsche Übersetzung ‚*allein* durch den Glauben' ist ganz exakt im Sinne des Paulus…, vorausgesetzt, daß man die paulinische Kontraposition ‚allein auf Grund von Werken des mosaischen Gesetzes' nicht aus dem Auge verliert und daß man nicht heimlich ausklammert, was etwa Röm 6–8.12–15 noch gesagt werden wird." Vgl. auch Karl Kertelge: Rechtfertigung bei Paulus. Studien zur Struktur und zum Bedeutungsgehalt des paulinischen Rechtfertigungsbegriffs, Neutestamentliche Abhandlungen (NTA)3, Münster ²1966, 225.
[46] Dies ist grundlegend für die Stellung der Bibelexegese in der evangelischen Kirche – wenngleich das theologische Postulat der *claritas scripturae* heute in vielfacher Hinsicht präzisiert und modifiziert werden müsste.

4 Luthers Paulusdeutung in ihrem Kontext und ihre Differenz zu Paulus

Hat Luther Paulus damit *richtig* verstanden? Hat er ihn einseitig oder vereinseitigt verstanden? Und was bleibt von seinem Verständnis und damit von der Grundlegung evangelischer Rechtfertigungslehre angesichts der neueren Paulusexegese?

Die etwas plakative Frage ist sofort zu relativieren. Selbstverständlich impliziert jede Rezeption biblischer Texte und Sachverhalte in einer anderen Zeit und Situation eine Verschiebung der Perspektive. Die Paulusbriefe entstanden in einer spezifischen Phase des Ringens um die von der Forderung der Erfüllung des jüdischen Gesetzes freie Heidenmission, die sich von der Situation späterer Epochen unterscheidet. Die Fragen, auf die die paulinischen Texte antworten, sind daher andere als jene, die sich in der Reformationszeit stellten und jene, die sich heute stellen. Eine ungebrochene Übertragung der biblischen Aussagen in eine andere Situation ist nicht möglich, vielmehr erfordert jede spätere Rezeption eine hermeneutische Überlegung, welche Sache bzw. welche grundlegende Perspektive zur Geltung gebracht werden kann und soll – und über deren textliche und theologische Sachgemäßheit kann dann weiter diskutiert werden. Eben deshalb wäre ein platter Biblizismus naiv und dem Charakter der Texte als Zeugnisse einer vergangenen Zeit unangemessen. Zugleich sind die neutestamentlichen Schriften als Zeugnisse des heilvollen Gotteshandelns in Christus die Grundzeugnisse christlichen Glaubens, und nach evangelischer Überzeugung muss sich jedes spätere Verständnis christlichen Glaubens an den dort erkennbaren Perspektiven messen lassen. Gerade reformatorisches Denken muss sich dieser Überprüfung immer wieder stellen.

Ich möchte im Folgenden knapp drei Horizonte der Diskussion thematisieren. Zunächst die Frage, wie *Luthers Zeithorizont* und seine Fragestellungen in seiner Pauluslektüre zu bestimmten Akzenten führten, sodann die Herausforderungen durch die sogenannte *New Perspective on Paul* und schließlich die weitreichenden Konvergenzen, die sich im *ökumenischen Dialog* um die Rechtfertigungslehre in den letzten 30 Jahren ergeben haben.

Zunächst gilt es, der Frage nachzugehen, wie Luthers Paulusauslegung von seiner eigenen Zeit und Fragestellung bestimmt war.[47] Denn auch Luthers Weg und Werk

---

47 Dazu ist grundlegend auf die umfassende Aufarbeitung des Materials bei VOLKER STOLLE: Luther und Paulus. Die exegetischen und hermeneutischen Grundlagen der lutherischen Recht-

ist historisch zu verstehen. Die lutherische Theologie und Kirche hat dies zuweilen übersehen, wenn sie Luther geradezu als neuen Paulus feierte.[48] Doch mit der späteren *Dogmatisierung* der Theologie Luthers handelte sich die lutherische Theologie ein Problem ein, das für die Kirche in ähnlicher Weise auch angesichts des biblischen Zeugnisses besteht: Sie ist ja in einem sehr bestimmten Zeit- und Fragehorizont formuliert, der sich von dem späterer Epochen unterscheidet, so dass nicht nur eine Wiederholung der gegebenen Formeln, sondern eine sorgfältige hermeneutische Übertragung erforderlich ist.

Die neuere Forschung sieht deutlicher, wie Luther auch in seinen biblisch-theologischen Entdeckungen von den Fragen seiner Zeit bestimmt war: Seine Auslegungen in Predigten und Traktaten und auch die akademischen Exegesen in Vorlesungen und Disputationen sind aus der existentiellen Situation seiner Zeit und den Auseinandersetzungen der beginnenden reformatorischen Bewegung heraus formuliert und antworten mit Hilfe der Bibel auf die darin virulenten Fragen. Paulus nimmt dabei eine zentrale Rolle ein, aber natürlich lassen sich in Luthers Pauluslektüre zeitbedingte Akzentuierungen beobachten. Luther war alles andere als ein Interpret in wissenschaftlicher Distanz, sondern durchgehend ein höchst existentiell betroffener Theologe, als akademischer Lehrer, Verkündiger und geistiges Haupt der neuen Bewegung – vielleicht konnte es nur aus dieser existentiellen Betroffenheit zu solchen Neuentdeckungen und *Durchbrüchen* kommen.

a) Evident ist zunächst die *autobiographische Verankerung* des Denkens, bei Luther ebenso wie bei Paulus. Doch ist die Situation und Argumentation grundlegend verschieden: Alle Versuche, den ‚vorchristlichen' Paulus bereits als einen am (jüdischen) Gesetz zweifelnden oder gar verzweifelnden Menschen zu sehen,[49]

---

fertigungslehre im Paulinismus Luthers, Arbeiten zur Bibel und ihrer Geschichte (ABG) 10, Leipzig 2002, zu verweisen. Stolle bietet – als Dozent an der Lutherischen Theologischen Hochschule Oberursel – einen bemerkenswert kritischen Durchgang durch Luthers gesamte Paulusauslegung. Dieser ist in seiner Materialdarbietung von hohem Wert, auch wenn man Stolle exegetisch im Blick auf Paulus nicht immer folgen mag. Zur Kritik siehe CHRISTOPH LANDMESSER: Luther und Paulus. Eine Rezension in exegetischer Perspektive zu einem Buch von VOLKER STOLLE, Neue Zeitschrift für systematische Theologie (NZSTh) 48 (2006), 222–238.

48 Vgl. dazu die Belege bei STOLLE, Luther und Paulus (wie Anm.47), 375–377.

49 Anhaltspunkt war häufig die Rede vom Gesetz in Röm 7. Der Freud-Schüler OTTO PFISTER: Die Entwicklung des Apostels Paulus. Eine religionsgeschichtliche und psychologische Skizze, in: Imago 6 (1920), 243–290, hatte in Paulus einen unbewussten Konflikt mit dem Gesetz vermutet, der sich dann in der Damaskus-Erfahrung gelöst habe. Neuerdings vorsichtiger, aber gleichwohl kaum überzeugend GERD THEISSEN: Gesetz und Sünde. Die Bewusstwerdung des Konflikts nach Röm 7,7–23, in: DERS. (Hg.), Psychologische Aspekte paulinischer Theologie, Forschungen zur Religion und Literatur des Alten und Neuen Testaments (FRLANT) 131, Göttingen 1983, 181–268.

müssen scheitern. Zumindest bis zu seiner Berufung war der spätere Apostel nach allem, was wir wissen können, von der Erfüllbarkeit des jüdischen Gesetzes und von der Vorbildlichkeit seiner eigenen religiösen Lebenspraxis überzeugt (Phil 3,4–6). Hingegen konnte der von der Bußfrömmigkeit seiner Zeit geprägte Luther in seinem Kirchenlied autobiographisch formulieren: „Die Angst mich zu verzweifeln trieb, dass nichts denn Sterben bei mir blieb. Zur Höllen musst ich sinken ..."[50] Während Paulus selbst nirgends ausführlich seine Lebenswende erzählt und nur auf sie verweist, wo ihm dies von seinen Gegnern argumentativ abgenötigt wird, steht Luthers Schilderung seiner Entdeckung der Gerechtigkeit Gottes im Rahmen eines ausführlichen autobiographischen Rechenschaftsberichts.[51] Die Heilssorge und Angst des spätmittelalterlichen Menschen und die spätscholastischen Diskurse über die Wirksamkeit der Buße bilden bei Luther den Rahmen, in dem die paulinische Rechtfertigungsbotschaft zum Leuchten kommen konnte. Paulus hatte mit der jüdischen Torapraxis einen ganz anderen Bezugsrahmen. D.h., seine Texte werden bei Luther und seinen Zeitgenossen herangezogen, um Fragen zu beantworten, die noch nicht die des Paulus waren.

Probleme ergeben sich, wenn der existentiell engagierte Paulus-Rezipient Luther seinen eigenen Weg im Rückblick mit dem des Apostels parallelisiert, ja sich in gewisser Weise als neuer Paulus stilisiert.[52] Er beschreibt seine reformatorische Entdeckung in Bildern der Bekehrung des Paulus, die der Apostel selbst in seinen authentischen Briefen bekanntlich nicht als Bekehrung beschreibt.[53] Eine solche Stilisierung erfolgt erst durch Lukas in der Apostelgeschichte und dann im späten und pseudonymen Ersten Timotheusbrief (1 Tim 1,15), in dem „Paulus" sich als geretteter Sünder präsentiert. Diesen Text nimmt Luther als autobiographische Folie seiner eigenen Rezeption auf. Luther kann sich selbst

---

50 Sprachlich modernisiert nach WILHELM STAPEL: Luthers Lieder und Gedichte, Stuttgart 1950, 74.
51 Siehe dazu STOLLE, Luther und Paulus (wie Anm. 47), 83–85.
52 Auch diese Denkfigur ist in der Paulusrezeption nicht unbekannt. Schon Ignatius von Antiochien sah sich auf seinem Märtyrerweg und in den Anschreiben an die unterwegs besuchten Gemeinden als ein Nachfolger und Nachahmer des Märtyrerapostels.
53 Dies gilt jedenfalls, sofern man Bekehrung als Wechsel von einer Religion zu einer anderen versteht. Die neuere Forschung hat Paulus auf der Basis eines anderen, soziologisch definierten Konversionsbegriffs als Konvertiten verstanden, allerdings von einer jüdischen Sekte zu einer anderen (so ALAN F. SEGAL: Paul the Convert. The Apostolate and Apostasy of Saul the Pharisee, New Haven 1988), und sie hat die Religionsstruktur der paulinischen Gemeinden als „Bekehrungsreligion" (MICHAEL WOLTER: Die Entwicklung des paulinischen Christentums von einer Bekehrungsreligion zu einer Traditionsreligion, in: Early Christianity 1 (2010), 15–40), zu sehen gelehrt.

sogar als einstigen Eiferer und Verfolger Christi bezeichnen[54], und in seinem Galaterkommentar schreibt er in Anlehnung an paulinische autobiographische Notizen: „Ich war ein Pharisäer und habe mit größerem Eifer für die väterlichen Überlieferungen geeifert als heute die Falschapostel ..."[55] So verschmelzen die Ebenen: Das Mönchtum Luthers wird in Zügen des auf Werke vertrauenden Judentums gezeichnet, und die paulinische Polemik z. B. im Galaterbrief wird so im gegenwärtigen Streit zwischen Luther und seinen Gegnern aktualisierend zugespitzt. Wie Paulus nach Gal 2 dem Petrus ins Angesicht widerstand, so widersteht der Reformator dem Nachfolger Petri.[56] In diesem Kontext wird der polemische Galaterbrief für Luther zum hermeneutischen Schlüssel, und damit bekommt die abwertende Polemik, nicht zuletzt gegen das jüdische Gesetz und seine Verfechter, zusätzliche Vehemenz. So sehr die Identifikation Luthers mit Paulus zu einer wuchtigen Aktualisierung führt, kann man hier den Keim zu einer Herabwürdigung nicht nur der frommen Werke seiner Zeit, sondern auch des jüdischen Gesetzes und der Gesetzesobservanz sehen. So kommt es in Luthers Auslegungen zu einem polemischen Zerrbild des Judentums, das die protestantische Paulusinterpretation lange bestimmt hat.

b) Für Luther hatte die Frage nach dem Heil einen konkreten institutionellen und existentiellen Ort, die Situation von Beichte und Buße. Hier stellte sich die Frage, ob die Zerknirschung des Herzens groß genug und echt war, und ob der Mensch im Zuspruch der Vergebung das ihm zugewandte Heil erfassen konnte. Diese existentielle Grundsituation ist eine ganz andere Grundsituation als die der paulinischen Mission. Paulus kennt zwar die Missionspredigt der Umkehr von den Göttern zu dem einen wahren Gott (1 Thess 1,8f), aber Buße war bei ihm kein zentrales Thema, vor allem nicht als innerkirchliches Versöhnungsritual. Für ihn stellten sich eher Fragen der Lebensgestaltung der jungen christlichen Gemeinden, vor allem für die aus nichtjüdischem Hintergrund hinzu gekommenen Glaubenden. Die entscheidende theologische Frage war, wie geborene Heiden in das Heil des biblischen Gottes einbezogen sein können,[57] d. h. ob sie erst durch

---

54 STOLLE, Luther und Paulus (wie Anm. 47), 86.
55 STOLLE, Luther und Paulus (wie Anm. 47), 87.
56 STOLLE, Paulus und Luther (wie Anm. 47), 95.
57 Dies ist einer der wesentlichen Punkte, den die sogenannte *New Perspective on Paul* betont hat, so insbesondere JAMES D. G. DUNN: The New Perspective on Paul, [1983], in: DERS., The New Perspective on Paul. Collected Essays, Wissenschaftliche Untersuchen zum Neuen Testament (WUNT) 185, Tübingen 2005, 89–110, siehe auch den ganzen Sammelband. Zur Bewertung dieser Forschungsrichtung siehe JÖRG FREY: Das Judentum des Paulus, in: ODA WISCHMEYER (Hg.), Paulus. Leben – Umwelt – Werk – Briefe, 2. überarbeitete und erweiterte Auflage (UTB 2767), Tübingen – Basel 2012, 25–65; DERS.: Der Jude Paulus und der Nomos, in: JACOB THIESSEN (Hg.),

Beschneidung in den Gottesbund einzutreten hätten und somit als Juden auf die Tora als göttliche Lebensordnung zu verpflichten wären, ob sie also zumindest zu einem gewissen Grad erst Juden werden müssten, oder ob für sie das Heil in Christus aufgrund einer neuen göttlichen Heilssetzung auch ohne die Beschneidung und die Einhaltung des jüdischen Gesetzes eröffnet ist. Diese tiefgreifende Relativierung der Forderung nach Tora-Observanz in der paulinischen Mission spiegelt sich in den Formulierungen, dass „der Mensch gerecht wird aus Glauben, ohne [Berücksichtigung] der Werke des Gesetzes" (Röm 3,28).

Bei Luther wird aus dieser heilsgeschichtlichen und missionstheologischen Problematik eine existentiell-anthropologische, eben die Frage nach der Haltung des Menschen, seinem *Vertrauen* auf die eigenen guten Werke oder eben auf das Heilswerk Christi *allein* (Röm 3,28). Die Werke treten in Gegensatz zum Glauben, es stehen sich zwei einander ausschließende existentielle Haltungen gegenüber, das Vertrauen auf die göttliche Heilstat in Christus und das Vertrauen auf eine evtl. verdienstliche Kraft der eigenen Werke, die Annahme des geschenkten Heils und die menschliche Selbstbehauptung vor Gott. Damit geschieht eine Neukontextualisierung und eine Existentialisierung der Aussagen über das Gesetz, das nun nicht mehr konkret die jüdische Tora ist, sondern generell jede Forderung Gottes, sei sie nun im Alten Testament oder auch z. B. in der jesuanischen Bergpredigt formuliert. Gesetz und Evangelium werden zu zwei einander gegenüberstehenden Sprechweisen Gottes. Aus dem heilsgeschichtlichen Nacheinander wird ein existentielles Gegeneinander.

c) Eine subtile Verschiebung zeigt sich auch in der Fassung des Begriffs der *Gottesgerechtigkeit*. Luthers fundamentale Entdeckung war, dass Gottes Gerechtigkeit nach Paulus (anders als nach Aristoteles) kommunikabel ist und den Menschen also (geschenkweise) vermittelt wird. Wenn er den Terminus dann aber in seiner Bibelübersetzung als „Gerechtigkeit, die vor Gott gilt", wiedergibt, dann denkt er von der existentiell-anthropologischen Situation aus an *unsere* Gerechtigkeit. Damit kommt nur ein Teilaspekt des paulinischen Ausdrucks zur Sprache,[58] denn für den Apostel ist ja gerade die Doppelaussage wichtig, dass Gott gerecht ist und gerecht macht oder dass er gerade darin gerecht ist, dass er gerecht macht.

d) Eine spezifische – und theologisch verhängnisvolle – Verschiebung ergibt sich dort, wo bei Luther in Aufnahme paulinischer Texte (v. a. Röm 7) die Existenz

---

Das antike Judentum und die Paulusexegese, Biblisch-theologische Schwerpunkte (BThS) 160, Neukirchen-Vluyn 2016, 47–93.

58 Vgl. STUHLMACHER, Paulus und Luther (wie Anm. 29), 293.

des Christen als *simul iustus – simul peccator* (gerecht und Sünder zugleich)[59] bestimmt wird. Das Anliegen hinter dieser Doppelaussage ist sicherzustellen, „dass auch der Christ aus sich heraus immer noch nichts zu seinen guten Werken beitragen kann. Die scholastische Maxime *facientibus quod in se est deus non denegat gratiam* (Gott wird denen, die tun, was sie können, die Gnade nicht verwehren) will er mit aller Klarheit ausschliessen"[60]. Luther will betonen, dass auch der Getaufte noch im steten Kampf gegen die Sünde steht. Dazu liest Luther in seiner Schrift gegen Latomus das Ich des Paulus in Römer 7 als ein autobiographisches Ich, das – als Ich des Christusgläubigen – immer noch von sich sagt: „ich bin unter die Sünde verkauft" (Röm 7,14) – oder mit dem vielleicht sogar aus einer Randglosse in den Text eingedrungenen Satz aus 7,25b:[61] „So diene ich nun mit dem Gemüt dem Gesetz Gottes, aber mit dem Fleisch dem Gesetz der Sünde." Das ist freilich gegenüber Paulus eine tiefgreifende Verschiebung, denn Paulus rechnet in Röm 7–8 damit, dass die Glaubenden vom Gesetz der Sünde befreit und einer anderen Norm unterstellt sind, dem „Gesetz des Geistes", das „uns frei gemacht hat vom Gesetz der Sünde und des Todes" (Röm 8,1; vgl. 7,5f.). Das Ich, das in Römer 7 seine Begegnung mit dem Gesetz beschreibt, welches immer mehr zur Übertretung reizt, ist nach neuerer exegetischer Einsicht ein *fiktives* Ich, das Ich Adams, in dessen Mantel Paulus hier schlüpft, nicht das individuelle Ich des

---

[59] Diese Formel der späteren lutherischen Theologie findet sich in genau dieser Form bei Luther noch nicht. Dort heißt es z.B. „simul iustus est et peccat" in: MARTIN LUTHER: Werke. Kritische Gesamtausgabe, Weimarer Ausgabe (WA), Schriften 56, Weimar 1938, 347,3–4 oder auch „Quod simul Sancti, dum sunt Iusti, sunt peccatores" in: MARTIN LUTHER: Werke. Kritische Gesamtausgabe, Weimarer Ausgabe (WA), Schriften 56, Weimar 1938, 347,9 oder „Semper peccator, semper penitens, semper iustus." in: MARTIN LUTHER: Werke. Kritische Gesamtausgabe, Weimarer Ausgabe (WA), Schriften 56, Weimar 1938, 442,17. Vor allem die erste dieser Formulierungen zeigt, dass für Luther das Sündersein des Menschen nicht ein ontologischer Wesensbestandteil ist, sondern dass er eben faktisch sündigt. Siehe dazu ausführlich OTTO HERMANN PESCH: Simul iustus et peccator: Sinn und Stellenwert einer Formel Martin Luthers; Thesen und Kurzkommentare, in: THEODOR SCHNEIDER/GUNTHER WENZ (Hgg.), Gerecht und Sünder zugleich? Ökumenische Klärungen, Dialog der Kirchen 11, Freiburg i. Br. 2001, 146–167; siehe auch WILHELM CHRISTE: Gerechte Sünder? Eine Untersuchung zu Martin Luthers „simul iustus et peccator", Arbeiten zur Systematischen Theologie 6, Leipzig 2014; UWE SWARAT: „Gerecht und Sünder zugleich." Die Rechtfertigungslehre Martin Luthers in kritischer Diskussion, in: OLIVER PILNEI/MARTIN ROTHKEGEL (Hgg.), Aus Glauben gerecht. Weltweite Wirkung und ökumenische Rezeption der reformatorischen Rechtfertigungslehre, Leipzig 2017, 9–32.
[60] STOLLE, Paulus und Luther (wie Anm. 47), 215.
[61] Siehe dazu meines Erachtens überzeugend HERMANN LICHTENBERGER: Der Beginn der Auslegungsgeschichte von *Röm 7: Röm 7,25b*, in: Zeitschrift für neutestamentliche Wissenschaft und die Kunde der Älteren Kirche (ZNW) 88 (1997), 284–295.

vorchristlichen oder gar christlichen Paulus.⁶² Hat hier Luther und in seinem Gefolge die lutherische Theologie die Kraft der Taufe und der Erlösung zu gering eingeschätzt? Oder war ihm in seinen Auseinandersetzungen mit der Scholastik wie mit dem radikalen Flügel der Reformation und angesichts der seelsorgerlichen Grundsituation nur das eine Anliegen wichtig, eine mögliche Verharmlosung der Kraft der Sünde auszuschließen? Faktisch hat Luther hier wohl die paulinische Rede vom erneuernden Geist zu wenig ernst genommen und den Menschen in seiner Lebenssituation auf das stetige Sündigen, ja das Sündersein festgelegt.

e) Ein letzter Punkt kann hier im Blick auf die Paulusauslegung nur angedeutet werden, ist aber im Blick auf Luthers späteren antijüdischen Schriften von ernster Tragweite. Natürlich war Paulus Jude und blieb dies auch nach seiner Berufung zum Apostel Christi. Und trotz der Relativierung der Tora im Hinblick auf ihre Heilsrelevanz wusste er um den heilsgeschichtlichen Vorrang Israels, den er – v. a. in Römer 9–11 – dann auch eschatologisch festhielt. Luther nimmt auch die Aussagen über die Erwählung Israels aus ihrem heilsgeschichtlichen Rahmen heraus und verallgemeinert sie im Kontext der Erörterung über die göttliche Alleinwirksamkeit zum Heil, um so die Berufung auf den freien Willen des Menschen als eine Illusion und letztlich als Ursünde zu erweisen. Doch wird damit der spezifische Blick des Paulus auf Israel eingeebnet und letztlich entwertet. Diese exegetische Verschiebung ist zwar nicht der Grund für die verhängnisvolle Judenpolemik in Luthers späten Schriften, aber sie hat doch dazu beigetragen, dass dieser negativen Sichtweise in weiten Kreisen des späteren Luthertums kein theologisches Gegengewicht mehr entgegengesetzt werden konnte.

Trotz all dieser Verschiebungen und Perspektivenwechsel ist festzuhalten, dass Martin Luther mit seiner Wiederentdeckung des Paulus und seinem Paulinismus den Durchbruch erreicht hat zu einer neuen Wahrnehmung der paulinischen Rechtfertigungslehre und damit zu dem, was evangelische Theologie prägt. Für lutherische Theologie ist diese Rechtfertigungslehre ja der Artikel, mit dem die Kirche steht und fällt – aber auch die reformierte Tradition hat, v. a. über den großen Ausleger Johannes Calvin, die Grundzüge dieser Rechtfertigungslehre mit wenigen Akzentverschiebungen in ihren Kernbestand übernommen.

Über die Verschiebungen gegenüber Paulus kann man kontrovers diskutieren. Man kann sie zu minimieren versuchen, um die Bibeltreue Luthers zu retten,

---

62 Siehe dazu HERMANN LICHTENBERGER: Das Ich Adams und das Ich der Menschheit, Wissenschaftliche Untersuchen zum Neuen Testament (WUNT) 164, Tübingen 2004, und die klassische Abhandlung von WERNER GEORG KÜMMEL: Römer 7 und die Bekehrung des Paulus, Leipzig 1929. Zu Röm 7 siehe zuletzt STEFAN KRAUTER (Hg.): Perspektiven auf Römer 7, Biblisch-theologische Schwerpunkte (BThS 159), Neukirchen-Vluyn 2016.

und man kann sie – auch in einer protestantischen Tendenz zur Selbstkasteiung – stark betonen und damit Luther von Paulus absetzen. Aber was ist damit gewonnen? Klar ist: Jede „Auslegung bedeutet eine Neuinszenierung des Textes, die nicht Werktreue, sondern eine Aktualisierung für die eigene Zeit anstrebt."[63] Sind die Punkte, in der Luther von Paulus abrückt, in einem solchen Masse verhängnisvoll, dass man ihm entscheidende Verantwortung für den späteren, protestantischen Antijudaismus anlasten muss? Führt seine Betonung der Sünde und der Unfreiheit des Menschen zu einer allzu negativen Anthropologie, die den Protestantismus in wesentlichen Teilen geprägt hat? Oder würde eine optimistischere Anthropologie (die der Neuzeit viel näher liegt) nicht umgekehrt zu einer neuen Gesetzlichkeit führen, in der sich der Mensch dann doch wieder selbst sein Heil zu sichern versucht?

5 Die *Entlutheranisierung* der Paulusexegese in der New *Perspective on Paul*

Hier ist noch einmal auf die neuere Paulusforschung zurückzukommen. Die historisch-kritische Bibelwissenschaft hat sich ja bekanntlich zunächst in einem protestantischen Kontext, v. a. unter Einfluss lutherischer Auslegungstraditionen entwickelt. Die römisch-katholische Exegese konnte erst seit der Mitte des 20. Jahrhunderts den Anschluss an diese Diskurse gewinnen, und seit den 1960er Jahren hat sich die Bibelwissenschaft auch immer stärker internationalisiert, so dass die deutschsprachigen, stärker konfessionell geprägten Tendenzen immer mehr zurückgedrängt wurden.

Insofern ist es nicht verwunderlich, dass sich die in den vergangenen 35 Jahren im angelsächsischen Raum entwickelte *Neue Paulusperspektive* in dezidiertem Gegensatz zur reformatorischen Auslegung (bzw. zu deren moderner Version in der Theologie Rudolf Bultmanns) präsentierte. Gerd Theissen und Petra von Gemünden charakterisieren sie in ihrer neuen Studie zum Römerbrief geradezu als eine *Entlutheranisierung*[64] des Paulus. Die Wahrnehmung dieser Ansätze im deutschsprachigen Raum[65] ist nach wie vor selektiv, und auch im angelsäch-

---

63 So STOLLE, Paulus und Luther (wie Anm. 47), 148.
64 THEISSEN/VON GEMÜNDEN, Römerbrief (wie Anm. 16), 37.
65 Siehe dazu CHRISTIAN STRECKER: Paulus aus einer ‚neuen Perspektive'. Der Paradigmenwechsel in der jüngeren Paulusforschung, Kirche und Israel (KuI) 11 (1996), 3–18; MICHAEL BACHMANN (Hg.): Lutherische und neue Paulusperspektive, Wissenschaftliche Untersuchen zum Neuen Testament (WUNT) 182, Tübingen 2005, 1–16; IVANA BENDIK: Paulus in neuer Sicht? Eine

sischen Diskurs stehen sich mittlerweile eine disparate Vielzahl von Paulusinterpretationen gegenüber. Ich kann hier keinen Überblick über die Entwicklung der *New Perspective* bieten, sondern nur einige Eckpunkte und die damit gegebenen Herausforderungen an die reformatorische Pauluslektüre benennen.

a) Ein erster Impuls zur Kritik an der lutherischen Paulusauslegung geht auf den lutherischen Harvard-Professor und späteren Bischof von Stockholm, Krister Stendahl, zurück.[66] Dieser wies zunächst darauf hin, dass Rechtfertigung bei Paulus nicht auf die Frage der individuellen Heilsaneignung (als die Frage: „Wie bekomme ich einen gnädigen Gott?") eingeengt werden darf. Anders als der junge Luther war der ‚vorchristliche' Paulus nicht von Gewissensqualen geplagt, sondern hatte ein robustes Gewissen und sah sich in seinem Einsatz für die jüdische Tradition als untadelig an. Hier habe die westliche, von Augustinus geprägte Tradition der Gewissenserforschung, das *introspective conscience of the West*, eine individualisierende Engführung mit sich gebracht. Wenn es Paulus v. a. um die Frage ging, welcher Platz den Heiden angesichts des Christusereignisses im Heilsplan Gottes zukommt, dann ist die Rechtfertigungslehre in seinem Denken weniger zentral, als dies in der lutherischen Tradition gesehen wurde. Mit dieser Überlegung Stendahls werden Aspekte aufgenommen, die bereits um die Jahrhundertwende von Forschern der Religionsgeschichtlichen Schule wie William Wrede oder Albert Schweitzer formuliert worden waren.[67]

b) Besonders einflussreich hat der amerikanische Theologe und Judaist Ed P. Sanders das v. a. in der deutschen Forschung lange bestimmende Bild des Judentums als Religion der Werkgerechtigkeit kritisiert. Damit hat er den Punkt getroffen, an dem die reformatorische, v. a. lutherische Paulusdeutung zu verhängnisvollen Verzerrungen in der Wahrnehmung der jüdischen Zeitgenossen des Paulus geführt hat. Nach Sanders ist auch das Judentum zur Zeit des Paulus eine „Religion der Gnade",[68] das Gesetz sei niemals Heilsweg gewesen, vielmehr

---

kritische Einführung in die „New Perspective on Paul" (Judentum und Christentum 18), Stuttgart 2009; FREY, Das Judentum des Paulus (wie Anm. 57), 55–65.

66 KRISTER STENDAHL: The Apostle Paul and the Introspective Conscience of the West, in: The Harvard Theological Review (HThR) 56 (1963), 199–215; auch in: DERS.: Jews and Gentiles and Other Essays, London 1977, 78–96; deutsch: DERS.: Der Apostel Paulus und das ‚introspektive' Gewissen des Westens, Kirche und Israel (KuI) 11 (1996), 19–33.

67 Vgl. die berühmte Formulierung von Albert Schweitzer über die Rechtfertigungslehre als „Nebenkrater" im Denken des Paulus: ALBERT SCHWEITZER: Die Mystik des Apostels Paulus, Tübingen 1930, 220. Vgl. bereits WILLIAM WREDE: Paulus, Religionsgeschichtliche Volksbücher (RV) 1,5.6, Halle 1904, 72 ff.

68 Dazu HANS-MARTIN RIEGER: Eine Religion der Gnade. Zur „Bundesnomismus"-Theorie von E. P. Sanders, in: FRIEDRICH AVEMARIE/HERMANN LICHTENBERGER (Hgg.), Bund und Tora, Wissenschaftliche Untersuchen zum Neuen Testament (WUNT) 92, Tübingen 1996, 129–161.

komme der Israelit in die heilvolle Gottesbeziehung durch die Zugehörigkeit zum Bund, und die Tora ist nur die Weisung zum Verbleib in diesem heilvollen Gottesverhältnis. Insofern sei die Auffassung des Paulus der des Judentums seiner Zeit strukturell vergleichbar, da beide den Eintritt ins Gottesverhältnis auf göttliche Gnade zurückführten, während zum Bleiben in diesem Verhältnis menschliche Werke notwendig seien. Dieser so genannte ‚Bundesnomismus' verbinde also Paulus und seine jüdischen Zeitgenossen. Freilich ist es dann schwer zu begründen, was für Paulus an dem zeitgenössischen Judentum verkehrt gewesen sei. Letztlich denke Paulus von der Lösung, d. h. von Christus her, und erschließe von dorther das Problem. Er sehe also den einzigen Mangel am Judentum darin, dass es kein Christentum sei, und nur deshalb müsse er die Heilsmächtigkeit der Erwählung Israels bestreiten. So ist dann auch für Sanders die Bestreitung der Werke und die Rechtfertigungslehre nicht das Zentrum des Denkens des Apostels. Diesem gehe es vielmehr primär um das Sein in Christus, d. h. eine partizipatorische Heilslehre. Damit werden Aspekte eines mystischen Paulusverständnisses, wie es v. a. Albert Schweitzer formuliert hatte, in der *New Perspektive* wiederbelebt.

Die Distanznahme von der deutschen und v. a. lutherischen Tradition der Paulusauslegung wurde im angelsächsischen Raum z. T. als epochaler Schritt gefeiert, nach dem jede Form der alten, reformatorischen Perspektive hoffnungslos veraltet wäre. Freilich zogen einzelne Aspekte in Sanders' Modell bald Kritik auf sich. Sein Bild des zeitgenössischen Judentums und seiner Bezogenheit auf den Bund ist allzu gleichförmig gezeichnet,[69] denn das Verständnis von Bund und Erwählung war in verschiedenen jüdischen Gruppen extrem gegensätzlich, und zweitens ist in manchen Texten neben dem Aspekt der Erwählung die Toraerfüllung durchaus von soteriologisch entscheidender Bedeutung.[70] Wenn man bei Paulus den Horizont der Eschatologie und des Gerichts nicht zu sehr beiseite schiebt, ist das Gewicht der forensischen Termini und der Rede von der Gerechtigkeit nicht zu unterschätzen. Im übrigen ist gerade hier der eigene biographische

---

69 Siehe zur Kritik MARTIN HENGEL/ROLAND DEINES: E. P. Sanders' Common Judaism, Jesus und die Pharisäer, in: MARTIN HENGEL (Hg.), Judaica et Hellenistica. Kleine Schriften I, Wissenschaftliche Untersuchen zum Neuen Testament (WUNT) 109, Tübingen 1996, 392–479, und DON CARSON/PETER T. O'BRIEN/MARK SEIFRID (Hgg.): Justification and Variegated Nomism I: The Complexities of Second Temple Judaism, Wissenschaftliche Untersuchen zum Neuen Testament (WUNT) II/140, Tübingen 2001.
70 Siehe dazu die materialreiche Studie von FRIEDRICH AVEMARIE: Tora und Leben. Untersuchungen zur Heilsbedeutung der Tora in der frühen rabbinischen Literatur, Texte und Studien zum antiken Judentum (TSAJ) 55, Tübingen 1996; DERS.: Erwählung und Vergeltung. Zur optionalen Struktur rabbinischer Soteriologie, in: New Testament Studies (NTS) 45 (1999), 108–126.

Hintergrund des Paulus als Pharisäer von Bedeutung, denn von dieser Prägung her war für ihn die Toraobservanz und die Frage nach ihrer Vermittlung ein Lebensthema, dass schon in seiner ‚vorchristlichen' Zeit sein Wirken bestimmte und dann in seiner Wirksamkeit als Apostel ein zentrales Thema der Erörterung blieb. Richtig ist aber, dass wir Paulus heute nicht mehr im Gegensatz zum Judentum seiner Zeit sehen dürfen, sondern die jüdische Identität des Paulus ernst nehmen müssen und den Apostel und auch sein Denken über die Tora innerhalb des vielfältigen Judentums seiner Zeit verstehen müssen.[71] Dennoch lassen sich die massiven Konflikte mit einzelnen seiner jüdischen bzw. judenchristlichen Zeitgenossen nicht leugnen, und der bloße religionsstrukturelle Vergleich zwischen Paulus und *dem* Judentum bleibt zu schematisch, um diese präzise zu erfassen.

c) Weiterführend für die Frage nach der paulinischen Gesetzeskritik waren v. a. die Arbeiten des Durhamer Neutestamentlers James Dunn, durch den der Begriff „New Perspective on Paul"[72] zum Markenzeichen der neuen Bewegung wurde. Dunn fragt konkret nach der Bedeutung jener Werke des Gesetzes, die Paulus im Römer- und Galaterbrief so dezidiert ausschließt. Er versteht darunter konkret die Abgrenzungsbestimmungen der Reinheits- und Speisegebote, mit denen das Judentum seine Differenz zur Außenwelt markierte. Trifft dies zu, dann kritisiert Paulus am zeitgenössischen Judentum also nicht eine Haltung der Werkgerechtigkeit, sondern das Streben nach ethnisch-sozialer Abgrenzung, die ethnische Einschränkung des Heils auf Israel. Es geht ihm mithin um die Universalität der Heilsbotschaft und um die Überwindung der ethnischen Schranken, konkret um die Frage, wie Heiden zum Gottesvolk gehören können, ohne Juden werden zu müssen. Mit dieser primär soziologisch inspirierten Perspektive hat Dunn einen wesentlichen Punkt historisch konkretisiert, und für den Galaterbrief sind seine Interpretationen durchaus plausibel, gleichwohl ist kritisch zu fragen, ob Paulus nicht im Römerbrief (3,20.28) doch anthropologisch grundlegender denkt, wenn er z. B. in Röm 3,20 formuliert: „Durch Werke des Gesetzes (bzw. das

---

71 Siehe dazu auch Jörg Frey: Paul's Jewish Identity, in: Ders./Daniel R. Schwartz/Stephanie Gripentrog (Hgg.), Jewish Identity in the Greco-Roman World. Jüdische Identität in der griechisch-römischen Welt, Ancient Judaism and early Christianity (AJEC) 71, Leiden/Boston 2007, 285–321; Ders.: Paulus als Pharisäer und Antiochener, in: Ders., Von Jesus zur neutestamentlichen Theologie, Kleine Schriften 2, Wissenschaftliche Untersuchungen zum Neuen Testament (WUNT) 368, Tübingen 2016, 301–334; Ders.: Der Jude Paulus und der Nomos, in: Jacob Thiessen (Hg.), Das antike Judentum und die Paulusexegese, Biblisch-theologische Schwerpunkte (BThS) 160, Neukirchen-Vluyn 2016, 47–93.
72 Dunn, The New Perspective on Paul (wie Anm. 57); siehe auch Ders.: The New Perspective on Paul: whence, what, whither?, in: Ders., The New Perspective on Paul, Wissenschaftliche Untersuchungen zum Neuen Testament (WUNT) 185, Tübingen 2005, 1–88; Ders.: The Theology of Paul the Apostle, Grand Rapids/Cambridge 1998.

Tun dieser Werke) wird kein Fleisch gerecht, denn durch das Gesetz kommt Erkenntnis der Sünde." Wenn Paulus also der Tora die Kraft abstreitet, Heil zu vermitteln, und wir nicht vermuten können, dass er das Judentum seiner Zeit missverstanden hat, dann steht dahinter doch eine anthropologische Grundhaltung,[73] die Paulus bei seinen Gegnern sieht und bekämpft. Damit wird aber die für die lutherische Paulusdeutung zentrale Frage nach dem Heil des Einzelnen doch wieder relevant. Es geht nicht nur um die Einbeziehung der Heiden ins Gottesvolk, sondern durchaus auch um die Stellung des Menschen vor Gott.

Hinsichtlich der Erkenntnis der jüdischen Identität des Paulus und in der Abwehr verbreiteter Zerrbilder des Judentums als einer Lohn- und Leistungsreligion hat die *New Perspective* in der Tat ganz wesentliche Fortschritte gebracht. Im Blick auf die konkreten Fragen nach der Inklusion der Heiden wurde präziser bestimmt, was das missionstheologische Anliegen des Paulus war. Die Einbeziehung soziologischer Kategorien wie Identität, Abgrenzung oder Entschränkung ist hier sinnvoll und richtig. Unterschätzt wurde dabei allerdings häufig, dass es nach der Überzeugung des Paulus und seiner Zeitgenossen um eschatologisch relevante Sachverhalte geht, um den Menschen, der vor dem Forum der endgerichtlichen Entscheidung steht, in der nach jüdischer Tradition die Werke entscheiden. Hier wurzelt die forensische Terminologie der paulinischen Rechtfertigungslehre, und diese theologische Dimension der paulinischen Texte lässt sich nicht durch eine soziologische Betrachtungsweise ersetzen. Die Texte des Paulus formulieren bei aller Situationsbezogenheit grundsätzlicher, als dass man sie nur aus missionspragmatischen Aspekten erklären könnte – ihr Anspruch ist, dass mit ihnen die Wahrheit des Evangeliums, das Entscheidende über Gott, Christus und den Menschen gesagt ist.

d) Mit dem Begriff des ‚Bundesnomismus' wurde zudem versucht, Paulus stärker in die Linie des alttestamentlich-jüdischen Denkens einzubinden. Dies geschieht etwa auch im monumentalen Werk von N. T. Wright, des derzeit wirkungsvollsten Vertreters der Neuen Pauluspersprektive,[74] nach dem für Paulus das

---

[73] In diesem Sinn hat Dunns Schüler Simon Gathercole herausgestellt, dass das *Sich-Rühmen*, das Paulus verwirft, nicht auf den ethnischen Aspekt der Erwählung Israels einzugrenzen ist, sondern auch den mit der Erwählung verbundenen tätigen Gehorsam einschließt, vgl. SIMON C. GATHERCOLE: Where's Boastin? Early Jewish Soteriology and Paul's Response in Romans 1–5, Grand Rapids/Cambridge 2002.
[74] Vgl. zuletzt ausführlich NICHOLAS T. WRIGHT: Paul and the Faithfulness of God, Minneapolis 2013; dazu die kritische Aufsatzsammlung von CHRISTOPH HEILIG/J. THOMAS HEWITT/MICHAEL F. BIRD (Hgg.): God and the Faithfulness of Paul. A Critical Examination of the Pauline Theology of N. T. Wright, Wissenschaftliche Untersuchungen zum Neuen Testament (WUNT) II/413, Tübingen 2016.

Heilsgeschehen eingebunden ist in die alttestamentliche Verheißung der Erlösung des Gottesvolks und die Hoffnung auf Israels Heimkehr aus dem noch immer so gefühlten Exil. Jesu Sendung und Tod ist letztlich Bekräftigung der Väterverheißung bzw. des Bundes und Zeichen der Treue Gottes. So zutreffend dies ist, so problematisch ist jedoch Wrights Versuch, Paulus möglichst bruchlos in ein großes gesamtbiblisches Weltbild einzufügen, in dem Bund und Erlösung, Heil für Juden und Heiden, Rechtfertigung und Heiligung ihren Platz haben. Die Spannung, die Paulus selbst in seinem Wirken erfahren und die seine fundamentale Relativierung der Tora letztlich ausgelöst hat, werden damit doch zu sehr minimiert. In manchen Entwürfen der *New Perspective*, v. a. aus dem evangelikalen Spektrum, werden Glaube und gute Werke,[75] Rechtfertigung und Heiligung dann doch wieder allzu bruchlos zusammengebracht. Wenn Paulus so ‚die Zähne gezogen' werden, verliert seine Theologie ihren Biss. Die *Entlutheranisierung* des Paulus ist dann auf Kosten des Paulus erfolgt.

6 Die ökumenische Verständigung über die Rechtfertigungslehre

Ich möchte damit jedoch nicht schließen, denn mindestens ebenso wesentlich erscheint mir eine zweite Bewegung der Diskussion der letzten Jahrzehnte: Nachdem die Rechtfertigungslehre jahrhundertelang als der entscheidende Differenzpunkt zwischen den Kirchen der Reformation und der römisch-katholischen Kirche betrachtet wurde und Luthers Übersetzung „allein aus Glauben" (Röm 3,28) von der römischen Seite stets heftig kritisiert worden war, ist die neuere ökumenische Diskussion – dezidiert auf dem Hintergrund der nun von Protestanten und Katholiken gleichermaßen betriebenen historischen Bibelinterpretation – gerade hier zu erheblichen Konvergenzen gelangt. Die *Gemeinsame Erklärung zur Rechtfertigungslehre*,[76] die am Reformationstag 1999 in Augsburg vom Präsidenten des Päpstlichen Rates zur Förderung der Einheit der Christen und dem Präsidenten des Lutherischen Weltbundes unterzeichnet wurde, und der

---

75 Zu Rehabilitation der *guten Werke* in einzelnen Entwürfen der *New Perspective on Paul* siehe die erhellende Besprechung von FRIEDRICH AVEMARIE: Die Wiederkehr der Werke. Neuere Verschiebungen im Umkreis der „New Perspective on Paul", Jahrbuch für evangelikale Theologie (JETh) 19 (2005), 123–138.
76 Gemeinsame Erklärung zur Rechtfertigungslehre. Textausgabe mit Zusatzdokumenten, Paderborn/Frankfurt am Main 2000.

2017 auch die Weltgemeinschaft der reformierten Kirchen beigetreten ist,[77] formuliert z. B.:

> Wir bekennen gemeinsam, dass der Mensch im Blick auf sein Heil völlig auf die rettende Gnade Gottes angewiesen ist. Die Freiheit, die er gegenüber den Menschen und den Dingen der Welt besitzt, ist keine Freiheit auf sein Heil hin. Das heißt, als Sünder steht er unter dem Gericht Gottes und ist unfähig, sich von sich aus Gott um Rettung zuzuwenden. Rechtfertigung geschieht allein aus Gnade.[78]

Gewiss hat auch diese Erklärung Diskussionen ausgelöst, und scharfe Kritik wurde gerade von dezidiert lutherischen Theologen geäußert. Zudem wurde die Erklärung im Nachgang von römischer und lutherischer Seite noch einmal unterschiedlich interpretiert, und in den Jahren nach 1999 waren auch aus Rom allerlei ökumenische Irritationen zu vernehmen. Der Ökumenische Arbeitskreis evangelischer und katholischer Theologen, dem ich selbst fast zehn Jahre lang angehörte, hat sich um weitere Klärungen zur Frage des *simul iustus et peccator* bemüht und seine Ergebnisse in Buchform vorgelegt.[79] Alles in allem zeigt die Erklärung von 1999 aber, dass jene Verwerfungen, die im 16. Jahrhundert über der Frage von Buße und Ablass zur Trennung der Kirchen geführt haben, als solche nicht mehr kirchentrennend sein müssen[80] und dass in der gemeinsamen Bemühung um die biblischen (und darin zentral die paulinischen) Texte doch Konvergenzen erreicht wurden, die lange für unmöglich galten. Gerade im ökumenischen Kontext hat die lutherische Interpretation der paulinischen Texte – als *theologische* Interpretation – eine nach der langen Geschichte der Konfessionspolemik überraschende Bestätigung erhalten.

---

77 Assoziierung der Weltgemeinschaft Reformierter Kirchen mit der Gemeinsamen Erklärung zur Rechtfertigungslehre, SEK-Dokumentation vom 31.1.2018, Beilage 2; Wittenberger Zeugnis. Eine Gemeinsame Erklärung der Weltgemeinschaft Reformierter Kirchen und des Lutherischen Weltbundes 5. Juli 2017, SEK-Dokumentation vom 31.1.2018, Beilage 3.
78 Gemeinsame Erklärung, Abs. 19.
79 SCHNEIDER/WENZ (Hgg.), Gerecht und Sünder zugleich? (wie Anm. 59).
80 Dazu grundlegend KARL LEHMANN/WOLFHART PANNENBERG (Hgg.): Lehrverurteilungen – kirchentrennend? I: Rechtfertigung, Sakramente und Amt im Zeitalter der Reformation und heute, Freiburg i. Br./Göttingen 1986.

7 Fazit: Vom bleibenden Wert der Rechtfertigungslehre

Hat Luther Paulus missverstanden? War die protestantische Paulusinterpretation im Anschluss an Luther ein Irrweg? Ich meine nicht, dass man dies so sagen kann. Akzentverschiebungen sind in jeder Rezeption biblischer Texte zu erwarten. Je mehr eine solche Rezeption in existentieller Betroffenheit erfolgt, desto stärker ist damit zu rechnen. Doch ohne diese existentielle Dimension würde gar keine Rezeption erfolgen, und die Texte des Apostels blieben wirkungslos und stumm. Insofern ist trotz aller Verschiebungen auch gegenüber den Versuchen einer *Entlutheranisierung* der Pauluslektüre festzuhalten, dass Luther als „einer der kongenialsten Paulusinterpreten" dessen „Grundanliegen produktiv aufgenommen" und – bis heute provokativ und theologisch bedenkenswert – „zur Sprache und Wirkung gebracht hat."[81]

Weder die in gewissen Traditionen gepflegte Luther-Verherrlichung noch die heute auch in den evangelischen Kirchen allzu wohlfeile Fokussierung auf die Schattenseiten Luthers sind angebracht. Gewiss ist die lutherische Tradition der Paulusauslegung heute an wesentlichen Punkten zu korrigieren, so vor allem im Blick auf das darin kolportierte Bild des Judentums und vielleicht auch im Blick auf die allzu negative Anthropologie. Außerdem ist die reformatorische Rechtfertigungslehre im Blick auf die jeweilige Gegenwart hin zu interpretieren und zu reformulieren. Die Gesetze, denen sich Menschen heute unterworfen sehen, sind weder die jüdische Tora noch die spätmittelalterliche Heilsangst oder ein religiöses Leistungsdenken. Vielmehr stehen die Menschen unserer Zeit unter anderen Forderungen und Gesetzen, und diese hat die christliche Verkündigung in angemessener hermeneutischer Überlegung zu identifizieren und zu benennen, damit sich das Evangelium je neu als befreiende und lebensfördernde Kraft erweisen kann.

In solcher sachgemäßen Übertragung ist die Rechtfertigungsbotschaft des Paulus je neu zu aktualisieren, und die in der reformatorischen Theologie entwickelten Kategorien können gerade zu einer solchen Aktualisierung beitragen. Insofern ist auch Luthers theologische Grundeinsicht und mit ihr die Ausrichtung auf die befreiende Kraft des Evangeliums von grundlegender Bedeutung – sofern sie nicht museal konserviert, sondern theologisch reflektiert und in wacher Zeitgenossenschaft zur Geltung gebracht wird.

---

[81] FERDINAND HAHN: Luthers Paulusverständnis, in: PETER MANNS (Hg.), Martin Luther, Reformator und „Vater im Glauben", Stuttgart 1985, 134–154, 150.

Christiane Tietz
Reformation als theologisches Ereignis

1 Die Debatte um die theologische Bedeutung der Reformation

Angesichts des Reformationsjubiläums ist ein *Streit der Disziplinen* in der Theologie ausgebrochen. Inhaltlich entzündet er sich an der Frage, *wer denn* die Reformation zu deuten in der Lage sei. Manche Kirchenhistoriker betonen, allein die Kirchengeschichte sei in der Lage, den richtigen Umgang mit der Reformation sicherzustellen. Sie allein könne die Reformation in ihren *politischen, sozialen, frömmigkeitsgeschichtlichen* Aspekten angemessen in den Blick nehmen. Wer sich hingegen erlaube, ein zentrales *theologisches* Thema z. B. Martin Luthers auszumachen, oder von so etwas wie einer „reformatorischen Theologie" oder „theologischen Kernaussagen der Reformation"[1] spreche, der betreibe *dogmatische* Theologie.[2]

Solche *dogmatische* Theologie ist seit dem Ende des 19. Jahrhunderts dem Vorwurf ausgesetzt, den kritischen Umgang mit Sachverhalten und freies Denken zu behindern. In einem wirkmächtigen Text hat der Theologe Ernst Troeltsch der dogmatischen Theologie die historische Methode gegenübergestellt: Die *historische Methode* betrachte alles Geschehene als „Erzeugnisse des Flusses der Geschichte".[3] In diesem gibt es keine festen Normen und keine unverrückbaren Gesetzmäßigkeiten. Die *dogmatische Methode* hingegen zeichne sich durch das Ausgehen „von einem festen, der Historie und ihrer Relativität völlig entrückten Ausgangspunkte"[4] aus. Hier versuche man, irgendeinen „nicht der Historie angehörenden Kern[.]"[5] herauszuschälen, der nicht als Ergebnis geschichtlicher Entwicklungen, sondern als Wirken Gottes verstanden werden müsse. Dieser

---
1 CHRISTOPH MARKSCHIES: Mehr als Geschichte. Was feiern wir 2017? Anmerkungen zum neuen Grundlagentext der EKD, in: Zeitzeichen Heft 7 (2014), 17–19, 18 f.
2 Vgl. THOMAS KAUFMANN: Geschichtslose Reformation? Die EKD droht sich 2017 ins Abseits zu feiern, in: Zeitzeichen Heft 8 (2014), 12–15, 13. Kaufmann moniert, der Text knüpfe mit der Rede von „reformatorischer Theologie" an die „antihistoristische [...] Neuorientierung evangelischer Theologie bei Karl Holl und den Dialektikern" an, KAUFMANN, Reformation?, 13.
3 ERNST TROELTSCH: Ueber historische und dogmatische Methode in der Theologie, in: DERS., Zur religiösen Lage, Religionsphilosophie und Ethik, Gesammelte Schriften, Bd. 2, Darmstadt 2016, 729–753, 735.
4 TROELTSCH, Methode (wie Anm. 3), 740.
5 TROELTSCH, Methode (wie Anm. 3), 737.

vermeintliche Kern werde dann dazu benutzt, „unbedingt sichere Sätze [zu] gewinn[en], die höchstens nachträglich mit Erkenntnissen und Meinungen des übrigen menschlichen Lebens in Verbindung gebracht werden dürfen"⁶. Troeltsch nimmt diese dogmatische Methode insonderheit im Umgang mit den Lebensereignissen Jesu wahr, wenn diese nicht aus historischen Zusammenhängen, sondern durch Gottes Handeln erklärt werden.⁷

Zeitgenössische Forscher verwenden den *Vorwurf* „dogmatische Methode!", wie gesagt, in Anbetracht des Umgangs mit der Reformation. Wer von „reformatorischer Theologie", von „theologischen Kernaussagen der Reformation" spreche, betreibe eben *Dogmatik* und übergehe die Vielschichtigkeit und Zufälligkeit historischer Prozesse.⁸ Und wer gar nach der Aktualität dieser Theologie frage, der versuche einen „nicht der Historie angehörenden Kern" herauszuschälen, der auch heute noch – quasi geschichtsmetaphysisch – gültig sei. Stattdessen müsse bei der Beschäftigung mit der Reformation vor allem die „Abständigkeit des Gegenstandes"⁹ betont werden. Die Reformation sei kein „theologisches", sondern ein „geistesgeschichtliches Ereignis" gewesen.¹⁰ Kurz: Es darf sich zwar die Kirchengeschichte, nicht aber die Systematische Theologie zur Reformation äußern.

Mit den folgenden Ausführungen zur Reformation als *theologischem Ereignis* – vorgeführt an Ulrich Zwingli und Martin Luther – soll nicht behauptet werden, die Wahrnehmung der Reformation als *theologisches Ereignis* sei die alleinige angemessene Perspektive. Aber es soll dafür geworben werden, die theologische Dimension der Reformation nicht aus den Augen zu verlieren. Zum einen haben die Reformatoren das, was sie getan haben, selbst immerhin *auch* als eine theologische Wende und als Ausbildung einer besonderen Theologie beschrieben, selbst wenn dies mit Stilisierungen und Harmonisierungen einherging. Zum anderen war die Reformation in der Folgezeit gerade auch in Form der Chiffre *Reformatorische Theologie* und in der Suche nach ihren *Kerngedanken* wirksam und für die Entwicklung des Christentums prägend.

---

6 Troeltsch, Methode (wie Anm. 3), 740.
7 Troeltsch, Methode (wie Anm. 3), 752f.
8 Vgl. Notger Slenczka: Reformation und Selbsterkenntnis. Systematische Erwägungen zum Gegenstand des Reformationsjubiläums, in: Glauben und Lernen 30 (2015), Heft 1, 17–42, 21f.
9 Kaufmann, Reformation? (wie Anm. 2), 13.
10 Slenczka, Reformation (wie Anm. 8), 23.

2 „ich begann [...] das Evangelium Christi zu predigen" – Huldrych Zwingli

Huldrych Zwingli hat seine reformatorischen Aktivitäten in der Tat als ein *theologisches Geschehen* beschrieben. Was er in Zürich tue – so seine eigenen Worte 1522 –, sei Folgendes: Er wolle der Gemeinde „das Evangelium und die Apostellehre bekanntmache[n] und erkläre[n]"[11]. Und tatsächlich hätten sich, so berichtet er, die „Christenmenschen in Zürich" „die evangelische Lehre und die evangelische Freiheit dankbar angeeignet[,] [...] zu Herzen genommen und [...] eingeprägt"[12].

Wie kam Zwingli zu dieser „evangelischen Lehre"? Er richtete *die Theologie* seiner Zeit *neu aus*. Er wandte sich der *Bibel* zu und machte sie zur Grundlage und Norm seines theologischen Denkens.[13] Zwingli beschreibt dies in seiner *Auslegung und Begründung der Thesen oder Artikel* als seine eigentliche reformatorische Wende: „Lange bevor ein Mensch in unserer Gegend Luther nur dem Namen nach kannte, begann ich das Evangelium Christi zu predigen. Ich stieg daher auf keine Kanzel, ohne mir die Worte, die jeweils am gleichen Morgen in der Messe als Evangelium vorgelesen worden waren, vorzunehmen und sie allein aufgrund der biblischen Schrift auszulegen".[14] Seit 1519 predigte Zwingli in Zürich über fortlaufende Bibeltexte, „ohne alle wertlose menschliche Tradition"[15] zu Rate zu ziehen, und betonte „die alleinige Verbindlichkeit der Heiligen Schrift für das menschliche Handeln und Verhalten".[16] *Sola scriptura* – die Hinwendung allein zur Schrift, das ist das erste theologische Ereignis der Reformation.

Welche praktischen Auswirkungen das *sola scriptura* hatte, wird gut in Zwinglis „erste[r] reformatorisch wirkende[r] Schrift"[17] von 1522 über *Die freie Wahl der Speisen* erkennbar. Inhaltlich ging es um die Frage, ob in der Fastenzeit,

---

11 HULDRYCH ZWINGLI: Die freie Wahl der Speisen. 1522, in: DERS., Schriften, Bd. I, Zürich 1995, 13–73, 19.
12 ZWINGLI, Wahl (wie Anm. 11), 19.
13 Vgl. PETER OPITZ: Ulrich Zwingli. Prophet, Ketzer, Pionier des Protestantismus, Zürich 2015, 30.
14 ULRICH ZWINGLI: Auslegung und Begründung der Thesen oder Artikel. 1523, in: DERS., Schriften, Bd. II, Zürich 1995, 172.
15 ZWINGLI, Auslegung (wie Anm. 14), 173.
16 SAMUEL LUTZ: Einleitung zu Zwingli, Die freie Wahl der Speisen, in: ZWINGLI, Schriften I, 15–17, 15. Vgl. dazu OPITZ, Zwingli (wie Anm. 13), 30: „Wenn von einer ‚reformatorischen Wende' Zwinglis gesprochen werden kann, dann war es das Überzeugtwerden von der erhellenden und klärenden *Kraft* des göttliches Wortes, das in der Bibel begegnet."
17 Vgl. LUTZ, Einleitung (wie Anm. 16), 16.

wie die Kirche dies forderte, Fleisch und anderes Nahrhaftes verboten sei oder ob man zum Erhalt der Arbeitskraft Fleisch und Ähnliches essen dürfe. Anlass war ein Wurstessen in der Fastenzeit 1522, das Christoph Froschauer, ein Freund Zwinglis, unter Berufung auf Zwinglis Theologie veranstaltet hatte und das zu großen Diskussionen in Zürich führte.[18] Zwingli wollte in dieser Sache Klarheit haben und wandte sich deshalb der Bibel zu: „Was sollte ich als Seelsorger und Verkündiger des Evangeliums anderes tun, als dass ich die Schrift gründlich erforsche und sie als erleuchtendes Licht in diese finstere Verworrenheit hineintrage"[19], so dass die Gläubigen dadurch „befreit"[20] werden.

Zwingli geht in seinem Text *Die freie Wahl der Speisen* zahlreiche Bibelstellen durch, um plausibel zu machen, dass alle Speisen rein sind und keine zu irgendeiner Zeit verboten. Den Menschen sind „alle Zeiten frei", deshalb dürfen ihnen auch nicht von anderen für bestimmte Zeiten im Jahr Regeln, was man essen darf und was nicht, auferlegt werden.[21] Zwinglis Ergebnis der Bibeldurchsicht lautet: „Laß [...] dem Christen die freie Wahl!"[22] Indem die Schrift der Orientierungspunkt seines Denkens und Argumentierens wird, gelingt es Zwingli, sich von damaligen kirchlichen Vorschriften zu befreien.[23] Die in seinen Augen willkürlichen Fastenvorschriften der Kirche haben für ihn keine Gültigkeit mehr.

Wie Zwingli hat auch sein Nachfolger *Heinrich Bullinger* die Orientierung an der Heiligen Schrift ins Zentrum der theologischen Methode gestellt. Er war überzeugt: Gott selbst spricht durch die Schrift „auch jetzt noch zu uns"[24]. Die entscheidende theologische Wende sieht Bullinger – wie Zwingli – darin, dass die Schrift *aus sich selbst heraus* ausgelegt werden muss und nicht mehr durch kirchliche Lehrmeinungen.

Bullinger beschreibt in seinem *Zweiten Helvetischen Bekenntnis* detailliert, nach welchen exegetischen Vorgehensweisen Theologie nun verfahren muss: „[Wir] anerkennen [...] nur das als rechtgläubige und ursprüngliche Auslegung der Schriften, was *aus ihnen selbst* gewonnen ist – durch Prüfung *aus dem Sinn der*

---

18 Vgl. LUTZ, Einleitung (wie Anm. 16), 15.
19 ZWINGLI, Wahl (wie Anm. 11), 21. Vgl. zur Lichtmetaphorik auch ZWINGLI, Wahl (wie Anm. 11), 46: „[...] siehe [...], wie der Herr mit seinem Licht gekommen ist und die Welt mit dem Evangelium erleuchtet hat. Jetzt erkennen die Leute ihre Freiheit. Sie wollen sich nicht mehr hinter das Licht, wie hinter den Ofen, in die Finsternis führen lassen."
20 ZWINGLI, Wahl (wie Anm. 11), 22.
21 ZWINGLI, Wahl (wie Anm. 11), 32.
22 ZWINGLI, Wahl (wie Anm. 11), 39.
23 Vgl. OPITZ, Zwingli (wie Anm. 13), 19.
24 HEINRICH BULLINGER: Confessio Helvetica posterior (Zweites Helvetisches Bekenntnis) von 1566, in: GEORG PLASGER/MATTHIAS FREUDENBERG (Hgg.), Reformierte Bekenntnisschriften. Eine Auswahl von den Anfängen bis zur Gegenwart, Göttingen 2005, 187–220, 192.

Ursprache, in der sie geschrieben sind, und in *Berücksichtigung des Zusammenhanges*, ferner durch den Vergleich mit ähnlichen und unähnlichen, besonders aber mit *weiteren und klaren Stellen.*"[25] Andere Auslegungsweisen, die sich nicht allein an der Bibel orientieren, lehnt Bullinger ab: „Deshalb billigen wir nicht alle möglichen Auslegungen".[26] Selbst die Auslegungen der Kirchenväter sind dann zu kritisieren („in aller Bescheidenheit"), „wenn es sich ergibt, dass sie den Schriften fremde oder gar ihnen widersprechende Gedanken vorbringen".[27] Zur neuen Theologie gehört deshalb die Aufgabe „zu prüfen, ob sie [die Kirchenväteraussagen] mit jenen [den biblischen Schriften] übereinstimmen oder von ihnen abweichen"[28], und ersteren nur dann zu folgen, wenn man Übereinstimmung feststellt.[29] Erst recht gilt dies natürlich für Konzilsbeschlüsse, für Ansichten, die aus Gewohnheit Geltung zu besitzen beanspruchen, oder für mündliche und schriftliche Überlieferungen, die im Widerspruch zu den biblischen Texten stehen.[30]

Die Neuausrichtung der Theologie an den biblischen Texten ist *methodisch* das grundlegendste theologische Ereignis der Reformation. Den Einsichten des spätmittelalterlichen Humanismus folgend, wenden sich die Reformatoren wieder zu den Quellen, *ad fontes*. Insofern verstanden sie ihren theologischen Neuansatz auch nicht als modernistische Neuerung, sondern als etwas, das dem Denken der ersten Christen entsprach.[31]

Zwinglis Orientierung an der Schrift bedeutete jedoch nicht nur einen methodischen Wandel in der Theologie. Sie hat auch eine inhaltliche Pointe, insofern sich von ihr aus das Verhältnis zwischen Gott und Mensch ganz neu aufbaut. Grundlegend dafür ist der Leitgedanke des später so genannten *soli Deo gloria*, Gott allein die Ehre, der letztlich das 1. Gebot zusammenfasst („Ich bin der Herr, dein Gott. Du sollst keine anderen Götter haben neben mir", 2. Mose 20,2f.). Gott allein die Ehre zu geben bedeutet, dass „in uns innerlich nichts anderes zum Gott werden [darf]. Kein Mensch darf als Gott gelten. Niemals dürfen eigene Erfindungen als wie von Gott geboten betrachtet werden."[32] Sonst vertraue man auf Erfindungen von Menschen, statt auf Gott zu hoffen; das aber sei Götzendienst.[33] Zwischen Gott und Mensch muss streng unterschieden werden.

---

25 BULLINGER, Confessio (wie Anm. 24), 194. Hervorhebungen durch die Verfasserin.
26 BULLINGER, Confessio (wie Anm. 24), 194.
27 BULLINGER, Confessio (wie Anm. 24), 194.
28 BULLINGER, Confessio (wie Anm. 24), 195.
29 BULLINGER, Confessio (wie Anm. 24), 195.
30 Vgl. BULLINGER, Confessio (wie Anm. 24), 195.
31 Vgl. OPITZ, Zwingli (wie Anm. 13), 29.
32 ZWINGLI, Wahl (wie Anm. 11), 38.
33 Vgl. ZWINGLI, Wahl (wie Anm. 11), 38.

Eine Verwechslung aber zwischen dem Menschen und Gott findet Zwingli in der von der bisherigen Theologie vertretenen Ansicht vor, man könne durch menschliche Werke das Reich Gottes herbeizwingen. Es war, so schreibt er, die Meinung der „irrenden Theologen" (der Scholastiker), „wir verdienten von uns aus das Reich Gottes mit unseren Werken"[34]. Sie hatten gefordert, der Mensch müsse und könne durch sein Tun – seien es ethische, seien es religiöse Werke – den Eingang in den Himmel erringen. Die Worte Christi hingegen, denen Zwingli selbst folgen will, machen deutlich, dass das Reich Gottes nicht durch unser Tun herbeigezwungen wird.[35]

Zwingli beschreibt seine theologische Arbeit in diesem Text insgesamt als eine *restauratorische Tätigkeit*. Seine Argumentation ziele darauf, dass er „das edle Angesicht Christi, das von belastender menschlicher Überlieferung übertüncht, entstellt und verschmiert worden ist, wieder reinig[t] und säuber[t]."[36] Um zu erkennen, was die Entstellungen sind, von denen das Angesicht Christi gereinigt werden muss, sollte man nach Zwinglis Überzeugung Wahres und Falsches in Religionsdingen unterscheiden. Damit beschäftigt sich Zwinglis „theologisches Hauptwerk"[37] *Kommentar über die wahre und falsche Religion* von 1525. Es ist ein Text, der Zwingli offenbar einiges abverlangt hat. Er berichtet in seinen einleitenden Bemerkungen „An den Leser": Ich habe – weil ich versprochen habe, „meine Auffassung der christlichen Religion in lateinischer Sprache niederzuschreiben"[38] – „dreieinhalb Monate hindurch Tag und Nacht [ge]schwitz[t] [...], so daß ich mein Buch ebensogut [...] auch hätte [...] ‚Nächte' betiteln können"[39]. Selbstironisch fügt er hinzu, seine Feinde würden sein Buch wohl ebenso „Nächte" nennen wollen,[40] weil sie in seinen Ausführungen geistige Umnachtungen vermuteten.

Falsch ist in Zwinglis Augen eine Religion, die nach dem eigenen Gutdünken, nach menschlichen Vorstellungen zurechtgezimmert wird. Dies sei eine Religion gewonnen „aus den Pfützen menschlicher Weisheit"; demgegenüber habe die wahre Religion „aus dem Regen des göttlichen Geistes geschöpft [...], der das Wort

---

34 ZWINGLI, Wahl (wie Anm. 11), 34.
35 Vgl. ZWINGLI, Wahl (wie Anm. 11), 35.
36 ZWINGLI, Wahl (wie Anm. 11), 70.
37 GOTTFRIED W. LOCHER: Zwingli und die schweizerische Reformation (Die Kirche in ihrer Geschichte J1), Göttingen 1982, 33.
38 ULRICH ZWINGLI: Kommentar über die wahre und falsche Religion. 1525, in: DERS., Schriften, Bd. 3, Zürich 1995, 31–452, 49.
39 ZWINGLI, Kommentar (wie Anm. 38), 49.
40 Vgl. ZWINGLI, Kommentar (wie Anm. 38), 49.

Gottes ist"⁴¹. Diese wahre Religion betont die Differenz zwischen Gott und Mensch – nicht nur dem Sein nach und in Bezug auf die Rechtfertigung, sondern auch in Bezug auf die Erkenntnis Gottes. Gott und Mensch sind so fundamental unterschieden, dass es dem Menschen nicht gelingen kann, durch sein eigenes Nachdenken über Gott das Wesen Gottes zu erkennen.⁴² Zwingli argumentiert anschaulich: „Was [...] Gott ist, das wissen wir aus uns ebensowenig, wie ein Käfer weiß, was der Mensch ist."⁴³ Dabei unterscheide sich der Mensch vom Käfer weit weniger als Gott vom Menschen.⁴⁴ Wenn der Mensch Gott nicht von sich aus erkennen kann, dann kann nur Gott selbst den Menschen lehren, wer er ist.

Das ist ein Kerngedanke reformatorischer Theologie: Nur Gott kann sich selbst offenbaren; nur Gott kann sich dem Menschen zeigen. Genau deshalb meinte Zwingli, Christen müssten sich für ihr Nachdenken über Gott an dem Ort orientieren, an dem sich nach christlicher Überzeugung Gott in besonderer Weise gezeigt hat: an Jesus Christus. Genau deshalb sind die *biblischen Texte* für ihn so zentral, weil sie die ursprünglichsten Texte über Jesus von Nazareth sind. Damit ein Mensch beim Lesen dieser Texte aber wirklich zum Glauben findet, muss der Heilige Geist wirken. Gottes Geist muss dem Menschen die zentralen Einsichten der biblischen Texte als für ihn persönlich geltende Wahrheit aufschließen.⁴⁵

Zur wahren Religion gehört für Zwingli auch eine Überzeugung, die in *Spannung* zu der oft zu hörenden Behauptung zu stehen scheint, dass die Reformation die Freiheit des Menschen herausgestrichen hat. Es ist seine Ansicht: *Der Mensch* ist „voll innerer und äußerer Fehler, so daß wir unter ihnen wie durch eine schwere Bürde niedergebeugt werden"⁴⁶. Deshalb sei der Mensch nicht in der Lage, sich selbst aus dem Elend zu befreien, sich selbst zu erlösen. Die Reformatoren nannten diese Fehler *Sünde*.

Das reformatorische Sündenverständnis wurde oft so verstanden, als machten die Reformatoren den Menschen erst klein, um ihm dann die frohe Botschaft von der Erlösung durch Christus verkündigen zu können. Doch es war umgekehrt: Die Menschen damals waren fest davon überzeugt, dass sie dem Anspruch Gottes an ihr Leben nicht genügen konnten. Sie verspürten den Anspruch Gottes so deutlich, dass ihnen zugleich vor Augen stand, wie wenig sie ihm zu entsprechen vermochten. So eingeordnet, klingt dann die Aussage Zwinglis tröstlich: „Dieses Elend [unserer inneren und äußeren Fehler] sieht Gottes Sohn, und er ruft alle

---

41 Zwingli, Kommentar (wie Anm. 38), 52.
42 Vgl. Zwingli, Kommentar (wie Anm. 38), 58.
43 Zwingli, Kommentar (wie Anm. 38), 58.
44 Vgl. Zwingli, Kommentar (wie Anm. 38), 58.
45 Vgl. Zwingli, Kommentar (wie Anm. 38), 57f.
46 Zwingli, Kommentar (wie Anm. 38), 72.

zusammen *zu sich*. Und damit niemand im Bewußtsein seiner Frevel zurückschrickt und meint, er dürfe nicht zu ihm kommen, sagt er ausdrücklich: ‚Alle, die ihr mühselig und beladen seid'; denn er war gekommen, die Sünder selig zu machen, und das umsonst."[47] Dass Gott diese Sünden vergibt, ohne dass der Mensch dafür etwas leisten muss, das war für die Reformatoren die befreiende Botschaft.

Zwingli, geboren in den Toggenburger Voralpen, verwendet erstaunlich viele maritime Bilder, um die Situation des Menschen und das Verhältnis Gottes zum Menschen zu veranschaulichen, zum Beispiel: Der Mensch ist wie ein Tintenfisch, Gott ist wie ein Taucher.

Das Bild vom Menschen als Tintenfisch benutzt Zwingli, um zum Ausdruck zu bringen, dass der Mensch sich über sein Wesen täuscht: „Erkennen, was der Mensch ist, ist ebenso schwer als einen Tintenfisch fangen. Denn wie dieser sich in seinem schwarzen Saft versteckt, so daß man ihn nicht packen kann, so erzeugt der Mensch, sobald er merkt, daß man ihn fassen will, rasch so dicke Nebel der Heuchelei", dass noch nicht einmal der Riese Argus, der nach Auskunft der griechischen Dichter am ganzen Körper mit Augen bedeckt war, ihn erwischen könnte.[48]

Nicht nur Gott, auch der Mensch kann also *vom Menschen* nicht erkannt werden.[49] Denn der Mensch hält nicht aus, so beobachtet Zwingli, dass er derart voller Fehler, derart böse ist, wie es die biblischen Texte sagen. Hier sei der Mensch schnell mit Uminterpretationen zur Hand. Wenn er z. B. beim Propheten Jeremia lese: „Böse und unergründlich ist des Menschen Herz" (Jer 17,9), dann interpretiere der Mensch dies gern so, dass nicht wirklich das Herz des Menschen, also sein Wesenskern, böse sei, sondern es allenfalls bei ihm so etwas wie eine Neigung zum Bösen gebe und er vielleicht von Zeit zu Zeit ein klein wenig Böses realisiere.[50] Genau so sei das Menschenbild der alten Theologie. Deshalb habe die Vulgata, die damals in der Kirche gebrauchte lateinische Übersetzung der Bibel, die Jeremia-Stelle im Sinne nur einer Neigung zum Bösen übersetzt und so die Ernsthaftigkeit der Situation verkannt.[51] Zwingli hält die wörtliche Bedeutung des Hebräischen dagegen.[52] Es ist also die exegetische Auseinandersetzung mit dem

---

47 Zwingli, Kommentar (wie Anm. 38), 72. Hervorhebung durch die Verfasserin. Vgl. Mt 11, 28–30.
48 Vgl. Zwingli, Kommentar (wie Anm. 38), 75.
49 Vgl. Zwingli, Kommentar (wie Anm. 38), 75.
50 Vgl. Zwingli, Kommentar (wie Anm. 38), 75f.
51 Vgl. Zwingli, Kommentar (wie Anm. 38), 80.
52 Vgl. Zwingli, Kommentar (wie Anm. 38), 81.

Urtext, die Zwingli zu einer Wende gegenüber der alten Theologie auch im Menschenbild führt.[53]

Und wieso ist Gott wie ein Taucher? Der Mensch besitzt nach Zwingli „so viele und so tiefe Höhlen [...], in die er sich zurückzuziehen hofft [...]. Darum brauchen wir, wollen wir den Menschen erkennen, Gott und ihn allein als Taucher."[54] Gott allein ist der, der in die „Schlupfwinkel unseres Wesens hinabtauchen"[55] kann. Dem Menschen selbst fällt es schwer, seine Schwäche und seine fundamentale Fehlerhaftigkeit einzusehen. Nur Gott kann den Menschen zur Erkenntnis über seine Situation führen.[56]

Und auch den Ausweg aus dieser Lage findet Zwingli allein bei Gott. Nicht Heiligenverehrung, nicht Reliquienkulte, nicht Ablass sind der Ausweg. Der Ausweg ist im *Evangelium* zu finden, in der frohen Botschaft von der Gnade Gottes in Jesus Christus. Evangelium, das ist für Zwingli nicht nur wie für Martin Luther die Rechtfertigung des Sünders, sondern darüber hinaus „das ganze Geschehen, durch welches sündige, Gott entfremdete Menschen von Christus und Gottes Geist erfaßt, neu geschaffen und lebendig gemacht, zur Gemeinschaft mit Gott ‚erwählt' und in diese hineingezogen werden", so dass ihr ganzes Sein, Wollen und Tun, neu wird.[57] In Jesus Christus und nur in ihm (*solus Christus*) zeigt sich die Menschenfreundlichkeit Gottes und sein Liebeswillen, weshalb Zwingli das bereits zitierte Wort Jesu „Kommt her zu mir all ihr Geplagten und Beladenen: Ich will euch erquicken. Nehmt mein Joch auf euch und lernt von mir, denn ich bin sanft und demütig; und ihr werdet Ruhe finden für eure Seele" als Motto für seine Predigttätigkeit wählte und auf der Titelseite seiner gedruckten Schriften platzierte.[58]

---

53 Zwingli beobachtet, dass der Mensch sogar noch weiter abwiegele: „Jeremia hat das doch keineswegs von allen Menschen, sondern nur von manchen, eben den wirklich bösen Menschen aussagen wollen. Und auf jeden Fall zähle ich selbst nicht zu diesen Bösen, sondern bin – wie viele andere Menschen auch – durchaus rechtschaffen." Vgl. ZWINGLI, Kommentar (wie Anm. 38), 76.
54 ZWINGLI, Kommentar (wie Anm. 38), 84.
55 ZWINGLI, Kommentar (wie Anm. 38), 459 Hg.-Anm. 49.
56 Vgl. ZWINGLI, Kommentar (wie Anm. 38), 84.
57 OPITZ, Zwingli (wie Anm. 13), 21. Vgl. OPITZ, Zwingli (wie Anm. 13), 21 f. zur Differenz zu Luther.
58 Vgl. OPITZ, Zwingli (wie Anm. 13), 23.

3 „Ich klopfte ungestüm an dieser Stelle bei Paulus an" – Martin Luther

Auch Martin Luther hat das Entscheidende an der Reformation ausdrücklich als ein *theologisches* Ereignis beschrieben. Sein Ausgangspunkt ist aber nicht in erster Linie seine Verantwortung als Prediger, sondern seine persönliche Glaubensbiographie.

In der Vorrede zur lateinischen Ausgabe seiner Schriften erzählt er, wie seine reformatorische Tätigkeit begann. Anlass war der intensive Verkauf von Ablässen 1517 in seiner Gegend.[59] Das Ablasswesen lebte von der Vorstellung,[60] dass man sich durch das Erlangen eines Ablasses freikaufen konnte: nicht von Sünde und Schuld, wie es manchmal verkürzt behauptet wird, aber durchaus von den *zeitlichen Sündenstrafen*. Was war damit gemeint? Die Vorstellung in der damaligen Zeit war, dass Menschen nach dem Tod entweder direkt in den Himmel kommen (was man aber nur für die wirklichen Heiligen annahm) oder dass sie nach dem Tod direkt in die Hölle kommen (was man aber nur für die Ungläubigen annahm). Auf die allermeisten Christen wartete nach dem Tod das Fegefeuer – zumindest zunächst einmal. Es war von der Hölle dadurch grundlegend unterschieden, dass man in ihm nicht die Ewigkeit, sondern nur eine gewisse Zeit der Qualen verbringen musste. Diese Qualen sollten der Läuterung dienen. Als Christ war man zwar durch das Sakrament der Taufe und das Sakrament der Buße von der *Schuld* befreit und musste deshalb nicht in die Hölle, die ewige Sündenstrafe. Aber es blieben die *zeitlichen*, d. h. nicht ewig dauernden Sündenstrafen, zu denen neben Krankheit, Kriegen und Hungersnöten auch das Fegefeuer gehörte. Insbesondere Letzteres konnte man durch den Erwerb eines Ablasses abkürzen.

Luther berichtet in seinem Selbstzeugnis, er habe damals den Menschen abgeraten, ihr Geld für Ablässe auszugeben. Er sei sich dabei sicher gewesen, den Papst auf seiner Seite zu haben, der in päpstlichen Schreiben „die Maßlosigkeit der [...] Ablassprediger" verurteilt hatte.[61] Luther erinnert sich, er habe damals die Ablässe selbst noch nicht verdammt, aber geraten, „ihnen [...] die guten Werke der Nächstenliebe vor[zu]ziehen"[62].

Als die *entscheidende Wende* beschreibt Luther dann Folgendes:

---

59 Vgl. JOHANNES SCHILLING (Hg.): MARTIN LUTHER, Vorrede zum ersten Band der Wittenberger Ausgabe der lateinischen Schriften, in: Lateinisch-deutsche Studienausgabe, Bd. 2: Christusglaube und Rechtfertigung, Leipzig 2006, 491–509, 495.
60 Vgl. dazu REINHARD SCHWARZ: Luther (Die Kirche in ihrer Geschichte 3, I), Göttingen 1986, 41 f.
61 Vgl. LUTHER, Vorrede (wie Anm. 59), 495.
62 LUTHER, Vorrede (wie Anm. 59), 495.

> Gewiss war ich von einem brennenden Verlangen gepackt worden, Paulus im Römerbrief zu verstehen. Aber nicht Kaltherzigkeit hatte dem bis dahin im Wege gestanden, sondern eine einzige Wortverbindung in Röm 1: ‚Die Gerechtigkeit Gottes wird darin [nämlich im Evangelium] offenbart.' Ich hasste nämlich diese Wortverbindung ‚Gerechtigkeit Gottes', die ich nach der üblichen Verwendung bei allen Lehrern gelehrt war philosophisch zu verstehen als die (wie sie sie bezeichnen) formale bzw. aktive Gerechtigkeit, auf Grund deren Gott gerecht ist und die Sünder und Ungerechten straft. Ich aber, der ich, so untadelig ich auch als Mönch lebte, mich vor Gott als Sünder mit ganz unruhigem Gewissen fühlte und nicht darauf vertrauen konnte, durch mein Genugtun versöhnt zu sein, liebte Gott nicht, ja, ich hasste vielmehr den gerechten und die Sünder strafenden Gott und empörte mich in [sic] Stillen gegen Gott, wenn nicht mit Lästerung, so doch mit ungeheurem Murren und sagte: Als ob es nicht genug sei, dass die elenden und durch die Ursünde auf ewig verlorenen Sünder durch jede Art von Unheil niedergedrückt sind *durch das Gesetz* der Zehn Gebote, vielmehr Gott nun auch *durch das Evangelium* noch Schmerz zum Schmerz hinzufügt und uns mit seiner Gerechtigkeit und seinem Zorn zusetzt! So wütete ich mit wildem und verwirrtem Gewissen.[63]

Luther hatte gelernt, dass Gottes Gerechtigkeit darin besteht, den guten Menschen für sein gutes Tun zu belohnen und den schlechten Menschen für sein schlechtes Tun zu bestrafen. Nach menschlichen Maßstäben wäre dies zweifellos gerecht. Luther nahm sich selbst aber so wahr, dass er dann nie vor Gott würde bestehen können. Er war ein frommer Mönch, wie er selbstbewusst betonte. Er hielt sich an die religiösen Regeln seines Ordens. Und dennoch blieben in ihm innerliche Zweifel, ob er wirklich genug getan hatte, ob er z. B. beim Bußsakrament wirklich zerknirscht genug gewesen war. Offenbar beobachtete er bei sich, wie er sich innerlich bei der Buße brüstete, dass er ein so frommer, demütiger Mensch sei. Selbst in der Buße ging es ihm nicht uneingeschränkt um Gott, sondern letztlich um ihn selbst. Das erste Gebot zu erfüllen, war ihm offenbar unmöglich. Er nahm sich selbst als einen im Kern immer mit sich selbst beschäftigten, als einen in sich selbst verkrümmten Menschen[64] wahr. Wie aber sollte er dann vor der Gerechtigkeit Gottes bestehen können? Und wie sollte in dieser Gerechtigkeit Gottes auch das Evangelium, die „frohe Botschaft", – wie Paulus behauptete – liegen? Eine theologische Einsicht brachte die Befreiung:

> ... [ich] klopfte [...] ungestüm an dieser Stelle bei Paulus an, verschmachtend vor Durst herauszubekommen, was der Heilige Paulus wolle. Bis ich, durch Gottes Erbarmen, Tage und Nächte darüber nachsinnend meine Aufmerksamkeit auf die Verbindung der Wörter richtete, nämlich: ‚Die Gerechtigkeit Gottes wird darin offenbart, wie geschrieben steht: Der Gerechte lebt aus Glauben.' Da begann ich, die Gerechtigkeit Gottes zu verstehen als diejenige, durch

---

63 LUTHER, Vorrede (wie Anm. 59), 505. Hervorhebung durch die Verfasserin.
64 Vgl. MARTIN LUTHER: Der Brief an die Römer, in: DERS., Werke. Kritische Gesamtausgabe, Weimarer Ausgabe (WA), Schriften 56, Weimar 1938, 356, 5f.

die der Gerechte als durch Gottes Gabe lebt, nämlich durch den Glauben, und dass dies der Sinn sei: Durch das Evangelium werde die Gerechtigkeit Gottes offenbart, und zwar die passive, durch die uns der barmherzige Gott gerecht macht durch den Glauben, wie geschrieben steht: ‚Der Gerechte lebt aus Glauben.' Hier fühlte ich mich völlig neugeboren und durch geöffnete Tore in das Paradies eingetreten zu sein. Da zeigte sich mir sogleich ein anderes Gesicht der ganzen Schrift. Ich ging danach durch die ganze Schrift nach dem Gedächtnis und sammelte auch in anderen Wortverbindungen eine Entsprechung, etwa Werk Gottes, das heißt, was Gott in uns wirkt, Kraft Gottes, mit der er uns kräftig macht, Weisheit Gottes, mit der er uns weise macht, Stärke Gottes, Heil Gottes, Herrlichkeit Gottes.[65]

Dieses Selbstzeugnis hat Martin Luther 1545 verfasst, ein Jahr vor seinem Tod. Luther ist ein alter, etwas verbitterter Mann, der sich Rechenschaft abgeben möchte über das, was er in seinem Leben erreicht, wofür er seine Lebenszeit eingesetzt hat. Zweifellos ist diese Szene im Rückblick stilisiert, wenn sie überhaupt die Beschreibung eines realen Ereignisses ist.[66] Aber dass Luther so schreibt, zeigt, dass Martin Luther sein entscheidendes Lebenswerk in einem *theologischen Ereignis sah*, in der durch intensives theologisches Arbeiten eröffneten Erkenntnis von etwas, was er zuvor nicht gesehen hatte.[67]

Diese *theologische* Erkenntnis hatte für ihn fundamentale existentielle Bedeutung. Und sie machte ihn glücklich, die Tore des Paradieses taten sich für ihn auf. Worin bestand seine entscheidende theologische Einsicht? Luther ging auf, wie Gottes Gerechtigkeit eigentlich zu verstehen ist. Gottes Gerechtigkeit ist so beschaffen, dass Gott sie dem Menschen mitteilen, an ihr teilgeben will. Sie ist keine strafende, sondern eine beschenkende Gerechtigkeit.

Und Luther beobachtete, dass das auch für andere ähnliche Genitivverbindungen gilt: Gottes Kraft ist die, mit der er den Menschen kräftig macht. Gottes Heil ist eines, mit dem er den Menschen heilt. Gott behält seine Eigenschaften nicht egoistisch für sich. Er teilt sie mit den Menschen.

Ist Gottes Gerechtigkeit aber so zu verstehen, dann ist der Versuch des Menschen, durch sein eigenes gutes Tun Lohn bei Gott zu erreichen, unangemessen. Luther nannte alle derartigen Versuche *Werkgerechtigkeit*. Ein Mensch, der versucht, durch seine guten moralischen oder religiösen Taten Lohn und Zuwendung bei Gott zu gewinnen, verkennt, dass Gott ihm immer schon mit Zuwendung begegnet. Diese Zuwendung geschieht ohne Vorbedingungen auf der Seite des Menschen, sie geschieht allein aus Gnade (*sola gratia*). Ihr entspricht der Mensch

---

65 LUTHER, Vorrede (wie Anm. 59), 505. 507.
66 Vgl. dazu VOLKER LEPPIN: Martin Luther, Darmstadt 2006, 107–113.
67 Vgl. LUTHER, Vorrede (wie Anm. 59), 507.

am besten dadurch, dass er sie sich einfach gefallen lässt, d. h. indem er einfach nur glaubt (*sola fide*).

Durch diese Überlegungen ändert sich das Bild vom Menschen. Ja, der Mensch ist Sünder. Aber dennoch hat er Wert. Diesen gewinnt er nicht durch eigene Leistungen. Seinen Wert hat er durch das, was Gott für ihn tut. Sein Wert besteht darin, dass Gott ihn schon längst angenommen hat.

Noch auf ein Letztes sei hingewiesen: Auch für Martin Luther entscheidet sich alles an Jesus Christus. Betrachtet man diesen Jesus Christus genauer, dann kommt es in Luthers Augen zu einer weiteren fundamentalen theologischen Verschiebung: Die bisherige *theologia gloriae* wird durch eine *theologia crucis* abgelöst. Was ist damit gemeint?

Die alte Theologie hat nach Luthers Überzeugung eine *theologia gloriae*, eine Theologie der Herrlichkeit, vertreten. Diese hatte versucht, Gott aus der Natur, aus der Geschichte und aus dem Wesen des Menschen abzuleiten.[68] Sie hatte angesichts der Schönheit der Schöpfung, der Geordnetheit der Natur und der Vielfalt der Kreaturen auf einen Schöpfergott zurückgeschlossen, oder angesichts der Geschichte gemeint, ein fürsorgendes, alles zum Guten wendendes Handeln Gottes annehmen zu können. Oder sie hat angesichts des menschlichen Lebensgefühls auf etwas Unendliches zurückgeschlossen, ein großes Ganzes, das alles trägt.[69] Luther lehnt diese Wege nicht völlig ab. Aber sie führen nach seiner Überzeugung nicht wirklich dazu, das Wesen Gottes zu erkennen. Denn in der Schöpfung passiert nicht nur Gutes, sondern auch viel Schlimmes, das die Güte und Fürsorge Gottes in Frage stellt. Und an der Schöpfung oder an einem Unendlichen ist nicht zu erkennen, ob Gott sich wirklich auch mir zuwendet.

Anders ist die Gotteserkenntnis in der *theologia crucis*. Wer Gott ist, ist hier an Leiden und Kreuz Jesu Christi zu erkennen. In seiner Heidelberger Disputation von 1518 hat Luther das so formuliert: „Also ist im gekreuzigten Christus die wahre Theologie und Erkenntnis Gottes."[70] Genau hier sei Gott zu sehen.

Inwiefern ist hier Gott zu sehen? Zunächst sieht man hier ja gar nichts von Gott, sondern nur einen elenden, leidenden, schreienden, einen von Gott verlassenen Menschen. Aber genau hier ist nach Luther Gott zu finden. Nicht mit den Augen. Aber im Glauben. Denn der Glaube sieht am Kreuz nicht nur einen ster-

---

68 Vgl. WALTHER VON LOEWENICH: Luthers Theologia crucis, München ⁴1954, 13.
69 Vgl. LOEWENICH, Theologia (wie Anm. 68), 13.
70 MARTIN LUTHER: Disputatio Heidelbergae habita (Heidelberger Disputation) 1518, in: WILFRIED HÄRLE (Hg.): MARTIN LUTHER, Lateinisch-deutsche Studienausgabe, Bd. 1: Der Mensch vor Gott, Leipzig ²2016, 35–70, 53.

benden Menschen. Der Glaube sieht am Kreuz die „Menschlichkeit, Schwäche, Torheit"[71] Gottes. Der Glaube sieht am Kreuz Gott selbst.

Und dies verändert alles. Der leidende, der sterbende Mensch ist gerade nicht von Gott verlassen. Sondern Gott selbst wendet sich ihm zu und ist bei ihm, insofern Gott selbst Leiden und Sterben auf sich genommen hat. Indem Christus das Schlimmste erlebt, was Menschen erleben können, und Gott doch genau dort in ihm da ist, trennt auch das Schlimmste nicht mehr von Gott. Die gewöhnliche menschliche Logik: Ein Mensch, der Leid erlebt, der von der Gesellschaft ausgestoßen wird, muss ein von Gott Verlassener sein, wird so auf den Kopf gestellt. Diese Nähe Gottes ist seine unumstößliche Fürsorge.

Es sollte deutlich geworden sein, dass für Zwingli und Luther die Reformation wesentlich ein theologisches Ereignis war. Man könnte jetzt zeigen, in welcher Weise ihre Einsichten in den folgenden Jahrhunderten Wirkung entfaltet haben. Stattdessen soll zum Abschluss dieses Beitrages, zumindest knapp, nach der Gegenwartsrelevanz von einigen Aspekten reformatorischer Theologie gefragt werden. Damit wird der Meinung Ausdruck verliehen, die Systematische Theologie dürfe sich sehr wohl zur Reformation äußern.

4 Einige Aspekte der Gegenwartsrelevanz reformatorischer Theologie

Zwingli und Luther haben zahlreiche neue theologische *Inhalte* durch ihre konsequente Schriftorientierung herausgearbeitet: die Unterschiedenheit von Gott und Mensch und das *soli Deo gloria*, die Erkennbarkeit Gottes und des Menschen nur durch Gottes Wirken, die Sündhaftigkeit des Menschen und der Ausweg durch die Menschenfreundlichkeit Gottes in Jesus Christus (*solus Christus*). Nun hört man in gegenwärtigen Debatten über evangelische Identität oft die Behauptung, auf diese prägnanten inhaltlichen Orientierungen von damals komme es heute nicht mehr an, ja *könne* es – recht verstanden – gar nicht mehr ankommen. Eigentümlich evangelisch seien doch Toleranz, Vielfalt und Pluralität.

Angesichts von Zwinglis Unterscheidung von wahrer und falscher Religion wird sich diese These wohl kaum halten lassen. Natürlich kann es nicht darum gehen, unhinterfragbare Dogmen zu dekretieren, an die jeder sich zu halten habe. Aber ein Ringen und Streiten darum, wie Gott und Mensch aus christlicher Sicht zu denken und wie das *solus Christus* heute umzusetzen sind, ist unverzichtbar für

---

71 LUTHER, Disputatio (wie Anm. 70), 53.

reformierte Theologie. Erst eine inhaltlich bestimmte Rede von Gott und dem Menschen vermag für unser Leben Orientierung zu bieten.

Dazu gehört auch die Auseinandersetzung um das richtige Menschenbild. Die reformatorische Sündenlehre steht ja in Spannung zu einem heute verbreiteten positiven Menschenbild, bei dem der Mensch letztlich immer gute Absichten hat, frei und fähig ist, sich in jeder Lebenslage selbst zu helfen. Tatsächlich vermag der Mensch viel Gutes. Und doch haben die Reformatoren, so meine ich, gut beobachtet, dass es dem Menschen im Kern seines Tuns letztlich immer um ihn selbst geht. Selbst dann, wenn er *für andere da* ist, ist er innerlich heimlich stolz darauf, was für ein wunderbar selbstloser Mensch er ist.

Gleichzeitig bietet die reformatorische Sündenlehre Raum für die Erfahrung des Misslingens. Menschen, die in ihrem Leben schon einmal grundlegendes Scheitern erlebt haben, können viel damit anfangen. Sie haben eigenes oder fremdes Versagen erfahren. Die reformatorische Sündenlehre spricht von einer Liebe und Barmherzigkeit Gottes *trotz allem*. Das kann Menschen, die gescheitert sind, trösten.

Und selbst für Menschen, die vieles erfolgreich zu leisten in der Lage sind, kann diese Sündenlehre hilfreich sein, weil sie ihnen die Möglichkeit eröffnet, noch einmal anders auf sich selbst zu schauen. Ja, sie sind in der Lage, viel zu leisten. Aber auch wenn dies wegbrechen würde, auch wenn dies eines Tages nicht mehr ginge, hätten sie einen Wert bei Gott. Der Zweck ihres Lebens ist nicht Leistung. Das kann in entlastende Distanz zum eigenen Erfolg führen, aber vielleicht auch manches Lebensmodell in Frage stellen.

Zum Abschluss ist noch darauf einzugehen, dass für die Reformation die neue theologische Methode der *Schriftorientierung* grundlegend war. Die Schrift war aus sich selbst heraus zu interpretieren. Diese Hinwendung zur Schrift nährte sich bei den Reformatoren aus der Überzeugung, die Schrift selbst sei Wort Gottes. Die Reformatoren haben diese Meinung nicht in einem naiv-biblizistischen Sinne vertreten. Aber sie räumten der Bibel grundsätzliche Priorität für ihr theologisches Denken ein.

Durch die moderne historische Kritik, die die (durchaus vielfältigen und ambivalenten) Prozesse der Entstehung dieser Texte in den Blick gehoben hat, ist ein ungebrochenes Verständnis der Bibel als Wort Gottes, wie es die Reformatoren hatten, nicht mehr möglich.[72] Es ist eine der dringlichsten Aufgaben der heutigen Theologie, eine Bibelhermeneutik zu erarbeiten, die es ermöglicht, die Bibel auch

---

72 Vgl. dazu CHRISTIANE TIETZ: Das Ringen um das Schriftprinzip in der modernen evangelischen Theologie, in: Jahrbuch für Biblische Theologie 31, Der Streit um die Schrift, Göttingen 2018, 283–302.

heute noch als zentralen Orientierungspunkt theologischen Denkens plausibel zu machen.

Einige knappe Bemerkungen dazu sollen diesen Beitrag abschließen. Sie knüpfen an Überlegungen Jan Assmanns[73] zur Identität von Gemeinschaften an. Die Identität auch der heutigen Kirche hängt zentral daran, dass die biblischen Texte gelesen werden, im Gottesdienst, bei kirchlichen Ritualen, bei Christen zu Hause. Diese Texte prägen die Identität der Kirche. Und sie haben genau deshalb Bedeutsamkeit, weil sie die Identität der Kirche prägen. Anders gesagt: Die Bibel ist Orientierungspunkt der Kirche, weil es die Lesegemeinschaft der Kirche gibt, in der diese Texte nach wie vor gehört, ausgelegt, rezipiert werden. Dies ist historisch angemessen, insofern für die Kirche Jesus Christus im Zentrum ihres Glaubens steht und diese Texte historisch besonders nah an diesem Geschehen sind. Und es ist existentiell angemessen, insofern Menschen – nach wie vor – die Erfahrung machen, dass diese Texte sie berühren, mehr noch: dass durch diese Texte immer wieder Gott zu ihnen spricht. Menschen berichten auch heute noch davon, dass sie beim Lesen, Hören, Auslegen dieser Texte den Eindruck haben, dass sich ihnen durch diese Texte Wahrheit über sie selbst, über ihr Leben, die Welt und über Gott erschließt.[74] Dieser Erschließungsvorgang ist der Grund dafür, dass es Kirche gibt.

---

73 Vgl. JAN ASSMANN: Das kulturelle Gedächtnis. Schrift, Erinnerung und politische Identität in frühen Hochkulturen, München (1992) ³1999, 125–129.
74 Vgl. Rechtfertigung und Freiheit. 500 Jahre Reformation 2017. Ein Grundlagentext des Rates der Evangelischen Kirche in Deutschland (EKD), Gütersloh (2014) ⁴2015, 85 f.

Ralph Kunz
Reformation als Frömmigkeitsbewegung
Im Gespräch mit heutiger Spiritualitätsforschung

1 Warum ist es so schwierig, fromm zu sein?

Natürlich war die Reformation nicht *nur* eine Frömmigkeitsbewegung! Genauso kurzschlüssig wäre es, den Protestantismus auf ein religiöses Bekenntnis zu reduzieren und seine soziale, wirtschaftliche, politische oder kulturelle Bedeutung auszublenden. Allerdings bekommt man dann und wann den Eindruck, dass die Reformation alles sein darf, nur nicht fromm. Bundesrat Alain Berset brachte das Kunststück fertig, in einem Gastkommentar in der NZZ zum Start des Jubiläums die religiöse Dimension der Reformation komplett zu ignorieren. Er würdigte den Beitrag der Reformation als eine „Kultur des genauen Hinschauens", eine Kultur, die sich „ohne die Geschichte der Reformation mit ihrer radikalen Diesseits-Orientierung wohl nicht erklären"[1] lasse.

Warum die Reformation *radikal diesseitig* orientiert war, sagte er nicht. Um das zu erklären, muss man genauer hinschauen, nachlesen und verstehen, wie Zwingli, Luther, Calvin und andere Gott und Welt oder Glaube und Werk unterschieden und aufeinander bezogen haben. Dann kommen wir unweigerlich auch auf die Politik zu sprechen: auf die Konflikte zwischen den Reformbewegten und den Interessen der Kurie. Aber auch die Angst vor den Saubannerzügen der kriegsverwilderten Jugend, die drohende Hungersnot oder die teilweise maroden Verhältnisse in den Klöstern trugen zur sozialen Bewegung bei, ohne die es keine Reformation der Kirche gegeben hätte.[2] Fragen wir umgekehrt nach den sozialen, kulturellen und politischen Folgen der Reformation, stoßen wir auf die Idee des *bonum commune*[3], das geistige Vermächtnis der Alten Kirche, auf eine lebendige Laien-Mystik, auf den humanistischen Bildungsoptimismus in den städtischen Eliten, den Schwung der Renaissance und das wachsende Selbstbewusstsein der

---

[1] Gastkommentar von Bundesrat ALAIN BERSET in der NZZ am 6. März 2017: Die Aktualität reformatorischen Denkens: online: www.nzz.ch/meinung/500-jahre-reformation-die-aktualitaet-reformatorischen-denkens-ld.149016 (11.12.2017).
[2] Vgl. dazu PETER BLICKLE: Reformation im Reich, Stuttgart ⁴2015.
[3] Der Gemeinnutz im Gegensatz zum Eigennutz war eine wichtige Marke für das Ethos des neuen Berufs. Dazu HANS SCHOLL: Nit fürchten ist der Harnisch: Pfarramt und Pfarrerbild bei Huldrych Zwingli, in: Zwingliana 19, 1, Zürich 1992, 361–392.

https://doi.org/10.1515/9783110542417-006

Zünfte in den freien Reichsstädten. Die Erfindung des Buchdrucks und die Förderung der Schulen ließen kühnste Visionen aufkommen und befeuerten endzeitliche Fantasien. Dass jeder die Bibel auf Deutsch lesen kann! – bislang eine völlig utopische Vorstellung – rückte in greifbare Nähe. Man kann das Eine nicht vom Anderen trennen.

Zu Beginn der Neuzeit war *Religion* keine Privatangelegenheit. Sie beherrschte alle Sphären des Alltags. Ihr Regiment war allgegenwärtig und beinahe allmächtig. Man konnte ihrem Anspruch nicht entfliehen – und nähme man Flügel der Morgenröte. Religion war beinahe gottgleich und darum anfällig für den Götzendienst. Es war nicht erlaubt, nicht religiös zu sein. *Frömmigkeit* war mit dem Leben verflochten und verwoben. Man war höchstens etwas mehr oder weniger fromm.

In der spätmittelalterlichen Gesellschaft hieß *mehr religiös* in der Regel, zu den *religiosi* und *weniger religiös* zu den *laici* zu gehören. Dabei muss man sich vor Augen halten: Rund 10% der Bevölkerung gehörten dem geistlichen Stand an.[4] Eine Untergruppe waren die *saecularii*. Darunter verstand man Geistliche, die keine Ordensleute waren. Diese sogenannten Welt- oder Leutpriester waren oft auch als Prediger an Prädikaturen tätig, wandten sich an das Volk und wirkten als „*dirigenti religiosi*" in den Städten. Sie bereiteten gewissermaßen den geistlichen Boden für die Reformation vor.[5] Denn sie riefen zur Buße, mahnten und lehrten das Evangelium, um die Frömmigkeit (*pietas*) der *laici* zu *mehren*. Wie jener Leutpriester namens Huldrych Zwingli, den die Chorherren am Grossmünster 1517 nach Zürich holten, um in der Kirche deutsch und deutlich zu predigen.[6]

Frömmigkeit ist ein Differenzbegriff. Er bezeichnet etwas Religiöses in der Religion und zielt auf eine ihr eigene Tugend und Qualität. Fromm steht für eine rechtschaffene, tüchtige, vorbildliche oder gottselige Religiosität. Sie hebt sich von einer falschen, geheuchelten oder verirrten Religion ab, wie der Glaube sich vom Aberglauben abhebt. Auf diesem Hintergrund lässt sich das Profil der reformatorischen Frömmigkeitsbewegung genauer bestimmen.

Denn mit der Unterscheidung zwischen *religiosi* und *laici* hat sie gebrochen. Folglich waren alle Pfarrer *saecularii*. Von einem geistlichen Stand wollten die Reformatoren ja nichts mehr wissen. Zumindest in der Theorie war es so. In der Praxis bildeten die Hirten und Diener des Wortes dann doch wieder einen geist-

---

4 Vgl. GEORG SCHMIDT: Luther und die frühe Reformation – ein nationales Ereignis?, in: BERND MÖLLER (Hg.), Die frühe Reformation in Deutschland als Umbruch, Gütersloh 1998, 54–77, 70.
5 BERNDT HAMM: Religiosität im späten Mittelalter: Spannungspole, Neuaufbrüche, Normierungen, Tübingen 2011, 391–394.
6 Ausführlicher in RALPH KUNZ: Zwingli als Prediger, in: Göttinger Predigtmeditationen (GPM) 96 (2007), 119–128.

lichen Stand.⁷ Gemeint war es jedenfalls anders. Folgenreicher war die starke Betonung des Glaubens, der sich im Unterschied zur Frömmigkeit nicht mehren lässt. Die theologische Kritik an der Werkgerechtigkeit hatte zur Konsequenz, dass die *Dankbarkeit* des Menschen die Grundlage christlicher Ethik bildet. In der Sprache des Heidelberger Katechismus tun die Menschen Gutes, weil sie dankbar sind für Gottes Wohltaten (HK 86). Die Idee einer gestuften Frömmigkeit, die zwei Stände und zwei verschiedene ethische Standards kennt, ist damit obsolet geworden. Das duale System ist Ausdruck einer falschen Religion, die Heuchelei auf der einen und Aberglauben auf der anderen Seite erzeugt. Wahre Religiosität kann nicht die Sache einer Elite sein.

Natürlich gab es schon vorher Frömmigkeitsbewegungen von und für Laien. Der Ruf in die Nachfolge war auch das Anliegen des höchst populären Büchleins *Imitatio Christi* von Thomas von Kempen, dem Inspirator der sogenannten *devotio moderna*. Frömmigkeitsgeschichtlich kann durchaus von einer Kontinuität gesprochen werden. Was Zwingli zum Thema Andacht und Gebet predigte und schrieb, war stark beeinflusst von der niederrheinischen Mystik. Zur eigenständigen Frömmigkeitsbewegung wurde die Reform der Kirche aufgrund verschiedener Faktoren, die im Verbund zu Synergien wurden. Der Impuls, den hierarchischen Aufbau der Bischofskirche zu hinterfragen und der Anspruch, das gottselige, ehrbare und aufrichtige Leben zur kollektiven Norm zu erheben, wirkten zusammen, warfen aber in der institutionellen Umsetzung auch einen Schatten. Denn die Kombination eines so hohen individuellen Ethos mit einem Programm der kollektiven Durchsetzung führte notwendigerweise zu Konflikten mit denen, die frömmer als nur fromm oder nicht immer so fromm sein wollten – also mit den Täufern auf der einen und mit den gemeinen Leuten auf der anderen Seite.

Es sei dem Praktischen Theologen erlaubt, die historisch höchst diffizile Ausdifferenzierung und Ausbalancierung des Glaubenssystems holzschnittartig zu vereinfachen. Darum geht es mir, zu zeigen, dass sich das Wörtchen *fromm* als ein schwieriger Freund erweist. Unsere fromme Seele ahnte es, als wir bei der letzten Gelegenheit wieder einmal die Landeshymne gesungen haben.⁸ Ist fromm ein Gefühl, das sich nur noch beim Morgenrot einstellt? Selbst Kirchgänger stut-

---

7 Vgl. Hans Scholl: Pfarramt und Pfarrerbild (wie Anm. 3), 390. Zur Entwicklung vgl. Ralph Kunz: „Ohn Habit und Kragen" – vom Kerngeschäft im Pfarramt, in: Jan Bauke/Matthias Krieg (Hgg.), denkMal, Bd. 6, Zürich 2003, 31–49.
8 Zur Frömmigkeit der Landeshymne vgl. Ralph Kunz: Der Bettag als Busstag. Von der Aktualität eines Brauchs, in: Eva-Maria Faber/Daniel Kosch (Hgg.), Dem Bettag eine Zukunft bereiten. Geschichte, Aktualität und Potential eines Feiertages, Zürich 2017, 225–240.

zen, wenn sie im Gesangbuch mit Johann Heermann (1585–1647) singen: „O Gott Du frommer Gott, Du Brunnquell aller Güter."

Offensichtlich hat sich semantisch etwas verschoben. Das althochdeutsche *fruma* und mittelhochdeutsche *frumb*, das sich aus *primus* ableitet, meinte vorbildlich, rechtschaffen und nützlich. In der altertümlichen Wendung „es frommt" klingt diese Bedeutung noch an.[9] Später wurde daraus etwas Gefühltes und noch später etwas Verkrampftes. Paradoxerweise ist ausgerechnet die starke Betonung des Glaubens dafür verantwortlich. Schon Luther konnte *fromm* im Sinne von *gottselig* verwenden, also auf eine Emotion verweisen. Das Pathos schob sich über das Ethos, was der Reputation der Frommen nicht sonderlich gut bekam. Wenn man die fragt, die im Ernst *nicht* Christen sein wollen, klingt fromm nach *frömmlerisch*, also: selbstgerecht, heuchlerisch, missionarisch, fanatisch, sektiererisch und gefährlich. Wer noch eins draufsetzen möchte, fügt hinzu: freikirchlich, pharisäisch und fundamentalistisch.

Offensichtlich hat sich auch in der Wertung etwas verschoben. Was ist passiert? Wer genauer hinschaut und wissen will, was es mit der Wirkungsgeschichte der reformatorischen Frömmigkeit auf sich hat, hält sich am besten an Historiker, die *Frömmigkeit* sozusagen mit dem Fernrohr beobachten. Den Praktischen Theologen interessiert die Gegenwart.

2 Warum taugt der Kunstbegriff *Spiritualität* doch zu etwas?

Tatsache ist, dass das Frommen-Bashing heute salonfähig ist. Man kann damit punkten. Dass mit denen, die frömmer sein wollen, etwas nicht stimmen kann, gehört zur Verdachtshermeneutik der Moderne. Und dass man es nicht nötig hat, am Sonntag in die Kirche zu springen, ist ein Bekenntnis, das auch Mitglieder der Kirche ohne Schamröte aufsagen. Eine Analyse unseres säkularen Zeitalters würde den Rahmen dieses Beitrags sprengen. Sie könnte bei Immanuel Kant starten und bei Peter Sloterdijk landen. Sie müsste Peter Berger und Charles Taylor zitieren und käme dann zum Schluss, dass die Frömmler-Kritik ein Phä-

---

9 Vgl. Artikel „fromm", in: JACOB GRIMM/WILHELM GRIMM (Hgg.), Deutsches Wörterbuch von Jacob Grimm und Wilhelm Grimm, Erstbearbeitung (1854–1960), digitalisierte Version im Digitalen Wörterbuch der deutschen Sprache: www.dwds.de/wb/dwb/fromm (12.12.2017).

nomen ist, das sehr eng mit der Geschichte des europäischen Christentums zusammenhängt.[10]

Für genauso wichtig halte ich die Beobachtung, dass diese Kritik jede Frömmigkeitsbewegung begleitet. Die Frommen wollen keine Frömmler sein. Es gehört in gewisser Weise zum Programm der Frömmigkeit, dass die übertriebene, selbstgerechte, auf den eigenen Auftritt bedachte, genauso wie die devote oder die bigotte Religiosität wenig mit Gottvertrauen zu tun hat. Diese kritische Differenz finden wir auch bei Jesus und bei den alttestamentlichen Propheten. Allerdings wird Religion nicht in Bausch und Bogen verworfen oder als Übel angesehen. Die fromme Frömmler-Kritik verlangt nach der Unterscheidung einer wahren und falschen oder gesunden und kranken Religiosität. Ums Unterscheiden kommt man nicht herum, was eine Referenz nötig macht. Woran misst man die gesunde Frömmigkeit? Wann wird aus dem frömmlerischen Wesen eine Krankheit?

Eine psychologische Analyse der gesunden Religiosität würde den Rahmen dieses Beitrags sprengen. Sie könnte bei William James starten und bei Tilman Moser landen. Sie müsste auf die Entwicklungen der Religionspsychologie verweisen und käme dann zum Schluss, dass jeder Versuch, einen neutralen Standpunkt einzunehmen, scheitern muss. Denn wir fragen, wenn wir nach Religion fragen, immer mit der Vorgabe eines gewissen Ideals, ob wir dieses nun mit *Gesundheit* oder *Wahrheit* in Verbindung bringen.

An dieser Stelle gibt es einen Berührungspunkt zur Spiritualitätsforschung. Man hört es schon am Klang. Wer nach Spiritualität fragt, fragt nach dem, was *frommt* im ursprünglichen Sinne. Wer der religiösen Enge entfliehen möchte, benutzt aber besser nicht das fromme Vokabular. Wer sich nicht verdächtig machen möchte, lässt sich inspirieren, begeistern, berühren oder erschüttern. Man vermeide um Himmels willen Gott und rede lieber von Engeln.

Spirituell steht für *Echtheit*. Und ich sage es gleich vorweg: Wir handeln uns mit der Echtheitsvermutung neue Probleme ein.[11] Denn wenn Frömmigkeit damit zu kämpfen hat, dass sie zu eng verstanden wird, hat man es bei der Spiritualität mit einer zu großen Weite zu tun. Frömmigkeit ist vom Zeitgeist schon beinahe *entsorgt*, Spiritualität ist ein Begriffscontainer, mit dem derselbe Geist fast alles *besorgen* kann. Um es mit dem Berliner Philosophen Byung-Chul Han zu sagen: Während Frömmigkeit rau ist, bleibt Spiritualität glatt.[12] Sie passt sich an. Es gibt sie in allen Varianten: religiös und areligiös, körperbetont oder ganz vergeistigt.

---

10 Eine gut lesbare Zusammenfassung der Säkularisierungsdebatte findet sich bei ALEXANDER GARTH: Gottloser Westen?, Leipzig 2017, 44–80.
11 GARTH, Gottloser Westen? (wie Anm. 10), 81–86.
12 BYUNG-CHUL HAN: Die Errettung des Schönen, Frankfurt am Main 2015.

Man liebt sie bei Greenpeace, im Silicon Valley und an der Wallstreet. Ihr Marktwert ist hoch, aber ihr Ruf bleibt schillernd.

Das alles weiß ich und halte dennoch an beiden Begriffen fest. Denn ich verspreche mir etwas davon, das Raue neben das Glatte und das Dichte neben das Weite zu stellen und es zu vergleichen. Zumal Verbindungen und Kreuzungen erkennbar sind. Sie lassen sich anhand der Begriffsgeschichte von Spiritualität zeigen. Simon Peng-Keller hat sie herausgearbeitet und konnte aufzeigen, welche faszinierenden Umwege der Begriff gemacht hat.[13] Es scheint fast so, dass der Niedergang der Frömmigkeit mit dem Aufstieg der Spiritualität zusammenfällt. Zur Attraktivität der Spiritualität trägt bei, dass dem Begriff ein Bild zugrunde liegt. *Spiritus* ist die Übersetzung der hebräischen *Ruach* und des griechischen *Pneuma*. Man spürt den Atem und den Wind und man sieht die Flammen, die nicht verbrennen und das Wasser, das nicht versiegt.

Von den biblischen Wurzeln her betrachtet ist Spiritualität das Leben des Geistes im Menschen und Spiritualitätsforschung eine Aufgabe der Theologie. Ziel ist es, das Wirken des Geistes als Formationsprinzip und Expression zu erforschen und das meint, sowohl das geschichtlich *Gewachsene* wie auch das *Verwachsene* auf diesem Hintergrund zu verstehen und auf dieser Grundlage

- *prinzipiell* nach dem spirituellen Wachstum zu fragen, das in der Dialektik von Rechtfertigung und Heiligung entstehen kann,
- *material* über Praktiken nachzudenken, die den Menschen helfen können, sich auf die Reich-Gottes-Bewegung einzulassen
- und *formal* zu prüfen, in welchen Gefäßen Einzelne und Gemeinschaften geistlich begleitet werden.

Mit anderen Worten: die Praktische Theologie ist fromm. Sie hat eine Sendung und vertritt einen engagierten Ansatz der Forschung. Sie will etwas verändern. Sie ist eine Praxistheorie, die im Dreischritt Sehen – Urteilen – Handeln Wirkung erzielen möchte.

Das ist gegen ein verengtes Wissenschaftsverständnis gesagt, das nur die Deskription als wissenschaftlich gelten lässt, aber genauso gegen ein verengt quietistisches oder privatisiertes Religionsverständnis gerichtet, das Religiöses nur unter Erfahrung abhandeln will. Praktische Theologie ist nicht religiöse Praxis. Sie reflektiert die *Differenz* von Leben und Lehre. Aber sie könnte ihrer Aufgabe nicht gerecht werden, wenn sie einen *Bruch* zwischen Praktischer

---

[13] SIMON PENG-KELLER: Spirituelle Erfahrung als *locus theologicus*. Theologische Reflexion auf gelebte christliche Spiritualität, in: EVA-MARIA FABER (Hg.), Lebenswelt und Theologie. Herausforderungen einer zeitsensiblen theologischen Lehre und Forschung, Fribourg 2012, 261–292.

Theologie und theologischer Praxis zulassen würde. Sie sucht das Gespräch mit dem Erbe der Reformation, um daraus etwas für die Spiritualität der Gegenwart zu lernen.

3 Reformation als Anleitung zum Frommwerden?

Wenden wir uns also noch einmal der Reformation als Frömmigkeitsbewegung zu und reden von denen, die „mit Ernst Christen" sein wollen. So hat Martin Luther die Zielgruppe der Reform 1526 in der *Vorrede zur Deutschen Messe* umschrieben. Er unterscheidet drei Weisen des Gottesdienstes: die lateinische Messe zur Schulung der Jugend, die Deutsche Messe zur Unterweisung des Volkes und die dritte Weise. Er schreibt dazu:

> Die dritte Weise, welche die rechte Art der evangelischen Ordnung haben sollte, [sie] dürfte nicht so öffentlich auf dem Platz unter allerlei Volk geschehen. Sondern diejenigen, die mit Ernst Christen sein wollen und das Evangelium mit der Tat und dem Munde bekennen, müßten sich mit Namen einzeichnen und sich etwa in einem Haufen versammeln zum Gebet, lesen, zu taufen, das Sakrament empfangen und andere christliche Werke zu üben. In dieser Ordnung könnte man die, welche sich nicht christlich hielten, kennen, strafen, bessern, ausstoßen oder in den Bann tun nach der Regel Christi (Matth. 18,15ff). Hier könnte man auch ein gemeinsames Almosen auferlegen, das man freiwillig gäbe und nach dem Vorbild des Paulus austeilte (2. Kor. 9,1). Hier bedürfte es nicht vieler und großer Gesänge. Hier könnte man auch Taufe und Sakrament auf eine kurze feine Weise halten und alles aufs Wort und Gebet und auf die Liebe richten. Hier müßte man einen guten kurzen Unterricht über das Glaubensbekenntnis, die zehn Gebote und das Vaterunser haben. In Kürze: wenn man die Menschen und Personen hätte, die mit Ernst Christen zu sein begehrten, die Ordnungen und Regeln dafür wären bald gemacht.[14]

Luthers „dritte Weise", das wird aus dieser Beschreibung ersichtlich, ist ein Ziel einer Reform, das 1526 noch nicht erreicht war.[15] Er selbst schrieb: „Ich habe die Leute noch nicht."[16] Er fand sie auch später nicht.

Tatsächlich kämpfte Luther sein Leben lang mit dem Gefühl des Scheiterns. Das ist zum einen Stoff für Lutherbiografien, wie sie die Oxforder Historikerin

---

14 MARTIN LUTHER: Vorrede zur deutschen Messe (1526), in: KARIN BORNKAMM/GERHARD EBELING (Hgg.), Martin Luther. Ausgewählte Schriften. Kirche, Gottesdienst, Schule, Frankfurt am Main [u.a.] 1995, 77f.
15 SYBILLE ROLFF: „Das Evangelium mit Taten und Worten bekennen". Die Kommunikation des Evangeliums im Anschluss an reformatorische Theologie, in: CHRISTIANE MOLDENHAUER/JENS MONSEES, Die Zukunft der Kirche in Europas, Neukirchen-Vluyn 2016, 1–19, 11.
16 LUTHER, Vorrede (wie Anm. 14), 77f.

Lyndal Roper vorlegte.¹⁷ Ihre akribischen Studien der Quellen zeichnen ein Bild der Person Luthers, die fasziniert und erschreckt: sie zeigen das Psychogramm des Seelsorgers und Theologen, aber auch den Antisemiten, den Choleriker, den Lebemenschen, Apokalyptiker und Hexenverfolger, der mit seiner Kirche haderte. Aber Wittenberg ist nicht Zürich und Zürich nicht Genf. Die Reformation im Norden, im Süden und im Westen ging unterschiedliche Wege. Das hat zum einen mit den Protagonisten zu tun und zum anderen mit den politischen Verhältnissen. In der kommunalen Reformation konnte sie lokaler und kleinräumiger Fuß fassen. Die Differenzen zeigten sich in der Abendmahlstheologie, in der Ekklesiologie, der Christologie und der Soteriologie – bald wurden daraus tiefe Risse und erbitterte Fehden.

Ich werde mich hüten, diese Unterschiede klein zu reden. Sie sind Stoff für theologische Seminare, akribische Studien und subtile Schulbildungen. Wenn ich das Gemeinsame hervorhebe, hat es mit dem erkenntnisleitenden Interesse an einer evangelisch inspirierten Frömmigkeit zu tun. Bei allen Unterschieden verbindet Luther, Zwingli und Calvin dieselbe evangelische Frömmigkeit. Es ist kein Zufall, dass Martin Luther in seiner Vision einer „dritten Weise" der christlichen Ordnung dem Ideal der reformierten Konzentration sehr nahekommt:

> Hier bedürfte es nicht vieler und großer Gesänge, hier könnte man auch Taufe und Sakrament auf eine kurze feine Weise halten und alles aufs Wort und Gebet und auf die Liebe richten. Hier müßte man einen guten kurzen Unterricht über das Glaubensbekenntnis, die zehn Gebote und das Vaterunser haben.¹⁸

Was Luther in Wittenberg nicht gelingen wollte, versuchte man in Zürich und Genf inklusive Kirchenzucht umzusetzen. Und es ist sicher auch kein Zufall, dass sich rund hundertfünfzig Jahre später Philipp Jacob Spener in seinen Schriften auf die Vorrede Luthers berief. In der *Pia Desideria* beklagt er den Mangel an wahrem, lebendigem Glauben, vor allem im geistlichen Stand.¹⁹ Der Vater des Pietismus knüpft beim Reformator an, zielt aber mit seinem Programm der Erneuerung auf das Priestertum aller Gläubigen, auf den Haufen, der sich versammelt, auf das, was er später *ecclesiola in ecclesia* (1675) und *collegium pietatis* (1677) nannte.

---

17 LYNDAL ROPER: Der Mensch Martin Luther. Die Biografie, Frankfurt am Main 2016.
18 LUTHER, Vorrede (wie Anm. 14), 77 f.
19 Die *Pia desideria* (mit dem Untertitel: Herzliches Verlangen nach gottgefälliger Besserung der wahren evangelischen Kirche) ist der Titel einer 1675 erschienenen Schrift von PHILIPP JACOB SPENER: Pia Desideria, hg. von KURT ALAND (= Kleine Texte für Vorlesungen und Übungen, Nr. 170). Berlin ³1964. Vgl. dazu MARTIN BRECHT: Philipp Jakob Spener, sein Programm und dessen Auswirkungen, in: DERS. (Hg.), Geschichte des Pietismus, Bd. 1, Göttingen 1993, 302–316.

Auch bei Spener lassen sich *reformierte* Anliegen erkennen: der Nachdruck auf der Heiligung, das große Gewicht der Versammlung der Bekennenden und die Mahnung zur tätigen Liebe. Und der Pietismus kämpft auch mit denselben Schatten: der Tendenz zum Kongregationalismus, der Gesetzlichkeit und der Weltfremdheit. Ein Vergleich mit dem Puritanismus, dem Methodismus und dem Evangelikalismus drängt sich auf.

Das ist Stoff für die Kirchengeschichte. Der einfach gestrickte Praktische Theologe begnügt sich mit der Feststellung, dass sich in der evangelischen Frömmigkeit zwei starke Bewegungsimpulse finden lassen: der Impuls, wieder beim Anfang anzufangen und der Impuls, nach dem geistlichen Wachstum zu streben. Beide Impulse brauchen und beobachten einander. Vielleicht ist es gar simpel, aber hilfreich um die Dynamik zu verstehen, wenn wir den einen Pol mit der *Freiheit* des Christenmenschen und den anderen mit dem *Gehorsam* verbinden.[20] Diese Dynamik beruht auf einer Dialektik, die unruhig macht und in Bewegung setzt. Denn der wahre Fromme weiß, dass sich der Anfang bei der Gnade einem Ruf verdankt, der auf den Weg der Nachfolge schickt, der Heiligung heißt und zu einer *praxis pietatis* führt, die von Paulus auch *Wandel im Geist* genannt wird. Es ist ein Weg des Einzelnen und ein Weg der Kirche, ein Weg zwischen den Zeiten unter dem Zeichen des Vorletzten – und immer auch ein Unterwegssein Gottes mit uns.

Ein Ende ist erst dann in Sicht, wenn aus dem Glauben ein Schauen und Gott alles in allem sein wird. Also ist vorläufig kein Ende in Sicht. *Darum bleibt die Reformation eine Frömmigkeitsbewegung.* Genau das meint die arg strapazierte Formel *ecclesia semper reformanda* in der Essenz. In einer spannenden Spurensuche ihrer Wirkungsgeschichte kommt Emidio Campi zum Schluss, die Formel wolle letztlich sagen, „dass die Christenheit immer wieder von neuem hat beginnen können, dort, wo es ihr gelungen ist, Wege frei zu halten zur Begegnung mit der Kraft und der Herrlichkeit des Wortes vom Kreuz, das Verwandlung ermöglicht, zur Umkehr einlädt und zur Mitgestaltung einer humaneren Gesellschaft einlädt."[21]

Das ist fromm gesagt und bringt schön auf den Punkt, woher die Kraft der Erneuerung kommt. Von einem göttlichen Gegenüber, das in einer anfänglichen

---

20 Um wieder an ein berühmtes Lutherwort zu erinnern: „Ein Christenmensch ist ein freier Herr über alle Dinge und niemand untertan. Ein Christenmensch ist ein dienstbarer Knecht aller Dinge und jedermann untertan.", aus: MARTIN LUTHER, Von der Freiheit eines Christenmenschen (1520), Gütersloh 2006. Vgl. dazu: REINHOLD RIEGER: Von der Freiheit eines Christenmenschen, De libertate christiana, Tübingen 2007, 5–12.
21 EMIDIO CAMPI: „Ecclesia semper reformanda". Metamorphosen einer altehrwürdigen Formel, in: Zwingliana 37 (2010), 1–20, 19.

Begegnung in, mit und durch das Wort erfahren wird. Deshalb propagierten die Reformatoren eine durch das Wort Gottes und nicht durch ihre Frömmigkeit erneuerte Kirche – was selbstredend dem Geist dieser Frömmigkeit zugeschrieben werden kann. Das mag spitzfindig erscheinen, ist es aber nicht. Denn man kommt nur dann zur Kraft der Reformation, wenn man diese radikalste aller möglichen Selbstunterscheidungen, die in ihrer Frömmigkeit angelegt ist, nicht überspielt. Die Bewegung der Frömmigkeit ist eine Bewegung *zu Gott*, also Buße, angestoßen *durch Gott*, also Heiligung. Sie wird *theonom realisiert:* Die wahre Frömmigkeit verlässt sich nicht auf reine Tugend, religiöse Erregung oder durchdachte Lehre. Aber sie wird *reziprok aktualisiert:* Der Mensch sucht Gott, hält an seiner Gerechtigkeit fest und verlässt sich auf seine Treue. Als frommer Mensch weiß er zwischen dem Heiligen Geist und der eigenen Begeisterung zu unterscheiden und erfährt diese Differenz als Krisis und Verheißung seiner christlichen Existenz.[22]

Man kann diese Differenz bis ins Extrem der gedanklichen Paradoxie treiben und hätte dann die Pointe der Spiritualität schon wieder verpasst. Nicht um spitzfindige Aporien oder paradoxale Lebenskonzepte geht es hier; auch nicht um die Illusion einer totalen Übereinstimmung von Lehre und Leben, sondern um die *widerständige Praxis einer Lebensform*, die dem Sog der Selbstbehauptung zu entgehen sucht. Es ist die Funktion rechtverstandener Rechtfertigung, den religiösen Eigensinn der christlichen Lebenspraxis zu erhalten. Denn wir sind's noch nicht, wir werden's aber. Geben wir noch einmal Martin Luther das Wort:

> Das Leben ist nicht ein Frommsein, sondern ein Frommwerden, nicht eine Gesundheit, sondern ein Gesundwerden, nicht ein Sein, sondern ein Werden, nicht eine Ruhe, sondern eine Übung. Wir sind's noch nicht, wir werden's aber. Es ist noch nicht getan oder geschehen, es ist aber im Gang und im Schwang. Es ist nicht das Ende, es ist aber der Weg. Es glüht und glänzt noch nicht alles, es reinigt sich aber alles.[23]

---

[22] Der Heilige Geist wird zur Krisis der Theologie, wenn sie sich nicht auf die Vollendung der Schöpfung hin entfaltet. RUDOLF BOHREN: Dass Gott schön werde. Praktische Theologie als theologische Ästhetik, München 1975, 18.
[23] MARTIN LUTHER: Grund und Ursach aller Artikel (1521), Werke. Kritische Gesamtausgabe, Weimarer Ausgabe (WA), Schriften 7, Weimar 1897, 309–457, 336.

4 Was kann die Spiritualitätsforschung Erhellendes zum Verständnis der Reformation beisteuern?

Was hat das mit *Spiritualitätsforschung* zu tun? Der Begriff ist erklärungsbedürftig und begründungspflichtig, gerade weil er so cool daher kommt, glatt und nicht rau ist. Was ist darunter zu verstehen? Und was unterscheidet Spiritualität von Glauben, Religiosität oder Frömmigkeit? Die Frage liefert Stoff für interdisziplinäre Seminare. Als einfach gestrickter Praktischer Theologe erlaube ich mir, mit einer pragmatischen Unterscheidung weiterzuarbeiten. Spiritualität kann *weit* gefasst werden. In den Gesundheitswissenschaften und in der Psychologie kursieren Definitionen einer frei flottierenden, fluiden und flüchtigen Orientierung, die nach Sinn, Verbundenheit und Transzendenz fragt. In der Religionswissenschaft wird Spiritualität auch im Sinne einer Alternative zur Religiosität verwendet.

Den theologischen Diskurs bringt eine solche Begriffsextension aus naheliegenden Gründen in Verlegenheit. Wer danach fragt, wie Christen in der Gegenwartskultur ihren Glauben leben, oder wie sie Praktiken einüben, die ihnen helfen, ihr Leben zu führen, oder welche Antworten sie auf die großen Fragen der Zeit haben, oder was sie tun, um glaubwürdig das Evangelium zu kommunizieren – wer nach all diesen Dingen fragt, interessiert sich für eine Intensivierung, Vitalisierung und Erneuerung seiner Religion und nicht für ihre Auflösung. Dieses Ansinnen könnte der Theologie den Vorwurf der Enge einbrocken. Die fromme Spiritualität ist aber nicht eng, nur weil sie nicht zu weit sein will. Engführung ist nicht ihr Ziel und Engstirnigkeit ist ihr ein Gräuel. Evangelische Spiritualität will Tiefe! Man ahnt in der Bewegung zu den Tiefen Gottes das Geheimnis, das man nur umkreisen kann (1. Kor 2,10) und stößt in der Bewegung nach oben an die Grenzen der Erkenntnis, die weiß, dass man darüber hinaus nicht denken kann.

Aber was beweist das?[24] Womit prüfen wir die Gesundheit, Wahrheit oder Echtheit des religiösen Erlebens? Raummetaphern sind trügerisch. Von Höhen und Tiefen zu reden, könnte auch ein Trick sein. Das Tiefe kann abgründig und das Hohe übermütig werden. Auch ein raffiniertes Sprachspiel, das sich auf der Klaviatur der Gefühle auskennt, erzeugt nur relative Evidenz. Man muss genauer hinschauen und sich einlassen auf die Logik des Glaubens, die auf ein Verhältnis

---

24 In Anspielung auf den ontologischen Gottesbeweis nach Anselm. Vgl. dazu BURKHARD MOJSISCH: Anselm von Canterbury. Gottesbeweise, in: THEO KOBUSCH (Hg.), Philosophen des Mittelalters. Eine Einführung, Darmstadt 2000, 42–53.

zielt. Ohne Bezug auf die *Gottesbeziehung* ist Frömmigkeit nicht zu denken. Wenn wir verstehen wollen, was die Reformation bewegt hat und in Bewegung bringen wollte, rasseln wir mit Formeln wie *radikaler Diesseitsorientierung* voll ins Abseits. Dafür stehen die Höhe und die Tiefe. Wenn ich die Vertikale im Raum die *mystische Achse* nenne, nehme ich das Risiko eines gefährlichen Begriffs in Kauf.

Ich will es am Beispiel von Zwinglis Abendmahlstheologie illustrieren.[25] Diese lässt sich nicht verstehen ohne eine Formel, die er von Augustin übernimmt. Das Nachtmahl sei eine Danksagung, eine geistliche Speise, bei der *Gott genossen* werde. Das ist Mystik mit einem klaren biblischen Bezugspunkt. Gott zu lieben ist das erste Gebot. Der Begriff des Genusses macht auf die entscheidende Front aufmerksam. Gott soll weder benutzt oder verwendet noch soll Religion anstelle Gottes verehrt werden.

Allein Gott in der Höhe sei Ehre ist eine spirituelle und keine moralische Regel. Der zur Anbetung freie Mensch ist von den Zwängen des Götzendienstes befreit. Ohne Genuss-Metaphorik lässt sich die reformatorische Frömmigkeitsbewegung gar nicht verstehen. Ohne Freude an Gott wäre sie keine Bewegung. Ohne Glauben wäre sie nur noch Religion. Ohne Spiritualität würde sie zu jenem Zerrbild, das religiös unmusikalische Kritiker aus ihr gemacht haben. Ohne die Freiheit des Christenmenschen wird aus dem Frommen der verklemmte puritanische Frömmler, der sich nicht getraut, das Leben zu genießen.

Ein Gespräch über die reformatorische Frömmigkeitsbewegung, das von seiner mystischen Seite nichts wissen will, endet in der Regel mit diesem Klischee. Sie kann nicht durch eine soziologische oder psychologische Aufklärung religiöser Verformung ersetzt werden. Sie darf sich nicht von *ihrer* Spiritualitätsforschung abhalten lassen, die die Frömmigkeit auch mit einer Vertrauenshermeneutik befragt. Weil sie den Segen, der daraus erwächst, sieht und weil sie das Zeugnis der Menschen, die ihren Glauben treu gelebt haben, hört. Weil sie will, dass Gott schön wird.

5 Warum sollt ich meinem Gott nicht singen?

Damit ist neben der Gesundheit, der Wahrheit und der Echtheit zum Schluss auch die *Schönheit* der Religion ein Thema. Gott genießen *und* die Welt verändern, Beten *und* das Gerechte tun – darauf läuft es hinaus – geht nicht ohne Schönheit. Sie hält den Glauben in Bewegung. Natürlich verändert sich die Stimmung in der

---

[25] Ausführlicher in: RALPH KUNZ: Abendmahlsgottesdienst, in: DAVID PLÜSS [U.a.] (Hg.), Gottesdienst in der reformierten Kirche. Einführung und Perspektiven, Zürich 2017, 224–242.

Weggemeinschaft der Gläubigen. Diese ist nicht immer schön. Sie ist manchmal düsterer und manchmal heller, manchmal kämpferischer und manchmal kontemplativer. Die Stimmungen ändern sich, je nachdem, was dran ist. So geht das zu in Bewegungen. Aber das Ganze hat einen Glanz, den man sehen kann und eine Kraft, die man spüren kann, wenn man sich darauf einlässt.

Darum geht mir diese ewig dumme Phrase von den lustfeindlichen Zwinglianern auf die Nerven. Es ist das Stroh, das halbgebildete Möchtegernexperten dreschen, weil sie keine Ahnung von der hundertfältigen Frucht des Geistes haben. Halten wir ihnen entgegen und bezeugen die Freude, die aus der Leidenschaft kommt, die Lust am Glauben, die den Gehorsam nicht verweigert und die Begeisterung, die den Schmerz nicht ausspart. Das ist heute dran! Die Spiritualität der evangelischen Frömmigkeit hat Tiefgang und bietet sogar einmal einen Höhenflug. Ich würde deshalb, anders als Martin Luther im Nachwort zu seiner Vorrede, denen, die mit Ernst Christen sein wollen, diejenigen zugesellen, die es mit Freude sein wollen. Weil sie etwas zu sagen und zu singen haben.[26]

Darum komme ich zum Schluss noch einmal auf den Anfang zurück. Der Redenschreiber von Alain Berset hat seine Hausaufgaben gemacht. Er hat Max Weber gelesen und verstanden, dass die Hinwendung zur Welt und das Zeugnis mit Tat und Mund eines jeden Christen in seinem Beruf und Stand ein zentrales Motiv der Reformation war. Aber ohne Musik würde aus dieser radikalen Diesseitsorientierung etwas ganz und gar Ernstes. Was fehlt, ist die *Aussicht* auf ein glorioses Ende, eine Aussicht, die keine ist und darum einen Blick schenkt für das, was sich *jetzt schon* fragmentarisch erkennen, schmecken und sehen lässt.

Was wir jetzt schmecken, ist ein Vorgeschmack auf den Genuss Gottes, das höchste Glück, über das hinaus man kein Glück genießen kann. Die zeitgenössische Spiritualität zieht es vor, von kosmischer Tiefe oder dem Wunder des Universums zu sprechen. Es macht keinen Sinn, darüber zu streiten, wann es besser ist, rau oder glatt zu reden. Wichtiger ist die Emotion, die immer noch funkt, glüht und glänzt durch alle Jahrhunderte hindurch und die Frage, wo und wie sich dieses Funken, Glühen und Glänzen finden lässt. Die Schönheit gibt einen Fingerzeig.

John Eliot Gardiner hat über Johannes Sebastian Bach ein siebenhundertseitiges Opus mit dem Untertitel *Musik für die Himmelsburg* geschrieben. Es ist eine dichte Beschreibung von Person und Werk, bei der man viel über die

---

[26] Die Betonung eines evangelischen Propriums will nicht übersehen, dass die Musik auch ein Medium der ökumenischen Einheit darstellt. Vgl. dazu FLORIAN IHSEN: Eine Kirche in der Liturgie. Zur ekklesiologischen Relevanz ökumenischer Gottesdienstgemeinschaft, Göttingen 2010, 60 – 170.

Schönheit lernen kann und es ist zugleich das Bekenntnis zu einer Spiritualität, in der Pathos, Ethos und Logos zu einer musikalischen Gestalt zusammenfinden:

> Seine [scil. Bachs, RK] Musik offenbart seinen tiefen Abscheu vor Heuchelei und seine Unduldsamkeit gegenüber jeglicher Verfälschung von Tatsachen, aber auch sein tiefes Mitgefühl für alle, die in irgendeiner Form leiden müssen, betrübt sind oder von Gewissensbissen oder Glaubenszweifeln geplagt werden. All das veranschaulicht seine Musik, und daraus bezieht sie ein Gutteil ihrer Authentizität und ihrer ungeheuren emotionalen Wucht. Vor allem aber macht sie hörbar, mit welcher Freude und mit welchem Vergnügen er die Wunder des Universums und die Geheimnisse des Lebens feierte – und in seiner eigenen schöpferischen Gewandtheit schwelgte. Man muss sich nur eine einzige Weihnachtskantate anhören, um Musik von einer jauchzenden, festlichen Begeisterung zu erleben, an die kein anderer Komponist herankommt [...] Viele von uns können angesichts dessen nur staunen, in sich gehen und vor Gedankengängen kapitulieren, deren Spiritualität so tiefgründig und unwandelbar ist wie die kaum einer anderen Musik.[27]

So redet einer, der sein Leben der Musik gewidmet hat, über einen, der seine Musik Gott geweiht hat – im Wissen, dass Bach von der Aussicht beseelt war, „nach dem Tod ein besseres Leben in der Gemeinschaft von Engeln und engelsgleichen Musikern zu verbringen."[28] Wir wollen Herrn Gardiner deshalb verzeihen, dass sein *soli deo gloria* manchmal zu einem Solo für den frommen Bach wird.

Die Lektüre will nicht zu einer Bachverehrung führen, sondern von Bach lernen, dass sich das erste Gebot im Lob verwirklicht. Das anfängliche Motto der biblischen Spiritualität ist auch ihre letzte Aussicht. Alles, was atmet, lobe den Herrn. Gottes Ehre lässt den Menschen nicht verstummen, sondern weckt die Lust, einzustimmen in eine kosmische Symphonie. Der Mensch ist geschaffen, um zu jubilieren. Das ist eine Botschaft, von der man *singen und sagen* muss. Der *Westminster Shorter Catechism* formuliert wunderbar prägnant den reformierten Nachdruck auf diese Bestimmung der menschlichen Existenz. Das Bekenntnis antwortet auf die erste Frage, was denn diese Bestimmung sei, mit dem ebenso schön wie knapp formulierten Grundsatz: „Man's chief end is to glorify God, and to enjoy him forever."[29]

Die Reformierten haben eine Ahnung davon, dass das Singen Kopf und Herz verbindet und wie sich der himmlische im irdischen Gottesdienst anfühlt. Jean

---

[27] JOHN ELIOT GARDINER: Bach. Musik für die Himmelsburg, München 2016, 30 f.
[28] GARDINER, Bach (wie Anm. 27), 30 f.
[29] Der *Westminster Shorter Catechism* ist zu finden unter: www.reformed.org/documents/WSC.html (12.12.2017).

Calvin, der Gesang und Musik in den höchsten Tönen lobt, wusste es.[30] Eine Frömmigkeit, die den Jubel nicht vergisst, liegt sicher nicht falsch. Und es muss nicht immer Bach sein. In der Kirche darf auch gejazzt oder gejodelt werden. Man muss nur genau hinhören. Wenn man Glück hat, vergisst man die Zeit und meint, dass schon alles glüht, glänzt und hofft. Aber es ist nicht soweit. „Es ist noch nicht getan oder geschehen, es ist aber im Gang und im Schwang. Es ist nicht das Ende, es ist aber der Weg. Es glüht und glänzt noch nicht alles, es reinigt sich aber alles." Darum muss die Reformation weitergehen.

Ich schließe mit einem Rat von Bruno Latour, dem bekannten französischen Soziologen, der ein Buch über das Jubilieren mit Tiefgang geschrieben hat:

> Vielleicht gibt es wirklich spirituelle Menschen, aber der sicherste Test, sie von den falschen zu unterscheiden, besteht darin, ob sie ihre Gesprächspartner ‚nach oben' führen, [...] oder sie im Gegenteil nach und nach herabführen zu Sprechakten, die den Sprecher transformieren, ohne seinen Wissensdurst im geringsten zu schmälern. Wenn sie den Anspruch erheben, [...] Ihnen Geheimnisse zu enthüllen, Sie in Mysterien einzuweihen, Sie zu hehren Sphären zu erheben, meiden Sie sie; aber halten Sie sich an die, die Sie den Rhythmus jener Worte wiederfinden lassen, die zwar keinen Zugang eröffnen, die nirgendwohin versetzen, vor allem nicht weiter und höher, die Sie aber transformieren, Sie selbst, jetzt, da Sie angesprochen sind.[31]

---

30 Vgl. dazu RALPH KUNZ/FELIX MOSER: Liturgie und Liturgik in der Reformierten Schweiz, in: Pastoraltheologie (PTh) 98 (2009), 157–172.
31 BRUNO LATOUR: Jubilieren. Über religiöse Rede, Berlin 2011, 53.

Thomas Schlag
Reformation als Bildungsbewegung und ihre Bedeutung für religiöse Bildung in der pluralen Gesellschaft

Einleitung

Auch wenn man es in diesen Reformationsjubiläumszeiten vielerorts so hören und lesen mag, richtete sich die scharfe Klage der Reformatoren eben nicht nur auf die Kirche in ihren fragwürdig gewordenen institutionellen Formationen und den Papst als personale Manifestation unzureichender theologischer Lehre. Sondern mindestens genauso brennend war die damalige Kritik an den Erziehungs- und Bildungsverhältnissen in Familie, Schule, Kirche und Gesellschaft. Insofern stellt die seinerzeitige intensive theologisch-konzeptionelle Forderung nach einer menschengerechten Bildung fraglos einen wesentlichen Baustein des reformatorischen Erbes und zugleich eine Initialzündung für die viel weiter reichenden kirchlichen Reformbestrebungen dar.[1] Tatsächlich sind trotz aller zeitlichen und kulturellen Distanz zu den damaligen Verhältnissen die wesentlichen Markstelne der protestantischen Bildungsbewegung angesichts der gegenwärtigen Herausforderungen bis heute überaus relevant – sowohl was die damalige Kritik der Reformatoren als auch deren Forderungen nach einer konzeptionellen und institutionellen Neuorientierung betrifft. Im Folgenden sollen einige wesentliche Markstelne aufgezeigt und zugleich auf aktuelle Fragestellungen religiöser Bildung in der pluralen Gesellschaft hin durchsichtig gemacht werden.

1 Reformatorische Klage und Kritik

Die Ausrufung eines fundamentalen Bildungsnotstands war unüberhörbar: In seiner Vorrede zum *Kleinen Katechismus* formulierte Martin Luther 1529 vehe-

---

[1] Vgl. dazu RALF KOERRENZ/HENNING SCHLUSS: Reformatorische Ausgangspunkte protestantischer Bildung. Orientierungen an Martin Luther, Jena 2014; FRIEDRICH SCHWEITZER: Das Bildungserbe der Reformation. Bleibender Gehalt – Herausforderungen – Zukunftsperspektiven, Gütersloh 2016; im weiteren praktisch-theologischen Zusammenhang UTA POHL-PATALONG: Reformatorisches Erbe in Praktischer Theologie und Religionspädagogik? Eine praktisch-theologische und religionspädagogische Perspektive, in: Theo-Web. Zeitschrift für Religionspädagogik 15 (2016), H. 2, 31–51.

mente Vorwürfe gegenüber den staatlichen, geistlichen und elterlichen Erziehungsmächten:

> Hilf, lieber Gott, wie manchen Jammer habe ich gesehen, dass der gemeine Mann doch so gar nichts weiß von der christlichen Lehre sonderlich auf den Dörfern, und leider viel Pfarrherren fast ungeschickt und untüchtig sind, zu lehren, und sollen doch alle Christen heißen, getauft sein und der heiligen Sakramente genießen, können weder Vaterunser, noch den Glauben oder zehn Gebote, leben dahin wie das liebe Vieh und unvernünftige Säue – und nun das Evangelium kommen ist, dennoch fein gelehret haben, aller Freiheit meisterlich zu missbrauchen.²

Die reformatorische Klage und Kritik bestand in ihrem Kern darin, dass die Erziehungsautoritäten sowohl den Menschen wie Gott gegenüber ihrer Verantwortung in keiner Weise gerecht werden – und damit eine geradezu existenzielle Notsituation hervorrufen, die eine umfassende Reform an Haupt und Gliedern um der Menschen willen erforderlich machen. Zugleich nahm die reformatorische Bewegung damit einen prinzipiellen antielitären Grundzug an:

> Dass wir den Katechismus so fest treiben und zu treiben begehren und bitten, haben wir nicht geringe Ursache, dieweil wir sehen, dass leider viele Prediger und Pfarrherrn hierin sehr säumig sind, und verachten beides, ihr Amt und diese Lehre, etliche aus großer hoher Kunst, etliche aber aus lauter Faulheit und Bauchsorge, welche stellen sich nicht anders zur Sachen, denn als wären sie um ihres Bauchs willen Pfarrherrn oder Prediger und müssten nichts tun, denn der Güter gebrauchen, solange sie leben; wie sie unter dem Papsttum gewohnet.³

Den Augiasstall der staatlich-kirchlichen Entmündigungskoalition wollten die Reformatoren nach allen Regeln der theologischen und pädagogischen Kunst gründlich ausmisten bzw. von seinen menschenmachtgetriebenen Unzulänglichkeiten und Allmachtsansprüchen befreien.

Dies verband sich von Beginn an mit einer erheblichen, gewissermaßen altersspezifisch ausgerichteten Sensibilität für die fatalen Konsequenzen dieser Bildungsignoranz: Schon 1524 hatte Luther in seiner Schrift *An die Ratsherren aller Städte deutschen Landes, dass sie christliche Schulen aufrichten und halten sollen* ebenso scharf wie scharfsinnig konstatiert:

---

2 WILHELM LÖHE (1864) (Hg.): MARTIN LUTHER: Vorrede zum Kleinen Katechismus (1529), Köln 2016, 8.
3 Vgl. HERMANN LORENZEN (Hg.): MARTIN LUTHER: Der Große Katechismus. Pädagogische Schriften, Paderborn² 1969, 119.

Nimmt man so viel Zeit und Mühe, daß man die Kinder Karten spielen, singen und tanzen lehrt, warum nimmt man nicht ebensoviel Zeit, daß man sie lesen und andere Kenntnisse lehrt, solange sie jung und müßig, geschickt und dazu willens sind?[4] [...] Es fehlt allein daran, daß man keine Lust und keinen Ernst dazu hat, das junge Volk zu erziehen und der Welt zu helfen und beizustehen mit feinen Leuten. Der Teufel hat viel lieber grobe Klötze und unnütze Leute, damit es den Menschen ja nicht zu wohl gehe auf Erden.[5]

Wird Bildung auf solch elementare Weise vernachlässigt, so Luther, wird Gott damit ein Engel entzogen.[6] Der durch die Vernachlässigung der Kinder erzeugte Bildungsnotstand galt den Reformatoren in eminent theologischem Sinn als ein sündhaftes Vergehen. Christliche Bildung hingegen, so das reformatorische Grundsignal, wehrt dem Teufel schon in seinen Anfängen.

Luther knüpfte mit diesen vehementen Warnungen an eine lange, aber eben längst verschüttete Tradition christlicher gelehrter Bildung an, wie sie von den Kirchenvätern, in den Klöstern, in der Bildungsreform eines Karl des Großen, der Mystik und an den hochmittelalterlichen Universitäten gelehrt wurde. Dass diese Ursprungsidee christlicher Bildung nur noch besinnungsloses Nachbeten und dünne Scholastik produzierte, und dass die Amtskirche mit einer solchen passiven und unkritischen Frömmigkeitskultur ausgesprochen ruhig, unangetastet und machtvoll leben konnte, wurde den Reformatoren zum existenziellen Stein des Anstoßes. Nach reformatorischem Verständnis verkannte die katholische Kirchenpraxis ihren Auftrag gegenüber den Individuen und der Öffentlichkeit. Indem sich die Kirche nach innen wie nach außen als absolute, unantastbare Monopolrepräsentanz des Glaubens aufführte, wurde individuelle Glaubenspraxis in die Privatheit und damit zugleich in die öffentliche Bedeutungslosigkeit gedrängt.

Von dort aus wollte der reformatorische Frühling in Bildungsfragen gar nicht alles ganz neu machen, sondern vielmehr an den über viele Jahrhunderte hin gepflegten Sinn christlicher Bildung anknüpfen – und dies gemäß der Überzeugung: Ohne die individuelle, freie, kritische Auseinandersetzung mit dem überlieferten Glaubenszeugnis ist alles nichts. Mit der reformatorischen Grundeinsicht in die Freiheit eines Christenmenschen und der damit verbundenen Zusage mündigen Christseins ergaben sich konsequenterweise sowohl die Fundamen-

---

4 WOLFGANG METZGER (Hg.): MARTIN LUTHER, An die Ratsherren aller Städte deutschen Landes, daß sie christliche Schulen aufrichten und halten sollen (1524), Band 4 der Calwer Luther-Ausgabe, Stuttgart 1996, 175.
5 LUTHER, An die Ratsherren (wie Anm. 4), 176.
6 Vgl. MARTIN LUTHER: Ein Sermon oder eine Predigt, dass man Kinder zur Schule halten solle (1530), Werke. Kritische Gesamtausgabe, Weimarer Ausgabe (WA), Schriften 30 II, Weimar 1909, 533.

talkritik an erkenntnisloser Glaubenspraxis wie auch eine erhebliche und reformatorisch-kompromißlose Dynamik konzeptioneller und institutioneller Neugestaltungen. Dementsprechend manifestierte sich mit der reformatorischen Kritik an einem falschen, privatistischen und entmündigenden Sakramentsverständnis zugleich die Kritik an einer entmündigenden Bildungspraxis – und vice versa. Bildung galt von daher als „Bedingung für die sachgemäße Ausführung der zwei Regimente Gottes"[7]. So wurden die umfassende, theologisch tief gegründete Kritik an den ungelehrten und entmündigenden Verhältnissen sowie die positive Fassung von Bildung als *weltlich Ding* zum fundamentalen Grundstein für die kirchlichen Reformbestrebungen überhaupt. Wie hier konstruktiv argumentiert wurde, soll im Folgenden genauer betrachtet werden.

2 Elementare Glaubens-Bildung

Martin Luthers Bemühen, den neu entstehenden Gemeinden eine elementare Orientierung in Fragen des Glaubens zu vermitteln, manifestierte sich prominent in den Veröffentlichungen seines Kleinen und Großen Katechismus. Den familiären und obrigkeitlichen Erziehungsinstanzen sollte es damit ermöglicht werden, die Gläubigen vom sicheren Boden des Evangeliums aus zu unterweisen. Für den einzelnen Christenmenschen galt dabei, unbedingt Bescheid zu wissen über den Text und die Bedeutung der Zehn Gebote, des Glaubensbekenntnisses, des Vaterunser, des Sakraments der Taufe, des Amts der Schlüssel bzw. der Beichte sowie des Abendmahls. Diese Stücke stellten – versehen mit Luthers Erklärungen – auf nicht viel mehr als zwölf Seiten das Fundament der evangelischen Selbstvergewisserung dar und waren vor allem durch die Hausväter den Kindern nahe und beizubringen.

Während sich der Kleine Katechismus auf die Explikation der fundamentalen Lehren konzentrierte und von da ab über Jahrhunderte hinweg Denken und Mentalität in den lutherischen Familien prägen sollte, wollte der Große Katechismus vor allem eine Art Anleitungs- und Meditationsbuch für Pfarrherrn und Prediger sein. Die rund vierzigseitige Schrift stellt in seinem, übrigens durchgehend unpolemischen, Stil zudem unter der Hand eine der schönsten Explikationen von Luthers Theologie dar. In den drei Stücken, Zehn Gebote, Glaubensbekenntnis und Vaterunser, ist „kürzlich, gröblich und aufs einfältigste verfaßt [...] alles, was wir in der Schrift haben; denn die lieben Väter oder Apostel (wer sie gewesen sind) haben also in eine Summa gestellt, was der Christen Lehre, Leben,

---

[7] BERND SCHRÖDER: Religionspädagogik, Tübingen 2012, 71.

Weisheit und Kunst sei, wovon sie reden und handeln und womit sie umgehen."⁸ Theologisch wie pädagogisch ist hierbei so bedeutsam wie folgenreich, dass diese biblisch-theologischen Traditionsstücke nicht einfach auswendig zu lernen sein sollten, sondern über ihren Lehrgehalt hinaus mit dem weisheitlichen Lebensvollzug bzw. einer Art Lebenskunst im Licht des Evangeliums verbunden wurden. Bildung, Lebensführung und Glaubenspraxis wurden damit als existenziell höchst bedeutsamer Gesamtzusammenhang, sozusagen als Summa persönlicher Frömmigkeitsbildung entfaltet. Der Katechismus bezog seine substanzielle Kraft folglich nicht aus der Orientierung am kirchlichen Lehramt, sondern durch den denkbar engsten Bezug zur Heiligen Schrift. Als „der ganzen Heiligen Schrift kurzer Auszug und Abschrift"⁹ wurde er gleichsam als „didaktisch zubereite Bibel"¹⁰ und zugleich als Anweisung für den rechten Genuß der Sakramente verstanden.

Luthers grundlegender Bildungskritik und seiner konstruktiven Katechismusproduktion liegt folglich eine doppelte Pointe zugrunde: Zum einen plädierte er unter der Maßgabe der Würdigkeit des Kindes für eine kontinuierliche und elementare Beschäftigung mit katechetischen Inhalten: Die „Vermahnung" geht dahin, im Sinn der täglichen Gewöhnung „den Katechismus täglich zu lesen", denn Gott selbst gebietet, „dass man soll sein Gebot sitzend, gehend, stehend, liegend, aufstehend immer bedenken und gleich als ein stetiges Mal und Zeichen vor Augen und in Händen haben."¹¹ Und dies spielte zum anderen im kirchentheoretischen Sinn auf die Zulassung zum Abendmahl und damit auf die Zugehörigkeit zur Gemeinde an: „Katechismus, das ist eine Kinderlehre, so ein jeglicher Christ zur Not wissen soll, also dass wer solches nicht weiß, nicht könnte unter die Christen gezählt und zu keinem Sakrament zugelassen werden."¹²

Interessanterweise – und für die heutigen pädagogischen Debatten festzuhalten – stellte Luther sich mit seinen Forderungen gerade nicht über die Lernbedürfnisse der Kinder, sondern bezeichnete sich selbst als ein immer wieder neu lernbedürftiges Kind:

> Das sage ich aber für mich. Ich bin auch ein Doktor und Prediger, ja so gelehrt und erfahren, als die alle sein mögen, die solche Vermessenheit und Sicherheit haben. Dennoch tue ich wie ein Kind, das man den Katechismus lehrt, und lese und spreche auch von Wort zu Wort des Morgens, und wenn ich Zeit habe, die zehn Gebote, Glauben, das Vaterunser, Psalmen usw.

---

8 LUTHER, Der Große Katechismus (wie Anm. 3), 124.
9 LUTHER, Der Große Katechismus (wie Anm. 3), 122.
10 HOLGER FLACHMANN: Martin Luther und das Buch. Eine historische Studie zur Bedeutung des Buches im Handeln und Denken des Reformators, Tübingen 1996, 155.
11 LUTHER, Der Große Katechismus(wie Anm. 3), 121.
12 LUTHER, Der Große Katechismus (wie Anm. 3), 123.

> Und muss noch täglich dazu lesen und studieren und kann dennoch nicht bestehen, wie ich gerne wollte, und muss ein Kind und Schüler des Katechismus bleiben und bleibs auch gerne.[13]

Wie dachte man sich nun die pädagogische Form der Aneignung katechetischer Inhalte? Diese sollte durch das Hören der Auslegung, Verstehen-Lernen, Aufsagen-Können und fein richtiges Antworten geschehen. Abgezielt wurde also auf elementare Erfahrungs- und Aneignungsprozesse: „Denn darum tun wir den Fleiß, den Katechismus oft vorzupredigen, dass man solches in die Jugend bläue, nicht hoch noch scharf, sondern kurz und aufs einfältigste, auf dass es ihnen wohl eingehe, und im Gedächtnis bleibe."[14] Gefragt war ein tägliches Üben und Treiben, „mit aller Sorge und Fleiß"[15].

So stellen die Katechismen in je spezifischer Ausrichtung lebensnotwendige Lernbücher für den einzelnen Christen dar. Weil alles Lernen als ein Grundvorgang des Glaubens verstanden wurde, bei dem auf dem Weg der Lektüre die biblische Botschaft vergegenwärtigt wird, bedurfte es kontinuierlicher und ritualisierter Bildungsereignisse. Zugleich war die von Luther angestrebte Besserung der Christenheit auf eine Steigerung der Lesefähigkeit als formale Voraussetzung des Christseins angewiesen: „Predigt, Vorlesen und Eigenlektüre" begriff er als „komplementäre Momente eines Zusammenhanges der Verbreitung weltlicher und religiöser Bildung".[16] Anders gesagt: ein *Irgendwann-einmal-ausgelernt-Haben* konnte es im Blick auf den christlichen Glauben der Sache nach nicht geben. Denn dieses würde eine dauerhafte Verfügbarkeit implizieren, die damit aber der prinzipiellen Unverfügbarkeit göttlichen Wortes und des göttlichen Geschehens selbst gerade widerstünde. Für sich als Christ zu sagen, man habe den Glauben, wäre die Sünde des Menschen und die teuflische Alternative schlechthin. Dies wäre im Feld der Bildung nichts anderes als der Inbegriff des *homo curvatus in se ipsum*, des in sich selbst verkrümmten, ganz und gar selbstbezüglichen Menschen.

Damit kommt bei Luther und, wie wir sehen werden, auch bei den anderen Reformatoren eine klare hierarchiekritische Konzeption christlichen Lernens zum Vorschein, zu der man aus elementar theologischen Gründen gelangte: Wenn gilt, dass alle Menschen in gleicher Weise der Rechtfertigung Gottes und seiner Zusage bedürfen, dann kann im Blick auf die göttliche Glaubenszusage kein Unterschied zwischen Alt und Jung, gebildet und ungebildet, kundig und nichtkundig ge-

---

13 LUTHER, Der Große Katechismus (wie Anm. 3), 120.
14 LUTHER, Der Große Katechismus (wie Anm. 3), 125.
15 LUTHER, Der Große Katechismus (wie Anm. 3), 122.
16 FLACHMANN, Martin Luther und das Buch (wie Anm. 10), 173.

macht werden. Die unterschiedlichen Kenntnisse sind damit niemals von qualitativ, sondern höchstens von quantitativ verschiedener Art. Denn für alle gelte, dass sich die Hauptstücke des Katechismus nur und erst im Akt des geschenkten und gnädigen Glaubens in ihrer Bedeutsamkeit erschließen. War Bildungspraxis hier womöglich schon als eine Art vormoderner dialogischer, elementarer Erkenntnisprozess gedacht?

Um es hier ebenfalls gleich zu notieren: Die reformatorischen Erziehungsideale trugen gleichwohl mindestens eine theologisch legitimierte Asymmetrie zwischen Lehrenden und Lernenden und das Potenzial unheilig-autoritärer Praktiken in sich: Luther zufolge bedurfte es bei all diesem Bemühen um das Kind der notwendigen Strenge, des Warnens und Schreckens, Wehrens und Strafens – all dies mit der Zielsetzung kindlicher „Scheu und Furcht vor Gott"[17]. Gehorsam gegenüber Gott, gegenüber den Eltern und gegenüber der Obrigkeit wurde schon bei ihm, und dann in der Folgezeit immer stärker in eins gedacht: „Aus der Eltern Obrigkeit fließet und breitet sich aus" allerlei Gehorsam „gegen obere Personen, die zu gebieten oder zu regieren haben."[18]

3 *Ad fontes* – Theologisch-pädagogische Bildungs-Systematisierungen

Der Widerstand gegen die institutionell-programmatische Entmündigung der Gläubigen fand zwar keinesfalls erst im Zeitalter der Reformation sinnfälligen Ausdruck, erlebte aber über die Katechismen hinaus seine systematische Blüte als neues, umfassendes Bildungsprogramm. Dies kann beispielhaft an den Grundüberlegungen Philipp Melanchthons, dem Wittenberger Humanisten und engen Weggefährten Luthers, deutlich werden. Bei Melanchthon wird das Anliegen einer pädagogisch-wissenschaftlichen Synthese von antiker und humanistischer Bildung mit den neuen reformatorischen Bildungsidealen prägnant erkennbar: Schon in seiner Wittenberger Antrittsrede von 1518, *De corrigendis adolescentiae studiis – Über die Neugestaltung des Universitätsstudiums*, verwies der gerade einmal 21-jährige Melanchthon auf die Bedeutung humanistischer Bildung für alles Verstehen und Urteilen. Für Luther wurde Melanchthon mit dieser Rede sogleich zur faszinierenden Gestalt, weil er eben auf gelehrte Weise – sozusagen auf intellektuell höchstem Stand – sowohl die bisherige universitäre spitzfindige und weltferne Scholastik wie auch die kirchliche Praxis kritisierte. Die Kirche

---

17 LUTHER, Der Große Katechismus (wie Anm. 3), 125.
18 LUTHER, Der Große Katechismus (wie Anm. 3), 131.

habe, „durch die wissenschaftliche Praxis irregeleitet, von einem gewissen Zeitpunkt an die wahre und echte Frömmigkeit gegen menschliche Überlieferungen vertauscht", das zurückliegende Zeitalter ist „in die Finsternis des Orkus und in den bodensatzartigen Sumpf irgendwelcher wissenschaftlicher Absonderlichkeiten"[19] versunken, so Melanchthon. Damit gelangte die reformatorische Bildungsidee durch den Hörsaal hindurch auf den öffentlichen Marktplatz. In die Studien, so forderte Melanchthon, müsse ein grundsätzlich neuer Geist einziehen: Nur „wenn wir unseren forschenden Geist ganz auf die Quellen – also ad fontes – gerichtet haben, werden wir anfangen, Christus zu begreifen, sein Auftrag wird uns klar werden, und wir werden von jener beglückenden Süße göttlicher Weisheit ganz erfüllt werden."[20] Als *eruditio* ging es um *entrohende* Persönlichkeitsbildung in einem denkbar weiten, klugen und kritikfähigen Sinn. Damit war Melanchthons universitärer Bildungsanspruch von der Zielsetzung eines reinen Wissenserwerbs so weit entfernt wie das damalige Wittenberg vom heutigen Bologna. Institutionentheoretisch war für Melanchthon der notwendige Ausgangspunkt die Reform der Ausbildung und des Selbstverständnisses der Geistlichen. Anders gesagt: Reformatorische Reform hatte bei der theologischen Kompetenz der Theologen selbst anzusetzen. Dahinter stand die auch politisch kluge Einsicht, dass der Versuch einer ausschließlich staatlichen oder kirchenpolitischen Durchsetzung der Gesamtreform von vorneherein zum Scheitern verurteilt sein müßte. Denn damit würde man zwar die Strukturen, nicht aber die materiale Basis dieser Strukturen – nämlich die verantwortlichen Akteure und Multiplikatoren – in den Blick nehmen. Öffentlich bedeutsam konnte Theologie damit nur werden – man höre dies auch mit heutigen Ohren – wenn sich theologische und kirchliche Praxis so klug und verantwortlich wie möglich zu erkennen gibt und zugleich der freien Erkenntnis aussetzt. Der öffentliche Geltungsanspruch der Kirche hing also schon Melanchthons Ansicht nach wesentlich von ihrem theologischen Selbstverständnis und höchster Professionalität ab.

Was Melanchthon für den Bereich der universitären Bildung formulierte, fand konsequenterweise durch die Etablierung der Reformation in einzelnen Fürstentümern seine institutionelle Umsetzung auch im Bereich der Schule. Das reformatorische Ziel bestand in einem auf Nachhaltigkeit und institutionelle Dauerprätablierung hin angelegten Bildungsmarketing. Auch hierfür war das Hauptargument Melanchthons die Erziehung zur Mündigkeit im Umgang mit der biblischen Überlieferung. 1526 erfolgte anläßlich der Eröffnung der sogenannten

---

[19] PHILIPP MELANCHTHON: De corrigendis adolescentiae studiis (1518), in: MICHAEL BEYER/ STEFAN RHEIN/GÜNTHER WARTENBERG (Hgg.), Melanchthon deutsch I. Schule und Universität, Philosophie, Geschichte und Politik, Leipzig ²2011, 59.
[20] MELANCHTHON, De corrigendis (wie Anm. 19), 58.

oberen Schule, einer Lateinschule in Nürnberg, sein *Lob der neuen Schule*, aus dem das reformatorische Bildungsprogramm klar hervorging: Die „ehrwürdigen Fächer"[21], die gelehrt werden sollen, sind Dialektik, Rhetorik, freier Vortrag, Poesie, Geschichte, Mathematik und Griechisch. Seine Schrift *Unterricht der Visitatoren an die Pfarrherrn im Kurfürstentum zu Sachsen* aus dem Jahr 1528 wurde zum Maßstab einer umfassenden Schulreform sowohl mit dem Anspruch auf Allgemeinbildung wie auf verantwortliche christliche Unterweisung. Der Schule wurde die Aufgabe zugemessen, Kinder und Jugendliche zu christlich orientierten, mündigen und verantwortlichen Bürgern für das Gemeinwesen zu erziehen. Die Ausbildung reicht von Gebeten und Spruchweisheiten, die – nota bene – auswendig zu lernen waren, über Aesops Fabeln, Regeln der lateinischen Grammatik, Schriften von Terenz und Vergil bis hin zur Abfassung eleganter kleiner Reden, kurzer Erzählungen, Briefe und kleiner Gedichte. Im fortgeschrittenen Stadium waren Erasmus von Rotterdam, Livius und Sallust, Vergil, Horaz, Ovid und Cicero Pflichtlektüre. In den höheren Klassen wurde in griechische Sprache und Grammatik eingeführt und es sollten Lukian, Hesiod und Homer gelesen werden. Daneben sollte täglich eine Stunde Musikunterricht stattfinden.

Man mag es angesichts der gegenwärtigen Debatten um die Ausrichtung des Theologiestudiums hier erwähnen: Die Bewahrung von Religion und heiliger Schrift war für Melanchthon von der wissenschaftlichen Bildung und der kundigen Sprachkenntnis abhängig. Nur die Kenntnis des Lateinischen und des Griechischen, für die Fortgeschrittenen auch des Hebräischen, könne ein Gefühl der Ursprünglichkeit der Überlieferung erzeugen. Glaube ohne solche Sprach-Bildung würde die Inhalte des Glaubens ins Beliebige und Unkenntliche verwässern und dem Glauben selbst die Worte und Gestalt nehmen. Glaube ohne Bildungsquellen wäre sehr schnell ohne Bezug zu den christlichen Glaubensgehalten und damit sehr bald totale Beziehungslosigkeit, nicht allein gegenüber christlicher Überlieferung, sondern gegenüber der Kirche und schließlich Gott selbst gegenüber.

Der Sonntag war – hier zeigt sich die Verbindung zu den Katechismen – dem Religionsunterricht vorbehalten: Vaterunser, Glaubensbekenntnis, zehn Gebote, eine Auswahl von Psalmen und andere Abschnitte aus der Heiligen Schrift sollten auswendig gelernt werden, wobei galt: „Die Jugend soll [...] nicht zur Lust am Disputieren angeregt werden, sondern sie soll lernen, echte Frömmigkeit von

---

21 Vgl. PHILIPP MELANCHTHON: Lobrede auf die neue Schule (1526), in: MICHAEL BEYER/STEFAN RHEIN/GÜNTHER WARTENBERG (Hgg.), Melanchthon deutsch I. Schule und Universität, Philosophie, Geschichte und Politik, Leipzig ²2011, 93.

Heuchelei zu unterscheiden."[22] Und auch hier konnte es nicht ohne theologisch überzeugende Grundlagenarbeit gehen: Das gesamte reformatorische Lehrprogramm war von der Überzeugung getragen, dass diese Studien nur glücklich verlaufen, „wenn sie mit Frömmigkeit verbunden sind"[23]. Alles stand unter dem Motto aus Mt 6,33: „Trachtet zuerst nach dem Reich Gottes" und der alttestamentlichen Verpflichtung aus 5. Mose 6,20ff, der Jugend die großen Taten Gottes weiterzusagen.

In dieser reformatorischen Bildungskonzeption verbanden sich folglich antikes und christlich-theologisches Bildungsideal mit einer eminent öffentlichen Perspektive: Ohne Erziehung könne es keinen guten Menschen, aber auch kein funktionierendes Gemeinwesen geben. Ohne fundamentale Bildung würde das Menschengeschlecht, so Melanchthon, „nach Art wilder Tiere umherstreifen"[24]. Nur durch eine solche umfassende Ausbildung sei eine Vorstellung von Tugend, von Anstand und Sittlichkeit möglich, nur so das Gefühl von Menschlichkeit, eine richtige Vorstellung von Religion und von Gottes Willen gegenüber den Menschen.[25] Lernen stand also im Dienst von Recht, Gesetz und Religion. Denn Bürger, die sich durch Bildung, Klugheit und Frömmigkeit auszeichnen, seien für eine Stadt überhaupt der zuverlässigste Schutzwall[26] und die besten Beschützer. Dementsprechend sei die Jugend die „Pflanzstätte der Bürgerschaft"[27]. In heutiger Perspektive gesagt, wurde religiöse Bildung ganz bewußt nicht nur auf kirchliche Interessen ausgerichtet, sondern erfolgte in einer gemeinwohlorientierten und bildungsgerechten Perspektive.

4 Die reformierte Perspektive

4.1 Zwinglis reformierte Bildungsidee

Für Zwingli stellte sich bekanntermaßen der reformatorische Durchbruch durchaus anders dar als bei den deutschen Reformatoren. Während von Luther – wenn auch nicht ohne Stilisierungen – berichtet wird, dieser sei in einem singulären Ereignis zur Erkenntnis göttlicher Gnade und Gerechtigkeit gekommen,

---

22 SIEGFRIED BRÄUER: Die Gründung der christlichen Schule zu Eisleben 1525, in: LUTHERSTADT EISLEBEN (Hg.), Philipp Melanchthon und das städtische Schulwesen, Halle 1997, 93.
23 BRÄUER, Die Gründung der christlichen Schule (wie Anm. 22).
24 Vgl. MELANCHTHON, Lobrede (wie Anm. 21), 94.
25 Vgl. MELANCHTHON, Lobrede (wie Anm. 21), 95.
26 Vgl. MELANCHTHON, Lobrede (wie Anm. 21), 96.
27 MELANCHTHON, Lobrede (wie Anm. 21), 100.

entstanden Zwinglis reformatorische Grundeinsichten im Sinn eines längeren theologischen Selbstbildungsprozesses. Von sich selbst gab er kund, dass er ab 1516 *das Evangelium gepredigt* habe. Sein akademisches Denken hatte er an den Universitäten Wien und Basel einzuüben gelernt.[28] Aber auch nach dem Studium, als Pfarrer in Glarus, bildete sich Zwingli weiter intensiv fort – ein durchaus mahnendes Beispiel für die heutige Pfarrerschaft. Mit erheblichem Eifer studierte er Werke der antiken Klassiker und die Kirchenväter. Um das Neue Testament im Urtext lesen zu können, den Erasmus von Rotterdam 1516 in einer kritischen Edition veröffentlicht hatte, brachte er sich selber Griechisch bei. Erasmus selbst traf Zwingli im gleichen Jahr und schrieb im anschließenden Dankesbrief an den „Philosophen und herausragenden Theologen": „[...] es sei erlaubt zu sagen – du bist mir der Geliebte, wenn ich nicht mit Dir geplaudert habe, finde ich keinen Schlaf." Dies verweist weniger auf homoerotische Gefühle als auf Zwinglis tägliche Lektüre von Erasmus. Der knapp fünfzigjährige Erasmus schrieb übrigens durchaus wohlgefällig an den gerade einmal 32-jährigen Jüngling Zwingli zurück und riet diesem, die Feder zu üben: „Übung macht den Meister."[29] Zwinglis theologischer Erkenntnisprozess war somit von vornherein nicht ohne diese vielfältige persönliche Bildungskompetenz zu denken – und hier zeigte sich der Zürcher Reformator von Anfang an als gleichsam europäisch denkender Humanist.

Aber auch für ihn ergab sich der entscheidende Perspektivwechsel durch die Hinwendung zur Bibel im Sinn des reformatorischen Grundprinzips *sola scriptura*. Sie, die Bibel, und nicht die Kirche in ihrer politisch-klerikalen Machtfülle, wurde ihm zur entscheidenden Instanz der evangelischen Botschaft. In seinen *Disputationsthesen* des Jahres 1523, nun als Leutpriester am Großmünster in Zürich, hielt Zwingli geradezu katechismusartig fest:

> Die Hauptsache des Evangeliums ist kurz zusammengefasst die, dass unser Herr Christus Jesus, wahrer Gottessohn, uns den Willen seines himmlischen Vaters mitgeteilt und uns durch seine Unschuld vom Tod erlöst und mit Gott versöhnt hat. [...] Deshalb ist Christus der einzige Weg zur Seligkeit für alle, die je waren, sind und sein werden.[30]

---

28 Vgl. dazu PETER OPITZ: Ulrich Zwingli. Prophet, Ketzer, Pionier des Protestantismus, Zürich 2015.
29 Vgl. CHRISTINE CHRIST-VON WEDEL: Erasmus und die Zürcher Reformatoren. Huldrich Zwingli, Leo Jud, Konrad Pellikan, Heinrich Bullinger und Theodor Bibliander, in: CHRISTINE CHRIST-VON WEDEL/URS B. LEU (Hgg.), Erasmus in Zürich. Eine verschwiegene Autorität, Zürich 2007, 77 f.
30 ULRICH ZWINGLI: Auslegung und Begründung der Thesen oder Artikel (1523), Schriften Bd. II, Zürich 1995, 28–31.

Dies verband sich bei ihm mit der festen Überzeugung, dass Christen unbedingt in die Lage dazu versetzt werden müßten, die Schrift gerade in dieser christologischen Perspektive auszulegen.

4.2 Reformierte theologische Sittenlehre

Dies zeigte sich in Zwinglis sogenanntem Lehrbüchlein *Einige wenige Grundsätze, auf welche Weise Jugendliche aus gutem Haus zu erziehen sind,* verfaßt im Jahr 1526. In seiner einzigen Erziehungsschrift im engeren Sinn trat die Verbindung des humanistischen und des reformatorischen Geistes überdeutlich vor Augen. Die an seinen Stiefsohn Gerold Meyer als Geschenk gerichteten kurzen Unterweisungen zielten dabei auf dreierlei ab: 1. Wie das zarte und weiche Gemüt in den Dingen, die Gott betreffen, geistig beeinflußt und berichtigt bzw. orientiert werden soll, 2. Was dies für die Erziehung des Jünglings konkret bedeutet und 3. Wie sich der Jüngling anderen gegenüber verhalten soll. Die Grundlage für alle Fragen der rechten Erziehung sah er dabei im Gottesgedanken und Christusereignis selbst: Hauptlerninhalt ist demnach, dass die Vorsicht Gottes alle Dinge versorgt, alle Ding ordnet, alle Dinge bewahrt.[31]

Von dieser dezidiert theologischen Bestimmung aus wurden christlich-katechetische und sittlich-moralische Bildung auf das Engste miteinander verzahnt. Gott selbst solle mit ergebenem Gemüt recht geehrt werden.[32] Zugleich ergibt sich von dort aus alles Weitere für das Verhalten des Menschen selbst. Wer das Evangelium recht erlernt hat und recht versteht, der ist fleißig und untersteht sich recht und wahrlich zu leben.[33] Wenn Zwingli also von Gerechtigkeit, Frommheit, Wahrheit, Treue und Barmherzigkeit sprach, so hatte dies sowohl seine göttliche wie seine irdische Dimension. Gute Sitte und Tugend beginnen damit, dass das Gemüt des Jünglings gerade durch den Glauben auf Tugendhaftigkeit hin ausgerichtet wird. Dafür ist kein anderer als Christus der Tugenden vollkommener und ausgemachter Bildner.[34] Und dies geschieht gerade – man ist ebenso an Luther wie an die Mystik eines Meister Eckhart erinnert – in der täglichen und

---

31 Vgl. ULRICH ZWINGLI: Wie man die jugendt in guoten sitten und christenlicher zucht uferziehen unnd leeren sölle, ettliche kurtze underwysung, in: EMIL EGLI/GEORG FINSLER (Hgg.) Huldreich Zwinglis sämtliche Werke, Band 5, Leipzig 1934 , 432.
32 Vgl. ZWINGLI, Wie man die jugendt (wie Anm. 31), 436.
33 Vgl. ZWINGLI, Wie man die jugendt (wie Anm. 31).
34 Vgl. ZWINGLI, Wie man die jugendt (wie Anm. 31), 438.

nächtlichen Einübung in das Wort Gottes. Gerade dafür bedarf es des Hebräischen, Griechischen und Lateinischen.[35]

Von dieser theologischen Grundlegung aus ergeben sich in dieser Schrift im zweiten Teil sehr konkrete Handlungsanweisungen an den Jüngling. So solle dieser seine Zunge vor vorschneller Rede hüten, sich des Weins enthalten, auf gemäßigtes Essen achten und sich von allem Unmaß fernhalten, der eigenen Kleidung nicht unverhältnismäßige Bedeutung zumessen: diese Dinge sind nicht nur weibisch und kindlich, sondern sie sind vor allem nicht Christi.[36] Schließlich solle er sich vor falschen Liebesdingen schützen: „Und so er doch eine lieb haben will, hüte er sich, dass er nit in unsinniger Liebe und törichter Buhlschaft wütend werde, sondern erwähle sich eine zu lieben, deren Sitten er auch in der Ehe allweg leiden möge. Außer dieser einen soll er keine Frauen und Jungfrauen kennen."[37] Kein Christ wird auch der sein, der dem Geld dient und wo das Laster des Geizes das Gemüt genommen hat, lässt es sich nicht mehr recht handeln.[38] In bekannter Zwinglischer Manier wird konstatiert, dass der junge Mann nur fechten soll, wenn es auf das Vaterland und auf Gottes Geheiß hin geht.

Im dritten Teil seines Lehrbüchleins geht es schließlich um die Frage des Verhaltens gegenüber dem Nächsten: Eines Christen Gemüt wird sich in Glück und Unglück nicht anders halten, als ob es ihm selbst geschehen wäre. Aller Wandel und alle Rede soll nicht auf Kurzweil aus sein, sondern bei denen, wo wir wohnen, nützlich und förderlich sein.[39] Und auch hier bezog Zwingli diese Anweisungen für das Zusammenleben auf das Vorbild Christi selbst: Der Jüngling solle allen Fleiß darin verankern, dass er den Herrn Christum rein und lauter in sich trinke. Wo das geschieht, wird er in Christus selbst zu leben, zu reden und zu handeln wissen: „Der ist nicht ein Christenmann, der viel von Gott allein reden und sagen kann, sondern der sich mit Gott fleisst, hohe Dinge zu tun."[40]

Im Zusammenhang der reformierten Umgestaltung des Zürcher Gemeinwesens wurde auch Zwingli deutlich, dass die entscheidende Überzeugungskraft nicht in Gewalt, sondern in der Kraft des besseren Arguments besteht. So stand ihm ebenfalls überdeutlich vor Augen, dass die Priesterschaft in der ganzen Region theologisch ausgesprochen schlecht gebildet war. Und dies hatte nun auch für den reformierten Bildungskontext erhebliche institutionelle Konsequenzen:

---

35 Vgl. ZWINGLI, Wie man die jugendt (wie Anm. 31), 437.
36 Vgl. ZWINGLI, Wie man die jugendt (wie Anm. 31), 440.
37 ZWINGLI, Wie man die jugendt (wie Anm. 31), 441.
38 Vgl. ZWINGLI, Wie man die jugendt (wie Anm. 31).
39 Vgl. ZWINGLI, Wie man die jugendt (wie Anm. 31), 445.
40 ZWINGLI, Wie man die jugendt (wie Anm. 31), 447.

4.3 Reformierte Bildungsinstitutionalisierungen

Das hauptsächliche Bildungsziel war auch bei Zwingli einerseits die Reform der Ausbildung der Pfarrerschaft, andererseits der Aufbau bzw. Ausbau eines geordneten Schulwesens. Kirchliche und gesellschaftliche Reform wurden, nicht zuletzt auf Beschluß der politischen Behörden hin, eng miteinander verflochten. Dies führte bekanntermaßen ab Anfang der 1520er Jahre zu einer Säkularisierung der Klöster und zur Abschaffung der Messe. Bereits 1523 war die Reformordnung des Großmünsterstifts beschlossen worden, durch die die frei gewordenen Klosterpfründe nicht nur für die Armen und Kranken, sondern eben auch für den Aufbau eines höheren Schulwesens verwendet werden sollten. Zwingli schwebte für die Geistlichkeit somit einerseits die Errichtung einer theologischen Schule, andererseits die Etablierung einer Artistischen Fakultät als eine Art Vorbau dafür vor. Die bisherigen sogenannten unteren Schulen, d.h. die deutschen und die bestehenden Lateinschulen am Großmünster und Fraumünster sollten weitergeführt werden.[41] Für die Schüler aus Stadt und Land sollte der Schulbesuch unentgeltlich sein und den Lehrern eine von Schulbeiträgen unabhängige Besoldung garantiert werden. Die Verbindung zwischen der bisherigen Lateinschule und der Reform bildete ein neues und zugleich öffentliches Lehrangebot für die „älteren Schüler".

Mit der Gründung der sogenannten *Prophezei* im Jahr 1525 in Zürich wurde die theologische Auslegungskunst zur öffentlichen Angelegenheit: Es versammelten sich neben der verpflichteten Geistlichkeit Chorherren, Lateinschüler höherer Klassen und auswärtige gelehrte Gäste.[42] Bildung sollte der Kenntnis und dem kritischen Verstehen der Bibel dienen. Zwingli verstand die Prophezei als eine Art exegetisch fundierte Auslegungsschulung.

Die Bezeichnung *Prophezei* signalisierte dabei aufs engste Zwinglis Vorstellung von der Bildungsrelevanz des reformierten Pfarramts und dessen notwendiges professionelles Selbstverständnis: Wie er in seiner 1525 vorgelegten Schrift *Von dem Predigtamt* darlegte, ist nach Eph 4,11, Jer 1,9f und 1. Kor. 14,29 der Prediger oder Prädikant in dem Sinn ein Prophet, als er zum einen das Evangelium zu verkünden hat, andererseits aber auch Wächter sein soll. Das Auslegen der Bibel ist selbst ein Prophezeien, von dem Erbauung, Ermahnung und Tröstung zu erwarten sei. Hier schloss Zwingli unmittelbar an 1. Kor. 14,26–29 an:

---

41 Vgl. KARIN MAAG: Das Schul- und Bildungswesen zwischen 1500 und 1600, in: AMY NELSON BURNETT/EMIDIO CAMPI (Hgg.), Die schweizerische Reformation. Ein Handbuch, Zürich 2017, 527–548.
42 Vgl. ULRICH GÄBLER: Huldrych Zwingli. Leben und Werk, Zürich 2004, 93.

> Wie ist es denn nun, liebe Brüder? Wenn ihr zusammenkommt, so hat ein jeder einen Psalm, er hat eine Lehre, er hat eine Offenbarung, er hat eine Zungenrede, er hat eine Auslegung. Laßt es alles geschehen zur Erbauung! Wenn jemand in Zungen redet, so seien es zwei oder höchstens drei, und einer nach dem andern; und einer lege es aus. Ist aber kein Ausleger da, so schweige er in der Gemeinde und rede für sich selber und für Gott. Auch von den Propheten laßt zwei oder drei reden, und die andern laßt darüber urteilen.

Dieses prophetische Reden sollte in verständlicher, vernünftiger Sprache und nach Maßgabe des Glaubens geschehen – ganz im Sinn von Römer 12,6: „Ist jemand prophetische Rede gegeben, so übe er sie dem Glauben gemäß."

Wie hat man sich die konkrete Arbeit hier vorzustellen – immerhin eine Pflichtveranstaltung für die Lateinschüler wie für die Zürcher Pfarrer. Den Mittel- und Höhepunkt bildete der Unterricht in den drei alten Sprachen, im Besonderen die fortlaufende Auslegung des Alten Testaments. In Art und Form eines alttestamentlichen Seminars, das zugleich als Gottesdienst gestaltet war, verglichen, übersetzten und interpretierten jeden Morgen Professoren oder Pfarrer unter den Versammelten öffentlich den gleichen Text in den verschiedenen Sprachen. So wurde etwa ein halbes oder ganzes Kapitel der Bibel aus der gebräuchlichen Übersetzung, der lateinischen Vulgata, vorgelesen. Daraufhin erhob sich ein des Hebräischen kundiger Sprachlehrer und begann, das soeben lateinisch Gehörte aus dem hebräischen Text zu lesen, *verdolmetschend in Latin*, samt einer *kurzen Anzeigung der Wörter Kraft (Bedeutung) und Vermügen*. Ein nächster Redner beleuchtete den griechischen Text auf der Grundlage der Septuaginta. Ein nächster legte auf Lateinisch eine Predigtmeditation darüber vor. So wurde am Schluss jeweils das Ergebnis der Arbeit in Form einer deutschen Predigt den Versammelten und dem Volk vorgetragen. Kurz gesagt: dem biblischen Text wurde auf den Grund gegangen. Ziel war damit die enge Verbindung der wissenschaftlichen Erforschung der Bibel und der praktischen Verkündigung des Wortes, woraus nicht zuletzt die bedeutenden Zürcher Bibelübersetzungen hervorgingen. Des Weiteren gab es am Zürcher Fraumünster jeden Nachmittag eine Parallelveranstaltung zur Auslegung des Neuen Testaments, bei der Zwingli ebenfalls maßgeblich beteiligt war. Neben diesen *lectiones publicae* wurde in der Artistenfakultät der weitere Unterricht mit der Beschäftigung lateinischer und griechischer Literatur durchgeführt.

In diesem Sinn war das reformatorische Bildungsverständnis Ausgangspunkt für die Neugründung des Schul- und Universitätswesens. So diente die Prophezei in den ersten Jahren „der Umerziehung und Schulung der schon im Amt stehenden Geistlichkeit der Stadt"[43] wie auch der elementaren humanistischen und

---

43 GÄBLER, Huldrych Zwingli (wie Anm. 42), 92.

reformatorischen Bildung des Nachwuchses. Die Prophezei nahm von der Ausbildungsidee her einen Platz zwischen Lateinschule und Universität ein.

Entscheidend für die weitere Entwicklung und damit den offiziellen Beginn der Schola Tigurina ist Heinrich Bullinger. Durch ihn wurde die Entwicklung von einer vor allem erwachsenenbildnerischen Prophezei zum Schulwesens eingeleitet: Während Zwingli stärker auf eine reformatorisch-pädagogische Grundlegung aus war, beschäftigte sich Bullinger mit den konkreten didaktischen Zielsetzungen, die er ab 1531 als Züricher Scholasticus durch Lehrpläne, Stundentafeln und Lehrmittel entwickeln und umsetzen konnte. So zeigt sich bei Zwingli wie bei Bullinger, dass auch die schweizerischen Reformatoren unter dem Leitgedanken des „Zurück zu den Quellen" in spezifisch theologischer Weise an die humanistischen Traditionen gelehrter Bildung anknüpften.

Über die Ausbildung intellektueller und praktischer Fertigkeiten für die spätere Übernahme eines Predigeramtes im Kanton Zürich hinaus strebte die Hohe Schule eine Art Allgemeinbildung an, die sich ihrerseits in zwei grundsätzliche Richtungen aufgliederte: Zum Ersten wurden die humanistischen und reformatorischen Wurzeln des Menschenbildes thematisiert, auf das hin der Student erzogen werden sollte. Zum Zweiten ging es um die Vermittlung von allgemeiner Wissensbildung im schulischen Kontext.[44] Von dieser Zielsetzung aus wurde die Schola Tigurina zum Vorbild für weitere reformierte Hohe Schulen in ganz Europa und damit zu einer bedeutsamen europäischen Bildungsinstitution.[45]

5 Folgewirkungen und aktuelle Herausforderungen für die religiöse Bildung in der pluralen Gesellschaft

Die reformatorischen Überzeugungen lassen sich so zusammenfassen, dass Bildung ein ganzheitliches Geschehen ist, das den Menschen in allen Lebensbezügen betrifft und somit nicht früh genug beginnen und nicht lange genug anhalten kann. Die christliche Botschaft kann nur dann Gültigkeit und Relevanz für sich beanspruchen, wenn sie sich in all ihrer Vielfalt individuell nachvollziehen lässt und bei den einzelnen Gläubigen selbst Zustimmung erfährt. Dazu bedarf es der

---

44 Vgl. ANJA-SILVIA GÖING: Die Zürcher Hohe Schule 1525–1560 als Bildungsinstitution, in: Zeitschrift für pädagogische Historiographie 8 (2002) H. 2, 79–83.
45 Vgl. KONRAD SCHMID: Die Theologische Fakultät der Universität Zürich. Ihre Geschichte von 1833 bis 2015, Zürich 2016.

umfassenden Selbst-Bildung des Menschen durch die immer wieder neu hörende und lesende Einübung im Licht des Evangeliums. Insofern muß die Kirche als Bildungsinstitution Raum dafür bieten, dass sich eine solche selbstverantwortete Glaubenspraxis entfalten und es zum offenen Austausch über Glaubensfragen um des Gemeinwohls willen kommen kann.

Die Entwicklungen der protestantischen Bildungsbewegung in der reformatorischen Frühzeit machen deutlich, dass das theologische und kirchlich bedeutsame Bildungsprogramm von Beginn an programmatisch über den innerkirchlichen Bereich hinauswies. Auch wenn dieses Reformprogramm ihren Ausgang bei den theologischen, kirchlichen Entwicklungen nahm, war doch von vornherein das Augenmerk auf den öffentlichen Bereich überhaupt gerichtet. Man war der festen Überzeugung, getragen vom evangelischen Selbstbewußtsein, dass eine Reform an Haupt und Gliedern der Sache nach nie nur auf den innerkirchlichen Bereich konzentriert bleiben konnte, sondern notwendigerweise das Engagement für den öffentlichen Raum von Schule, Politik und Gemeinwesen zu umfassen hatte. Damit kam zum Ausdruck, dass man Fragen etwa der Gerechtigkeit oder des Zusammenlebens per se nicht den säkularen Deutungsinstanzen überlassen konnte, weil man die ganze Welt als unter der Führung und Bewahrung Gottes stehend ansah. Die Beschäftigung mit Fragen des weltlichen Bereichs war damit nicht weniger als der sinnenfällige Ausdruck der theologischen Überzeugung, dass die Welt auch in ihren äußerlichsten Formen eine von Gott als gute Schöpfung geschaffene Welt ist. Ein Rückzug in den rein innerkirchlichen Bereich wäre damit nicht nur als strategischer Fehler empfunden worden, sondern als fundamentale Infragestellung des Auftrags Gottes an die Menschen zur Mitgestaltung der Welt.

Im Blick auf die Kirche gesagt, bestand deren Bildungsverantwortung aus Sicht der Reformatoren eben nicht nur darin, für die Verbesserung der kirchlichen Praxis und eine Stabilisierung evangelischer Frömmigkeit unter ihren Gläubigen zu sorgen, sondern auch darin, sich selbst als wirkmächtige öffentliche Institution zu verstehen, die für die Zukunft des Gemeinwesens von zentraler Bedeutung ist. Dies hatte dann aber auch zu bedeuten, dass sich die kirchlichen Repräsentanten und Bildungsakteure nie nur gleichsam als Arbeiter im eigenen klerikalen Weinberg zu verstehen hatten, sondern als bedeutsame Personen des öffentlichen Lebens, dies aber nicht aufgrund ihres besonderen und herausgehobenen Amtes, sondern aufgrund ihrer spezifischen und öffentlichkeitsbedeutsamen Wort- und Bildungspraxis. So wurden auch die klassischen Elemente des Gottesdienstes, also Beichte, Predigt und Sakramente, als höchst bildungsrelevante Manifestationen des christlichen Glaubens mit einem prinzipiell öffentlichen Charakter verstanden. Denn in ihnen ging es einerseits um die für die *virtus* des Menschen grundlegende Herzensbildung, andererseits um gelingende soziale und politische

Gemeinschaftsbildung.[46] Anders gesagt: Die Legitimation von Kirche wurde gerade nicht in ihren bisherigen Traditionen oder ihrem gesellschaftlichen Status oder gar ihrem finanziellen Vermögen gesehen, sondern in der aktuellen Relevanz und Plausibilität der eigenen Verkündigung und des darin zum Ausdruck kommenden evangelischen Profils. Die reformatorische Bildungsbewegung setzte insofern die bis heute wesentliche Grundeinsicht in die Tat um: Christlicher Glaube ist in Verantwortung vor Gott selbstverantworteter Glaube. Christlicher Glaube ist im Licht Gottes ein über sich selbst aufgeklärter Glaube. Christliche Bildung ist öffentlich bedeutsam, weil sie Fähigkeiten öffentlicher Mitgestaltung des Gemeinwesens ausbildet.

Für den Umgang mit aktuellen gesellschaftlichen und politischen Herausforderungen bedeutet dies, dass der christliche Symbolbestand vor diesem historischen Hintergrund auch inmitten der postmodernen, pluralen Gesellschaften des heutigen Europa präsent gehalten werden kann. Dies gelingt allerdings nur, wenn dieser selbst als für die Gesellschaft und das Zusammenleben relevante Orientierung zum Ausdruck gebracht wird.[47] Nur vor diesem Hintergrund ist ein weltzugewandtes und weltkritisches Engagement überhaupt denkbar.

Die reformatorischen Bildungsdynamiken manifestieren folglich die Einsicht, dass die Entwicklungen selbst der intensiven Pflege und Dauerreflexion bedürfen, da nur dann auf nachhaltige Prägekraft gehofft werden kann. Auf heute übertragen: Von einer vermeintlichen Selbstverständlichkeit einer evangelisch stabilen und unerschütterlichen Kirche auszugehen, wird über kurz oder lang zu ihrer Infragestellung führen. Aktuell steht deshalb christliche Bildungspraxis vor der Aufgabe, die Grundkenntnisse christlichen Glaubens überhaupt wieder zu vermitteln. Denn wie allzu bekannt, besteht eine der wesentlichen Schwierigkeiten gegenwärtig gerade darin, hier noch für nachhaltige, generationenübergreifende Bildung sorgen zu können.

Angesichts der Pluralität der Welt- und Lebensverhältnisse kommt somit einer profilierten evangelischen Bildung nach wie vor erhebliche Verantwortung zu. Denn wie wollte man die eigene Botschaft weitertragen, wenn potenzielle Weiterträgerinnen und -träger eigentlich gar nicht mehr wissen, was sie glauben oder sagen sollen? Die Suche nach dem evangelischen Profil ist fraglos eine zentrale Daueraufgabe und wird es auch bleiben. Wie aber – so kann man gerade in diesen Reformationsjubiläumszeiten fragen – manifestiert sich evangelischer Glaube in

---

46 Vgl. EILERT HERMS: Bildung und Ausbildung als Grundthema der Theologie, in: DERS., Erfahrbare Kirche. Beiträge zur Ekklesiologie, Tübingen 1990, 212.
47 Vgl. HERMS, Bildung (wie Anm. 46), 220f.

der gegenwärtigen Bildungslandschaft? Ist dies womöglich nun die Zeit für eine Art prophetischen Bildungshandelns?

Vom Prophetischen war innerhalb evangelischer Bildungstheorie lange nicht mehr die Rede. Wer möchte heute auch noch mit dem alten prophetischen Überlegenheitsgestus auftreten, denn ganz zu Recht ist eindeutige Rede nicht unbedingt kommunikationsfördernd, sondern problematisch und per se verdächtig.[48] Wenn hier gleichwohl abschließend das Element des Prophetischen stark gemacht wird, so geschieht dies aus Gründen, die mit dieser Tradition ganz unmittelbar verbunden sind. Die Reformatoren gewannen ihre Artikulationsschärfe aus einer doppelten Haltung heraus: zum einen durch den scharfen und höchst aufmerksamen Blick auf die je konkreten Lebensverhältnisse im Licht der Frage, in welchem Sinn die gegenwärtigen Verhältnisse zerstörerisch und wo diese lebensdienlich sind. Zum anderen erfolgte dies aus der Haltung des unbedingten Vertrauens auf Gottes Weltwirken heraus im Licht der Frage, wie sich Gott zu diesen Verhältnissen verhält und was er vom Einzelnen fordert. Prophetische Schärfe lebt also von einer möglichst genauen und kritischen Wahrnehmung des Politischen und von der unbedingten Vertrauenshaltung auf Gottes lebensdienliches Handeln.

Vor diesem Horizont läßt sich das Profil und das Potenzial evangelischer Bildung bestimmen: Heilsvisionen sind zu Recht verdächtig. Aber gerade aus prophetischer Perspektive kann Bildung per se nicht unpolitisch sein – dies wäre in höchstem Maß verantwortungslos. Gerade deshalb braucht es mehr denn je den scharfen Sinn, der konkrete Mißstände wirklich benennt und beklagt. Es braucht die kritisch-wachsame Auseinandersetzung mit den gesellschaftlichen Verhältnissen – gerade dort, wo wie selbstverständlich von hochproblematischen Menschenbildern ausgegangen wird. Wenn es der kirchlichen wie schulischen Bildungspraxis gelingt, die Schattenseiten der weit verbreiteten Selbstoptimierungsideologie deutlicher zum Vorschein zu bringen, dann zeigt sie sich damit auch von ihrer zutiefst barmherzigen Seite. Evangelische Bildung muß daher Sprach- und Medienkritik befördern. Sie sollte darauf hinweisen, wo durch Sprache bestimmte Weltsichten untermauert oder verschleiert werden. Sie muß mit medienkritischer Kompetenz Indoktrinationstendenzen und Entmündigungsabsichten entlarven – ganz im Sinn der reformatorischen *eruditio*. Aber auch die Pflege der selbstkritischen Wahrnehmung gehört zu einer solchen prophetischen Bildung. So hält menschengerechte Bildung auch den Spiegel vor

---

48 Vgl. dazu THOMAS SCHLAG: Alttestamentliche Prophetie als Thema religiöser und interreligiöser Bildung. Hermeneutische Überlegungen zur religionspädagogischen „Wahrnehmung" des Alten Testaments, in: Evangelische Theologie 77, 2, (2017), 146–160.

Augen, wo politisch fragwürdig gedacht und argumentiert wird sowie, wo sich eigene Vorurteilsstrukturen, Unzulänglichkeiten und Radikalismen Bahn brechen. Für eine solche im besten Sinn streitbare Bildungskunst braucht es nicht nur den scharfen Blick, sondern auch das scharfe Wort – natürlich nicht im Duktus von Allwissenheit und Alternativlosigkeit, denn dies wäre nur eine andere Spielart von Entmündigung. Das scharfe Wort dient dem Ziel, dass Gegenargumente sich wirklich als Argumente auszuweisen haben. Sie müssen auf den Prüfstand, sich der offenen Diskussion aussetzen und dürfen nicht der Selbstimmunisierung dienen. Für all dies braucht es sowohl konzeptionell wie in der konkreten Bildungspraxis notwendigerweise einen immer auch vernünftig-prophetischen Scharfsinn. Man sollte sich jedenfalls in den vermeintlich säkularen Bildungskontexten und -konstellationen des Evangeliums nicht schämen (vgl. Röm 1,16). Alles andere käme einer Selbstsäkularisierung gleich. Erst durch ein profiliertes und wachsames Gottvertrauen erhalten alle Bildungsprogramme und die damit verbundenen politischen Zeitansagen ihre notwendige lebensdienlich-prophetische Tiefenschärfe. Nicht mehr, aber auch nicht weniger ist von der reformatorischen Bildungsbewegung im besten Sinn des Wortes zu lernen.

Eva-Maria Faber
Die Reformation und die römisch-katholische Theologie: Alte und neue Gemeinsamkeiten

Ein friedliches Thema ist dem römisch-katholischen Beitrag zu diesem Sammelband zugewiesen worden. Erbeten ist weder ein Rückblick auf Verwerfungen des 16. Jahrhunderts noch eine Stellungnahme zu heutigen Differenzen. Auf der Suche nach alten und neuen Gemeinsamkeiten zwischen der Reformation und der römisch-katholischen Theologie streben die folgenden Reflexionen gleichwohl nicht nach einer beschaulichen Darbietung nie verlorener oder wieder gefundener gemeinsamer Fundamente. Ich werde Gemeinsamkeiten in formalen Gesichtspunkten suchen, die den Umgang mit neuralgischen Fragen des christlichen und kirchlichen Lebens damals und heute betreffen. Durch den Blick auf solche *Herangehensweisen* lassen sich, so hoffe ich, Inspirationen auch für die Kirchen heute gewinnen. Gemeinsam sollten sein und sind hoffentlich (1.) die Bereitschaft zur Reform und (2.) zur Erneuerung und je aktuellen Aneignung des Glaubens. Zu thematisieren sind aber auch Gemeinsamkeiten, in denen die Konfessionen sich unvorteilhaft allzu ähnlich sind: (3.) die gemeinsame Konfliktbereitschaft im 16. Jahrhundert und (4.) die Neigung zur Abgrenzung. In beiden Hinsichten ist zu fragen, wie daraus eine konstruktive Auseinandersetzung entstehen kann.

1 Reform

Alte und neue Gemeinsamkeiten lassen sich zunächst beim Thema Reform beobachten. Tatsächlich gab es diesbezüglich im Zeitalter der Reformation eine echte Gemeinsamkeit; und es gibt sie heute wieder. Nur schlecht getarnt lässt die Differenzierung von *damals* und *heute*, von *alt* und *neu* eine anders geartete Zwischenzeit durchschimmern.

Zahlreich erhoben sich im 15. und beginnenden 16. Jahrhundert Reformpostulate. Francis Rapp spricht für das Spätmittelalter von der „Zwangsvorstellung" Reform.[1] Die Palette reicht von Klagen wie z. B. *De ruina ecclesiae seu de corrupto ecclesiae statu* (Nikolaus von Clémanges, 1363–1437) über Denkschriften wie jene

---

[1] Vgl. FRANCIS RAPP: Zwischen Mittelalter und Neuzeit (1378–1552), Christentum, Bd. 4 (Die Religionen der Menschheit 31), Stuttgart 2006, 5.

von Pierre d'Ailly (1351–1420) *De reformatione*[2] bis zu konziliaren und päpstlichen Reformversuchen. Für letztere stehen die Konzilien von Konstanz und Basel, das 5. Laterankonzil ebenso wie eine Reformbulle Papst Pius' II. (1458–1464) und ein Reformprojekt sogar des (nicht dadurch berühmt gewordenen) Borgia-Papstes Alexander VI. (1492–1503)[3]. Sehr unterschiedlich waren die Situationen in verschiedenen Ortskirchen. Zur „iberischen Reformation vor der Reformation" erläutert Diarmaid MacCulloch: „Als die Reformation in Europa begann, hatte Spanien viele der strukturell bedingten Missstände, die den Reformatoren andernorts als Munition gegen die alte Kirche dienten, längst beseitigt."[4]

Als Grund für vermehrte (bzw. vermehrt wahrnehmbare) Reformrufe und -aktivitäten seit dem frühen 15. Jahrhundert macht Klaus Unterburger nicht ausschließlich eine Zunahme von Missständen aus, sondern einerseits die verbesserte Quellenlage, andererseits aber die damalige „Steigerung der Ansprüche und Sensibilitäten".[5] Eine Rolle spielten kirchenstrukturelle Umbrüche, die nicht unwidersprochen blieben.

Die Reformatoren intensivierten diese Reformrufe aufgrund ihrer an der Schrift geschärften Diagnose; vor allem aber begnügten sie sich nicht mehr mit vergeblich bleibenden Rufen, sondern zogen Konsequenzen in der Tat. Dass diese *tätigen Konsequenzen* zum Konflikt führten, nimmt ihnen nicht ihre Berechtigung und ihren positiven Stellenwert.

Können wir von einem gemeinsamen Reformanliegen am Vorabend der Reformation sprechen, so veränderte der weitere Verlauf der Reformation diese gemeinsame Basis. Zwar war das Konzil von Trient unter dem Einfluss der Reformation auch selbst ein Reformkonzil. Nicht zu vergessen ist jedoch, dass die Reformation für die zurückbleibende römische Kirche einen Aderlass reformwilliger Kräfte bedeutete.[6] Die mit Trient initiierten Reformen waren halbherzig; ihre

---

2 Belege bei KLAUS UNTERBURGER: „Reform der ganzen Kirche". Konturen, Ursachen und Wirkungen einer Leitidee und Zwangsvorstellung im Spätmittelalter, in: ANDREAS MERKT [u. a.] (Hg.), Reformen in der Kirche. Historische Perspektiven (Questiones disputatae 260), Freiburg i. Br. 2014, 109–137, 111–115.
3 Belege bei UNTERBURGER, Reform (wie Anm. 2), 123–132; siehe FRANCIS RAPP: Das Wiedererstarken des Papsttums – Ein unvollständiger und kostspieliger Sieg, in: MARC VENARD (Hg.), Von der Reform zur Reformation (1450–1530) (Die Geschichte des Christentums 7), Freiburg i. Br. 1991, 69–141, 132–140.
4 DIARMAID MACCULLOCH: Die Reformation. 1490–1700, München 2010, 96. Siehe auch HEINZ SCHILLING: 1517. Weltgeschichte eines Jahres, München 2017, 232–236.
5 UNTERBURGER, Reform (wie Anm. 2), 117.
6 Dies gilt etwa für konziliaristische Kräfte: „sie gingen entweder zur Reformation über oder fanden sich in den Kreisen der erasmischen Vermittlungstheologie, die die Glaubensspaltung noch aufzuhalten versuchte. Das Scheitern dieser Versuche bedeutete vorerst [...] das Ende des

Verwirklichung hatte noch einen langen Weg vor sich. Zudem gewannen fortdauernde Reformbestrebungen eine andere Stoßrichtung: Sie waren „zunehmend geprägt v[on] einer Tendenz der Abgrenzung gegenüber den prot[estantischen] Konfessionen."[7] Insbesondere strukturelle Reformen traten aus dem Blickfeld. Erst recht ließ das im Kontext neuzeitlicher Konflikte mit staatlichen Instanzen favorisierte Kirchenbild der *societas perfecta* in römisch-katholischer Perspektive für eine Angewiesenheit auf Reformen wenig Raum. Über Jahrhunderte hinweg schien das Thema Reform somit ein Alleinstellungsmerkmal reformatorischer Kirchen zu sein. Die Auswirkungen reichen noch bis in die Gegenwart.

Während des II. Vatikanischen Konzils erinnerte der indische Bischof Eugène D'Souza von Bhopal an versäumte Reformchancen des 16. Jahrhunderts, um an die Reformbereitschaft seiner Konzilskollegen zu appellieren:

> Erinnert Euch an das 5. Lateran-Konzil, das 1512 bis 1517 abgehalten wurde. Es vollbrachte die Reform nicht, welche die Zeitgenossen von ihm erwarteten, ob aus Mangel an klarer Einsicht oder aus Mangel an Energie, weiß ich nicht. Wenige Monate später geriet die Kirche in die schlimmste Krise ihrer ganzen Geschichte. Lasst uns, Brüder, auf die Erwartungen unserer Zeit mutig antworten.[8]

Wie sehr der römisch-katholischen Kirche zu dieser Zeit der Reformbegriff abhandengekommen war, lässt sich daran ersehen, dass der Terminus *reformatio* in den Dokumenten des II. Vatikanischen Konzils häufiger in den Fußnoten mit Bezug auf Reformdekrete des Konzils von Trient als im Haupttext vorkommt. Johannes Feiner, Dogmatiker in Chur und Konzilsberater, musste in seinem 1967 publizierten Kommentar zum Dekret über den Ökumenismus *Unitatis Redintegratio* (UR) die Verwendung des Begriffs geradezu rechtfertigen: „Manchen Katholiken wird die Anwendung des Terminus ‚Reformatio' auf die katholische Kirche ungewohnt vorkommen, aber sie entstammt einer alten katholischen

---

deutschen Konziliarismus.", KLAUS SCHATZ: Allgemeine Konzilien – Brennpunkte der Kirchengeschichte, Paderborn ²2008 (UTB 1976), 161. Auch die reformerischen Impulse des Erasmus von Rotterdam kamen katholischerseits nicht mehr zum Zuge: „Die katholische Reform [...] sah, gerade weil erasmisches Gedankengut von evangelischer Seite rezipiert worden war, in Erasmus keinen Gewährsmann mehr für die innerkirchliche Erneuerung.", PETER WALTER: Philipp Melanchthon und die Zukunft der Ökumene, in: FRIEDRICH SCHWEITZER [u. a.] (Hg.), Philipp Melanchthon. Seine Bedeutung für Kirche und Theologie, Bildung und Wissenschaft (Theologie Interdisziplinär 8), Neukirchen-Vluyn 2010, 95–112, 99.
7 KLAUS GANZER: Artikel Katholische Reform, in: WALTER KASPER (Hg.), Lexikon für Theologie und Kirche (LThK)³ 5 (1996), Sp. 1358–1360, Sp. 1359.
8 Acta synodalia sacrosancti Concilii Oecumenici Vaticani II (ASCOV) 2/4, 636–638, 638; Übersetzung nach JOHANN CHRISTOPH HAMPE (Hg.): Die Autorität der Freiheit. Gegenwart des Konzils und Zukunft der Kirche im ökumenischen Disput, Bd. 2, München 1967, 372–375, 374 f.

Tradition. Päpste, Konzilien und Kirchenmänner [!] des Mittelalters und der Reformationszeit verwendeten den Ausdruck mit Selbstverständlichkeit für die katholische Kirche, auch noch das Trienter Konzil".[9]

Diese Selbstverständlichkeit fanden viele Katholiken und Katholikinnen leichter wieder als die zentrale Kirchenleitung, die sich noch 50 Jahre lang mit dem Reformbegriff und noch mehr mit Reformkräften schwer tat. Zwar fand das Reformthema nachkonziliar Eingang in ökumenische Dialogdokumente,[10] doch die Bereitschaft zu effektiven Reformen blieb gering.

Dies hat sich inzwischen jedoch in der päpstlichen Kirchenleitung verändert. Denn Papst Franziskus bedient sich ungeniert der Begrifflichkeit der Reform. Dies geschieht einerseits in Würdigung der Reformation. So nannte er in einem Interview vor der Eröffnung des Reformationsjahres in Lund die im Wirken Martin Luthers anhebende Reformation „eine Geste der Reform in einem schwierigen Moment für die Kirche. Luther wollte eine komplexe Situation lösen."[11] Andererseits strebt Papst Franziskus binnenkonfessionell Reformen an. Die anvisierte

---

9 JOHANNES FEINER: Kommentar [zum Dekret über den Ökumenismus], in: JOSEF HÖFER/ KARL RAHNER (Hgg.), LThK² 13 (1967), 40–126, 71 (zu UR 6).

10 So heißt es im internationalen reformiert/römisch-katholischen Dialog: „Die Antwort der Kirche auf die Treue Gottes muss stets erneuert werden, um den Herausforderungen der verschiedenen Zeiten und Kulturen zu entsprechen. Die Kirche ist ihres Namens nicht würdig, wenn sie nicht eine lebendige und schöpferische Zeugin ist, die die Nöte des Volkes konkret angeht. Darum verlangt auch die Kontinuität der Kirche, dass sie sich selbst als *semper reformanda* erkennt. Die Sündhaftigkeit der Menschen, die nicht nur Glieder der Kirche, sondern auch ihre Institutionen erfasst, steht im Gegensatz zur Treue gegenüber Gott", Auf dem Weg zu einem gemeinsamen Verständnis von Kirche. Internationaler reformiert/römisch-katholischer Dialog. Zweite Phase 1984–1990, in: HARDING MEYER (Hg.), Dokumente wachsender Übereinstimmung (DWÜ), Bd. 2, Paderborn 1992, 623–673, Nr. 117, 657.

11 STEFAN VON KEMPIS (Hg.), PAPST FRANZISKUS: Die Spaltung unter uns Christen ist ein Skandal!, Stuttgart 2017, 55. Franziskus bezeichnet dies als einen Aspekt, von dem die römisch-katholische Kirche lernen sollte. Siehe auch die vorbereitete (allerdings durch spontane Worte ersetzte) Ansprache in der evangelisch-lutherischen Gemeinde in Rom, 15.11.2015: „Mir scheint es auch grundlegend zu sein, dass die katholische Kirche mutig eine aufmerksame und ehrliche Neubewertung der Absichten der Reformation und der Person Martin Luthers unternimmt, und zwar vor dem Hintergrund der ‚Ecclesia semper reformanda', der immer zu erneuernden Kirche, auf der großen Spur, welche das Konzil gelegt hat, wie auch so vieler Männer und Frauen, die vom Licht und der Kraft des Heiligen Geistes beseelt sind", https://w2.vatican.va/content/francesco/de/speeches/2015/november/documents/papa-francesco_20151115_chiesa-evangelica-luterana.html (21.12.2017).

Reform der Kurie ist ihm ein „Zeichen der Kirche, die lebendig und daher *semper reformanda* – immer zu reformieren ist, eben weil sie lebt."[12]

Beim ökumenisch begangenen Reformationsjubiläum ist es bedeutsam, sich gemeinsam Rechenschaft über den Stellenwert von Reform abzulegen. Das 16. Jahrhundert stand unter dem Zeichen einer von vielen geteilten Einsicht in die Notwendigkeit von Reform; zunehmend kontrovers waren hingegen die Reaktionen auf das entsprechende Auftreten der Reformatoren. In gerechter Beurteilung zu würdigen ist heute, dass die Reformatoren im 16. Jahrhundert ihre ganze Energie in die Reform der Kirche investiert haben. Sie wollten die bestehende Kirche reformieren und nicht eine neue Kirche errichten. Dass die Reformatoren den Reformrufen und -postulaten *Taten* folgen ließen, ist bis heute Mahnung zum Engagement für *tätige* Selbstkritik, Umkehr und Erneuerung.

Die *Kirchen der Reformation* oder *reformatorischen Kirchen* und speziell die *nach Gottes Wort reformierten Kirchen* oder *evangelisch-reformierten Kirchen* tragen das Wort *Reform* in ihrem Namen und sie können stolz darauf sein. Zugleich zeigt sich hier das Paradox, das letztlich für alle Konfessionsbezeichnungen gilt: Die Begriffe, mit denen die Kirchen sich konfessionell bezeichnen und angeblich voneinander unterscheiden – reformiert, orthodox, katholisch – bezeichnen Attribute, die sie gar nicht ausschließlich für ihre jeweilige Kirche reklamieren können. Genauer gesagt sind es Attribute, die sie nicht ausschließlich für ihre jeweilige Kirche reklamieren können *wollen*. Denn es wäre widersprüchlich, wenn die Kirchen das, was ihnen jeweils besonders wichtig ist, als Option ansähen, die andere Kirchen ebenso gut vernachlässigen können. Jene Attribute, die jeweils zum konfessionellen Stolz der Kirchen gehören, müssen gleichzeitig zur Ökumene treiben.

2 Erneuerung – Innovation – Aggiornamento

Der mit den Stichworten *Erneuerung – Innovation – Aggiornamento* umschriebene Themenbereich schließt eng an das vorhin betrachtete Reformpostulat an. Während jedoch der Begriff *Reform* in der Regel das Eingeständnis impliziert, aus der Form Geratenes, Deformiertes bearbeiten zu müssen, kommt der Begriff *Erneuerung* ohne die Diagnose eines Versagens aus. Er bezeichnet eine Veränderung, die auf den Wandel der Geschichte antwortet. Im Blick auf die Reformation ist das

---

12 Papst Franziskus: Ansprache beim Weihnachtsempfang für die römische Kurie, 22.12.2016, http://w2.vatican.va/content/francesco/de/speeches/2016/december/documents/papa-francesco_20161222_curia-romana.html (21.12.2017).

Fremdwort *Innovation* geläufig. Katholischerseits wurde mit und nach dem II. Vatikanischen Konzil hierfür die italienische Bezeichnung *Aggiornamento* geläufig.

Am meisten beeindruckt mich persönlich an der Reformation das theologische Lebenswerk der Reformatoren, als Einzelpersönlichkeiten ebenso wie als vernetzte Theologengemeinschaft. Ihre theologische Arbeit betraf nicht nur die (reformerische) Neuformulierung des Glaubens im Gegenüber zur damaligen römischen Kirche. Sie widmeten sich darüber hinaus einer umfassenden Neu-Aneignung des gesamten Glaubens im Sinne einer Transformation des mittelalterlichen Glaubensgebäudes in einen neuzeitlichen Verstehenshorizont. Dies ist der Grund für ihr beeindruckendes Lebenswerk, das nicht nur quantitativ erstaunt, sondern zudem in der Breite verschiedener Textgattungen, Themen und Argumentationen außergewöhnlich ist.

Dabei verbanden die Reformatoren eine engagierte Aneignung vorausgehender Theologie mit einer Hermeneutik des Verdachtes. Theologen wie Heinrich Bullinger und Johannes Calvin gehörten in ihrer Zeit zu den besten Kennern der Kirchenväter[13]; Martin Luther war nicht nur in augustinischer Tradition verwurzelt, sondern auch von mystischen Strömungen des Mittelalters geprägt[14]. Die Hermeneutik des Verdachtes aber ist, was sie Reformatoren werden ließ. Sie begnügten sich nicht mit dem Überkommenen, sondern wollten es kritisch überprüfen und eliminierten das, was sie als nicht mit der Schrift vereinbar ansahen. Anders gesagt: Die Hermeneutik des Verdachts verwehrte es ihnen, den Glauben in traditionellen Ausdrucksformen unbesehen zu übernehmen. So reformulierten sie von der Schrift ausgehend das Überkommene, und da sie es in ihrem zeitgenössischen Verstehenshorizont taten, entstand dadurch ein Glaubensgebäude, das einer auch sonst veränderten Welt entsprach und in die Neuzeit vorauswies.

In der damaligen Zeit kommt kein anderer theologischer Entwurf in diesem innovativen Ausmaß der Theologie der Reformatoren gleich. Inhaltliche Ansatzpunkte und Ressourcen teilt die Reformation jedoch mit dem Spätmittelalter, und es lohnt sich zu fragen, inwiefern diese Grundlagen schon damals hätten verbindend sein können. Noch wichtiger ist es, aktuell gemeinsam auf solche Ansatzpunkte zurückzukommen, um so auch gemeinsam jene Transformation zu

---

13 Peter Opitz spricht von einem beständigen Gespräch Bullingers mit den Vätern: Eine Theologie der Gemeinschaft im Zeitalter der Glaubensspaltung, in: Zwingliana 31 (2004), 199–214, 213. Siehe auch Silke-Petra Bergjan: Bullinger und die griechischen Kirchenväter in der konfessionellen Auseinandersetzung, in: Zwingliana 31 (2004), 133–160. Der Autodidakt Calvin gehört im 16. Jahrhundert zu den besten Kennern der patristischen Tradition; siehe Anthony N. S. Lane: John Calvin. Student of the church fathers, Edinburgh 1999.
14 Vgl. Volker Leppin: Die fremde Reformation. Luthers mystische Wurzeln, München 2016.

leisten, die heute dringlich ist. Dies kann hier nur skizzenhaft und selektiv angedeutet werden, wobei es einem katholischen Beitrag zum Reformationsjubiläum gut ansteht, selbstkritisch auf die eigene Seite zu schauen.

2.1 Erneuerung aus der Schrift

Im Selbstverständnis der Reformatoren war es von zentraler Bedeutung, sich durch die Schrift gebunden zu wissen. Sie wurde zum Maßstab ihrer Theologie und ihres Wirkens.

Diese Vorordnung der Schrift knüpfte an ein bereits zuvor gewachsenes Interesse an der Bibel an. Die erste deutschsprachige Bibel stammt aus dem frühen 14. Jahrhundert und wurde vermutlich vom Zürcher Dominikaner Marchwart Biberli übersetzt.[15] Der Buchdruck gab der Verbreitung von Bibeln einen Schub: Die erste gedruckte deutsche Bibel erschien 1466.[16] Zwischen 1502 und 1517 entstand in Spanien die sechsbändige polyglotte *Biblia complutense*. Als Beispiel für das Bestreben, Theologie und Kirche aus biblischem (v. a. neutestamentlichem) Geist zu erneuern, sei hier nur auf Erasmus von Rotterdam verwiesen.[17]

Kennzeichnend für die Reformation jedoch war die Bereitschaft, die Schrift in die Gegenwart hineinwirken zu lassen und sich ihr als kritischem Maßstab für die Gestaltung kirchlichen Lebens zu unterstellen. Zugespitzt formuliert: Die Reformatoren, denen von katholischer Seite manchmal vorgeworfen wurde, das Konzept einer unsichtbaren Kirche zu vertreten, verwendeten mehr Sorgfalt auf die schriftgemäße Gestaltung der sichtbaren Kirche als die Altgläubigen. Darüber hinaus trauten sie der Schrift zu, den Glauben unmittelbar und maßgeblich begründen und orientieren zu können. Der diachrone Zusammenhang der Glaubenstradition wurde für die Reformatoren nicht bedeutungslos, doch waren die früheren Lehrtraditionen für sie nicht in der Weise bindend, dass Erneuerung nicht je und je an der Schrift erfolgen müsste.

Der römisch-katholischen Kirche brachte die Reformation in diesen Hinsichten einen Rückschritt: Wegen der Bedeutung des Schriftprinzips in den reformatorischen Kirchen verlor die Bibel auf katholischer Seite an Bedeutung. Noch nicht das Konzil von Trient, wohl aber die 1571 neu gegründete Indexkon-

---

15 Adrian Schenker (Hg.): Die erste Zürcherbibel. Erstmalige teilweise Ausgabe und Übersetzung der ältesten vollständig erhaltenen Bibel in deutscher Sprache, Fribourg 2016.
16 Vgl. Francis Rapp: Das religiöse Leben, in: Venard (Hg.), Reform (wie Anm. 3), 212–304, 242; MacCulloch, Reformation (wie Anm. 4), 109–113.
17 Vgl. Peter Walter: Theologie aus dem Geist der Rhetorik. Zur Schriftauslegung des Erasmus von Rotterdam (Tübinger Studien zur Theologie und Philosophie 1), Mainz 1991.

gregation nährte Vorbehalte gegenüber volkssprachlichen Bibeln. Die Theologie verschloss sich weitgehend in einem scholastischen Lehrsystem, das mehr selbstbezüglich als schriftbezogen tradiert wurde.[18] Erst die ökumenische Bewegung im 20. Jahrhundert verhalf zu einer Bibelbewegung, die sich im II. Vatikanum auswirkte. Gleichwohl dauert eine Resistenz gegen biblische Erneuerung bis heute an. Der Neutestamentler Gerd Häfner würdigt die Rahmenbedingungen exegetischer Forschung in der römisch-katholischen Kirche heute, kritisiert aber ihre Folgenlosigkeit: „Katholische Exegeten können heute unbehelligt alles Mögliche herausbekommen, die kirchliche Rezeption bleibt davon unberührt."[19] Dies macht sich nicht zuletzt bei kirchlichen Strukturfragen bemerkbar. Die römisch-katholische Kirche wird zwar zu Recht geltend machen, dass gerade in der Evaluation kirchlicher Strukturen neben der Schrift auch die Erfahrungen der Kirchengeschichte bedeutsam sind. Gleichwohl müssen sich die Kirchen gemeinsam dem Desiderat stellen, die stets aufgetragene Erneuerung an biblischen Orientierungspunkten zu gestalten.

2.2 Existentielle Erneuerung aus der Mitte des Glaubens

Eine Spätmittelalter und Reformation verbindende innovative Kraft schreibt Berndt Hamm dem zu, was er „normative Zentrierung" nennt: die „Ausrichtung von Religion und Gesellschaft auf eine orientierende und maßgebende, regulierende und legitimierende Mitte hin."[20] Gegenüber der Komplexität spekulativer Theologie machte sich eine neue Konzentration bemerkbar: „Das Zentrale, was not ist und helfen kann, soll in die Mitte des Lebens treten und seine Gestaltung, sowohl des individuellen als auch des sozial-politischen und ökonomischen Le-

---

18 „Zwar hat das Konzil hart daran gearbeitet, in Auseinandersetzung mit der Reformation biblischen Begründungen weiten Raum zu geben. Aber in dem Maß, in dem die Scholastik selbst eine Methode der Bibelauslegung war und in dem bestimmte Lehrfragen etwa über die Sakramente von der Scholastik des 13. bis 15. Jahrhunderts besonders intensiv bearbeitet worden waren, sollte diese Lehrart auch in der nachtridentinischen Kirche den Vorrang behalten und bis in die Aufklärung, schließlich im 19. und frühen 20. Jahrhundert erneut eine geradezu intangible Größe konfessioneller Identität werden.", ANDREAS HOLZEM: Christentum in Deutschland 1550–1850. Konfessionalisierung – Aufklärung – Pluralisierung, Bd. 1, Paderborn 2015, 185.
19 GERD HÄFNER: Freiheit zum Streit. Eine katholische Perspektive der Exegese, in: UWE SWARAT/THOMAS SÖDING (Hgg.): Heillos gespalten? Segensreich erneuert? 500 Jahre Reformation in der Vielfalt ökumenischer Perspektiven (Quaestiones disputatae 277), Freiburg i. Br. 2016, 219–236, 233.
20 BERNDT HAMM: Religiosität im späten Mittelalter. Spannungspole, Neuaufbrüche, Normierungen, Tübingen 2011, 4.

bens, bestimmen."²¹ Wie Hamm zeigt, verwandten die Strömungen spätmittelalterlicher Barmherzigkeitstheologie diverse „sola-Formulierungen", welche die Frömmigkeit auf die Gnade und Barmherzigkeit Gottes bzw. auf Jesus Christus orientieren wollten. „Die Jahrzehnte vor Luthers Auftreten hallten wider von einem vielfältigen ‚solus, solus, solus'."²² Damit verbunden war eine existentielle Ausrichtung der Theologie und Verkündigung, wie sie sich insbesondere im humanistischen Streben nach lebensbezogener Weisheit abzeichnete.

Die solus-Formulierungen der Reformation setzten diese Konzentration auf das existentiell Heilstiftende fort.²³ In der Konsequenz lag eine praktische Ausrichtung der Theologie: „Vera theologia est practica" (Martin Luther²⁴). Johannes Calvin kritisierte die Theologie der Sorbonne scharf, weil er darin nicht den kleinsten Funken Frömmigkeit hervorblitzen sah.²⁵ Interessant ist es, in dieser Hinsicht Calvin und Ignatius von Loyola zu vergleichen.²⁶ Mit Blick auf Ignatius' Studienzeit in Paris schreibt sein Biograph Ignacio Tellechea: „Mit Vergnügen würde er die Schmähung Melanchthons – wenn er sie gekannt hätte – unterschrieben haben: Würde man die ‚heidnische Scholastik' von Paris tolerieren, sei die Heilung der Kirche unmöglich."²⁷

Angesichts der nachreformatorisch auf beiden Seiten eintretenden „Überdoktrinalisierung" des Christentums²⁸ ist die Erinnerung an die beschriebene Zentrierung und existentielle Ausrichtung der Theologie bedeutsam als Orientierungspunkt für die bleibende und je aktuelle Aufgabe der Erneuerung. Zudem liegt hier ein Schlüssel für den Fortgang der Ökumene, der mit dem Begriff der „‚Hierarchie' der Wahrheiten" (UR 11), von der das II. Vatikanum spricht, kon-

---

21 HAMM, Religiosität (wie Anm. 20), 6.
22 BERNDT HAMM: Die Emergenz der Reformation, in: BERNDT HAMM/MICHAEL WELKER: Die Reformation. Potentiale der Freiheit, Tübingen 2008, 1–27, 7; vgl. HAMM, Religiosität (wie Anm. 20), 9–14. Siehe zur erasmischen Christozentrik WALTER, Theologie (wie Anm. 17), 54–67.
23 Es kann hier beiseitegelassen werden, wie sich Kontinuität und Diskontinuität in diesem Punkt verhalten. Siehe dazu den Forschungsüberblick bei OLAF MÖRKE: Die Reformation. Voraussetzungen und Durchsetzung (Enzyklopädie Deutscher Geschichte 74), München ²2011, 70–87.
24 MARTIN LUTHER: Werke. Kritische Gesamtausgabe, Weimarer Ausgabe (WA), Tischreden 1, Weimar 1912, Nr. 153, 72.
25 Vgl. Corpus reformatorum (CR) 82, 310f (Kommentar zu 1 Joh 2,3).
26 Vgl. EVA-MARIA FABER: Johannes Calvin und Ignatius von Loyola, in: DEUTSCHE PROVINZ DER JESUITEN (Hg.), Stimmen der Zeit 227 (2009), 662–672.
27 IGNACIO TELLECHEA: Ignatius von Loyola. „Allein und zu Fuß". Eine Biographie, Zürich 1998, 197.
28 JÖRG LAUSTER: Verzauberung der Welt. Eine Kulturgeschichte des Christentums, München 2014, 329.

vergiert. Daran müssten sich aktuelle Gewichtungen kontroverser Themen, etwa im Bereich der Amtstheologie, messen lassen.

2.3 Vernetzung

Ein bemerkenswertes Phänomen der Reformationszeit ist die intensive Vernetzung der damaligen Akteure. Bereits in den Humanistenkreisen pflegten die Gelehrten engen Austausch miteinander. Teils daran anknüpfend, dabei in vielfältigeren Anliegen engagiert, verbanden sich die Reformatoren in internationalen Netzwerken. Bei den Korrespondenzen lässt sich trefflich streiten, wer von den Reformatoren am besten vernetzt war. Zu den Spitzenreitern gehören jedenfalls Heinrich Bullinger (ca. 12.000 erhaltene Dokumente, darunter 2.000 von Bullinger geschriebene Briefe), Philipp Melanchthon (ca. 10.000 erhaltene Dokumente) und Johannes Calvin (ca. 4.200 erhaltene Dokumente).[29] Auf katholischer Seite vergleichbar ist die Korrespondenz des Ignatius von Loyola (fast 7.000 erhaltene von Ignatius geschriebene Briefe).[30]

Diese stupende Briefkorrespondenz in einer Zeit ohne Briefkästen interessiert hier vor allem in ihrer Bedeutung für die Suche nach Erneuerung. In theologischem Austausch waren die Reformatoren gemeinsam auf der Suche nach einem erneuerten Glauben. Dies geschah in gegenseitiger Korrektur, die, selbst wenn die Gemeinschaft zwischen der lutherischen und der reformierten Seite langfristig zerbrach, doch zu gegenseitiger Befruchtung führte. Erwähnung verdienen die noch lange andauernden Kontakte zwischen den Reformatoren und der altgläubigen Seite, die jedoch bedauerlicherweise das Auseinanderleben nicht verhindern konnten.

Angesichts dieser Vernetzung relativiert sich der traditionelle römisch-katholische Vorwurf, die überregionale Einheit sei bei den reformatorischen Kirchen unterentwickelt. Jedenfalls in ihren Anfängen entwickelten sie eigene Formen der Verbundenheit, die die damals üblichen horizontalen Verbindungen der Ortskirchen überbieten dürften. Dass diese überregionale Zusammengehörigkeit dann erst wieder mit den Weltbünden stärker zum Vorschein kam, ist katholischerseits kein Grund zu herablassender Kritik. Auch die Einheit der römisch-katholischen

---

29 Angaben gemäß http://www.irg.uzh.ch/de/hbbw/daten.html (21.12.2017).
30 Vgl. IGNATIUS VON LOYOLA: Briefe und Unterweisungen, übersetzt von PETER KNAUER, (Ignatius von Loyola Deutsche Werkausgabe 1), Würzburg 1993. „Die gesamte Gründungskorrespondenz der unter seinem Nachfolger Lainez auf etwa 3'500 Jesuiten gewachsenen Gemeinschaft umfasst 125 Bände der *Monumenta Historica Societatis Iesu*.", HOLZEM, Christentum (wie Anm. 18), 202.

Kirche bestand je länger je mehr primär in einer Rombindung und kaum in wechselseitigen Beziehungen der Kirchen.

Mit diesem Netzwerk kommt somit ein weiterer Faktor für Erneuerung in den Blick. Die Vernetzung der reformgesinnten Kräfte genügte im 16. Jahrhundert nicht, um gemeinsam Reformen voranzubringen, diente aber als wichtige Ressource der Reformation. Ein heutiges Aggiornamento dürfte davon abhängen, dass innerhalb der Konfessionen *und zwischen ihnen* ein erfahrungsgesättigter Austausch gesucht wird.

3 Von gemeinsam defizitärer Verständigungsbereitschaft zu konstruktiver Auseinandersetzung

Im Vorfeld des Reformationsjahres 2017 kam es zu Diskussionen, ob die römisch-katholische Kirche dieses Jubiläum mitfeiern könne. Die Reserve gründet in der Identifikation der Reformation als Grund für eine Kirchenspaltung. Demgegenüber gilt es, beides zu unterscheiden: einerseits die Reformation mit ihren Anliegen und anderseits die nicht intendierte Kirchenspaltung. Der letztere Begriff ist zu differenzieren. Es ist schwer entscheidbar, inwieweit die Einheit wider Willen zerbrochen ist und inwieweit sie aktiv gebrochen wurde. Wenn für das Brechen Akteure verantwortlich sind, dann gehören dazu auch römische Akteure (vgl. UR 3; 7). Darum ist es sachgemäß, die Reformation gemeinsam zu feiern und gleichzeitig die auseinandertreibenden Faktoren zu bearbeiten – und damit stoßen wir nun auf unvorteilhafte Gemeinsamkeiten des 16. Jahrhunderts.

Dazu gehört, dass es auf beiden Seiten erschreckend wenige Bemühungen gab, einen Weg der Verständigung zu suchen. Volker Leppin sieht im Konflikt Luthers mit seinen Gegnern, insbesondere Silvester Mazzolini (Prierias), eine „Prinzipialisierung" wirksam.[31] Schonungslos legt Volker Reinhardt auf beiden Seiten der Kontroverse der Reformation in Deutschland die defizitäre Verständigungsbereitschaft bloß.[32]

Gerade in der Schweiz waren von Anfang an Verfahrensfragen Teil des Konflikts. Aus reformierter Sicht ist die erste Zürcher Disputation von 1523 eine Er-

---

31 „Nicht nur Luther zeigte in der Heidelberger Disputation einen Hang dazu, die schwebenden Fragen auf grundsätzlicher Ebene zu behandeln, sondern er fand auch Gegner, die unter anderen Vorzeichen ebenfalls diese Auseinandersetzung prinzipialisierten.", VOLKER LEPPIN: Martin Luther (Gestalten des Mittelalters und der Renaissance), Darmstadt ²2010, 136.
32 Vgl. VOLKER REINHARDT: Luther, der Ketzer. Rom und die Reformation, München 2016.

folgsgeschichte.³³ Die Geschichte lässt sich jedoch auch anders lesen. Die Ausschreibung der Disputation erfolgte per Mandat des Bürgermeisters und der beiden Räte. Eine Instanz, die in den damaligen Kirchenstrukturen dafür jedenfalls in dieser Weise so nicht zuständig war, wollte also die entstandenen kirchlichen Konflikte beilegen. Als einzig maßgeblicher Orientierungspunkt und Richtschnur wurde die Heilige Schrift vorgegeben, ohne dass darüber vorher eine Übereinkunft geschaffen wurde.³⁴ Im Detail wird es noch etwas pikanter. Erst während der Disputation wurde die Rolle Huldrych Zwinglis offenbar; und erst im letzten Moment wurden den anreisenden Teilnehmenden seine Thesen bekannt. In seiner Studie zu Zwinglis Disputationen fragt Bernd Moeller, „ob nicht von seiner [Zwinglis] Seite die Überraschung bewusst angestrebt worden ist: Wäre die bischöfliche Delegation gekommen, wenn sie die Thesen schon zu Hause und nicht erst unterwegs (anscheinend in Winterthur) erhalten hätte?"³⁵ Von vornherein – dies ist die Bewertung des Reformationshistorikers Moeller – saß die Konstanzer Delegation in einer „Falle".³⁶ Ein aussichtsreicher Ausgangspunkt für eine Verständigung war dies nicht.

Die Gegenfrage lautet: Wie hätte es anders gehen können, wenn auf der anderen Seite nur wenige Protagonisten ernsthaft bereit waren, sich den kritischen Grundsatzfragen zu stellen? Zudem wurden auch auf katholischer Seite die Spielregeln während des Spiels geändert, insofern das Spektrum möglicher kanonistischer Positionen verkürzt und die päpstliche Autorität unversehens aufgewertet wurde. Hier kam es zu gravierenden Neuerungen.³⁷

Die Frage ist für uns heute, wie leichtfertig solche fehlende Verständigungsbereitschaft war. Bei näherem Hinsehen wird erkennbar, wie sehr beide Seiten auf dem Boden spätmittelalterlicher Konflikt(un?)kultur standen.

Erhellend ist ein Blick auf das Konzil von Basel. Es kam im März 1431 aufgrund päpstlicher Einberufung zusammen, entwickelte sich dann aber konziliaristisch unabhängig bzw. gegen den Papst, der seinerseits versuchte, das Konzil an anderen Orten weiterzuführen. 1439 entstand durch die Wahl eines Gegenpapstes eine formell schismatische Situation, die durch zunehmende Bedeutungslosigkeit

---

33 Siehe hierzu BERND MOELLER: Zwinglis Disputationen. Studien zur Kirchengründung in den Städten der frühen Reformation, Göttingen ²2011, 13–20.
34 MOELLER, Disputationen (wie Anm. 33), 19, spitzt dies so zu: „Die Regeln aber waren ihnen [den Konstanzer Gesandten] diktiert: Sie hatten allein aus der Hl. Schrift zu argumentieren."
35 MOELLER, Disputationen (wie Anm. 33), 16.
36 MOELLER, Disputationen (wie Anm. 33), 18.
37 Vgl. KLAUS UNTERBURGER: Unter dem Gegensatz verborgen: Tradition und Innovation in der Auseinandersetzung des jungen Martin Luther mit seinen theologischen Gegnern, Münster 2015, 94–119.

des Konzils, die Abdankung des Gegenpapstes Felix V., die „Wahl" des amtierenden Papstes durch das Konzil und die Selbstauflösung des Konzils ein Ende fand.

Im Hinblick auf unsere Frage bedeutet die konfliktreiche Geschichte des Konzils von Basel zweierlei. Zum einen scheint die Schwelle, sich sehenden Auges in einen Konflikt hineinzubegeben, im 15. Jahrhundert nicht sonderlich hoch gewesen zu sein. Dies kann für Urteile über die Konfliktparteien im 16. Jahrhundert vorsichtig machen. Zum anderen kam es trotz der konziliaristischen Verselbständigung des Konzils schon damals, wenn auch unter Druck, zu seiner Anerkennung. In der heutigen katholischen Konzilsforschung gilt das Konzil von Basel bis 1437 oder sogar 1445, und zwar auch für die Zeiten, in denen es im Konflikt mit Papst Eugen IV. stand, als ökumenisches Konzil.[38] Die Opposition einer unabhängig agierenden Instanz war ca. 80 Jahre vor der Reformation bei allem Konflikt langfristig doch innerhalb der bestehenden Kirche integrierbar: Indiz für eine Konfliktkultur, die bis in die Reformationszeit hinein eine Pluralität von Akteuren zuließ.

Das unglückliche Agieren des Basler Konzils trug zwar dazu bei, die papalistische Reserve gegenüber Konzilien zu befördern. Andererseits blieb konziliaristisches Denken lebendig. Vor allem gegenüber Auswüchsen papalen Handelns blieb die Konzilsforderung weiterhin ein Instrument der Gegensteuer. Selbst noch nach der Bulle *Execrabilis* (1460) mit dem Verbot der Appellation an ein Konzil galt eine solche als faktische Möglichkeit. Mehr noch, in der Kanonistik galt es weiterhin als legitim, dass unter bestimmten Bedingungen „das Einberufungsrecht vom Papst auf das Kardinalskollegium überging".[39] Die Bedeutung eines „Notstandrechtes"[40] bei Versagen des Papsttums war weiterhin Gegenstand der Reflexion.

Neben der Spannung zwischen Papst- und Konzilskirche prägt die spätmittelalterliche Kirche die noch nicht papalistisch durchgestaltete Spannung zwischen Peripherie und Zentrum, zwischen Ortskirchen und zentraler Kirchenleitung sowie die zwar durchaus nicht problemfreie, aber doch für eine Balance sorgende Polarität von kirchlichen und staatlichen Instanzen, die als Vorläufer

---

38 „Die historisch umstrittene Ökumenizität des BK wird heute v. der großen Mehrheit der kath. Theologen für die Zeit bis Sept. 1437 (Verlegung nach Ferrara) bzw. bis 1445 (Ende des Konzils v. Ferrara-Florenz-Rom) anerkannt", JOHANNES HELMRATH: Artikel Basel. 4) Konzil (1431–37/49), in: KASPER (Hg.), LThK³ (wie Anm. 7), 2 (1994), Sp. 53–57, Sp. 56.
39 RAPP, Wiedererstarken (wie Anm. 3), 123. Als Alternativen galten die Einberufung durch die Gesamtheit der Bischöfe, durch christliche Herrscher oder den Kaiser.
40 UNTERBURGER, Gegensatz (wie Anm. 37), 109–119.

einer auf Gewaltenteilung beruhenden Gesellschaftsauffassung gelten kann[41]. Faktisch geht es dabei nicht nur um eine gegenseitige Begrenzung im Machtgefüge. Durch die unselige Verquickung des Papsttums mit politischen Machtinteressen gab es geradezu selbstverständlich oppositionelle Haltungen gegen den Papst, insofern dieser als einer der kriegsführenden Parteien gegen andere Mächte auftrat. Gerade die politische Machtausübung des Papstes stand somit einem reinen Papalismus entgegen.

Zu differenzieren ist an dieser Stelle auch die oben vorgetragene Einschätzung der Zürcher Disputation. Zwar ist richtig, dass die Zürcher Obrigkeit neue religionspolitische Kompetenzen beanspruchte. Andererseits schrieb sich dieser „Übergriff" in die spätmittelalterlichen Reformbemühungen ein, in denen sich vor allem im städtischen Bereich kommunale politische Instanzen für das *bonum commune* auch im geistlichen Bereich zuständig und darum als kirchliche Akteure sahen. Sie füllten damit nicht nur ein Machtvakuum, sondern mit guten Gründen auch ein Reformvakuum aus.[42]

Von größerer Bedeutung als in der neuzeitlichen Kirche waren die akademischen Stellungnahmen der Theologischen Fakultäten und Disputationen. Konziliaristische Positionen wurden noch ins 16. Jahrhundert hinein im universitären Kontext weitergetragen.[43] Nicht umsonst wandte sich Martin Luther ablasskritisch bereits im Sommer 1517 mit einem *Tractatus de indulgentiis* an eine akademische Öffentlichkeit.[44] Wenige Jahre vorher hatte Johannes Eck, der zugegebenermaßen nicht sonderlich sympathische Gegner Luthers, im Zinsstreit seine der Tradition entgegenstehende Position auf dem Weg der akademischen Disputation durchzusetzen versucht.[45]

Vergegenwärtigt man sich diese Konfliktlandschaft des 15. und beginnenden 16. Jahrhunderts, so stellt sich die Frage, ob sich „systemkonforme Reform der römischen Kirche von innen" und „radikaler Systembruch" wirklich so reinlich unterscheiden lassen, wie es Heinz Schilling formuliert.[46]

---

41 Vgl. HEIKE JOHANNA MIERAU: Kaiser und Papst im Mittelalter, Köln 2010, 7–12.
42 Vgl. REGULA SCHMID: Die Schweizer Eidgenossenschaft vor der Reformation, in: AMY NELSON BURNETT/EMIDIO CAMPI (Hgg.), Die schweizerische Reformation. Ein Handbuch, Deutsche Version bearbeitet und herausgegeben von MARTIN ERNST HIRZEL/FRANK MATHWIG, Zürich 2017, 27–68, 37; EMIDIO CAMPI: Die Reformation in Zürich, in: BURNETT/CAMPI (Hgg.), Reformation, 71–133, 77–83.
43 Vgl. RAPP, Wiedererstarken (wie Anm. 3), 118f.
44 Vgl. HEINZ SCHILLING: Martin Luther. Rebell in einer Zeit des Umbruchs, München 2012, 162.
45 Vgl. JOHANN PETER WURM: Johannes Eck und der oberdeutsche Zinsstreit, in: JÜRGEN BÄRSCH/ KONSTANTIN MAIER (Hgg.), Johannes Eck (1486–1543). Scholastiker – Humanist – Kontroverstheologe (Eichstätter Studien NF 70), Regensburg 2014, 41–55, 45.
46 Vgl. SCHILLING, Luther (wie Anm. 44), 153.

So bedauerlich es ist, dass es im 16. Jahrhundert über den Konflikten zu einem Zerbrechen der Kircheneinheit kam, so wenig war schon der Konflikt als solcher ein Vergehen. Bedauerlich ist die defizitäre Verständigungsbereitschaft, nicht aber die Bereitschaft zu echter Auseinandersetzung, selbst wenn diese das Risiko des Konfliktes mit sich brachte.

Diese Beobachtung kann die Konfessionen dazu führen, in ihrem Binnenbereich und untereinander Kulturen echter Auseinandersetzung pluraler Akteure zu pflegen. Im zwischenkirchlichen Bereich braucht es dafür innovative Formen, wie sie sich im Ökumenischen Rat der Kirchen und in den Dialogkommissionen der Kirchen entwickelt haben. Was diesen Institutionen jedoch fehlt, ist eine echte Möglichkeit, in den jeweils binnenkirchlichen Zusammenhängen als echte Akteure aufzutreten. Die Ökumene leidet daran, sich auf Nebenschauplätzen abzuspielen. Die konfliktreiche Pluralität der Akteure der spätmittelalterlichen Kirche könnte, selbst wenn sie sich nicht geradlinig repristinieren lässt, die Kirchen dazu ermutigen, sich gegenseitig als Akteure auch im Binnenbereich anzuerkennen, selbst wenn dies Konstellationen unübersichtlicher und konfliktreicher werden lässt. Nur so lässt sich eine weitere problematische Gemeinsamkeit überwinden: die aus der wechselseitigen Abgrenzung resultierenden Einseitigkeiten der Konfessionen.

4 Ausblick: Von gemeinsamen Vereinseitigungen zu geteilter Pluralität

Zu den für beide Seiten unvorteilhaften Gemeinsamkeiten gehört seit dem 16. Jahrhundert je länger je mehr die Neigung, das eigene Profil in Abgrenzungen zu suchen. Das Reformationsjahr erinnert auch an Blessuren, die beide Seiten davongetragen haben.[47] Die reformatorischen Kirchen sind von dem Protest gezeichnet, aus dem sie hervorgegangen sind. Die römisch-katholische Kirche ist von den Ausgrenzungen gezeichnet, die sie vorgenommen hat. Die erwähnte normative Zentrierung diente im Streit der Reformation nicht mehr nur der heilsamen Vereinfachung, sondern auch der simplifizierenden Reduktion. So scheint jede der Konfessionen sich an ein verkürzendes *solus* zu klammern: Was den Orthodoxen die *sola traditio* ist, wurde bei den Katholiken zum *solum magisteri-*

---

[47] Siehe dazu JOHANNA RAHNER: Die Reformation als „Wunde" am Leib Christi, in: MARTIN HEIMBUCHER (Hg.), Reformation erinnern. Eine theologische Vertiefung im Horizont der Ökumene (Evangelische Impulse 4), Neukirchen-Vluyn 2013, 67–87, 70 f. Sie bezeichnet die konfessionellen Interpretamente als „Produkt einer Exilsmentalität".

um, während die Reformierten ihr *sola scriptura* hochhalten. Die neuzeitliche Philosophie schloss sich dann noch mit einem *sola ratio* an.[48] Keine dieser Herangehensweisen kann befriedigen – zu komplex ist die Frage nach der Wahrheitsfindung. Genauso wenig entspricht es der Mehrdimensionalität christlicher Glaubenspraxis, eine Kirche des Wortes von einer Kirche der Sakramente zu unterscheiden. Die Beispiele ließen sich verlängern.[49] Fatal dabei ist der mehr oder weniger bewusste Versuch, die Einseitigkeit gleichzeitig auszublenden und sich doch für das Ganze zu halten:

> Durch Besonderheiten und Einseitigkeiten, die sich [...] über Jahrhunderte hin ausbildeten, verfestigten und behaupteten, wurde Zusammengehöriges getrennt, Komplementäres zum Gegensatz, Vielfalt beschnitten. Der allen Christen eigentlich gemeinsame Reichtum des Wortes Gottes wurde faktisch in erheblichem Maße aufgeteilt zu konfessionell gefärbten Sektoren des Ganzen – vermutlich ohne dass man dessen wirklich gewahr wurde und insofern in der irrtümlichen Meinung, jeweils doch das Ganze zu repräsentieren.[50]

Bis heute tut sich die römisch-katholische Kirche schwer, einzugestehen, dass auch sie faktisch nur Teil des Ganzen und in diesem Sinne eine Konfessionskirche ist.

Damit scheint eine Deutung der nachreformatorischen Kirchenspaltung als begrüßenswerter Differenzierungs- und Pluralisierungsprozess zu kurz zu greifen. Das Hohelied der durch die Reformation ermöglichten Pluralität übersieht die vorreformatorisch mögliche Pluralität von kirchlichen Akteuren, theologischen Schulen, Orden und Bewegungen und doktrinären Spektren. Gewiss ist ein unmittelbarer Vergleich über die Jahrhunderte schwierig, zumal spätere kulturelle Differenzierungen über die Kontinente natürlich den Rahmen der mittelalterlichen abendländischen Kirche sprengen. Zu beachten ist jedenfalls, dass die im Mittelalter zu konstatierende Pluralität binnenkirchlich anzusetzen ist, während der durch die Reformation angestoßene Pluralisierungsprozess das Faktum einer Pluralität von Kirchen innerhalb der Gesellschaft betrifft. Dass spätere Pluralisierungsprozesse wiederum auf die Kirchen zurückwirken, ist unbestritten. Damit ist jedoch die konfessionelle Pluralität noch nicht wieder in die binnenkonfes-

---

48 Vgl. zu dieser reduktiven Sicht Max Seckler: Die schiefen Wände des Lehrhauses. Katholizität als Herausforderung, Freiburg i. Br. 1988, 82; ders.: Im Spannungsfeld von Wissenschaft und Kirche, Freiburg i. Br. 1980, 66 f.
49 Siehe mit konkreten Diagnosen Theodor Schneider: Die lebendige Überlieferung des Evangeliums und das gefährliche Übergewicht der konfessionellen Traditionen. Zehn Thesen, in: Silvia Hell/Lothar Lies (Hgg.), Die Glaubwürdigkeit christlicher Kirchen. Auf dem Weg ins 3. Jahrtausend, Festschrift für Lothar Lies SJ, Innsbruck 2000, 71–83, 76–78.
50 Schneider, Überlieferung (wie Anm. 49), 76.

sionellen Zusammenhänge zurückbuchstabiert. Die Pluralität von Kirchen geht bleibend einher mit einem Verlust der inneren Differenziertheit dieser Kirchen. Diesem Verlust gilt die Diagnose Johanna Rahners: „Die verlorene Vielfalt der eigenen Konfession lässt sich nicht durch Auslagerung der Pluralität, d. h. durch Verlagerung des konfessionell Möglichen außerhalb der eigenen Mauern ausgleichen."[51]

Die ökumenische Feier des Reformationsjubiläums sollte beiden Seiten helfen, aus ihren Anti-Profilierungen herauszufinden. Es genügt nicht, sich in den konfessionellen Grenzen einzurichten und nur etwas höflicher miteinander umzugehen. Ohne ein Wachsen in der Ökumene leiden die Kirchen – immer noch gemeinsam – an einem Differenzdefizit.

---

51 RAHNER, Reformation (wie Anm. 47), 73.

Andreas Thier
Die Reformation und ihre Wirkungen aus rechtshistorischer Sicht

1 Die Reformation und die Grenzen des Rechts

Am Morgen des 10. Dezember 1520 um neun Uhr ereignete sich in Wittenberg, genauer vor den östlichen Stadttoren ebenso Bemerkenswertes wie Erschreckendes: Martin Luther (1483–1546)[1] übergab nicht allein die Bulle *Exsurge Domine* von Papst Leo X. (regierte 1513–1521)[2], in der ihm die Exkommunikation angedroht worden war[3], den Flammen eines eigens entzündeten Feuers. Luther warf nämlich, wie er in einem Brief vom gleichen Tag regelrecht stolz berichtete, auch „*omnes libri Papae*" ins Feuer. Dabei handelte es sich nicht um irgendwelche Werke, sondern, wie Luther selbst erklärte, um „*Decretum, Decretales, Sext[us], Clement[inae], Extravagant[es]*".[4] Diese Titel bezeichneten nichts weniger als die

---

[1] MARTIN BRECHT: Martin Luther, Bd. 1–3, Stuttgart 1983–1987; MARTIN KORSCH/VOLKER LEPPIN (Hg.): Martin Luther – Biographie und Theologie, Tübingen ²2017; DONALD MCKIM (Hg.): The Cambridge Companion to Martin Luther, Cambridge 2003; HEINZ SCHILLING: Martin Luther. Rebell in einer Zeit des Umbruchs, München ⁴2016. Aus spezifisch rechtshistorisch-rechtstheologischer Sicht: MARTIN HECKEL: Martin Luthers Reformation und das Recht. Die Entwicklung der Theologie Luthers und ihre Auswirkung auf das Recht unter den Rahmenbedingungen der Reichsreform und der Territorialstaatsbildung im Kampf mit Rom und den „Schwärmern" (Jus Ecclesiasticum, Bd. 114), Tübingen 2016.

[2] Zu Leo X. siehe den Überblick bei GEORG DENZLER: Leo X., Papst, in: FRIEDRICH WILHELM BAUTZ (Hg.), Biographisch-Bibliographisches Kirchenlexikon, Bd. 4, Herzberg 1992, Sp. 1448–1450, bibliographisch aktualisiert online verfügbar: www.bbkl.de/public/index.php/frontend/lexicon?letter=L&child=Le&article=Leo_X.art.

[3] Text der Bulle (vom 15.6.1520) mit Edition und Übersetzung in: ERWIN ISERLOH/PETER FABISCH (Hgg.): Dokumente zur Causa Lutheri. 1517–1521/1522. Vom Augsburger Reichstag 1518 bis zum Wormser Edikt 1521, Münster 1991, Nr. 12.1.2, 364–411; näher dazu PAUL KALKOFF: Die Bulle „Exsurge", in: Zeitschrift für Kirchengeschichte 35 (1914), 166–203, sowie Zeitschrift für Kirchengeschichte 37 (1917/1918), 89–174; neuerdings CHRISTOPHER SPEHR: Luther und das Konzil. Zur Entwicklung eines zentralen Themas in der Reformationszeit (Beiträge zur historischen Theologie, Bd. 153), Tübingen 2010, 233–240 m. w. N.

[4] Vgl. Luther an Spalatin, Wittenberg, 10.12.1520, in: MARTIN LUTHER, Werke. Kritische Gesamtausgabe, Weimarer Ausgabe (WA) Briefe, Bd. 2, Weimar 1931, Nr. 361, 234f., 234. Zu diesem Vorgang: BRECHT, Luther, Band 2 (wie Anm. 1), 403–406; HECKEL, Martin Luthers Reformation (wie Anm. 1), 109f., SPEHR, Luther (wie Anm. 3), 253f. m. w. N.; umfassend HEINRICH BÖHMER: Luther und der 10. Dezember 1520, in: Luther-Jahrbuch 2/3 (1920/1921), 7–53; umfassend zur Geschichte der Deutungen dieser Episode im Besonderen und zu Luthers Beziehung zum kanonischen Recht

tragenden Textgrundlagen des Kirchenrechts[5]: Das um 1140 entstandene *decretum Gratiani*, die von ihrem Schöpfer Gratian als *concordia discordantium canonum* bezeichnete Sammlung kirchlichen Rechts aus der Zeit seit der Antike, hatte in der amtskirchlichen Rechtspraxis buchstäblich kanonische Geltung.[6] Das galt erst recht auch für die von Luther angesprochenen päpstlichen Rechtssammlungen, für den 1234 promulgierten *Liber extravagantium decretalium*, nach seinem Urheber Gregor IX. (1227–1241)[7] auch *decretales Gregorii noni Pontificis* genannt[8], für den 1298 von Bonifaz VIII. (1294–1303)[9] promulgierten *Liber Sextus* (gedacht als sechstes Buch zu den fünf Büchern der gregorianischen Dekretalen)[10], und es galt ebenso für die *Constitutiones Clementinae*, die sogenannten *Clementinen*, eine Sammlung von päpstlichen Normen, die, von Clemens V. (1305–1314)[11] 1311/1312 auf dem Konzil von Vienne verkündet, 1317 durch seinen Nachfolger Johannes XXII. (1314–1334)[12] förmlich promulgiert wurden.[13] Doch auch die

---

im Allgemeinen SIEGHARD MÜHLMANN: Luther und das Corpus Iuris Canonici bis zum Jahre 1530. Ein forschungsgeschichtlicher Überblick, in: Zeitschrift für Rechtsgeschichte, Kanonistische Abteilung 58 (1972), 235–305.

5 Als Überblick siehe ANDREAS THIER: Corpus Iuris Canonici, in: ALBRECHT CORDES/HANS-PETER HAFERKAMP u. a. (Hgg.), Handwörterbuch zur Deutschen Rechtsgeschichte, Bd. 1, Berlin ²2008, 894–901 m. w. N.

6 PETER LANDAU: Gratian (Ende 11. Jh. – um 1145), in: ALBRECHT CORDES/HANS-PETER HAFERKAMP u. a. (Hgg.), Handwörterbuch zur deutschen Rechtsgeschichte, Bd. 2, Berlin ²2012, 530–533; näher PETER LANDAU: Gratian and the Decretum Gratiani, in: WILFRIED HARTMANN/KENNETH PENNINGTON (Hgg.), The History of Medieval Canon Law in the Classical Period, 1140–1234. From Gratian to the Decretals of Pope Gregory IX, Washington D. C. 2008, 22–54.

7 ANDREAS THIER: Gregor IX., Papst, in: CORDES/HAFERKAMP u. a. (Hgg.), Handwörterbuch zur deutschen Rechtsgeschichte (wie Anm. 6), 536 f.

8 MARTIN BERTRAM: Die Dekretalen Gregors IX. – Kompilation oder Kodifikation?, in: CARLO LONGO (Hg.), Magister Raimundus. Atti del Convegno per il IV centenario della canonizzazione di san Raimondo de Penyafort (1601–2001), Rom 2002, 61–86.

9 ANDREAS THIER: Bonifatius VIII. (um 1235–1303), in: CORDES/HAFERKAMP u. a. (Hgg.), Handwörterbuch zur deutschen Rechtsgeschichte I (wie Anm. 5), 646 f.

10 HELMUTH PREE: Bonifaz VIII. (1294–1303) als kirchlicher Gesetzgeber, in: KONRAD BREITSCHING/WILHELM REES (Hgg.), Recht – Bürge der Freiheit: Festschrift für Johannes Mühlsteiger SJ zum 80. Geburtstag, Berlin 2006, 453–479; näher MICHÈLE BÉGOU-DAVIA: Le „Liber Sextus" de Boniface VIII et les extravagantes des papes précédents, in: Zeitschrift für Rechtsgeschichte, Kanonistische Abteilung 90 (2004), 77–191.

11 FRIEDRICH WILHELM BAUTZ: Clemens V., Papst, in: DERS. (Hg.), Biographisch-Bibliographisches Kirchenlexikon, Bd. 1, Herzberg 1990, 1052 f., bibliographisch aktualisiert online verfügbar: www.bbkl.de/public/index.php/frontend/lexicon?letter=C&child=Cl&article=clemens_v_p.art.

12 HANS JOACHIM SCHMIDT/MARTIN ROHDE (Hgg.): Papst Johannes XXII. Konzepte und Verfahren seines Pontifikats (Scrinium Friburgense, Bd. 32), Berlin 2014.

13 HARTMUT ZAPP: Clementinae, in: NORBERT ANGERMANN/CHARLOTTE BRETSCHER-GISIGER (Hgg.), Lexikon des Mittelalters, Bd. 2, Zürich 1983, 2152.

Extravagantes, zwei Sammlungen päpstlicher Dekretalen, die als *Extravagantes Johannis XXII* um 1317 und als *Extravagantes communes* (in Abgrenzung zur erstgenannten Extravagantensammlung) bezeichnet wurden, genossen in der Amtskirche besondere Autorität, wiewohl sie im Ausgangspunkt nicht durch das Papsttum selbst veranlasst worden waren.[14] Es passte zum Autoritätsanspruch dieser Rechtsbücher, dass Luther außerdem die *Summa Angelica de Casibus Conscientiae*, eines der mit Abstand am weitesten verbreiteten Handbücher des kirchlichen Strafrechts[15], in die Flammen warf.

Die Verbrennung dieser Texte setzte eine gewaltige performative Botschaft, in der sich mehrere Sinnebenen ausmachen lassen: Luthers Handeln dokumentierte zu allererst ganz sicherlich die irdische Vergänglichkeit des päpstlichen Rechts und des amtskirchlichen Rechtswissens. Luthers Bücherverbrennung bedeutete aber möglicherweise auch eine mehr oder wenige subtile Anspielung auf die amtskirchlichen Praktiken der Ketzerverfolgung.[16] In jedem Fall herausgehoben wurde jedenfalls die von Luther so häufig betonte Antinomie des kanonischen Rechts – des Rechts der päpstlich dominierten Amtskirche – und der Freiheit des glaubenden Christen.[17]

Allerdings, so sollte die weitere Entwicklung der Reformation zeigen, kamen auch Luther und die anderen Reformatoren nicht ganz ohne rechtliche Normativität aus, wie nachfolgend in einem ersten Schritt deutlich gemacht werden soll (dazu näher unten Abschnitt 2). Aber das reformatorische Bemühen um die Freiheit der Gläubigen gegenüber den Bedrängungen einer übermächtigen Amtskirche bedeutete keineswegs einen generellen Gewinn an Freiheit. Denn an die Stelle der Amtskirche rückte die Obrigkeit, die in den Konzeptionen der Reformatoren zwar keine unmittelbare Verantwortung für das Seelenheil der Gläubigen beanspruchen konnte. Das änderte allerdings nichts daran, dass die Reformatoren der Obrigkeit – übrigens in Fortführung mittelalterlicher Traditionen – eine sehr weitreichende Funktion als herrscherliche Schutzgarantin des Friedens und der Wohlfahrt der Gläubigen zuwiesen. Nicht zuletzt vor diesem Hintergrund,

---

14 HARTMUT ZAPP: Extravagantes, in: NORBERT ANGERMANN/CHARLOTTE BRETSCHER-GISIGER (Hgg.), Lexikon des Mittelalters, Bd. 4, Zürich 1989, 187 f.
15 Dazu MARTIN OHST: Pflichtbeichte. Untersuchungen zum Bußwesen im hohen und späten Mittelalter (Beiträge zur historische Theologie, Bd. 89), Tübingen 1995, 223–237 m. w. N.
16 Allgemein dazu GERD SCHWERHOFF: Die Inquisition. Ketzerverfolgung in Mittelalter und Neuzeit, München ³2009.
17 Dazu HECKEL, Martin Luthers Reformation (wie Anm. 1), passim. Als erster Überblick JOHN WITTE, JR.: Recht und Protestantismus. Die Rechtslehren der lutherischen Reformation, Gütersloh 2014, englisch unter dem Titel Law and Protestantism. The Legal Teachings of the Lutheran Reformation, 2002, 19–21.

so soll in einem weiteren Schritt (dazu unten Abschnitt 3) zu zeigen versucht werden, wird verständlich, dass und wie in protestantischen Städten und Territorialherrschaften der hoheitliche Zugriff auf die Herrschaftsunterworfenen deutlich an Intensität gewinnen sollte. Denn die weltliche Gewalt übernahm sehr rasch die ihr von den Reformatoren zugewiesene Rolle. Das beförderte zugleich auch die Verbreitung von Deutungen hoheitlicher Herrschaft, in denen der entstehenden Staatlichkeit eine im Vergleich zum Mittelalter ungleich weiter reichende Zuständigkeit für das *gemeine Wohl* zugeschrieben werden sollte. Luthers Bücherverbrennung hatte allerdings noch auf einen anderen Aspekt der Reformationsgeschichte verwiesen, dem in einem dritten und letzten Schritt nachzugehen sein wird (unten Abschnitt 4): Die Ablehnung der Papstkirche konnte kaum elementarer deutlich gemacht werden als durch die physische Vernichtung ihrer zentralen Textzeugnisse; Luthers Bücherverbrennung schloss bezeichnenderweise auch wichtige theologische Texte der Amtskirche mit ein. In dieser geradezu existentiellen Ablehnung der je anderen Position nahmen sich beide Seiten nichts. Die Reformation bewirkte damit einen Konflikt, der angesichts der überkommenen Verflechtung von weltlichem und kirchlichem Recht die Funktionsfähigkeit der Rechtsordnung insgesamt auf eine schwere Probe stellen sollte. Aber, so wird zu zeigen versucht werden, zumindest teilweise sollte es gelingen, diesem Konflikt mit Mitteln rechtlicher Normativität beizukommen. Die dabei entwickelten Lösungen sollten zu einem wichtigen Element der westlichen Grundrechtstradition werden.

2 Reformatorische Theologie und reformatorisches Kirchenrecht

Luthers Inszenierung des verbrannten Rechts ist, wie eingangs angedeutet, ein Stück weit auch Sinnbild für die Schwierigkeiten protestantisch geprägter kirchlicher Konzeptionen mit rechtlicher Normativität. Unter dem Stichwort *Grundlagenproblem* wird denn auch bis heute gerade in der evangelischen Kirchenrechtswissenschaft darüber debattiert, wie weit protestantische Kirchlichkeit überhaupt rechtlicher Ordnung zugänglich sein kann.[18] Denn wenn, um eine

---

18 MICHAEL GERMANN: Grundfragen des evangelischen Kirchenrechts B. Die Diskussion über die Grundlagen des evangelischen Kirchenrechts, in: HANS ULRICH ANKE/HEINRICH DE WALL/HANS MICHAEL HEINIG (Hgg.), Handbuch des evangelischen Kirchenrechts, Tübingen 2016, 46–80 m. w. N.; aus theologischer Perspektive etwa MARTIN HONECKER: Die Grundfrage: Gibt es ein „evangelisches" Kirchenrecht, in: Zeitschrift für Theologie und Kirche 102 (2005), 93–114, wieder ab-

Selbstbeschreibung der evangelisch-reformierten Landeskirche des Kantons Zürich zu zitieren, „Kirche [...] überall" ist, „wo Menschen durch Glaube, Hoffnung und Liebe das Reich Gottes in Wort und Tat bezeugen" und „wo Gottes Wort aufgrund der Heiligen Schrift Alten und Neuen Testamentes verkündigt und gehört wird" und schließlich „wo Menschen Gott als den Schöpfer anerkennen, wo sie Jesus Christus als das Haupt der Gemeinde und als den Herrn und Versöhner der Welt bekennen und wo Menschen durch den Heiligen Geist zum Glauben gerufen und so zu lebendiger Gemeinschaft verbunden werden"[19], – wenn also diese Art von organisatorischer Selbstbeschreibung zum Anknüpfungspunkt rechtlicher Regelung gemacht werden soll, dann gerät rechtliche Normativität schnell an die Grenzen des insbesondere rechtlich Regelbaren. Denn *Glaube, Liebe, Hoffnung* und *lebendige Gemeinschaft* bedürfen offensichtlich keiner rechtlichen Regelung und sind vor allem auch keiner rechtlichen Regelung zugänglich. Es ist vor dem Hintergrund solcher Selbstbeschreibungen von Kirchlichkeit durch die Normgeber protestantischer Kirchen[20] kein Zufall, dass bis heute die Kritik von Rudolph Sohm (1841–1917)[21] am Kirchenrecht ausgesprochen präsent ist[22]: Sohm, seines Zeichens Zivilrechtler, Rechtshistoriker und dann v. a. Kirchenrechtler, formulierte 1892 die ungebrochen populäre Aussage: „Das Kirchenrecht steht mit dem Wesen der Kirche in Widerspruch."[23] Dahinter stand die Vorstellung des Protestanten Sohm, dass die Kirche als Ordnung von Liebe und

---

gedruckt in: MARTIN HONECKER, Recht in der Kirche des Evangeliums (Jus Ecclesiasticum, Bd. 85), Tübingen 2008, 15–35.
19 Kirchenordnung der Evangelisch-reformierten Landeskirche des Kantons Zürich, vom 17.3. 2009, Art. 1, in: Gesetzessammlung des Kantons Zürich, Ordnungsnummer 181.10, Bd. 64, 729, online verfügbar: www2.zhlex.zh.ch/appl/zhlex_r.nsf/0/D385D71CB0BB1777C12576870023C174/$file/181.10.pdf.
20 Zur Konzeptualisierung siehe HEINRICH DE WALL: Grundfragen des evangelischen Kirchenrechts A. Grundbegriffe und rechtstheologische Grundlagen, in: ANKE/DE WALL/HEINIG (Hgg.), Handbuch des evangelischen Kirchenrechts (wie Anm. 18), 5–45, 12–29 und passim m. w. N.
21 Für eine Übersicht ANDREAS THIER: Sohm, Gotthard Julius Rudolph, in: HISTORISCHE KOMMISSION BEI DER BAYERISCHEN AKADEMIE DER WISSENSCHAFTEN (Hg.): Neue Deutsche Biographie, Bd. 24, Berlin 2010, 539–541, online verfügbar: www.deutsche-biographie.de/pnd 118615238.html m. w. N.; näher ANDREAS BÜHLER: Kirche und Staat bei Rudolph Sohm, Zürich 1965; HANS-MARTIN PAWLOWSKI: Staat und Kirche als Ordnung von Macht und Geist. Der Beitrag Rudolph Sohms zur Moderne, in: DERS. (Hg.), Rudolph Sohm. Staat und Kirche als Ordnung von Macht und Geist. Ausgewählte Texte zum Verhältnis von Staat und Kirche, Freiburg/Berlin 1996, 221–295.
22 Siehe nur die Übersicht bei GERMANN, Grundfragen (wie Anm. 18), 53–56 m. Rdnrn. und 109–117.
23 RUDOLPH SOHM: Kirchenrecht, Bd. 1 (Systematisches Handbuch der Deutschen Rechtswissenschaft, Abt. 8, Bd. 1), Berlin 1892, 1, 700.

Charisma inkompatibel sei mit dem Recht[24], dessen Identität charakterisiert werde durch seinen Zwangscharakter.[25] Das Recht als *Zwangsordnung*[26] bedeutete in dieser Sicht einen grundsätzlichen Angriff auf die Kirche. Sohm hat diese These mit einer Deutung der katholischen Kirchenrechtsgeschichte[27] zu belegen versucht, in der die Entstehung der Amtskirche seit dem ausgehenden 1. Jahrhundert nach Christus – seit dem berühmten ersten Clemensbrief (95/96)[28] – (später seit der Entstehung des klassischen Kirchenrechts im 12. Jahrhundert[29]) nichts anderes war als die kontinuierliche Selbstentfremdung von Kirchlichkeit.[30] Luthers Handeln war für Sohm dagegen ein regelrechter Lichtblick. Denn, so erklärte er im Blick auf Luthers Scheiterhaufen von Wittenberg, „Nicht bloß das päpstliche Recht, sondern das Kirchenrecht wollte er verbrennen"[31]. Das ist sicherlich falsch[32]: Luther mag Juristen wenig zugetan gewesen sein.[33] Aber ihm ging es vor allem um die Existenz des *amtskirchlichen Rechts* als päpstliches Machtmittel,

---

24 Verdichtete Übersicht zum Folgenden bei ANDREAS THIER: Grundlagen und Anfänge der Geschichte des evangelischen Kirchenrechts, in: ANKE/DE WALL/HEINIG (Hgg.), Handbuch des evangelischen Kirchenrechts (wie Anm. 18) 81–127, 92–94 m. Rdnr. 10.
25 Für Sohms Rechtsbegriff siehe DIETMAR KONRAD: Der Rang und die grundlegende Bedeutung des Kirchenrechts im Verständnis der evangelischen und katholischen Kirche (Jus Ecclesiasticum, Bd. 93), Tübingen 2010, 220–229.
26 Vgl. SOHM, Kirchenrecht I (wie Anm. 23), 162: „Rechtsordnung, Zwangsordnung, formale Befugnisse ertöten vielmehr den Geist der Kirche!"
27 Zu diesem Narrativ und seinen Problemen PETER LANDAU: Sakramentalität und Jurisdiktion, in: GERHARD RAU/HANS-RICHARD REUTER/KLAUS SCHLAICH (Hgg.), Das Recht der Kirche, Bd. 2 (Forschungen und Berichte der Evangelischen Studiengemeinschaft, Bd. 50), Gütersloh 1995, 58–95, wieder abgedruckt in: PETER LANDAU, Europäische Rechtsgeschichte und kanonisches Recht im Mittelalter. Ausgewählte Aufsätze aus den Jahren 1967 bis 2006 mit Addenda des Autors und Register versehen, Badenweiler 2013, 17–48, 19–34.
28 Dazu im Überblick THIER, Grundlagen (wie Anm. 24), 86 f. m. Rdnr. 6; näher HORACIO E. LONA: Der erste Clemensbrief (Kommentare zu den Apostolischen Vätern, Bd. 2), Göttingen 1998.
29 Vgl. RUDOLPH SOHM: Das altkatholische Kirchenrecht und das Dekret Gratians, München 1918, Nachdruck Darmstadt 1967, 536–674. Für eine Würdigung siehe LANDAU, Sakramentalität (wie Anm. 27), 19–34.
30 Vgl. etwa „So ist die Geschichte des Kirchenrechts zugleich die Geschichte fortgesetzter Entstellung der christlichen Wahrheit gewesen.", SOHM, Kirchenrecht I (wie Anm. 23), 458.
31 SOHM, Kirchenrecht I (wie Anm. 23), 461, und dazu THIER, Grundlagen (wie Anm. 24), 116 m. Rdnr. 25.
32 Vgl. nur WITTE, JR., Recht (wie Anm. 17), 100–120 und passim; siehe auch MATHIAS SCHMOECKEL: Das Recht der Reformation. Die epistemologische Revolution der Wissenschaft und die Spaltung der Rechtsordnung in der Frühen Neuzeit, Tübingen 2014, 24–26, 68–70 und passim.
33 Dazu etwa ALBERT STEIN: Martin Luthers Meinungen über die Juristen, in: Zeitschrift für Rechtsgeschichte, Kanonistische Abteilung 54 (1968), 362–375; WITTE, JR., Recht (wie Anm. 17), 80–82.

hatte doch das Papsttum seit dem ausgehenden 12. Jahrhundert das kanonische Recht, also das v. a. aus *canones* und *decretales* bestehende Recht der Amtskirche[34], weithin unter seine Kontrolle gebracht. Die Rechtskirche des Mittelalters war auf diese Weise zur Papstkirche geworden[35], und es war dieser Befund, der bei Luther regelrechte Abwehrreflexe auslöste[36]: „Die Juristen gehören nicht in Ecclesiam mit ihren Prozessen, sonst bringen sie uns den Papst wieder herein", so hieß es etwa in einer lutherischen Tischrede[37]. Trotzdem kam auch Luther, je breiter die neu entstehende reformatorische Bewegung wurde, um so weniger darum herum, Antworten auf die Frage nach der Organisation und damit auch nach der Normativität von Kirchlichkeit zu finden. Dabei richtete sich die lutherische Theologie im Ausgangspunkt gerade gegen solche Formen institutionalisierter Vermittlung des göttlichen Wortes und erst recht der göttlichen Gnade.[38] Denn der lutherische Dreischritt – *sola fide* – *sola gratia* – *sola scriptura/solo verbo* – verwies alle Gläubigen auf ihre je individuelle Beziehung zu Gott, dem jeder Mensch im Glauben verbunden, durch dessen Gnade jeder Mensch erlöst war und dessen Wort allein deswegen verbindlich sein konnte[39]: „Darumb ynn den sachen, die der seelen selickeytt betreffen, soll nichts denn Gottis Wort geleret und angenommen werden", so formulierte Luther diese Grundregel 1523[40]. Solche Überlegungen führten zur Vorstellung von einer unsichtbaren, geistlichen Kir-

---

34 Siehe etwa CHRISTOPH H. F. MEYER: Kanonistik, in: Handwörterbuch zur deutschen Rechtsgeschichte (wie Anm. 6), 1576–1580; THIER, Grundlagen (wie Anm. 24), 106–115 m. Rdnrn. 18–24. Zu den Konzeptionen: RICHARD H. HELMHOLZ: Kanonisches Recht und Europäische Rechtskultur, Tübingen 2013 (englisch unter dem Titel *The Spirit of Classical Canon Law*, Athens/Georgia 1996).
35 Klassisch hierzu: WALTER ULLMANN: The Growth of Papal Government in the Middle Ages. A Study in the Ideological Relation of Clerical to Lay Power, erstmals London 1955, deutsch unter dem Titel *Die Machtstellung des Papsttums im Mittelalter*, Graz 1960; neuere Darstellung auf dieser Linie COLIN MORRIS: The Papal Monarchy. The Western Church from 1050 to 1250, Oxford 1989.
36 Zu Luthers massiver Kritik am Papsttum etwa HECKEL, Martin Luthers Reformation (wie Anm. 1), 145–147, 217–225 m. w. N.
37 MARTIN LUTHER: WA Tischreden, Bd. 6, 1531–1546, Weimar 1921, Nr. 7029, 344 m. Z. 37–39.
38 Zum Folgenden: THIER, Grundlagen (wie Anm. 24), 118–121 m. Rdnrn. 26–28.
39 OSWALD BAYER: Martin Luthers Theologie. Eine Vergegenwärtigung, Tübingen ⁴2016; BERNHARD LOHSE: Luthers Theologie in ihrer historischen Entwicklung und in ihrem systematischen Zusammenhang, Göttingen 1995 (online verfügbar: http://digi20.digitale-sammlungen.de/de/fs1/object/display/bsb00046157_00001.html); ROBERT KOLB/IRENE DINGEL/L'UBOMÍR BATKA (Hgg.): The Oxford Handbook of Martin Luther's Theology, Oxford 2014.
40 MARTIN LUTHER: Von weltlicher Oberkeit, wie weit man ihr Gehorsam schuldig sei, 1523, in: DERS., WA Schriften, Bd. 11, Weimar 1900, 229–281, 263; zu dieser Schrift aus der Perspektive rechtlicher Normativität etwa HECKEL, Martin Luthers Reformation (wie Anm. 1), 557–583.

che.⁴¹ Sie hatte aber in der irdischen Welt in der leiblichen Gemeinschaft der Gläubigen eine real-empirische Existenz. Hier existierten – abgeleitet aus dem in der Bibel vermittelten christlichen Wort – mit der Schlüsselgewalt, mit dem Sakrament von Taufe und Abendmahl und mit dem zur Predigt berufenen *ministerium verbi divini publicum*, dem Predigtamt, durchaus Basiselemente, die einer normativen Regelung zugänglich waren.

In diesen hier nur im Umriss zu beschreibenden ekklesiologischen Überlegungen Luthers zeichnete sich eine Doppelpoligkeit von Ordnungsstrukturen ab, die ihre Entsprechung in Luthers Weltdeutung insgesamt fand. Sie hatte ihren Ausgangspunkt in der Konzeption von der, wie das einmal formuliert worden ist, „identitätsbildenden Unvollkommenheit" des Menschen⁴², der deswegen trotz seiner Erlösung durch Christi Kreuzestod immer nur *simul iustus et peccator* sein konnte⁴³, zugleich erlöst und doch Sünder⁴⁴. Diese Doppelnatur des Menschen fand ihre Fortsetzung in der – im Ausgangspunkt auf Augustin zurückgehenden⁴⁵ – Konzeption von den zwei Regimentern oder auch Reichen⁴⁶: Luther unterschied nämlich zwei Reiche, „das geystliche, wilchs Christen unnd frum leutt macht durch den heyligen geyst unter Christo, unnd das welltliche, wilchs den unchristen und boeßen weret, daß sie eußerlich muessen frid hallten und still seyn on yhren danck"⁴⁷. Im weltlichen Reich waren Gesetz und Recht unabdingbar, denn für die unerlöste Welt galt der Befund, „die wellt und die menge ist und

---

41 Zum Folgenden: BAYER, Luthers Theologie (wie Anm. 39), 231–255; DAVID P. DANIEL: Luther on the Church, in: KOLB/DINGEL/BATKA, Martin Luther's Theology (wie Anm. 39), 333–352; HECKEL, Martin Luthers Reformation (wie Anm. 1), 282–337; LOHSE, Luthers Theologie (wie Anm. 39), 294–316; SPEHR, Luther (wie Anm. 3), passim.
42 THIER, Grundlagen (wie Anm. 24), 119 m. Rdnr. 27.
43 Vgl. etwa die Formel in der Römervorlesung 1515–1516: „*Nunquid ergo perfecte Iustus? Non, Sed simul peccator et Iustus*", in: LUTHER, WA Schriften, Bd. 56, Weimar 1938, 272 m. Z. 16f.
44 Siehe dazu LOHSE, Luthers Theologie (wie Anm. 39), 88f.
45 Aus neuerer Zeit VOLKER MANTEY: Zwei Schwerter – Zwei Reiche. Martin Luthers Zwei-Reiche-Lehre vor ihrem spätmittelalterlichen Hintergrund (Spätmittelalter, Humanismus, Reformation, n. F., Bd. 26), Tübingen 2005, 7f. m. w. N.
46 Zum Folgenden im Überblick: THIER, Grundlagen (wie Anm. 24), 119–121 m. Rdnrn. 27f.; im Einzelnen: MANTEY, Zwei Schwerter – Zwei Reiche (wie Anm. 45), passim; HECKEL, Martin Luthers Reformation (wie Anm. 1), 584–638; JOHANNES HECKEL: Im Irrgarten der Zwei-Reiche-Lehre Luthers, in: DERS., Im Irrgarten der Zwei-Reiche-Lehre. Zwei Abhandlungen zum Rechts- und Kirchenbegriff Martin Luthers, München 1957, 3–39, wieder abgedruckt in: DERS., Lex charitatis. Eine juristische Untersuchung über das Recht in der Theologie Martin Luthers, hg. von Martin Heckel, Darmstadt ²1973, 317–353; aus neuerer Zeit ROBERT KOLB: Luther's Hermeneutics of Distinctions. Law and Gospel, Two Kinds of Righteousness, Two Realms, Freedom and Bondage, in: KOLB/DINGEL/BATKA, Oxford Handbook, (wie Anm. 39), 168–184.
47 LUTHER, Von weltlicher Oberkeit, 1523, (wie Anm. 40), 251 m. Z. 15–18.

bleybt unchristen, ob sie gleych alle getaufft und Christen heyssen"⁴⁸. War aber *alle Welt böse*⁴⁹, dann wurde eine starke Herrschaftsgewalt unabdingbar, die mit dem Instrument des Gesetzes „eusserlich frid schaffe und boesen wercken weret".⁵⁰ Ihr, der Obrigkeit zu folgen, war die Pflicht aller Christen.⁵¹ Das galt auch für die Regeln, die für die sichtbare Kirche geschaffen werden sollten: Luther verwarf die amtskirchliche Tradition von einem *ius divinum* der Kirche.⁵² Normen zur Organisation der (freilich göttlich gestifteten⁵³) Kirche waren deswegen zwar nicht von Gott geschaffen und sie waren im letzten auch nicht notwendig, denn jeder Mensch blieb „geheiliget [...], wenn man schon auff dem Pflaster, on haus, on predigstul predigt, sunde vergibt, on altar Sacrament reicht, on tauffstein teuffet"⁵⁴. Aber wenn sich die Verkündigung in einem einigermaßen geordneten Rahmen bewegen sollte, so hieß es 1539 bei einem mittlerweile durch die Vielzahl gewalttätiger Aufstände reichlich ernüchterten Luther, dann brauchte es kirchenrechtliche Normativität, damit „alles oerdentlich und ehrlich zugehen" konnte und deswegen musste „man [...] es haben und kans nicht emperen, sol anders die Kirche bleiben"⁵⁵.

Auf dieser Linie bewegten sich in der Folgezeit auch die Überlegungen anderer Reformatoren und auch des Protestantismus insgesamt.⁵⁶ Die *Confessio Augustana*, das 1530 auf dem Reichstag in Augsburg vorgelegte Bekenntnis der

---

48 LUTHER, Von weltlicher Oberkeit, 1523 (wie Anm. 40), 251, Z. 35–37.
49 LUTHER, Von weltlicher Oberkeit, 1523 (wie Anm. 40), 251, Z. 12.
50 LUTHER, Von weltlicher Oberkeit, 1523 (wie Anm. 40), 252, Z. 13–14; vgl. die charakteristische Bezeichnung *welltlich regiment oder gesetz*, in der also „Gesetz" mit weltlicher Obrigkeit gleichgesetzt wird, LUTHER, Von weltlicher Oberkeit, 1523 (wie Anm. 40), 252, Z. 18.
51 Dazu insbesondere HECKEL, Lex Charitatis (wie Anm. 46), 234–236, der auch die Grenzen dieser Gehorsamspflicht diskutiert, vgl. Heckel, Lex Charitatis (wie Anm. 46), 238–240; DERS., Irrgarten (wie Anm. 46), 331f; differenzierend HECKEL, Martin Luthers Reformation (wie Anm. 1), 603f.
52 Dazu im Einzelnen HECKEL, Martin Luthers Reformation (wie Anm. 1), 406–485, vor allem 452f. mit einer instruktiven historischen Verortung Luthers in die Naturrechtstraditionen. Nach wie vor unverzichtbar HECKEL, Lex Charitatis (wie Anm. 46), 175–206 mit einer hier nicht näher diskutierbaren Unterscheidung zwischen einem weltlichen und einem christlichen Naturrecht. Zur überkommenen kirchlichen Lehre vom *ius divinum* und *ius naturae* siehe etwa BRIAN TIERNEY: The Idea of Natural Rights. Studies on Natural Rights, Natural Law, and Church Law, 1150–1625 (Emory University Studies in Law and Religion, no. 5), Grand Rapids ²2001.
53 Vgl. nur HECKEL, Martin Luthers Reformation (wie Anm. 1), 467–473.
54 Von den Konziliis und Kirchen, 1539, in: LUTHER, WA Schriften, Bd. 50, Weimar 1914, 488–653, 649, Zitat Z. 19–21.
55 Von den Konziliis und Kirchen, 1539 (wie Anm. 54), 614, Zitat Z. 14–17, 8; vgl. dazu auch HECKEL, Lex Charitatis (wie Anm. 46), 374f.
56 Zum Folgenden im Überblick: THIER, Grundlagen (wie Anm. 24), 121–124 m. Rdnrn. 29–31.

Protestanten⁵⁷, abgefasst von Philipp Melanchthon (1497–1560)⁵⁸, postulierte die Notwendigkeit rechtlicher Normativität in der – sichtbaren – Kirche selbst in Form von Kirchenordnungen. Vor allem aber ordnete Melanchthon der weltlichen Obrigkeit als *praecipuum membrum* der *ecclesia* die *custodia utriusque tabulae* zu, die Sorge um beide Tafeln des Dekalogs.⁵⁹ Das hatte weitreichende Konsequenzen: Die zweite Tafel des Dekalogs, der auf das Sozialleben gerichtete Teil wie etwa das Gebot, die Eltern zu ehren, nicht zu stehlen oder zu töten, bildete seit jeher den Aufgabenbereich der weltlichen Gewalt. Grundsätzlich neu war dagegen Melanchthons Überlegung, dass die weltliche Obrigkeit auch für die erste Tafel – für die Durchsetzung der Glaubensartikel des Dekalogs – zuständig war.⁶⁰ Bei der Ausgestaltung dieser Befugnis aktivierte Melanchthon die überkommene Vorstellung von der Gesetzgebungsbefugnis des Herrschers, mit der er die Gesellschaft wie ein *medicus* von ihren Krankheiten heilen sollte.⁶¹ In der Sache reichte bei Melanchthon diese Gesetzgebungskompetenz der Obrigkeit zwar in alle Bereiche der Gesellschaft, allerdings scheute Melanchthon ebenso wie Luther davor zurück, der weltlichen Gewalt Befugnisse im Religiösen selbst zuzuschreiben. Die *Einführung* des Glaubens lag auch bei ihm beim geistlichen Regiment, das seinerseits, wie es in der *Confessio Augustana* im Blick auf die Kompetenz der Bischöfe hieß, *sine vi, sed verbo*, ohne Gewalt, sondern durch das Wort⁶², und dies unter Wahrung der allen Menschen zustehenden Freiheit han-

---

57 Text ediert von GOTTFRIED SEEBASS/IRENE DINGEL, in: IRENE DINGEL (Hg.), Die Bekenntnisschriften der Evangelisch-Lutherischen Kirche. Vollständige Neuedition, Göttingen 2014, 84–226; zur *Confessio Augustana* selbst etwa die Beiträge in: HERBERT IMMENKÖTTER/GUNTHER WENZ (Hgg.), Im Schatten der Confessio Augustana. Die Religionsverhandlungen des Augsburger Reichstages 1530 im historischen Kontext (Reformationsgeschichtliche Studien und Texte, Bd. 136), Münster 1997.
58 Vgl. MARTIN GRESCHAT: Philipp Melanchthon. Theologe, Pädagoge und Humanist, Gütersloh 2010; HEINZ SCHEIBLE: Melanchthon. Vermittler der Reformation. Eine Biographie, München 2016.
59 Vgl. im Einzelnen: WITTE, JR., Recht (wie Anm. 17), 162–184.
60 Vgl. SCHMOECKEL, Recht der Reformation (wie Anm. 32), 211 f. m. w. N.
61 Vgl. SCHMOECKEL, Recht der Reformation (wie Anm. 32), 94–97; näher GUIDO KISCH: Melanchthons Rechts- und Soziallehre, Berlin 1967, 91–101; siehe auch ISABELLE DEFLERS: Lex und ordo. Eine rechtshistorische Untersuchung der Rechtsauffassung Melanchthons (Schriften zur Rechtsgeschichte, H. 121), Berlin 2005, 26–75; MATHIAS SCHMOECKEL: Leges et in carmina redigendae sunt. Die Erfindung der Kodifikation als Konzept durch Melanchthon und deren Rezeption in katholischen Staaten bis 1811, in: Zeitschrift für Rechtsgeschichte. Kanonistische Abteilung 95 (2009), 397–436, 410–414.
62 Vgl. Confessio Augustana, Art. 28; dazu etwa BERNHARD LOHSE: Die Stellung zum Bischofsamt in der Confessio Augustana, in: KARL LEHMANN/EDMUND SCHLINK (Hgg.), Evangelium, Sakra-

deln sollte. Ein *ius reformandi*, ein Recht zur Bestimmung der Glaubensrichtung durch die Obrigkeit, postulierten also weder Luther noch Melanchthon. Trotzdem wurden bereits hier die ideellen Grundlagen für eine markante Ausweitung der obrigkeitlichen, staatlichen Befugnisse sichtbar, aus denen sich etwa seit dem Beginn des 17. Jahrhunderts tatsächlich auch Konzeptionen einer umfassenden staatlichen Verantwortung in Religionssachen ergeben sollten.[63] Ähnliches lässt sich auch für die Überlegungen eines Ulrich Zwingli (1484–1531)[64] sagen. Denn auch er übertrug der Obrigkeit die Verantwortung dafür, dass das Volk dem göttlichen Gebot folgte und gottgefällig lebte, ganz zu schweigen von der hoheitlichen Zuständigkeit für die Organisation und Leitung der Kirche.[65] Solche Verantwortlichkeiten der weltlichen Gewalt für die kirchliche Organisation lassen sich zwar bereits im späten Mittelalter beobachten, begann sich doch bereits in dieser Zeit der herrscherliche Zugriff auf die Kirche zu verstärken.[66] In der Entstehung des sogenannten *placetum regium*, des ansatzweise bereits im Mittelalter existierenden herrscherlichen Genehmigungsvorbehalts für die Geltung neugesetzter, insbesondere päpstlicher, Rechtsnormen, wurde diese Ausweitung der weltlichen Herrschaft zu Lasten der katholischen Amtskirche im Bereich der Normgebung auch begrifflich verdichtet.[67] Aber während sich die Papstkirche stets, wenn auch erfolglos, gegen diese Interventionen gewehrt hat, gaben Luther, Melanchthon und in ihrer Nachfolge die protestantischen Kirchenjuristen des 17. und 18. Jahrhunderts dem Staat von vornherein weitreichende Herrschaftsbefugnisse innerhalb und außerhalb der Kirche. Schon zu Luthers Lebzeiten haben die weltlichen Obrigkeiten diese Einladung zum Herrschaftsausbau dankbar angenommen, wie im nächsten Abschnitt deutlich zu machen ist.

---

mente, Amt und die Einheit der Kirche: die ökumenische Tragweite der Confessio Augustana, Freiburg 1982, 80–108.
63 Grundlegend: BERND CHRISTIAN SCHNEIDER: Ius reformandi. Die Entwicklung eines Staatskirchenrechts von seinen Anfängen bis zum Ende des Alten Reiches (Jus Ecclesiasticum, Bd. 68), Tübingen 2001. Dazu auch unten, bei Anm. 109.
64 Vgl. PETER OPITZ: Ulrich Zwingli. Prophet, Ketzer, Pionier des Protestantismus, Zürich 2015.
65 Zusammenfassend THIER, Grundlagen (wie Anm. 24), 122f. m. Rdnr. 30.
66 Vgl. FRANK KONERSMANN: Kirchenregiment und Kirchenzucht im frühneuzeitlichen Kleinstaat. Studien zu den herrschaftlichen und gesellschaftlichen Grundlagen des Kirchenregiments der Herzöge von Pfalz-Zweibrücken 1410–1793, Köln 1996; HELMUT RANKL: Das vorreformatorische landesherrliche Kirchenregiment in Bayern (1378–1526), München 1971; CHRISTOPH VOLKMAR: Reform statt Reformation. Die Kirchenpolitik Herzog Georgs von Sachsen, 1488–1525, Tübingen 2008.
67 Vgl. CHRISTOPH LINK: Plazet, in: HANS DIETER BETZ/DON S. BROWNING/BERND JANOWSKI [u. a.] (Hgg.), Religion in Geschichte und Gegenwart, Bd. 6, Tübingen ⁴2006, 1394f.

3 Die Reformation und der Aufstieg des Staates

Die Umsetzung der Reformation erwies sich frühzeitig als ein nicht zuletzt auch institutionelles Problem: Die römisch-katholische Amtskirche hatte auf regionaler und lokaler Ebene mit Bistümern, Abteien und niederkirchlichen Institutionen wie insbesondere der Pfarrei ein stabiles organisatorisches Gefüge kirchlichen Lebens geschaffen.[68] Diese Strukturelemente waren für reformatorische Kirchlichkeit nur begrenzt geeignet. Denn die Reformatoren lehnten nicht allein die Unterscheidung von Klerikern und Laien ab, sie rückten die Gemeinde in den Vordergrund, zudem erschwerte ihre Abneigung gegen hierarchische Ordnung konzeptionell die Ausformung überregionaler kirchlicher Strukturen. Unklar war zudem am Beginn der Reformation, wie kirchliches Personal beaufsichtigt und in welchem dienstrechtlichen Rahmen es handeln sollte, und wie schließlich die tägliche kirchliche Praxis auch auf Gemeindeebene organisiert werden konnte. Nicht zuletzt auch vor diesem Hintergrund lässt es sich erklären, dass und wie sehr die weltliche Gewalt bereits in den zwanziger Jahren des 16. Jahrhunderts zur organisatorischen Gestalterin der Reformation wurde. Den Ausgangspunkt bildeten dabei insbesondere die sogenannten *Kirchenordnungen*, die seit 1522 ergingen[69] und zu denen in Zürich insbesondere die 1532 erlassene Pfarrer- und Synodalordnung[70] zählt.[71] Gerade die Zürcher Ordnung von 1532 ist in vielen

---

[68] Exzellenter Überblick über die Entstehung und Ausformung der mittelalterlichen Kirchenverfassung bei Peter Landau: Kirchenverfassungen, in: Gerhard Müller/Horst Balz/Gerhard Krause (Hgg.), Theologische Realenzyklopädie, Bd. 19, Berlin/New York 1990, 110–165, 111–140.

[69] Überblicke: Heiner Lück: Kirchenordnung, in: Cordes/Haferkamp u. a. (Hgg.), Handwörterbuch zur deutschen Rechtsgeschichte (wie Anm. 6), Sp. 1805–1812; Martin Otto: Neuere Geschichte des evangelischen Kirchenrechts, in: Anke/de Wall/Heinig (Hgg.), Handbuch des evangelischen Kirchenrechts (wie Anm. 18), 128–161; Thier, Grundlagen (wie Anm. 24), 124–126 m. Rdnr. 32. Eingehend: Karla Sichelschmidt: Recht aus christlicher Liebe oder obrigkeitlicher Gesetzesbefehl? Juristische Untersuchungen zu den evangelischen Kirchenordnungen des 16. Jahrhunderts, Tübingen 1995; Anneliese Sprengler-Ruppenthal: Gesammelte Aufsätze. Zu den Kirchenordnungen des 16. Jahrhunderts, Tübingen 2004, sowie die Beiträge in: Sabine Arend/Gerald Dörner (Hgg.), Ordnungen für die Kirche – Wirkungen auf die Welt. Evangelische Kirchenordnungen des 16. Jahrhunderts (Spätmittelalter, Humanismus, Reformation n. F., Bd. 84), Tübingen 2015.

[70] Edition in: Emidio Campi/Philipp Wälchli (Hgg.), Zürcher Kirchenordnungen 1520–1675, Bd. 1, Zürich 2011, Nr. 59, 129–150.

[71] Instruktive Übersicht zu den Regelungselementen und Entwicklungsdynamiken in den Zürcher Kirchenordnungen bei Campi/Wälchli, Kirchenordnungen I (wie Anm. 70), XXVI–XXXVI m. w. N.

Punkten kennzeichnend für diesen Normtypus: Zwar ging die Kirchenordnung auf Beschlüsse der bereits zu Zwinglis Zeiten entstandenen Synode[72] zurück und war der Sache nach von Heinrich Bullinger (1504–1575)[73] und seinem Mitarbeiter Leo Jud (1482–1542)[74] verfasst worden.[75] Aber zu ihrer Verbindlichkeit bedurfte es gleichwohl der *Bewilligung und Confirmation eines Burgermeisters unnd ersammen kleinen und grossen Radts der Statt Zürich*, wie es schon im Titel der Ordnung hieß. Bezeichnend war es aber auch, dass bereits gleich zu Beginn der Präambel die Rede war von der *erfordrung schuldiger und Christenlicher gehorsamigkeit*[76]. Weltlicher Herrschaftsanspruch und religiöse Herrschaftslegitimation gingen ein – wie man im Vergleich zu Spätantike und Mittelalter sagen könnte – erneutes Bündnis miteinander ein. Inhaltlich regelten Kirchenordnungen wie in Zürich vor allem die Bestellung, Visitation und Qualifikation der Pfarrer, schufen aber auch einheitliche Regelungen für gottesdienstliche Riten und die Handhabung von Kasualien.[77] Aber, und das war bezeichnend für diesen Normtypus, Kirchenordnungen waren nicht auf den Bereich der kirchlichen Institution beschränkt: Das zeigt im Fall der Zürcher Ordnung von 1532 schon die Anweisung, „das die Mandaten so [...] wider unmaß und laster ußgangen, vil an den Cantzlen angezogen werdind [...] damit das volck zuo zucht, frien und gehorsamme ermanet der lasteren nit nun [sic] der vorcht halben, sondern ouch von liebe Gottes waegen abstande". Die Verflechtung religiösen Empfindens und obrigkeitlicher Herrschaft, von Glauben und Gehorsam im Interesse hoheitlicher Verhaltenslenkung wurde hier ebenso plastisch wie etwa in der Anordnung, die Pfarrer sollten jährlich „die ordnung wider kupplen, huoren, eebrechen und derlei laster fuerlese"[78].

---

72 Zu dieser Institution aus jüngster Zeit HEINZPETER STUCKI: Kontinuität oder Neugründung der Zürcher Synode 1532, in: Zwingliana 21 (1994), 107–112.
73 Vgl. FRITZ BÜSSER: Heinrich Bullinger (1504–1575). Leben, Werk und Wirkung, Bd. 1–2, Zürich 2004–2005.
74 Biographische Übersicht bei RÜDIGER ZYMNER: Jud, Leo, in: Historisches Lexikon der Schweiz (HLS), Version vom 17.10.2013, online verfügbar: www.hls-dhs-dss.ch/textes/d/D12013.php.
75 Vgl. HANS ULRICH BÄCHTOLD: Heinrich Bullinger vor dem Rat. Zur Gestaltung und Verwaltung des Zürcher Staatswesens in den Jahren 1531 bis 1575 (Zürcher Beiträge zur Reformationsgeschichte, Bd. 12), Bern/Frankfurt am Main 1982, 29–35; PAMELA BIEL: Doorkeepers at the House of Righteousness. Heinrich Bullinger and the Zurich Clergy, 1535–1575 (Zürcher Beiträge zur Reformationsgeschichte, Bd. 15), Bern 1991, 58–67; BÜSSER, Bullinger I (wie Anm. 73), 127–142; BRUCE GORDON: Clerical Discipline and the Rural Reformation: The Synod in Zürich, 1532–1580 (Zürcher Beiträge zur Reformationsgeschichte, Bd. 16), Bern 1992.
76 Vgl. CAMPI/WÄLCHLI, Kirchenordnungen I (wie Anm. 70), Nr. 59, 129 m. Z. 7f., 19.
77 Dazu die Typisierung bei SICHELSCHMIDT, Recht (wie Anm. 69), passim.
78 Vgl. CAMPI/WÄLCHLI, Kirchenordnungen I (wie Anm. 70), Nr. 59, 135 m. Z. 17–23.

Das ging in Zürich und anderen Orts einher mit der institutionellen Verflechtung von Kirche und weltlicher Obrigkeit und dem Aufstieg des sogenannten *Kirchenregiments*[79]. Besonders deutlich wird das an der Errichtung des Zürcher Ehegerichts 1525[80], das bis weit nach Süddeutschland hinein zum Vorbild wurde und auch in anderen Territorien wie etwa in Sachsen[81] institutionelle Entsprechung fand. Eherechtsfälle zählten im Mittelalter zu den mit Abstand wichtigsten Materien episkopaler Gerichte, also der Offizialate, beschäftigte doch der Streit etwa um die Verbindlichkeit eines Eheversprechens oder auch über die Herstellung der ehelichen Gemeinschaft die bischöflichen Offiziale durchgängig[82]. In der protestantischen Lehre wurde die Ehe zwar nicht mehr als Sakrament gedeutet, behielt aber nichtsdestoweniger herausgehobene Wichtigkeit[83], war doch auch für die Protestanten „die Ee von got yngesetzt [...] unküschheit ze vermyden", um eine Formulierung aus der Ehegerichtsordnung 1525[84] zu zitieren. Die Ehe diente zu-

---

79 DIETMAR WILLOWEIT: Das landesherrliche Kirchenregiment, in: KURT G. A. JESERICH/HANS POHL/GEORG CHRISTOPH VON UNRUH (Hgg.), Deutsche Verwaltungsgeschichte, Bd. 1, Stuttgart 1983, 363–369; siehe auch MARTIN HECKEL: Religionsbann und Landesherrliches Kirchenregiment, in: HANS-CHRISTOPH RUBLACK (Hg.), Die lutherische Konfessionalisierung in Deutschland, Gütersloh 1982, 130–162, wieder abgedruckt in: DERS., Gesammelte Schriften, Bd. 3 (Jus Ecclesiasticum, Bd. 58), Tübingen 1997, 262–293. Siehe im Übrigen auch die Nachweise unten, Anm. 105.
80 Vgl. WALTHER KÖHLER: Zürcher Ehegericht und Genfer Konsistorium, Bd. 1: Das Zürcher Ehegericht und seine Auswirkung in der deutschen Schweiz zur Zeit Zwinglis (Quellen und Abhandlungen zur schweizerischen Reformationsgeschichte, VII/1), Leipzig 1932, 28–230 und passim; LUKAS GRÜNENFELDER: Das Zürcher Ehegericht. Eheschliessung, Ehescheidung und Ehetrennung nach der erneuerten Satzung von 1698, Zürich 2007.
81 Vgl. RALF FRASSEK: Eherecht und Ehegerichtsbarkeit in der Reformationszeit. Der Aufbau neuer Rechtsstrukturen im sächsischen Raum unter besonderer Berücksichtigung der Wirkungsgeschichte des Wittenberger Konsistoriums (Jus Ecclesiasticum, Bd. 78), Tübingen 2005.
82 Grundlegend: CHARLES DONAHUE, JR.: Law, Marriage, and Society in the Later Middle Ages. Arguments about Marriage in the Five Courts, Cambridge 2007; RICHARD H. HELMHOLZ: Marriage Litigation in Medieval England, Cambridge 1974. Siehe weiterhin etwa CHRISTINA DEUTSCH: Ehegerichtsbarkeit im Bistum Regensburg (1480–1538) (Forschungen zur kirchlichen Rechtsgeschichte und zum Kirchenrecht, Bd. 29), Köln u. a. 2005; KLAUS MICHAEL LINDNER: Courtship and the Courts. Marriage and Law in Southern Germany 1350–1550, Cambridge (Massachusetts), Harvard University 1988; CHRISTIAN SCHWAB: Das Augsburger Offizialsregister (1348–1352). Ein Dokument geistlicher Diözesangerichtsbarkeit (Forschungen zur kirchlichen Rechtsgeschichte und zum Kirchenrecht, Bd. 25), Köln u. a. 2001.
83 Zusammenfassend etwa WITTE, JR., Recht (wie Anm. 17), 277–296.
84 *Ordnung und ansehen / wie hynfür zuo Zürich in der Statt über Eelich sachen gericht sol werden*, im Folgenden: Ehegerichtsordnung, ediert in: CAMPI/WÄLCHLI, Kirchenordnungen I (wie Anm. 70), Nr. 18, 27–31, 30 m. Z. 33; zu diesem Aspekt der protestantischen Ehelehre etwa WITTE, JR., Recht (wie Anm. 17), 287–292.

gleich auch als Versorgungsgemeinschaft und entlastete folglich die hoheitliche Sozialfürsorge. Hinzu trat der Umstand, dass die protestantische Lehre von der Ehe als „eyn eußerlich leyplich ding [...] wie andere weltliche hanttierung"[85] auch deren Auflösung *ex nunc*, also die Scheidung, zuließ[86], dass es aber kaum im Interesse der Obrigkeit sein konnte, solche Beendigungen von Ehen unreguliert und zudem unpubliziert[87] geschehen zu lassen. Mit der Lösung vom Konstanzer Bischof und damit von dessen Gerichtsbarkeit[88] war indes in Zürich eine institutionelle Lücke entstanden. Sie wurde, wie bereits erwähnt[89], 1525 vom Zürcher Rat mit der Errichtung eines Ehegerichts geschlossen, von dessen sechs Mitgliedern indes lediglich zwei der Geistlichkeit angehörten, während die anderen vier Richter zu gleichen Teilen aus dem Großen und dem Kleinen Rat stammten.[90] Die entschieden weltliche und eben nicht kirchliche Qualität dieser Institution wurde besonders deutlich in der Bestimmung, dass eine Appellation gegen eine ehegerichtliche Entscheidung an „niendert hin anders denn für ein Ersamen Radt in unser stat Zürich gezogen werden"[91] könne. Es entsprach zudem auch der bereits beobachteten Tendenz zur repressiven Verhaltenssteuerung, dass sich die Ehegerichtsordnung nicht auf Regeln über die Wirksamkeit und die Scheidung von Ehen beschränkte (bemerkenswerterweise allerdings weitgehend ohne Verfahrensordnung[92]), sondern auch mit allem Nachdruck die städtische Praxis ankündigte, „das man ouch ein herte straff uf den eebruch setze" und auch die Bestrafung derjenigen betonte, die „in huory sich verligen"[93]. Dieser Regelungsansatz wurde dann 1526 mit der Zuweisung auch sittengerichtlicher Kompetenzen

---

85 MARTIN LUTHER: Vom ehelichen Leben, 1522, in: DERS., WA Schriften, Bd. 10/2, Weimar 1907, 267–304, 283, Z. 9 f.; siehe statt vieler hierzu HECKEL, Martin Luthers Reformation (wie Anm. 1), 478–480; näher CHRISTIAN VOLKMAR WITT: Martin Luthers Reformation der Ehe. Sein theologisches Eheverständnis vor dessen augustinisch-mittelalterlichem Hintergrund (Spätmittelalter, Humanismus, Reformation, n. F., Bd. 95), Tübingen 2017, 215–228.
86 Im Überblick: WITTE, JR., Recht (wie Anm. 17), 316–325 m. w. N.; im Einzelnen HARTWIG DIETERICH: Das protestantische Eherecht in Deutschland bis zur Mitte des 17. Jahrhunderts (Jus Ecclesiasticum, Bd. 10), 69–74, 103–108 und 142–146.
87 Zu diesem Aspekt etwa DIETERICH, Eherecht (wie Anm. 86), 70, 104, 143.
88 Näher zu diesem Aspekt KÖHLER, Zürcher Ehegericht (wie Anm. 80), 1–27.
89 Oben, bei Anm. 80.
90 Dazu KÖHLER, Zürcher Ehegericht (wie Anm. 80), 35–41.
91 Ehegerichtsordnung (vgl. Anm. 84), bei CAMPI/WÄLCHLI, Kirchenordnungen I (wie Anm. 70), Nr. 18, 28 m. Z. 14–16. Näher dazu KÖHLER, Zürcher Ehegericht (wie Anm. 80), 65–68.
92 Eine Rekonstruktion der Verfahrenspraxis bei KÖHLER, Zürcher Ehegericht (wie Anm. 80), 42–65.
93 Ehegerichtsordnung (vgl. Anm. 84), bei CAMPI/WÄLCHLI, Kirchenordnungen I (wie Anm. 70), Nr. 18, 30 m. Z. 24, 30 f.

an das Ehegericht vollends institutionalisiert.[94] Einmal mehr übernahm es also die weltliche Obrigkeit, im Interesse eines gottgefälligen Lebens mit aller Macht verbietend in die soziale Lebenswelt einzugreifen.

Solche Mechanismen hoheitlicher sozialer Regulierung fanden sich nicht allein in Zürich, sondern lassen sich auch in vielen anderen Kirchenordnungen protestantischer Städte und Territorien beobachten.[95] In solchen Ge- und Verboten über Sexualität, über den Alkoholkonsum, den Kirchgang oder die angemessene Kleidung wird ein Phänomen greifbar, das in den Geschichtswissenschaften seit den berühmten Arbeiten von Gerhard Oestreich als *Sozialdisziplinierung* bezeichnet wird[96]. Nicht zuletzt auch in der rechtshistorischen Forschung wird seit einiger Zeit darüber diskutiert, ob und inwieweit diese Sozialdisziplinierung eine Konsequenz der Reformation war[97], ob sich also, um einen anderen Begriff der Debatte einzufügen, in Vorschriften wie in der Zürcher Ehegerichtsordnung die Entstehung von *konfessionalisierten Rechtsnormen* abzeichnet.[98] Schon im Fall Zürich ist der Befund allerdings etwas ambivalent, finden sich doch Sittenmandate des Rates bereits in der Zeit *vor* dem Übergang ins protestantische Lager 1523.[99] Umgekehrt hat etwa Dietmar Willoweit, einer der

---

94 Im Einzelnen und auch zur Praxis KÖHLER, Zürcher Ehegericht (wie Anm. 80), 142–175.

95 Für einen besonders instruktiven Überblick siehe DIETMAR WILLOWEIT: Deutsche Verfassungsgeschichte. Vom Frankenreich bis zur Wiedervereinigung Deutschlands, München ⁷2013, 129–133, 136–141 und 152–157.

96 GERHARD OESTREICH: Strukturprobleme des europäischen Absolutismus, in: Vierteljahreschrift für Sozial- und Wirtschaftsgeschichte 55 (1969), 329–347, wieder abgedruckt in: DERS., Geist und Gestalt des frühmodernen Staates. Ausgewählte Aufsätze, Berlin 1969, 179–197. Dazu auch WINFRIED SCHULZE: Gerhard Oestreichs Begriff „Sozialdisziplinierung in der Frühen Neuzeit", in: Zeitschrift für historische Forschung 14 (1987), 265–302. Zum Konzept, seiner Entstehung und seiner Bewertung im Überblick LARS BEHRISCH: Sozialdisziplinierung, in: KULTURWISSENSCHAFTLICHES INSTITUT ESSEN/FRIEDRICH JAEGER (Hgg.), Enzyklopädie der Neuzeit 12 (2010), 220–229, sowie ANDRÉ HOLENSTEIN: Sozialdisziplinierung, in: HLS, Version vom 8.1.2013, online verfügbar: www.hls-dhs-dss.ch/textes/d/D16551.php.

97 In diese Richtung etwa HORST DREIER: Kanonistik und Konfessionalisierung – Marksteine auf dem Weg zum Staat, in: Juristenzeitung 2002, 1–13, hier 6–12.

98 Im Überblick: ANDREAS THIER: Konfessionalität und Recht: Historische Beobachtungen und konzeptionelle Überlegungen, in: CHRISTIAN WALDHOFF (Hg.), Recht und Konfession – Konfessionalität im Recht?, Frankfurt am Main 2016, 17–46, 20–22 m. w. N. S. a. CHRISTOPH STROHM: Die produktive Kraft konfessioneller Konkurrenz für die Rechtsentwicklung, in: DERS. (Hg.), Reformation und Recht. Ein Beitrag zur Kontroverse um die Kulturwirkungen der Reformation, Tübingen 2017, 131–171, hier v. a. 159–171.

99 Grundlegend hierzu das Verzeichnis von CLAUDIA SCHOTT-VOLM (Hg.): Repertorium der Policeyordnungen der Frühen Neuzeit, Bd. 7, 2 (Studien zur europäischen Rechtsgeschichte, Bd. 204/2), Frankfurt am Main 2006, hier vor allem: 749–757 (bis 1522); zu den Policeyordnungen in Zürich allgemein siehe DIES.: Policey in der Schweiz: das Beispiel Zürich, in: MICHAEL STOLLEIS/KARL

wichtigsten deutschsprachigen Rechtshistoriker des 20. Jahrhunderts, mit Nachdruck betont, dass in der zweiten Hälfte des 16. Jahrhunderts sehr wohl auch katholische Obrigkeiten wie etwa die bayerischen Landesherren dazu übergingen, ähnlich weitreichende Mechanismen der Sozialdisziplinierung einzuführen.[100]

Tatsächlich ist nicht zu übersehen, dass in der Zeit des 16. und 17. Jahrhunderts die obrigkeitliche Lenkung der Bevölkerung insgesamt an Intensität gewann: Im entstehenden Gesetzgebungsstaat der frühen Neuzeit wurde die rechtssatzförmige Ordnung von Wirtschaft, Gesellschaft und auch Religion zu einem zentralen Anliegen einer Obrigkeit, die sich dabei je länger desto mehr vom Leitbild der *guten Policey* leiten liess, in dem letztlich die aristotelische Vorstellung von der wohlgeordneten *politeia*, der staatlichen Gemeinschaft, fortwirkte[101]. In der Konsequenz solcher Vorstellungen wurde die *Policeyordnung* im 16. und 17. Jahrhundert zum zentralen Herrschaftsinstrument einer Obrigkeit, die auf diese Weise ihren Anspruch auf umfassende Verantwortlichkeit für Wirtschaft, Gesellschaft und religiöses Leben immer wieder neu verdeutlichen konnte[102]. Solche Normen waren konfessionell weitgehend neutral. Dieser grundsätzlichen konfessionellen Neutralität von Policeyordnungen entsprach es auch, dass im 16. und 17. Jahrhundert ungeachtet aller konfessionellen Gegensätze zwischen den Ständen des Deutschen Reiches[103] gleichwohl mehrere sogenannte *Reichspoli-*

HÄRTER/LOTHAR SCHILLING (Hgg.), Policey im Europa der Frühen Neuzeit (Studien zur europäischen Rechtsgeschichte, 83), Frankfurt am Main 1996, 489–508; siehe auch die Texte bei CAMPI/WÄLCHLI, Kirchenordnungen I (wie Anm. 70), Nr. 1–10, 1–15.
100 Vgl. DIETMAR WILLOWEIT: Katholische Reform und Disziplinierung als Element der Staats- und Gesellschaftsorganisation, in: PAOLO PRODI (Hg.), Glaube und Eid. Treueformeln, Glaubensbekenntnisse und Sozialdisziplinierung zwischen Mittelalter und Neuzeit (Schriften des Historischen Kollegs, Kolloquien, 28), München 1993, 113–132, wieder abgedruckt in: DERS., Staatsbildung und Jurisprudenz. Gesammelte Aufsätze 1974–2002, Bd. II (Bibliotheca eruditorum, 32), Stockstadt 2009, 109*–128* und 116*–128*.
101 THOMAS SIMON: „Gute Policey". Ordnungsleitbilder und Zielvorstellungen politischen Handelns in der Frühen Neuzeit (Studien zur europäischen Rechtsgeschichte, Bd. 170), Frankfurt am Main 2004.
102 Dazu die Beiträge in: STOLLEIS/HÄRTER/SCHILLING (Hgg.), Policey im Europa der frühen Neuzeit (wie Anm. 99).
103 Siehe statt vieler MARTIN HECKEL: Konfession und Reichsverfassung. Bekenntnisbildung und Bekenntnisbindung in den Freiheitsgarantien und der Verfassungsorganisation des Reichs seit der Glaubensspaltung, in: PAOLO PRODI (Hg.), Glaube und Eid (Schriften des Historischen Kollegs, Kolloquien, Bd. 28), München 1993, 69–96, wieder abgedruckt in: DERS., Gesammelte Schriften. Staat – Kirche – Recht – Geschichte, Bd. III (Jus Ecclesiasticum, Bd. 58), hg. von KLAUS SCHLAICH, Tübingen 1997, 230–261, 233–247.

ceyordnungen zustande kamen¹⁰⁴. Trotzdem wäre es nicht ganz richtig, der Reformation und den reformatorischen Konzeptionen von Staat und Kirche den Einfluss auf die Ausweitung und Intensivierung obrigkeitlicher Staatlichkeit völlig absprechen zu wollen. Denn, wie zu zeigen versucht wurde, die Lehren eines Luther oder eines Melanchthon legitimierten in bis dahin ungeahnter Weise den herrschaftlichen Zugriff auf die Bevölkerung. Sie legten zugleich die Basis für eine institutionelle Verankerung von Kirchlichkeit im Gefüge staatlicher Organisation wie etwa in Gestalt des Zürcher Ehegerichts oder in Form der v. a. in lutherischen Territorien wie Brandenburg-Preußen etablierten Konsistorien, staatlicher Verwaltungsstellen zur Administration der Kirche.¹⁰⁵ Dem entsprach es, dass bereits im 16. Jahrhundert die Landesherrschaft von lutherischer Seite als *summus episcopus* gedeutet und damit zum obersten Organ in den neu entstehenden landeskirchlichen Ordnungsgefügen gemacht wurden.¹⁰⁶ Hieraus sollte sich dann im 17. Jahrhundert die Doktrin vom Kirchenregiment als Teil der landesherrlichen Herrschaft, der sogenannte „Territorialismus", entwickeln.¹⁰⁷ Teil dieser Doktrin

---

104 Vgl. MATTHIAS WEBER: Die Reichspolizeiordnungen von 1530, 1548 und 1577. Historische Einführung und Edition (Studien zur Europäischen Rechtsgeschichte, Bd. 146), Frankfurt am Main 2002.

105 Im Überblick: RALF FRASSEK: Konsistorium, in: ALBRECHT CORDES/HANS-PETER HAFERKAMP u. a. (Hgg.), Handwörterbuch zur deutschen Rechtsgeschichte, Bd. 3, Berlin ²2016, 121–126 (mit Schwerpunkt Sachsen); RUDOLF SMEND: Die Konsistorien in Geschichte und heutiger Bewertung, in: Zeitschrift für evangelisches Kirchenrecht 10 (1963/1964), 134–143; für Brandenburg-Preussen siehe etwa WOLFGANG NEUGEBAUER: Absolutistischer Staat und Schulwirklichkeit in Brandenburg-Preussen (Veröffentlichungen der Historischen Kommission zu Berlin, Bd. 62), Berlin 1985, 66–76 und passim; MATHIS LEIBETSEDER: Alltag zwischen Konflikt und Toleranz. Beobachtungen zur Konfessionspolitik Brandenburg-Preußens im 18. Jahrhundert, in: Zeitschrift für historische Forschung 41 (2014), 231–260; klassisch OTTO HINTZE: Die Epochen des evangelischen Kirchenregiments in Preußen, in: Historische Zeitschrift 97 (1906), 67–118, wieder abgedruckt in: DERS., Gesammelte Abhandlungen zur Staats-, Rechts- und Sozialgeschichte Preußens, Bd. 3, hg. v. GERHARD OESTREICH, Göttingen ²1967, 56–96; siehe weiterhin: JOHANNES HECKEL: Die Entstehung des brandenburgisch-preußischen Summepiskopats, in: Zeitschrift für Rechtsgeschichte, Kanonistische Abteilung 13 (1924), 266–283, wieder abgedruckt in: DERS., Das blinde, undeutliche Wort „Kirche". Gesammelte Aufsätze, Köln/Graz 1964, 371–386.

106 MARTIN HECKEL: Staat und Kirche nach den Lehren der evangelischen Juristen Deutschlands in der ersten Hälfte des 17. Jahrhunderts (Jus Ecclesiasticum, Bd. 6), Tübingen 1968, 79–109 und 122–131.

107 HECKEL, Staat und Kirche (wie Anm. 106), 109–131; CHRISTOPH LINK: Herrschaftsordnung und bürgerliche Freiheit. Grenzen der Staatsgewalt in der älteren deutschen Staatslehre (Wiener rechtsgeschichtliche Arbeiten, Bd. XII), Wien u. a. 1979, 292–321; KLAUS SCHLAICH: Der rationale Territorialismus. Die Kirche unter dem staatsrechtlichen Absolutismus um die Wende vom 17. zum 18. Jahrhundert, in: Zeitschrift für Rechtsgeschichte. Kanonistische Abteilung 54 (1968), 269–340, wieder abgedruckt in: DERS., Gesammelte Aufsätze. Kirche und Staat von der Reformation bis zum

war dann auch, gestützt auf das Argument vom Landesherrn als *custos utriusque tabulae,* das landesherrliche Recht, über die Glaubensrichtung der Bevölkerung im Territorium zu bestimmen.[108] Das damit angesprochene *ius reformandi*[109] beruhte allerdings im Ausgangspunkt vor allem auf reichsrechtlichen Bestimmungen und damit auf Regelungen, die eine andere rechtshistorische Dimension der Reformation bezeichnen, die nachfolgend näher in den Blick genommen werden soll: Der mit der Reformation bewirkte Zerfall universaler religiöser Einheit sollte eine große Herausforderung für eine Rechtsordnung bedeuten, in der weltliche und kirchliche Ordnung seit Jahrhunderten ineinander verschränkt gewesen waren.

4 Die Reformation und die Entstehung rechtlich verbindlicher religiöser Toleranz

Weltliche Herrschaft und amtskirchliche Organisation waren gerade in Mitteleuropa seit den mittelalterlichen Anfängen der Herrschaftsorganisation eng miteinander verbunden. Die Existenz etwa von kirchlichen Reichsfürsten wie Reichsbischöfen oder Reichsäbten[110], die in der *Goldenen Bulle* 1356 offiziell festgeschriebene Wahl des Kaisers auch durch drei geistliche Kurfürsten (die

---

Grundgesetz (Jus Ecclesiasticum, Bd. 57), hg. von MARTIN HECKEL/WERNER HEUN, Tübingen 1997, 204–266; HEINRICH DE WALL: Spannungen und Paradoxien im rationalen Territorialismus, in: Zeitschrift für Rechtsgeschichte, Kanonistische Abteilung 92 (2006), 554–569.
108 Siehe bereits oben, bei Anm. 59.
109 SCHNEIDER, Ius reformandi (wie Anm. 63).
110 Dazu im Überblick: WILLOWEIT, Verfassungsgeschichte (wie Anm. 95), 68 f. m. Rdnrn. 8–10; näher zur Konzeption des sogenannten Reichsfürstenstandes STEFFEN SCHLINKER: Fürstenamt und Rezeption. Reichsfürstenstand und gelehrte Literatur im späten Mittelalter (Forschungen zur deutschen Rechtsgeschichte, Bd. 18), Köln u. a. 1999. Zu den geistlichen Reichsfürsten in der Herrschaftspraxis des Reiches und der Territorien siehe etwa BETTINA BRAUN: Princeps et episcopus. Studien zur Funktion und zum Selbstverständnis der nordwestdeutschen Fürstbischöfe nach dem Westfälischen Frieden (Veröffenlichungen des Instituts für Europäische Geschichte, Bd. 230), Göttingen 2013, sowie die Beiträge in: BETTINA BRAUN/FRANK GÖTTMANN/MICHAEL STRÖHMER (Hgg.), Geistliche Staaten im Nordwesten des Alten Reiches. Forschungen zum Problem frühmoderner Staatlichkeit (Paderborner Beiträge zur Geschichte, Bd. 13), Köln 2003, und in: WOLFGANG WÜST/ANDREAS OTTO WEBER (Hgg.), Geistliche Staaten in Oberdeutschland im Rahmen der Reichsverfassung: Kultur, Verfassung, Wirtschaft, Gesellschaft. Ansätze zu einer Neubewertung (Oberschwaben, Geschichte und Kultur, Bd. 10), Epfendorf 2002; siehe auch JÖRG PELTZER: Der Rang der Pfalzgrafen bei Rhein. Die Gestaltung der politisch-sozialen Ordnung des Reichs im 13. und 14. Jahrhundert (RANK. Politisch-soziale Ordnungen im mittelalterlichen Europa, Bd. 2), Ostfildern 2013.

Erzbischöfe von Köln, Mainz und Trier)[111] oder auch die Kennzeichnung des Reiches als *sacrum imperium romanum* seit dem 13. Jahrhundert[112] lassen diese Verflechtungen plastisch werden. Das zeigte sich auch im Umgang mit heterodoxen Bewegungen: Seit dem ausgehenden 12. Jahrhundert bewirkte nämlich die Exkommunikation, also der Ausschluss aus der kirchlichen Gemeinschaft, zugleich den Ausschluss aus der weltlichen Rechtsgemeinschaft.[113] Das verband sich nicht selten mit der physischen Vernichtung der exkommunizierten Person. Diese Praktiken hatten sich im späten Mittelalter immer wieder durchsetzen können und noch zu Beginn des 15. Jahrhunderts war etwa mit Jan Hus ein sehr wirkungsmächtiger Kritiker der Amtskirche aufgrund seiner Verurteilung durch das Konzil von Konstanz von weltlichen Herrschaftsträgern verbrannt worden.[114] Auch Luthers Schicksal schien in diese Richtung zu weisen. Denn seiner Exkommunikation in der Bulle *Decet Romanum Pontificem* vom 3. Januar 1521[115] folgte am 8. Mai 1521 das Edikt von Worms als, wie es zu Beginn des Textes hieß, „Vollstreckung des decrets, sententz und verdammnus laut der bullen, so unser hailiger Vater bapst, als diser sachen ordentlicher richter, hat außgeeen lassen". Allerdings richtete sich die Reichsacht auch gegen Luthers mittlerweile zahlreiche Anhänger, galt ihnen gegenüber doch die Anweisung an die Stände des Reiches,

---

111 Im Überblick: WILLOWEIT, Verfassungsgeschichte (wie Anm. 95), 81–83 m. Rdnrn. 1–11; Goldene Bulle von 1356, Text bearbeitet von KONRAD MÜLLER, Die Goldene Bulle Kaiser Karls IV. 1356. Lateinischer Text mit Übersetzung [Quellen zur neueren Geschichte, H. 25, Bern ³1970; dazu siehe die Beiträge in: ULRIKE HOHENSEE u. a. (Hg.), Die Goldene Bulle: Politik – Wahrnehmung – Rezeption, Bd. 1–2 (Berichte und Abhandlungen der Berlin-Brandenburgischen Akademie der Wissenschaften, Sonderbd. 12), Berlin 2009.
112 Vgl. dazu JÖRG SCHWARZ: Herrscher- und Reichstitel bei Kaisertum und Papsttum im 12. und 13. Jahrhundert (Forschungen zur Kaiser- und Papstgeschichte des Mittelalters, Bd. 22), Köln 2003; JÜRGEN PETERSOHN: Rom und der Reichstitel „Sacrum Romanum Imperium" (Sitzungsberichte der Wissenschaftlichen Gesellschaft an der Johann-Wolfgang-Goethe-Universität Frankfurt am Main, Bd. 32, Nr. 4), Stuttgart 1994; RAINER A. MÜLLER: Heiliges Römisches Reich Deutscher Nation: Anspruch und Bedeutung des Reichstitels in der Frühen Neuzeit (Eichstätter Hochschulreden, H. 75), Regensburg 1990.
113 In der Übersicht LÁRA MAGNÚSARDÓTTIR: Exkommunikation, in: CORDES/HAFERKAMP u.a. (Hgg.), Handwörterbuch zur deutschen Rechtsgeschichte (wie Anm. 5), 1453–1455; näher EDUARD EICHMANN: Acht und Bann im Reichsrecht des Mittelalters (Görres – Gesellschaft zur Pflege der Wissenschaft im katholischen Deutschland, Sektion für Rechts- und Sozialwissenschaft, H. 6), Paderborn 1909; KARL GOTTFRIED HUGELMANN: In den ban mit rechte komen, in: Zeitschrift für Rechtsgeschichte, Kanonistische Abteilung 7 (1917), 33–97; HANS-JÜRGEN BECKER: Liturgie und Recht in ihrer wechselseitigen Durchdringung, in: Saeculum 34 (1983), 201–211.
114 Vgl. THOMAS A. FUDGE: The Trial of Jan Hus. Medieval Heresy and Criminal Procedure, Oxford 2013.
115 Text in: ISERLOH/FABISCH, Causa Lutheri II (wie Anm. 3), Nr. 12.2.4., 457–467; zur Bulle selbst siehe HECKEL, Martin Luthers Reformation (wie Anm. 1), 110–114.

man solle „sie nyderwerffen und fahen [= fangen] und jre Güter zu ewrn handen nemen und die jn ewrn aygen nutz wenden und behalten ohn enigcklichs verhynderung"[116]. In diesem Punkt folgte die Entwicklung des Konflikts also der Logik früherer Auseinandersetzungen mit heterodoxen Bewegungen, in der letztlich auch mit den Mitteln des Rechts eine spezifische Glaubensdoktrin durchgesetzt wurde.

Das allerdings geschah im 16. Jahrhundert bekanntlich nicht. Stattdessen entwickelte sich ein durch rechtliche Normativität vermitteltes *Nebeneinander gegensätzlicher Konfessionen*. Das deutete sich bereits 1526 an, als den Reichsständen zugestanden wurde, „für sich also zu leben, zu regiren und zu halten wie ein yeder solhs [solches] gegen Got[t], und ksl. [kaiserliche] M[ajestä]t hofft und vertrauet zu verantwurten"[117]. Hier wurde also dem Ansatz nach die individuelle (wenn auch noch nicht explizit religiöse) Lebensentscheidung rechtlich geschützt. Im weiteren Verlauf der Entwicklung formten sich zwei zwar miteinander verflochtene, aber gleichwohl unterschiedliche Regelungsansätze aus: Im Vordergrund stand dabei zunächst die rechtlich abgesicherte Tolerierung der je anderen Konfession.[118] Typisch dafür ist der zweite Kappeler Landfrieden vom 20. November 1531, der das Scheitern des Zürcher Vorhabens besiegelte, in den umliegenden katholischen Kantonen den neuen Glauben einzuführen[119]: Zürich und seine Verbündeten gestanden hiernach den katholischen fünf Orten und deren Verbündeten zu, „by irem waren ungezwyfelten cristenlichen glouben" zu verharren, wie auch umgekehrt die katholische Seite die Zürcher immerhin „by irem glouben" belassen wollte[120]. Die wechselseitige Tolerierung war hier also der

---

116 Text in: Iserloh/Fabisch, Causa Lutheri II (wie Anm. 3), Nr. 12.3.3, 510–545, hier zitiert aus der deutschen Fassung, 534.
117 Rosemarie Aulinger (Bearb.): Der Reichstag zu Augsburg 1525; der Reichstag zu Speyer 1526; der Reichstag zu Esslingen 1526 (Deutsche Reichstagsakten, Jüngere Reihe, Bd. 5/6), München 2011, Nr. 221, 879–895, 881.
118 Zu dieser Perspektive im Allgemeinen mit Blick auf das Reich Thier, Konfessionalität (wie Anm. 98), 26f.
119 Zum Kontext: Helmut Meyer: Kappelerkriege, in: HLS, Version vom 12.11.2009, online verfügbar: www.hls-dhs-dss.ch/textes/d/D8903.php; Ders.: Der Zweite Kappeler Krieg. Die Krise der Schweizerischen Reformation, Zürich 1976; Leonhard Muralt: Renaissance und Reformation, in: Hanno Helbling (Hg.), Handbuch der Schweizer Geschichte, Bd. 1, Zürich 1972, 389–570, 500–526; exzellente Analyse bei Andreas Zecherle: Einleitung zur Edition des Zweiten Kappeler Landfriedens, online verfügbar: http://diglib.hab.de/content.php?dir=edoc/ed000227&distype=optional&xml=einleitungen/zweiter_kappeler_landfriede_einleitung.xml&xsl=einleitungen/einleitung.xsl#hd2.
120 Text in: Jakob Kaiser (Hg.), Amtliche Sammlung der ältern Eidgenössischen Abschiede, Bd. 4,1,b: Die Eidgenössischen Abschiede aus dem Zeitraume von 1529 bis 1532, bearb. von

Sache nach das Ergebnis einer vertraglichen Einigung, religiöse Überzeugung verlor auf diese Weise ein Stück normativer Absolutheit und Unverfügbarkeit. Den Rahmen hierfür bot im Fall des Kappeler Friedens die Tradition der Landfrieden als regelmäßig beschworene Absprachen oder auch einseitige Friedensanordnungen im Interesse der Gewaltvermeidung.[121] Das zeigte sich auch im Reich: Hier setzte der Augsburger Religionsfriede von 1555[122] der Sache nach die Linie des Reichslandfriedens von 1495[123] fort, hieß es doch dort gleich zu Beginn, dass „niemand, von was Wirden, Stats oder Wesens der sey, den andern bevechden, bekriegen, berauben, vahen, überziehen, belegern" oder in ähnlicher Weise bedrängen dürfe[124]. Bezeichnenderweise wiederholte der Augsburger Religionsfriede 1555 diese Formulierung des Reichslandfriedens von 1495 mehr oder weniger wörtlich, um dann „auch der spaltigen Religion halben" anzuordnen, dass die Stände des Reiches einander nicht wegen ihrer unterschiedlichen Konfessionen „mit der That gewaltiger Weiß überziehen, beschädigen, vergewaltigen oder in andere Wege wider [...] Conscientz, Gewissen und Willen [...] tringen" sollten, stattdessen sollte vielmehr „die streitige Religion nicht anders dann durch Christliche, freundliche, friedliche Mittel und Wege zu einhelligem, Christlichem

---

JOHANNES STRICKLER, Zürich 1876, 1567–1571 mit Beilage 19a, hier: 1568, online verfügbar: http://digital.ub.uni-duesseldorf.de/periodical/pageview/350576.

121 Dazu statt vieler ANDRÉ HOLENSTEIN: Landfrieden, in: HLS, Version vom 20.5.2010, online verfügbar: www.hls-dhs-dss.ch/textes/d/D8951.php m. w. N.

122 Vgl. AXEL GOTTHARD: Der Augsburger Religionsfrieden (Reformationsgeschichtliche Studien und Texte, Bd. 148), Münster 2004; HEINZ SCHILLING/HERIBERT SMOLINSKI (Hgg.): Der Augsburger Religionsfrieden 1555: wissenschaftliches Symposium aus Anlass des 450. Jahrestages des Friedensschlusses, Augsburg, 21. bis 25. September 2005 (Schriften des Vereins für Reformationsgeschichte, Bd. 206), Gütersloh 2007; DIETMAR WILLOWEIT: Religionsrecht im Heiligen Römischen Reich zwischen Mittelalter und Aufklärung, in: CARL A. HOFFMANN u. a. (Hg.), Als Frieden möglich war. 450 Jahre Augsburger Religionsfrieden, Regensburg 2005, 35–50.

123 Im Überblick: ARNO BUSCHMANN: Ewiger Landfriede, in: CORDES/HAFERKAMP u. a. (Hgg.), Handwörterbuch zur deutschen Rechtsgeschichte (wie Anm. 5), 1447–1450; zur Entstehung und Würdigung insbesondere des Gewaltverbotes aus rechtshistorischer Sicht siehe MATTIAS G. FISCHER: Reichsreform und „Ewiger Landfrieden". Über die Entwicklung des Fehderechts im 15. Jahrhundert bis zum absoluten Fehdeverbot von 1495 (Untersuchungen zur deutschen Staats- und Rechtsgeschichte, n. F., Bd. 34), Aalen 2007.

124 Mandat vom 7.8.1495, Worms, § 1, abgedruckt u. a. in: HANNS HUBERT HOFMANN (Hg.): Quellen zum Verfassungsorganismus des Heiligen Römischen Reiches Deutscher Nation 1495–1815 (Ausgewählte Quellen zur deutschen Geschichte der Neuzeit, Freiherr vom Stein Gedächtnisausgabe, Bd. 13), Darmstadt 1976, Nr. 1a, 2–6, 2 m. Z. 40 f., 3 m. Z. 3. Auf der gleichen Linie wie hier auch WILLOWEIT, Religionsrecht (wie Anm. 122).

Verstand und Vergleichung gebracht" werden[125]. Das in dieser Weise angeordnete friedliche Miteinander der Konfessionen ist dann in der sogenannten *Parität* umgesetzt worden. Damit ist die Grundregel angesprochen, dass beide Konfessionen dort, wo sie gemeinsam handeln müssen wie etwa bei der Verwaltung von Vermögen oder bei der Entscheidung in Gremien grundsätzlich gleich zu behandeln sind.[126] Im Fall der gemeinsamen Vermögens- oder Gebietsverwaltung ließ sich die auch in der Alten Eidgenossenschaft eingeführte[127] Parität relativ einfach durch eine entsprechende Aufteilung von Vermögenswerten erreichen oder in der Festschreibung etwa eines bestimmten konfessionellen Proporzes bei der Besetzung von Ämtern, wie das etwa in den Auseinandersetzungen im Glarus des 16. und 17. Jahrhunderts, im Zusammenhang des sogenannten *Glarnerhandels*, geschah[128].

Schwieriger zu bewahren war die Parität dagegen dort, wo verschiedene Konfessionen in Gremien wie etwa der Tagsatzung oder dem Reichstag vertreten waren. Denn aufgrund der hier regelmäßig angewandten Mehrheitsregel[129] bestand in solchen Konstellationen für die zahlenmäßig kleinere Gruppe die Gefahr, in Fragen mit Religionsbezug majorisiert zu werden. Das zuzulassen hätte indes bedeutet, die Friedensgarantien eines Kappeler oder eines Augsburger Friedens in Gefahr zu bringen, wie sich dies tatsächlich etwa in Glarus während des Glarnerhandels angedeutet hatte[130] oder wie es im Lauf des 16. Jahrhunderts in der massiven Obstruktion der evangelischen Reichsstände gegen die katholische Mehrheit[131] im Reichstag deutlich geworden war. Die Lösung dieser Problematik

---

125 Augsburger Religionsfriede, Reichstagsabschied und Mandat, 25.9.1555, Augsburg, § 15, abgedruckt u. a. in: HOFMANN, Quellen (wie Anm. 124), Nr. 17, 98–128, 100 m. Z. 34, 101 m. Z. 1–3, 6 und 11–13.
126 Vgl. MICHAEL GERMANN: Parität, in: ALBRECHT CORDES/HANS-PETER HAFERKAMP u. a. (Hgg.), Handwörterbuch zur deutschen Rechtsgeschichte, Bd. 4/26, Berlin ²2017, 383–386; MARTIN HECKEL: Parität, in: Zeitschrift für Rechtsgeschichte, Kanonistische Abteilung 49 (1963), 261–420, wieder abgedruckt in: DERS., Gesammelte Schriften, Bd. 1 (Jus Ecclesiasticum, Bd. 38), hg. von KLAUS SCHLAICH, Tübingen 1989, 106–226.
127 Vgl. ULRICH PFISTER: Konfessionelle Parität, in: HLS, Version vom 20.5.2010, online verfügbar: www.hls-dhs-dss.ch/textes/d/D30550.php m. w. N.
128 Vgl. dazu MARKUS WICK: „Der Glarnerhandel". Strukturgeschichtliche und konfliktsoziologische Hypothesen zum Glarner Konfessionsgegensatz, in: Jahrbuch des Historischen Vereins des Kantons Glarus 69 (1982), 47–240, online verfügbar: http://doi.org/10.5169/seals-584548.
129 Klassische Studie zur Geschichte: OTTO VON GIERKE: Über die Geschichte des Majoritätsprinzips, in: Schmollers Jahrbuch für Gesetzgebung, Verwaltung und Volkswirtschaft im Deutschen Reiche 39 (1915), 565–587.
130 Vgl. dazu WICK, Glarnerhandel (wie Anm. 128), 61, 69f., 110–115, 117 und passim.
131 Im Überblick: MAXIMILIAN LANZINNER: Konfessionelles Zeitalter 1555–1618 (Handbuch der deutschen Geschichte; Bd. 10/1), Stuttgart 2001, Nd. 2004.

lag in der *Suspension des Mehrheitsprinzips* bei *causae religionis:* Wenn nämlich etwa, so wurde im Vertrag von Baden 1632 bestimmt, in der eidgenössischen Tagsatzung Fragen mit konfessionellem Bezug anstanden, dann waren sie von einem paritätisch besetzten Schiedsgericht zu entscheiden[132]. Noch weiter ging die Lösung im Reich: Hier hatte sich bereits im Lauf des 16. Jahrhunderts die Tendenz entwickelt, konfessionsbezogene Fragen nicht mehr in den regulären Reichstagskurien, sondern in konfessionellen *corpora* zu behandeln und dann nach einer Verständigung zwischen diesen beiden Gremien zu suchen. 1648 wurde diese Praxis im Westfälischen Frieden[133] rechtlich vollends verfestigt, indem hier *in causis religionis* das Instrument der sogenannten *itio in partes* eingeführt wurde: In konfessionsspezifischen Fragen galt nicht das Mehrheitsprinzip, stattdessen traten die beiden konfessionellen Seiten (*partes*) auseinander, um dann durch *amicabilis compositio* eine Verständigung zu suchen.[134] Der Sache nach war dieses konfessionell begründete Vetorecht im Fall von Sachverhalten mit Religionsbezug ein geradezu paradigmatisches Beispiel von Minderheitenschutz. Dahinter stand die Einsicht, dass eben nicht alle Sachfragen einer ver-

---

[132] Text in: ANTON PHILIPP VON SEGESSER (Bearb.): Amtliche Sammlung der ältern eidgenoessischen Abschiede, Bd. 5.2.b., Zürich 1875, Nr. 218, 1541–1543, 1542: *Und im fhall fründlicher verglich anfencklich nit statt haben mag, sollend und mögend sy demnach von und uß innen selbsten vermög der pündten und landfridens oder unpartheyischen orten von beiden religionen gliche sätz und richtet nach altem gebruch und geüebten harkhommen erkhiesen, sie güetlich old rechtlich in entstandenen gespänen zuo entscheiden.* Zum Ganzen: FERDINAND ELSENER: Das Majoritätsprinzip in konfessionellen Angelegenheiten und die Religionsverträge der schweizerischen Eidgenossenschaft vom 16. bis 18. Jahrhundert, in: Zeitschrift für Rechtsgeschichte, Kanonistische Abteilung 55 (1969), 238–281, 263–266. Siehe auch ANDREAS WÜRGLER: Die Talsatzung der Eidgenossen. Politik, Kommunikation und Symbolik einer repräsentativen Institution im europäischen Kontext (1470–1798) (Frühneuzeit-Forschungen, Bd. 19), Epfendorf 2013.
[133] Als erste Einführung etwa SIEGRID WESTPHAL: Der Westfälische Frieden, München 2015.
[134] Umfassend: MARTIN HECKEL: Itio in partes. Zur Religionsverfassung des Heiligen Römischen Reiches Deutscher Nation, in: Zeitschrift für Rechtsgeschichte, Kanonistische Abteilung 64 (1978), 180–308, wieder abgedruckt in: DERS., Gesammelte Schriften, Bd. 2 (wie Anm. 126), 636–736; MARTIN HECKEL.: Zur Bedeutung des Verfahrensrechts in der Reichsverfassung des Konfessionellen Zeitalters. „Der Geier ist immer dabei", in: THOMAS LOBINGER/REINHARD RICHARDI/JAN WILHELM (Hgg.), Festschrift für Eduard Picker zum 70. Geburtstag am 3. November 2010, Tübingen 2010, 1213–1241, wieder abgedruckt, in: DERS., Gesammelte Schriften (Jus Ecclesiasticum, Bd. 100), Tübingen 2013, 231–262, hier 252–262; siehe weiterhin KLAUS SCHLAICH: Majoritas, protestatio, itio in partes, corpus evangelicorum. Das Verfahren im Reichstag des Hl. (sic) Römischen Reichs Deutscher Nation nach der Reformation, in: Zeitschrift für Rechtsgeschichte, Kanonistische Abteilung 63 (1977), 264–299, Zeitschrift für Rechtsgeschichte, Kanonistische Abteilung 64 (1978), 139–179, wieder abgedruckt in: DERS., Gesammelte Aufsätze. Kirche und Staat von der Reformation bis zum Grundgesetz (Jus Ecclesiasticum, Bd. 57), hg. von MARTIN HECKEL/WERNER HEUN, Tübingen 1997, 68–134.

bindlichen Abstimmung zugänglich sind, dass also der Abstimmungsmacht der Mehrheit bei der Religion Grenzen gesetzt sind.

Das verband sich mit einem individualrechtlich ausgerichteten Regelungsansatz, der nicht in der Eidgenossenschaft, wohl aber im Reich seit 1555 eingeführt wurde: Gemeint ist damit das Recht der Landesuntertanen, ein Territorium verlassen zu dürfen, wenn die Obrigkeit die Einführung eines vom eigenen Glauben verschiedenen Bekenntnisses befahl.[135] Man kann diese Regel als „Nukleus eines subjektiven Rechts auf Religionsfreiheit" bezeichnen[136]. Die ideelle Bedeutung dieser Befugnis ist wohl kaum zu unterschätzen: Mehr oder weniger zum ersten Mal im Zusammenhang der europäischen Rechtstradition war damit nämlich ein Individualrecht förmlich anerkannt worden, das seinen Ausgangspunkt in der Vorstellung von der Unverfügbarkeit der individuellen religiösen Überzeugung, in, um die vorhin angesprochenen Formeln des Augsburger Religionsfriedens von 1555 noch einmal zu zitieren[137], *Conscientz* und *Gewissen* fand. Kein Geringerer als Georg Jellinek, der wohl einflussreichste Staats- und Verfassungsrechtler des späten 19. und frühen 20. Jahrhunderts im deutschsprachigen Raum, hat deswegen sogar die These aufgestellt, die Religionsfreiheit sei das *Muttergrundrecht* aller anderen Grundrechte.[138] Es sei hier dahingestellt, ob diese These zutrifft.[139] Wichtiger im vorliegenden Rahmen ist ein anderer Befund, mit dem dieser Abschnitt schließen soll: Die Reformation hatte Konsequenzen nicht allein für die Formierung neuer Rechtsnormen, sie bewirkte auch eine bemerkenswerte Erweiterung und Veränderung des *Rechtswissens*. In der protestantisch geprägten Kultur der Rechtswissenschaft entstanden nämlich Deutungen von Recht und Staatlichkeit, die sich deutlich von den Zugängen katholischer Autoren

---

135 MARTIN HECKEL: Zu den Anfängen der Religionsfreiheit im konfessionellen Zeitalter, in: MARIO ASCHERI u. a. (Hgg.), „Ins Wasser geworfen und Ozeane durchquert": Festschrift für Knut Wolfgang Nörr, Köln 2003, 349–401, wieder abgedruckt in: DERS., Gesammelte Schriften, Bd. 5 (Jus Ecclesiasticum, Bd. 73), Tübingen 2004, 81–134, hier: 105 und 129.
136 So der Vorschlag bei THIER, Konfessionalität (wie Anm. 98), 23.
137 Vgl. oben, bei und in Anm. 125.
138 Vgl. dazu die instruktive Übersicht bei ANSGAR HENSE: Zwischen Kollektivität und Individualität: Einige geschichtliche Aspekte der Religionsfreiheit, in: HANS MICHAEL HEINIG/CHRISTIAN WALTER (Hgg.), Staatskirchenrecht oder Religionsverfassungsrecht: Ein begriffspolitischer Grundsatzstreit, Tübingen 2007, 7–38, 14 f.; näher: MICHAEL STOLLEIS: Georg Jellineks Beitrag zur Entwicklung der Menschen- und Bürgerrechte, in: STANLEY L. PAULSEN/MARTIN SCHULTE (Hgg.), Georg Jellinek. Beiträge zu Leben und Werk, Tübingen 2000, 103–116.
139 Zurückhaltend HENSE, Kollektivität (wie Anm. 138), 15 m. w. N.; grundlegend die Überlegungen bei WOLFGANG SCHMALE: Archäologie der Grund- und Menschenrechte in der Frühen Neuzeit. Ein deutsch-französisches Paradigma (Ancien Régime, Aufklärung und Revolution, Bd. 30), München 1997 (mit der Rückbindung von grundrechtsähnlichen Konzeptionen an die Argumentationen in vormodernen Gerichtsverfahren jenseits des gelehrten Rechts).

unterschieden[140]. Das zeigt sich insbesondere im lutherischen Kontext – in der Konsequenz der Lehren von der *custodia utriusque tabulae* – in den Konzeptionen einer ausgeprägten, geradezu theokratischen *Staatsherrschaft*.[141] Dabei stand der Gedanke von der göttlich gewollten Herrschaft der Obrigkeit vielfach im Vordergrund, weswegen etwa gesellschaftsvertragliche Legitimationsansätze königlicher Herrschaft bisweilen nachdrücklich verworfen wurden, werde doch damit „das aufrührerische Volk mit dem verderblichsten Werkzeug ... ausgestattet, den König seines Thrones nach Belieben zu entheben", wie es etwa beim Wittenberger Juristen Friedrich Horn (ca. 1629–1665)[142] hieß[143]. Freilich finden sich im protestantischen Kulturkreis auch Konzeptionen von Widerstandsrechten, die allerdings auch im katholischen Diskurs Entsprechungen hatten.[144] Eine andere Entwicklung ist deutlicher ausgeprägt: Im Zeichen der wachsenden konfessionellen Gegensätze im ausgehenden 16. und frühen 17. Jahrhundert wurden für die protestantischen Juristen die reichsrechtlichen Garantien für ihre Konfession zunehmend wichtiger. Deswegen setzte eine intensive Analyse und auch Dokumentation der reichsrechtlichen Regeln über die Streitbeilegung und auch der sogenannten *leges fundamentales* des Reiches ein, zu denen insbesondere der Augsburger Religionsfriede zählte[145]. Besonderen Stellenwert nahmen bei solchen

---

140 Zum Folgenden siehe THIER, Konfessionalität (wie Anm. 98), 24–26. Zur Perspektivenbildung siehe insbesondere CHRISTOPH STROHM, Konfessionelle Einflüsse auf das Werk reformierter Juristen – Fragestellungen, methodische Probleme, Hypothesen, in: DERS./HEINRICH DE WALL (Hgg.), Konfessionalität und Jurisprudenz in der frühen Neuzeit (Historische Forschungen, Bd. 89), Berlin 2009, 1–32, 1–7 und passim m. w. N. S. a. HEINRICH DE WALL: Die Neugestaltung des evangelischen Kirchenrechts und die Rolle der ‚weltlichen' Juristen. Vom kanonischen Recht zur Landesherrlichen Kirchenordnung, in: STROHM (Hg.), Recht und Reformation (wie Anm. 98), 173–194.
141 HEINRICH DE WALL: Theorien der Herrschaftsbegründung und Konfession – zum Zusammenhang von Luthertum und theokratischer Theorie, in: DERS./ STROHM (Hgg.), Konfessionalität und Jurisprudenz (wie Anm. 140), 393–413, passim.
142 HEINRICH DE WALL: Die Staatslehre Johann Friedrich Horns (ca. 1629–1665) (Untersuchungen zur deutschen Staats- und Rechtsgeschichte, n. F., Bd. 30), Aalen 1992.
143 JOHANN FRIEDRICH HORN: Politicorum pars architectonica de civitate, Tajectum ad Rhenum (Utrecht) 1664, Exemplar der BSB München, Sign.: 971202 Pol.g. 426 971202 Pol.g. 426, online verfügbar: http://reader.digitale-sammlungen.de/resolve/display/bsb10769394.html, Buch II, cap. 1, § 19, 167: ... *quod seditiosam plebem pestilentissimo instrumento armat, ut ... mutet voluntatem, & illum (scil. regem) deponat solio.* Dazu auch DE WALL, Theorien (wie Anm. 141), 407.
144 Im Überblick THIER, Konfessionalität (wie Anm. 98), 25 m. w. N.
145 Regelrecht klassisch hierzu die Arbeiten von Heinz Mohnhaupt, siehe etwa HEINZ MOHNHAUPT: Von den „leges fundamentales" zur modernen Verfassung in Europa: Zum begriffs- und dogmengeschichtlichen Befund (16.–18. Jahrhundert), in: Ius commune 25 (1998), 121–158, wieder abgedruckt in: DERS., Historische Vergleichung im Bereich von Staat und Recht: Gesammelte Aufsätze (Studien zur europäischen Rechtsgeschichte, Bd. 134), Frankfurt am Main 2000, 35–72;

Bemühungen insbesondere die Reichweite der Befugnisse des – seit jeher katholischen – Kaisers ein, die Frage etwa, ob und wie weit die kaiserliche Jurisdiktion durch die *leges fundamentales* des Reiches legitimiert wurde.[146] Diese Diskurse und auch die Bemühungen um eine Erschließung des Reichsrechts haben zur Entstehung einer eigenen neuen juristischen Disziplin geführt, die in Mitteleuropa bis zum 18. Jahrhundert protestantisch dominiert bleiben sollte: Die Wissenschaft vom *jus publicum*, vom öffentlichen Recht, war lange Zeit v. a. an protestantischen Universitäten wie in Jena intensiv vertreten, auch wenn im Lauf der Zeit mit Ingolstadt und Salzburg auch katholische Hochschulen die Wissenschaft vom öffentlichen Recht intensiver betrieben.[147]

5 Schlussbemerkung: Von der Dekonfessionalisierung zur Konstitutionalisierung der Religionsfreiheit

Die vorstehend angesprochenen Regelungen über die *itio in partes*[148] belegten die Dynamik einer Entwicklungstendenz, die als *Dekonfessionalisierung* von Recht und Staatlichkeit beschrieben worden ist[149]. Damit ist der Befund angesprochen, dass Religion zwar weiterhin den Gegenstand rechtlicher Regelung, aber zunehmend weniger die Zielsetzungen von Rechtsnormen bestimmte. Wesentlich wurde für die staatliche Gewalt mehr und mehr das Miteinander von unterschiedlichen Konfessionen anstelle der Förderung einer einzelnen Religion. Der Staat rückte damit zunehmend in die Position des neutralen Schlichters, der seine mittlerweile

---

DERS.: Reichsgrundgesetze als Verfassung im System des Ius publicum, in: GERHARD DILCHER/ DIEGO QUAGLIONI (Hgg.), Gli inizi del diritto pubblico III: Verso la costruzione del diritto pubblico tra medioevo e modernità – Die Anfänge des öffentlichen Rechts III: Auf dem Wege zur Etablierung des öffentlichen Rechts zwischen Mittelalter und Moderne, Bologna/Berlin 2011, 697– 724.
146 GABRIELE HAUG-MORITZ: Die kaiserliche Gerichtsbarkeit in der Deutung der Protestanten der Reformationszeit, in: LEOPOLD AUER/WERNER OGRIS/EVA ORTLIEB (Hgg.), Höchstgerichte in Europa. Bausteine frühneuzeitlicher Rechtsordnungen (Quellen und Forschungen zur höchsten Gerichtsbarkeit im Alten Reich, Bd. 53), Köln u. a. 2007, 215–232.
147 Grundlegend zum Ganzen: MICHAEL STOLLEIS: Geschichte des öffentlichen Rechts in Deutschland, Bd. 1, München 1988, 237–252. Jetzt auch DERS.: Reformation und Verrechtlichung am Beispiel der Reichspublizistik, in: STROHM (Hg.), Recht und Reformation (wie Anm. 98), 53–72.
148 Oben, bei und in Anm. 134.
149 Vgl. THIER, Konfessionalität (wie Anm. 98), 26–30.

weitreichende Herrschaftsmacht dazu benutzte, um den Frieden zwischen den streitenden Religionsparteien durch die Festsetzung von individuellen Religionsrechten und Toleranzanordnungen zu garantieren und zugleich die Religion selbst für seine Interessen in Dienst zu stellen.

Das bewirkte in der Tendenz immer weiter reichende Eingriffe in die Verfassung der kirchlichen Gemeinschaften selbst. Besonders deutlich wird dieser Ansatz im Preußen des 18. Jahrhunderts: Hier nämlich wurde im Allgemeinen Landrecht für die Königlich-Preußischen Staaten von 1794[150] einerseits ausdrücklich ein Grundbestand an Religionsfreiheit rechtlich fixiert, wenn es hieß, „Die Begriffe der Einwohner des Staats von Gott und göttlichen Dingen, der Glaube, und der innere Gottesdienst, können kein Gegenstand von Zwangsgesetzen seyn" (II 11 § 1 ALR). Andererseits ließ der Gesetzgeber keinen Zweifel daran, wie sich die nunmehr zu *privilegierten Korporationen* erklärten drei Konfessionen (katholisch, lutherisch, reformiert) zu verhalten hatten: „Jede Kirchengesellschaft ist verpflichtet, ihren Mitgliedern Ehrfurcht gegen die Gottheit, Gehorsam gegen die Gesetze, Treue gegen den Staat, und sittlich gute Gesinnungen gegen ihre Mitbürger einzuflößen" (II 11 § 13 ALR). Damit wurde letztlich ein vernunftrechtlicher Ansatz realisiert, wonach, wie es etwa bei Christian Wolff (1679–1754)[151] hieß, „eine kindliche Furcht vor Gott" dazu beitrug, „auch im Verborgenen das Böse unterlassen und das Gute [zu] vollbringen"[152].

In der Alten Eidgenossenschaft sind diese Tendenzen nicht ganz so weit gegangen. Immerhin garantierte der 4. Landfriede von 1712 – bei dem sich nunmehr

---

150 Text am besten verfügbar bei HANS HATTENHAUER/GÜNTHER BERNERT: Allgemeines Landrecht für die preussischen Staaten von 1794, Neuwied ³1996. Zu den nachfolgenden Regelungsansätzen siehe PETER LANDAU: Das Kirchenrecht des Allgemeinen Landrechts für die Preußischen Staaten im 19. Jahrhundert, in: BARBARA DÖLEMEYER/HEINZ MOHNHAUPT (Hgg.), 200 Jahre Allgemeines Landrecht für die preußischen Staaten. Wirkungsgeschichte und internationaler Kontext (Studien zur europäischen Rechtsgeschichte, Bd. 73), Frankfurt am Main 1995, 145–185, wieder abgedruckt, in: DERS., Grundlagen und Geschichte des evangelischen Kirchenrechts und des Staatskirchenrechts (Jus Ecclesiasticum, Bd. 92), Tübingen 2010, 175–210, vor allem 175–179; DERS.: Friedrich Wilhelm IV. von Preußen und die Religionsfreiheit. Zur Entstehungsgeschichte des Grundrechts der Vereinigungsfreiheit von Kirchen und Religionsgesellschaften, in: Juristenzeitung 50 (1996), 909–916, wieder abgedruckt, in: DERS., Grundlagen und Geschichte, 364–381, 367–371; HANS-WOLFGANG STRÄTZ: Das staatskirchenrechtliche System des preußischen Allgemeinen Landrechts, in: Civitas 11 (1972), 156–183.
151 Als Einführung: MARCEL THOMANN: Christian Wolff, in: MICHAEL STOLLEIS (Hg.), Staatsdenker der frühen Neuzeit, München ³1995, 257–283.
152 CHRISTIAN WOLFF: Vernünftige Gedanken von dem gesellschaftlichen Leben der Menschen und nsonderheit dem gemeinen Wesen (Deutsche Politik), erstmals erschienen 1721, § 366, moderne Ausgabe durch HASSO HOFMANN (Bibliothek des deutschen Staatsdenkens, Bd. 13), München 2004, 274 f.

Zürich und Bern gegen die katholischen Kantone durchgesetzt hatten[153] – dass im Blick auf die gemeinsam verwalteten Untertanengebiete (die gemeinen Herrschaften)[154] „die Evangelischen gleich wie die Katholischen der Religion und Gottesdienst halber und was selbigen anlanget, in den gemeinen Herrschaften, in welchen beide Religionen sich befinden, in einem ganz gleichen Rechten stehen"[155]. Am, wie Dieter Kraus das genannt hat, „Prinzip konfessioneller Ausschließlichkeit"[156] änderte sich dagegen auf kantonaler Ebene wenig, denn nach wie vor stand die Bestimmung über die Religion allein in der Entscheidungsbefugnis der Kantone und nach wie vor bestand kein Abwanderungsrecht für Personen mit heterodoxen Bekenntnissen. Erst durch die *Konstitutionalisierung des Religiösen,* durch die Aufnahme der Religionsfreiheit in die seit dem späten 18. Jahrhundert entstehenden Verfassungen[157] wie etwa die Verfassung der helvetischen Republik von 1798 oder später in den Verfassungen der Kantone mit starkem Einfluss der Regeneration wie etwa in Zürich 1831[158] begann sich die Religionsfreiheit insgesamt auf breiterer Front durchzusetzen. Freilich, noch in der Bundesverfassung von 1848 und 1874 werden Restbestände der Frontstellung zwischen Reformatoren und katholischer Amtskirche nur zu deutlich sichtbar: Denn die sogenannten *Ausnahmeartikel,* durch die der Jesuitenorden sowie die Errichtung neuer Klöster in der Schweiz und die Errichtung neuer Bistümer ohne bundesrätliche Zustimmung verboten wurden[159], waren nicht nur dem mittlerweile ausgebrochenen Konflikt zwischen Liberalismus und einem ausgesprochen

---

153 Im Überblick: ULRICH IM HOF: Ancien Régime, in: HANNO HELBLING (Hg.), Handbuch der Schweizer Geschichte, Bd. 2, Zürich 1977; THOMAS MAISSEN: Geschichte der Schweiz, Baden 2010, 130–133. Im Einzelnen: THOMAS LAU: „Stiefbrüder". Nation und Konfession in der Schweiz und in Europa (1656–1712), Köln u. a. 2008, 421–459.
154 ANDRÉ HOLENSTEIN: Die Herrschaft der Eidgenossen. Aspekte eidgenössischer Regierung und Verwaltung in den Landvogteien und Gemeinen Herrschaften, in: LUKAS GSCHWEND/PASCALE SUTTER (Hgg.), Zwischen Konflikt und Integration: Herrschaftsverhältnisse in Landvogteien und Gemeinen Herrschaften (15.–18. Jh.) / Entre conflit et intégration: les rapports de pouvoir dans les bailliages et les bailliages communs (XVe–XVIIIe siècles), Basel 2012, 9–30.
155 Landfriede v. 18.7./9. 8./11. 8.1712, Art. 4, in: ANTON PHILIPP VON SEGESSER (Bearb.): Amtliche Sammlung der älteren eidgenössischen Abschiede, Bd. 6.2., 2330–2337, hier: 2333.
156 DIETER KRAUS: Schweizerisches Staatskirchenrecht: Hauptlinien des Verhältnisses von Staat und Kirche auf eidgenössischer und kantonaler Ebene (Jus Ecclesiasticum, Bd. 45), Tübingen 1993, 27.
157 Zur schweizerischen Entwicklung ANDREAS KLEY: Verfassungsgeschichte der Neuzeit. Grossbritannien, die USA, Frankreich, Deutschland und die Schweiz, ³2013, 259–338.
158 Dazu allgemein THIER, Konfessionalität (wie Anm. 98), 31–33. Näher etwa KRAUS, Staatskirchenrecht (wie Anm. 156), 24–39 (für die Entwicklung auf Bundesebene), 154–156 (für Zürich).
159 Dazu KLEY, Verfassungsgeschichte (wie Anm. 157), 309f.; KRAUS, Staatskirchenrecht (wie Anm. 156), 49f., 139–142.

konservativen Papsttum[160] geschuldet. Die einseitige Diskriminierung der römisch-katholischen Kirche, die letztlich erst in der Verfassungsrevision 1999 vollends beseitigt worden ist[161], wäre ohne die Ereignisse der Reformation offensichtlich nicht denkbar. Nicht nur in diesem Punkt hat die Reformation bis nahe an unsere Gegenwart gewirkt.

Gerade in der Schweiz hat, wie hier nur ganz kurz erwähnt werden kann, die Übernahme des ehemals römisch-katholischen Kirchenvermögens und die gleichzeitige Garantie der Finanzierung insbesondere der kirchlichen Bau- und Personallasten[162] zum Teil bis in unsere Tage immer wieder für kontroverse Debatten zwischen Kantonen und kantonalen Landeskirchen gesorgt wie in Bern[163] oder auch in Zürich[164]. Doch jenseits dieser komplexen vermögensrechtlichen Streitigkeiten scheint mittlerweile der konfessionelle Friede in der Schweiz eingekehrt zu sein, so dass die bundesverfassungsrechtliche Ermächtigung zu „Massnahmen […] zur Wahrung des öffentlichen Friedens zwischen den Angehörigen der verschiedenen Religionsgemeinschaften" (Art. 72 Abs. 2 BV) wohl in dieser Hinsicht leer laufen wird.[165] Im Jahr 2018 hat die Schweiz, so scheint es jedenfalls, die rechtlichen Folgen der Reformation bewältigt. Mit der Garantie der

---

160 Klassisch: PETER STADLER: Der Kulturkampf in der Schweiz. Eidgenossenschaft und Katholische Kirche im europäischen Umkreis 1848–1888, Zürich ²1996.
161 Dazu etwa GIOVANNI BIAGGINI: Bundesverfassung der Schweizerischen Eidgenossenschaft. Kommentar, Zürich ²2017, Art. 72, Rdnr. 2–3; RENÉ PAHUD DE MORTANGES, in: BERNHARD WALDMANN/EVA MARIA BELSER/ASTRID EPINEY (Hgg.), Bundesverfassung. Basler Kommentar, Basel 2015, Art. 15, Rdnrn. 5–9.
162 Dazu allgemein: DANIEL KOSCH: Die öffentliche Finanzierung der katholischen Kirche in der Schweiz – Le financement public de l'Eglise catholique en Suisse – Il finanziamento pubblico della Chiesa cattolica in Svizzera. Zahlen, Zusammenhänge und Zukunftsperspektiven – Chiffres, cadre général et perspectives pour l'avenir – Cifre, nessi e prospettive per il futuro (Freiburger Veröffentlichungen zum Religionsrecht, Bd. 30), Zürich 2013 mit umfangreichen Nachweisen.
163 MARKUS MÜLLER/KASPAR SUTTER: Historische Rechtspositionen – Fortwirkung oder Untergang?, in: Schweizerisches Zentralblatt für Staats- und Verwaltungsrecht 114 (2013), 471–490. Zu den jüngsten Entwicklungen siehe LORENZ ENGI: Rechtsgrundlagen zum Verhältnis zwischen Staat und Religionsgemeinschaften. Stand, Entwicklungen und Zukunftsperspektiven, in: Schweizerisches Zentralblatt für Staats- und Verwaltungsrecht 118 (2017), 639–653, 647f.
164 Siehe etwa die – freilich abgelehnte – „Kirchensteuerinitiative", die auf die Aufhebung der Kirchensteuerpflicht für juristische Personen zielte, dazu die Übersicht auf: https://wahlen-abstimmungen.zh.ch/internet/justiz_inneres/wahlen-abstimmungen/de/abstimmungen/abstimmungsarchiv.html?vorlageid=2412. Allgemein zur kontroversen Frage der Kirchensteuerpflicht für juristische Personen in der Schweiz etwa RAIMUND SÜESS/CHRISTIAN R. TAPPENBECK/RENÉ PAHUD DE MORTANGES: Die Kirchensteuern juristischer Personen in der Schweiz. Eine Dokumentation (Freiburger Veröffentlichungen zum Religionsrecht, Bd. 28), Zürich 2013.
165 Siehe nur BIAGGINI, Kommentar (wie Anm. 161), Art. 72, Rdnrn. 10–12.

Religionsfreiheit und damit der staatlichen Neutralität in Religionssachen[166] in Art. 15 BV ist zugleich sichergestellt, dass – im Gegensatz zur Situation 1517 – grundsätzlich keine Religion mehr Zugriff auf die staatliche Zwangsgewalt hat. Aber das ändert nichts daran, dass die Reformation als Konstellation fundamentaler religiöser Herausforderungen für die Verbindlichkeit und Kohärenz von Rechtsordnungen nichts an Brisanz und auch Aktualität verloren hat.

---

166 Aus jüngster Zeit LORENZ ENGI: Die religiöse und ethische Neutralität des Staates. Theoretischer Hintergrund, dogmatischer Gehalt und praktische Bedeutung eines Grundsatzes des schweizerischen Staatsrechts, Zürich 2017.

Thomas Maissen
Die Folgen der Glaubensspaltung für die politischen Strukturen in Europa

Erasmus von Rotterdam erhoffte sich 1515 eine europäische Friedenszeit mit neuen, jungen und humanistisch gebildeten Herrschern: Franz I. erlangte die französische Krone, Heinrich VIII. die englische, und der sechzehnjährige Habsburger und Burgunder Karl erbte Kastilien-León und Aragon von seinen Großeltern Ferdinand und Isabella. Als Nachfolger von Maximilian I., seinem Großvater väterlicherseits, wurde er als Karl V. 1519 König und 1530 Kaiser im Heiligen Römischen Reich Deutscher Nation (dem ‚Reich'). Die Hoffnungen des Erasmus sollte sein früherer Schüler Karl aber nicht erfüllen. Die italienischen Kriege gingen weiter, die 1494 mit dem Angriff von Charles VIII auf Neapel begonnen hatten. Es ging dabei nicht nur um die Vorherrschaft im reichen, aber politisch zerstückelten Italien. Vielmehr entstand in diesen Kriegen die europäische Staatenwelt von Fürsten, die diplomatische Beziehungen aufbauten, wechselnde Allianzen eingingen, Frieden schlossen und neue Kriege vom Zaun brachen. Hatten im 15. Jahrhundert noch mächtige Handelsstädte wie Florenz oder Venedig eine Vorrangstellung, übernahmen nun zusehends die Nationalmonarchien das Zepter, namentlich Spanien und Frankreich. Nur sie konnten die militärischen und wirtschaftlichen Ressourcen mobilisieren, um jahrzehntelange Kriege außerhalb ihrer eigenen Grenzen zu führen.

Im Fall von Spanien und Karl V. geschah dies in einem (Kolonial-)Reich, in dem die Sonne nicht mehr unterging. Karl V. konnte Französisch, auch Flämisch,

---

Dieser Aufsatz geht von Anregungen aus, die ich HELMUT ZANDER verdanke; vgl. DERS.: „Europäische" Religionsgeschichte. Religiöse Zugehörigkeit durch Entscheidung – Konsequenzen im interkulturellen Vergleich, Berlin [u.a.] 2016, dort 150–205 für die Abgrenzung der christlichen Entscheidung von vergleichbaren Phänomenen wie der islamischen Schahāda. Vgl. auch DERS.: Toleranz: legal oder legitim? Über die historische Tiefengrammatik der religiösen Legitimation von Pluralisierungsprozessen, in: ALEXANDER HEIT/GEORG PFLEIDERER (Hgg.), Religions-Politik I. Zur historischen Semantik europäischer Legitimationsdiskurse, Zürich/Baden-Baden 2013, 39–71, 54–57, wo er kurz auf das singuläre Ereignis Reformation eingeht, das ich in das Zentrum der von ihm angestoßenen Überlegungen stelle. Vgl. THOMAS MAISSEN: Reformation und christliche Politik? Europäische Beispiele und Entwicklungen, in: MAIK REICHEL/HERMANN OTTO SOLMS/STEFAN ZWOSILO (Hgg.), Reformation und Politik. Europäische Wege von der Vormoderne bis heute, Halle (Saale) 2015, 15–32; und DERS.: Pourquoi y a-t-il eu la Réformation? Le choix religieux comme une situation de crise, in: Francia 42 (2015), 94–110. Die folgenden Ausführungen beruhen auf diesen Aufsätzen, weshalb in den Fußnoten nur explizite Zitate und wenige weiterführende Werke vermerkt sind.

https://doi.org/10.1515/9783110542417-010

aber anfangs kaum Spanisch und nie richtig Deutsch. Zwar trug das Heilige Römische Reich seit 1512 offiziell den einschränkenden Zusatz ‚deutscher Nation' im Titel, doch anders als Frankreich oder England wurde es durchaus noch als abendländisch, ja universal gedacht. Dieses vielfältige, vielsprachige Reich zusammenzuhalten war eine herkulische Aufgabe. 27 Königreiche, 13 Herzogtümer, 22 Grafschaften und neun Baronien bildeten Karls buntscheckige, polyzentrische ‚zusammengesetzte Monarchie', mit jeweils eigentümlichen Rechtsordnungen und Verwaltungsorganen. Die einzige verbindende Institution und die einzige gemeinsame ‚Ideologie' konnte nur die Kirche liefern, die ebenso wie das Kaiserreich in ihrem Anspruch universal war und in der antik-römischen Tradition stand. Zeit seines Lebens suchte Karl denn auch die Zusammenarbeit mit den Päpsten, vor allem im Kampf gegen die Osmanen und die protestantischen Ketzer. Doch der Kirchenstaat war auch ein eigenständiger politischer Akteur in den italienischen und europäischen Kämpfen, so dass es immer wieder zu heftigen Konflikten zwischen Kaiser und Papst kam. Berühmt geblieben ist bis heute der *Sacco di Roma*, die Plünderung der Papststadt durch kaiserliche Truppen im Jahr 1527.

In Spanien war schon unter Ferdinand und Isabella, den *Reyes católicos*, eine Nationalkirche entstanden. Der König durfte Bischöfe ernennen, die geistliche Gerichtsbarkeit einschränken, Kleriker disziplinieren sowie mancherorts Zehnten und andere Abgaben einziehen, so dass diese nicht an die Kurie abwanderten, sondern etwa ein Fünftel der Staatseinnahmen stellten. Die Krone hatte damit in ihren uneinheitlichen Ländern ohne gemeinsame Verwaltung Zugriff auf eine die ganze Christenheit abdeckende Institution. Ihre Kleriker konnten auch weltliche Verwaltungsaufgaben mittragen und die Untertanen kontrollieren, über die rechte Predigt ebenso wie durch Tauf- und Sterbebücher. Ebenfalls der religiösen Vereinheitlichung diente die berüchtigte Inquisition, die anders als im Mittelalter nicht eine kirchliche, sondern eine staatliche Einrichtung von Sondergerichten war – und tatsächlich die einzige gesamtspanische Institution! Sie erlaubte es, die Rechtsprechung wenigstens in Fragen der Rechtgläubigkeit zu zentralisieren. Denn Ketzerei galt als ein zu schwerwiegendes Delikt, als dass man es herkömmlichen lokalen Gerichten überlassen mochte.

Wie in Spanien entstand auch in Frankreich im 15. Jahrhundert eine Nationalkirche, die gallikanische: dogmatisch orthodox, aber dank dem Konkordat von Bologna von 1516 mit großer Verfügungsgewalt des Königs. Dieses obrigkeitliche Kirchenregiment war eine unverzichtbare Grundlage der modernen Staatsbildung. Die entscheidende Frage lautete: Würde Karl V. sie nicht nur in Spanien, sondern auch im Reich etablieren können?

Nach Deutschland reiste Karl V. 1520 erstmals zur Königskrönung in Aachen und von dort weiter nach Worms zum Reichstag. Auf der Tagesordnung stand unter anderem ein Augustinermönch, der seit ein paar Jahren für Unruhe in den deutschen Landen sorgte.¹ Die Kurie unter dem Medici-Papst Leo X. hatte Martin Luther bereits nach Rom vorgeladen, um ihm den Ketzerprozess zu machen. Davor, und damit vor der Hinrichtung wie bei Jan Hus, wurde Luther von seinem Landesherrn bewahrt, dem Kurfürsten Friedrich dem Weisen von Sachsen. Der Reliquiensammler Friedrich war kein überzeugter Anhänger der neuen Lehre, aber er wollte seine junge Landesuniversität Wittenberg nicht gefährden, an der Luther mit rasch wachsender Anhängerschaft erfolgreich lehrte. Weil Friedrich zugleich der wichtigste Kurfürst war, hatte der Papst in der Angelegenheit nicht insistiert, solange die Königswahl im Reich hängig geblieben war, die dann Karl V. 1519 für sich entschied.

Martin Luther hatte 1517 zwei theologische Themen aufgegriffen, die man in den Jahrzehnten davor schon intensiv diskutiert hatte: das Schriftprinzip und die Rechtfertigungslehre.² Systemsprengend wurde dies erst durch Luthers exklusive Zuspitzungen: *sola gratia, sola fide, sola scriptura, solo Christo* – *nur* durch (Gottes) Gnade, *nur* durch den Glauben, *nur* durch die Heilige Schrift und *nur* durch Christus gelangen wir zum Heil. Alles Menschenwerk und damit die Institution Kirche und ihre Traditionen spielten keine Rolle mehr dabei, wenn der souveräne Gott über Heil und Verdammnis entschied. Man kann für diese theologischen Positionen Vorläufer finden. Doch erst Luther folgerte aus ihnen, dass innerhalb der bestehenden Kirche kein Heil mehr zu finden war, wenn sie so blieb, wie sie war. Und dafür, dass sie sich nicht ändern wollte, trugen letztlich Kurie und Papst die Verantwortung: Wenn sie sich den Wahrheiten verweigerten, die Luther seiner Bibellektüre abgerungen hatte, dann konnte das nur wider besseres Wissen geschehen sein.

Als er dies für sich erkannte, formulierten Luther ebenso wie seine Gegner schon bald ihre theologischen Positionen, als seien sie „so ferne von eynnder als hymel und erden, somer und windter, Gott und der teuffel", wie dies ein lutherisches Flugblatt von 1522 mit repräsentativer Radikalität ausdrückte.³ Bereits

---

1 Für Luther vgl. HEINZ SCHILLING: Martin Luther. Rebell in einer Zeit des Umbruchs. Eine Biographie, München 2012.
2 Zur Einführung in die Geschichte der Reformation vgl. allgemein BERNDT HAMM/BERND MOELLER/DOROTHEA WENDEBOURG (Hgg.): Reformationstheorien. Ein kirchenhistorischer Disput über Einheit und Vielfalt der Reformation, Göttingen 1995; sowie die beste Überblicksdarstellung THOMAS KAUFMANN: Geschichte der Reformation, Frankfurt am Main 2009, mit umfassender Bibliographie; vgl. auch BERNDT HAMM/MICHAEL WELKER (Hgg.): Die Reformation. Potentiale der Freiheit, Tübingen 2008.
3 CASPAR GÜTTEL: Schuczrede widder eczliche vngetzembdte freche Clamanten, wilche die Euangelischen lerer schuldigen, wie das sei eynen newen Glawben predigen, Wittenberg 1522, zit. bei

1520, in *An den christlichen Adel deutscher Nation*, sah Luther im Papst den Antichristen. In der dichotomischen biblischen Bildersprache standen sich Heil oder Verdammnis, Jenseits oder Diesseits, Christus oder Antichrist in einer eschatologischen Konfrontation gegenüber.[4] Ein protestantisches Flugblatt von 1524 fasste dies als Gegenüberstellung der Neuen und der Alten Kirche zusammen.[5]

Als der befreundete Georg Spalatin mäßigend auf den zusehends polemischeren Luther einwirken wollte, erhielt er 1520 zur Antwort: „Ich bitte dich, wenn du vom Evangelio die rechte Meinung hast, glaube ja nicht, daß die Sache könne ohne Aufstand, Aergernis und Unruhe gehandelt werden. Du wirst doch aus dem Schwert keine Flaumfeder noch aus dem Krieg den Frieden machen."[6] Umso näher lag für Luthers Feinde der Vorwurf, dass seine dichotomische Botschaft „underscheidt, ferlickeit unnd czwitracht" wecke, wie es der Franziskaner Thomas Murner formulierte.[7] Wie reagierte Luther auf die schwere Beschuldigung, dass er ein Aufrührer sei? In seiner berühmten Rede am Wormser Reichstag entgegnete er am 18. April 1521 vor Karl V., das sei ihm der allererfreulichste Anblick, „ein sehr lipliche entbildung". Denn „parthey unnd czweyspalt" sei entstanden um Gottes Wort, „als er spricht: ‚ich bin nit kommen, friedt zu senden, sunder das schwerdt'".[8] Darauf zitierte Luther die Passage aus dem Matthäus-Evangelium 10,34 f. zu Ende: „Denn ich bynn kummen, uneyniß zu machen und scheyden den sun wider den vatter, die tochter wider die mutter, und sollen des menschen feynd sein sein eygen hauß genossen".[9] Bei der Auslegung des Matthäusevangeliums ging Luther 1527 dann so weit zu sagen: „Syntemal es die natur und art des Eu-

---

BERND MOELLER/KARL STACKMANN, Städtische Predigt in der Frühzeit der Reformation. Eine Untersuchung deutscher Flugschriften der Jahre 1522 bis 1529, Göttingen 1996, 301.

4 MOELLER [u. a.], Städtische Predigt (wie Anm. 4), 301.

5 H. MEISTER: Die Alte und die Neue Kirche, Holzschnitt, 1524, Germanisches Nationalmuseum Nürnberg, Historische Bibliothek (HB) 25/1247, http://www.zeno.org/Kunstwerke/B/Meister+H%3 A+Die+Alte+und+die+Neue+Kirche; gedruckt in: GERHARD BOTT (Hg.): Martin Luther und die Reformation in Deutschland. Ausstellung zum 500. Geburtstag Martin Luthers, Nürnberg 1983, 245 (Nr. 309).

6 MARTIN LUTHER: Werke. Briefe, 2, 43 (Nr. 255, ca. 16.2.1520), in der Übersetzung von Johann G. Walch, zitiert nach LYNDAL ROPER: Der Mensch Martin Luther. Die Biographie, Frankfurt am Main 2016, 201.

7 THOMAS MURNER: An den Großmechtigsten vnd Durchlüchtigsten adel tütscher nation das sye den christlichen glauben beschirmen wyder den zerstoerer des glaubens christi, Martin luther einer verfierer der einfeltigen christen, in: ADOLF LAUBE/ULMAN WEISS (Hgg.), Flugschriften gegen die Reformation (1525–1530), Berlin 2000, 171.

8 Verhandlungen mit D. Martin Luther auf dem Reichstage zu Worms 1521, in: MARTIN LUTHER: Werke. Kritische Gesamtausgabe, Weimarer Ausgabe (WA), Schriften 7, Weimar 1897, 874.

9 Hier zitiert nach LUTHER, WA, Schriften 7 (wie Anm. 9), 281.

angelions ist, auffrur unnd zwytracht, widerwertigkait und verfolgung mit sich zu bringen."[10]

Luther griff mit diesem Zitat auf eine Besonderheit des christlichen Glaubens zurück, die diesen von anderen Religionen unterscheidet. Jene werden nicht nur in der Praxis, sondern auch in der Theorie generativ weitergegeben, also über Vater und/oder Mutter. Christ wird man hingegen im Prinzip durch die eigene Entscheidung, weshalb die Taufe durch die Erstkommunion oder Konfirmation bestätigt wird und, gerade in der Reformationszeit, auch das Prinzip der Erwachsenentaufe viele Anhänger hatte. Entscheidende neue Impulse erhielt damals auch das spezifisch christliche Verständnis von Konversion und Mission, die ebenfalls auf die paulinische Setzung zurückgehen, dass Religionszugehörigkeit in der eigenen Wahl begründet liege. Diese individuelle Entscheidung konnte und musste sich, wie Luthers Zitate aus dem Matthäusevangelium belegten, gegebenenfalls gegen die eigene, natürliche Lebensgemeinschaft richten. Das war in vormodernen Gesellschaften oft lebensgefährlich – wer, wenn nicht die Großfamilie, konnte physische und materielle Sicherheiten gewähren in einer Gesellschaft ohne Polizei und Sozialstaat? Ja, die christliche Entscheidung gebot sogar Widerstand gegen politische oder religiöse Anführer, die vom rechten Weg abwichen. Man muss Gott mehr gehorchen als den Menschen, wie es Apostelgeschichte 5,29 festhält. Der Samen individuellen Ungehorsams und kollektiven Widerstands gehört damit ebenso zum Christentum wie die vertraute Symbolsprache der Entscheidung in Taufe und Abendmahl.

An die Stelle von Familie und Herrscher trat als Wegweiser zur Entscheidung und als verpflichtende Instanz das individuelle Gewissen. Luther stellte das Wort ‚Gewissen' in das Zentrum seiner Lehre und lokalisierte es als den Ort der Erfahrung des menschlichen Verhältnisses zu Gott. Einschlägig ist erneut die berühmte Antwort an Karl V. auf dem Wormser Reichstag 1521: „Ich bin uberwunden durch die schrifften, so von mir gefurt, und gefangen im gewissen an dem wort Gottes. Derhalben ich nichts mag noch will widerruffenn, Weil wider das gewissenn zu handeln beschwerlich, unheilsam und ferlich ist. Gott helff mir, Amen."[11] Luthers Gewissen war ‚in Gottes Wort gefangen' und damit kein autonomes Gewissen im modernen Sinn. Es ist ein beherrschtes Gewissen, beherrscht von der Angst des Sünders vor dem alttestamentlichen Gott des Gesetzes und beherrscht vom Glauben des Gerechtfertigten an den neutestamentlichen Gott der Gnade. Im Gewissen, das auf Gottes Gnade vertraut, also in der Glaubensgewissheit, erfährt der Gläubige die Freiheit eines Christenmenschen als Befreiung von der Werk-

---

10 MARTIN LUTHER: Stephan Roths Festpostille, in: DERS., WA, Schriften 17/2, Weimar 1927, 263.
11 LUTHER, WA, Schriften 7 (wie Anm. 9), 877.

gerechtigkeit oder vielmehr von der eitlen Hoffnung in den Nutzen solcher Leistungsfrömmigkeit, die gute Taten nicht um ihrer selbst willen tut, sondern um den Allmächtigen durch lächerliches Menschenwerk zu beeindrucken und für sich einzunehmen.[12]

Durch die eigene, erlösende Erfahrung dieser Gewissensfreiheit sah sich Luther verpflichtet, all denen entgegenzutreten, die verhinderten, dass die Botschaft des Evangeliums vernommen werden konnte. Diesen Widerstand erfuhr er nun ausgerechnet dort, wo eigentlich der richtige Weg zum Heil gepredigt werden musste: in der Kirche, bei den theologisch gebildeten Klerikern. Deshalb durfte die Entscheidung über die richtige Lehre nicht ihnen überlassen bleiben. Stattdessen mussten Laien entscheiden, die ihrem Gewissen folgten – und nicht theologischen Lehrbüchern und Syllogismen. Das belegte Luther 1523 explizit aus der Bibel in seinem Gutachten für die Bürger der Kleinstadt Leisnig, *Dass eine christliche Versammlung oder Gemeine Recht oder Macht habe, alle Lehr zu urteilen und Lehrer zu berufen, ein- und abzusetzen*. Nach Johannes 10, 4f. erkenne die Schafherde – also die Gemeinde – die Stimme des wahren Hirten. „Hie sihestu yhe klar, wes das recht ist tzu urteylen die lere: Bischoff, Babst, gelerten und yderman hat macht zu leren, aber die schaff sollen urteylen, ob sie Christus stym leren odder der frembden stym."[13] Bereits 1520, in *An den christlichen Adel deutscher Nation*, formulierte Luther seine Lehre vom allgemeinen Priestertum aller Getauften, um das Eingreifen eben dieses deutschen Adels, also der Fürsten, in den Kirchenkonflikt zu legitimieren. Folgerichtig verlangte Kurfürst Friedrich der Weise im November 1520, dass ein Gericht von unvoreingenommenen Gelehrten über Luther entscheide – und nicht der Ketzerprozess, den die Kurie gegen ihn angestrengt hatte. Mit dieser wegweisenden Forderung machte der weltliche Kurfürst „die Kurie zu einer Luther gleichgestellten Partei, die in Glaubensfragen von einem übergeordneten Schiedsgericht Recht zu nehmen hatte. Friedrich der Weise behandelte Luthersache und Bulle nicht als autoritative apostolische Lehrentscheidung, sondern nur als einen Rechtsstreit mit der Kurie."[14]

---

12 Hierzu FRIEDHELM KRÜGER: Artikel Gewissen III, in: GERHARD MÜLLER/HORST BALZ/GERHARD KRAUSE (Hgg.), Theologische Realenzyklopädie. Studienausgabe, Bd. 13, Berlin [u. a.] 1984, 222–225; HEINZ D. KITTSTEINER: Die Entstehung des modernen Gewissens, Frankfurt am Main 1995, 159–175; vgl. auch BERNDT HAMM: Der frühe Luther. Etappen reformatorischer Neuorientierung, Tübingen 2010, 164–183.
13 MARTIN LUTHER: Dass eine christliche Versammlung oder Gemeine Recht oder Macht habe, alle Lehr zu urteilen und Lehrer zu berufen, ein- und abzusetzen, Grund und Ursach aus der Schrift, 1523, WA 11, Weimar 1891, 401–416, 409.
14 WILHELM BORTH: Die Luthersache (Causa Lutheri) 1517–1524. Die Anfänge der Reformation als Frage von Politik und Recht (Historische Studien, Heft 414), Lübeck/Hamburg 1970, 87.

Selbst Kaiser Karl V. übernahm im Februar 1521 nicht einfach das an sich bereits rechtsgültige Ketzerurteil und damit die Todesstrafe des Papstes gegen Luther, sondern legte es vorher den Ständen vor. Reichstag und Reichsrecht wurden damit wichtiger als Kurie und Kirchenrecht. Die Abwesenheit des Kaisers in den folgenden Jahren stärkte weiter die Stellung der Reichsstände. Sie forderten 1526 am Reichstag in Speyer folgerichtig, bis zu einem Konzil „also zu leben, zu regieren und zu halten, wie ein jeder solches gegen Gott und kaiserl. Majestät hoffet und vertrauet zu verantworten".[15] Damit war zumindest vorübergehend das Gewissen des Herrschenden ausschlaggebend dafür, was er gegenüber Gott verantworten konnte. Die Herrschenden: Das waren im protestantischen Lager, das sich allmählich ausbildete, bis auf Ausnahmen wie Friedrich dem Weisen aber noch nicht in erster Linie die Reichsfürsten, sondern die 85 Reichsstädte wie Nürnberg, Straßburg und Ulm sowie andere Städte, in deren bürgerlichen Milieus sich Luthers Lehre schnell ausgebreitet hatte. Lesekundige Handwerker und Kaufleute waren gewohnt, für wirtschaftliche Tätigkeit Rechenschaft abzulegen und diese auch einzufordern. Das verlangten sie auch von der Kirche, der sie Abgaben entrichteten. Schulisch und zum Teil humanistisch gebildet, war es für diese Stadtbürger naheliegend, wenn sie sich auf die Heilige Schrift als einzigen Zugang zum Heil festlegten und auf dieser Grundlage entscheiden wollten, welches die wahre Lehre war. Auch wenn Luther selbst das Gnadengeschenk Gottes betonte und nicht die freie Wahl des Christen, so standen nun doch viele Menschen in ihrem sozialen Umfeld vor der Entscheidung: Sollten sie den Reformatoren folgen oder dem Glauben der Väter?

Wie aber konnte das Gewissen einer Stadt, überhaupt einer Gemeinschaft sich ausdrücken, wie konnte sie die Entscheidung zwischen Gott und Teufel vornehmen? Auch hier überließ die weltliche Obrigkeit diese heilsrelevante Aufgabe nicht einfach den theologischen Experten, sondern sie verhandelte die Gewissensfrage in einem Rahmen, den sie selbst setzte: im Religionsgespräch. Erstmals geschah dies in Zürich, wo der Kleine Rat schon im Juli 1522 Zwingli und weitere Theologen vorlud und sich Entscheidungen in Lehrfragen anmaßte. Denn er gebot, dass diese „fürohin predigen das heilig evangelium, den heiligen Paulum und die propheten, daß die heilige gschrift ist, und lassen den Scotum und Thomam und söllich ding ligen"[16]. Religionsgespräche im eigentlichen Sinn

---

15 HEINRICH CHRISTIAN VON SENCKENBERG: Neue und vollständigere Sammlung der Reichs-Abschiede, 2. Teil, Frankfurt am Main 1747, 274.
16 Zitat aus der Chronik von Bernhard Wyss bzw. Zwinglis Werken, Bd. 1, 258, Anm. 3, zitiert nach KAUFMANN, Geschichte (wie Anm. 2), 398. Vgl. auch EMIDIO CAMPI, Die Reformation in Zürich, in: DERS./AMY BURNETT (Hgg.), Die Schweizerische Reformation. Ein Handbuch, Zürich 2017, 71–133, 83.

fanden 1523 statt, als der Rat die Geistlichkeit zweimal zu Disputationen im Rathaus (und nicht in einer Kirche) aufbot, um „in tütscher zungen und sprach" die strittigen Fragen zu diskutieren. Doch nicht nur die Geistlichen, sondern – so jedenfalls Ulrich Zwingli – auch „die andren frummen menschen" konnten und sollten Gottes Wort erkennen. Somit konnte die Gemeinde, „ein iede Kilchhöre selbs umb die ding, die infallend und wider das wort gotts sind", seine Entscheidung treffen. Das Religionsgespräch war gleichsam eine Synode in einer Kirchgemeinde, welche die wahre Botschaft Gottes suchte und dafür nicht auf die katholische Hierarchie angewiesen war. Zwingli hielt genau das auf der zweiten Disputation fest: „Ja, Höngg unnd Küßnacht ist ein gwüssery kilch dann all zusammengerottet bischoff und Bäpst".[17] Der Zweck dieser synodalen Religionsgespräche war die nicht unbedingt demokratische, aber kollektive Wahl der künftigen Kirchenform: „Es machte den eigentlichen Sinn der von Zwingli ‚erfundenen' Verhandlungen und der von diesen sich ableitenden Tradition aus, dass es in ihnen um Entscheidung ging."[18]

Viele Städte wie Nürnberg 1525, Bern und Hamburg 1528, Ulm 1530 oder Esslingen 1531 folgten dem kommunalen Zürcher Modell eines Religionsgesprächs, erst später und in der monarchischen Verfassung eigentümlicher Weise dann die Fürsten.[19] Das Religionsgespräch war etwas anderes als die herkömmliche akademische lateinische Disputation, die sich an Autoritäten orientierte und im gelehrten Streit Positionen markierte und ausgrenzte. Dagegen zielte das Religionsgespräch, das in der Volkssprache geführt wurde, auf synodale Konfliktlösung in der Gemeinde und unter dem weltlichen Kirchenregiment. Dort war die Bibel Kanon der Argumente gewesen, hier wurde sie Schiedsrichterin beim Ziel, die wahre Kirche wenn nötig neu zu schaffen.[20]

---

17 Die Zitate aus Zwinglis Werken (Bd. 1, 496, Bd. 2, 447 und 688) nach BERND MOELLER: Zwinglis Disputation. Studien zur Kirchengründung in den Städten der frühen Reformation, Göttingen ²2011, 13 und 48 f.
18 MOELLER, Zwinglis Disputation (wie Anm. 18), 185. Vgl. neben diesem Pionier- und Standardwerk jetzt auch den sozialgeschichtlichen Ansatz von FABRICE FLÜCKIGER: Dire le vrai. Une histoire de la dispute religieuse au début du XVIe siècle. Ancienne confédération helvétique, 1523–1536, Neuchâtel 2018. Flückiger deutet die Religionsgespräche weniger als entscheidungsoffen denn als Verfahren, um die Reformation zu legitimieren.
19 MOELLER, Zwinglis Disputation (wie Anm. 18), 57–177, für den Katalog von 33 folgenden Religionsgesprächen; THOMAS FUCHS: Konfession und Gespräch. Typologie und Funktion der Religionsgespräche in der Reformationszeit (Norm und Struktur 4), Köln 1995, zur Definition 6–16 und 235–278 für die Zürcher Disputationen; PETER BLICKLE: Gemeindereformation. Die Menschen des 16. Jahrhunderts auf dem Weg zum Heil, München 1987, 90–110.
20 HEIKO A. OBERMAN: Werden und Wertung der Reformation. Vom Wegestreit zum Glaubenskampf, Tübingen 1977, 295.

Ganz gleich, ob die Entscheidung nun für oder gegen die Neuerer ausfiel, die Obrigkeit, die ein Religionsgespräch veranstaltete, übernahm in jedem Fall im Kern das Priestertum aller Getauften und das landesherrliche Kirchenregiment auch bei der Beurteilung dogmatischer Fragen. Der Vertreter der offiziellen Kirche wurde vor diesem Laiengericht zu einer von zwei Parteien herabgestuft und vertrat nicht länger *qua* Amtsautorität automatisch die wahre Lehre. Recht hatte vielmehr derjenige, der die Heilige Schrift richtig auslegte. So war es bezeichnend, wenn etwa Bern 1528 für das Religionsgespräch ausdrücklich allein die Bibel als Autorität zuließ, wenn die Streitenden ihre Positionen belegen wollten. Referenzpunkt war damit ein Text, der auch den Laien grundsätzlich zugänglich war, jedenfalls leichter als die gelehrte theologische Tradition der bestehenden Kirche. Vor derartigen weltlichen Richtern traten die Reformatoren den Vertretern der Orthodoxie nicht als angeklagte Ketzer außerhalb der Kirche gegenüber, sondern als *a priori* Gleichberechtigte, die mit Argumenten dafür warben, wie die eine, gemeinsame und stets reformbedürftige Kirche (*ecclesia semper reformanda*) weiter gestaltet werden sollte. Das Urteil darüber, wer Recht hatte, also die Entscheidung für den wahren Weg zum Heil lag nicht mehr bei den Theologen, jedenfalls nicht bei ihnen allein, sondern bei der kirchlichen und politischen Gemeinde selbst, also den Bürgern, die zu Hunderten den Religionsgesprächen lauschten, ein „ingens numerus" in Bern, 600 bei der ersten Zürcher Disputation, 900 bei der zweiten, die vor allem mehr Laien anlockte.[21]

Wo danach nicht die bereits mitgliederreichen und repräsentativen Großen Räte sich gegen oder, zumeist, für die Reformation aussprachen, da kam es manchmal sogar zu Abstimmungen der Bürgerschaft. In Ulm erfolgte sie 1530 aufgrund eines Mitbestimmungsartikels im Großen Schwörbrief von 1397 und stellte die Frage, ob der „gemeine Mann" den antireformatorischen Augsburger Reichstagsabschied annehmen wolle. Die Situation und die Sprache der Entscheidung sind vielfältig greifbar. In den 17 Zunftstuben wurde das Geschäft vorgängig präsentiert und zwar als Entscheidung zwischen einerseits „aigen Consientz und Gewissen" hinsichtlich des Seelenheils und andererseits dem Gehorsam gegenüber dem kaiserlichen Stadtherren, der mit schwersten Repressalien drohe („Sterben, Verderben, Bluetvergiessen, Zerstörung unser Statt, [...] Wegfuerung unser Weiber und Kinder"). Von den 1865 Zunftangehörigen stimmten 1621 (87 Prozent) gegen den kaiserlichen Abschied beziehungsweise für den neuen Glauben. Davon getrennt stimmten auch die Patrizier ab (66 Prozent für die Reformation) und an den Folgetagen sogar die Einwohner ohne volles Bürgerrecht sowie die Gesellen. Von den knapp 20 000 Einwohnern konnten damit insgesamt

---

21 MOELLER, Zwinglis Disputation (wie Anm. 18), 16–22 und 125.

rund 2300 Männer mitentscheiden. Die erhaltenen Abstimmungslisten teilen die Lager ein in Anhänger der „newe Leren" und der „alten Lern", der „Evangelischen Leer" und der „alten bäptischen Maynung". Während der Pfahlbürger, also nicht in der Stadt ansässige Sebastian Welling „seiner Gewissin halb, kain annder Glauben, dann den sein Vatter und Elltfordern gehapt haben, anzunemen" bereit war, meinten fünf andere Pfahlbürger „das sie bey dem Evangely beleiben und Leib und Gutt bey demselben lassen wöllen". „Gewüssne halber" steht auch bei vielen Anhängern der neuen Lehre als Begründung. Die Listen zeigen zudem, dass in derselben Familie unterschiedliche Voten abgegeben wurden, also durchaus individuelle Entscheidungen erfolgten. Nur zwei Zünfte stimmten einhellig für die neue Lehre, oft gab es Gegenstimmen im einstelligen Bereich; prozentual war die Ablehnung der Reformation bei den Bäckern mit 41 Prozent am höchsten.[22]

In Esslingen nahmen anno 1531 von 7500 Einwohnern 1076 Männer an den Abstimmungen in den Zünften teil – also wohl praktisch alle Vollbürger, wenn man neben Frauen und Minderjährigen auch nicht- und unterbürgerliche Schichten abzieht. Eine kleine Minderheit von insgesamt 21 Bürgern in sechs verschiedenen Zünften brachte ihre Entscheidung gegen die Reformation zum Ausdruck, die überwältigende Mehrheit war dafür. Eine Disputation mit Verhörcharakter, die vor allem die Einstellung der Geistlichen zu den reformatorischen Neuerungen überprüfen sollte, folgte hier nach der Abstimmung.[23]

Ein protestantisches Flugblatt von Georg Pencz aus dem Jahr 1529 führt diese Entscheidungssituation anschaulich vor Augen, mit dem evangelischen Prediger und seiner Gemeinde links, dem „Pebstlichen", also katholischen Priester rechts, der seine Lehre unter anderem mit dem generativen Argument rechtfertigt, dass sie die elterliche Tradition fortsetzt („unser eltern haben triben, Die auch nicht sind gewesen narren"). Hans Sachs, der den Text zum Bild verfasste, endet schließlich mit der Aufforderung, sich zu entscheiden: „Hierinn urteil du frumer Christ, Welche leer die warhaffts ist."[24] Diese Aufforderung richtete sich nicht zuletzt an die Säkular- und Regularkleriker, die etwa zehn Prozent der städtischen

---

22 HANS EUGEN SPECKER/GEBHARD WEIG (Hgg.): Die Einführung der Reformation in Ulm (Forschungen zur Geschichte der Stadt Ulm. Reihe Dokumentation 2), Stuttgart 1981, 39–46 und 158–168, 165 für das Zitat, sowie 345–374 (Abstimmungslisten), Zitate 368f.
23 TILMAN MATTHIAS SCHRÖDER: Das Kirchenregiment der Reichsstadt Esslingen. Grundlagen, Geschichte, Organisation, Esslingen 1987, 90–94.
24 GEORG PENCZ: Inhalt zweierlei Predig, Nürnberg 1529, http://www.zeno.org/Kunstwerke/B/Pencz,+Georg%3 A+Zweierlei+Predigten, gedruckt in: RENATE FREITAG-STADLER (Hg.), Die Welt des Hans Sachs, 400 Holzschnitte des 16. Jahrhunderts (Ausstellungskatalog der Stadtgeschichtlichen Museen, Bd. 10), Nürnberg 1976, Nr. 33.

Einwohnerschaft ausmachten und manchmal explizit aufgefordert waren, sich zu den einzelnen Thesen zu äußern. Damit entschieden sie zugleich darüber, ob sie selbst Beruf und Wohnsitz unter veränderten konfessionellen Vorzeichen aufgeben oder beibehalten wollten.

Auch deshalb traten zwar mehrheitlich, aber nicht nur die Anhänger der neuen Lehre für öffentliche Religionsgespräche ein, sondern auch manche Vertreter der Alten Kirche.[25] Initiativen, so 1526 für die Disputation von Baden, gingen insbesondere von Luthers Gegenspieler Johannes Eck aus, der sich auch später, etwa in Ulm, zum Wortgefecht nach dem Schriftprinzip bereit erklärte. Außerdem wurden die gegensätzlichen Optionen fast alltäglich in offener Konkurrenz und oft in unmittelbarer Nachbarschaft den Gläubigen vor Augen geführt. Besonders deutlich wurde dies in den Drei Bünden, die als föderative Instanz und gegen den Herrschaftsanspruch des Hochstifts Chur gleichsam die Spielregeln festlegten, nach denen dann die weitgehend autonomen Gerichtsgemeinden in den Bündner Talschaften ihre Glaubensentscheidungen treffen konnten. Die *Ilanzer Artikel* von 1524 und 1526 hoben einerseits die weltliche Herrschaft des Bischofs von Chur auf; andererseits übernahm die irdische Obrigkeit die Sorge für das Kirchengut und die freie Wahl ihres Pfarrers. Das klingt nach typisch protestantischen Forderungen, doch die *Ilanzer Artikel* regelten nur ein Verfahren, um eine Entscheidung zu finden, präjudizierten diese aber nicht im reformatorischen Sinn. Als Obrigkeit wählten hier die Bürger nach dem Mehrheitsprinzip die Geistlichen für ihre Gemeinden und so auch ihren Glauben. Damit wurde Graubünden in den folgenden Jahrzehnten aufgrund solcher Pfarrwahlen ein Flickenteppich von reformierten und katholischen Gemeinden, die ihrerseits in aller Regel konfessionell homogen waren.[26]

Die Suche nach einer neuen, eindeutigen Quelle der Wahrheit war also nicht nur ein städtisches Phänomen, sondern erfasste auch ländliche Regionen. In Deutschland griffen zuerst die von politischer und sozialer Deklassierung bedrohten Reichsritter um Franz von Sickingen und Ulrich von Hutten im *Pfaffenkrieg* von 1522 den Erzbischof von Trier an, um seine Besitzungen zu säkularisieren und so selbst ihre prekär gewordene territoriale Basis zu erweitern. Dann erhob sich der ‚Gemeine Mann' im Bauernkrieg von 1525. Die Bauern formulierten in ihren berühmten *Zwölf Artikeln* bezeichnenderweise an erster Stelle kein weltliches Anliegen, sondern verlangten die freie Pfarrerwahl durch die Ge-

---

25 FUCHS, Konfession und Gespräch (wie Anm. 20), 132–143, für die altgläubigen Anfänge des Religionsgesprächs.
26 PFISTER, ULRICH: Graubünden Konfessionskirchen, Glaubenspraxis und Konflikt in Graubünden, 16.–18. Jahrhundert (Religion und Politik 1), Würzburg 2012, v. a. 74–84; für die paritätischen Gemeinden 55 f.

meinde. Wie die Stadtbürger versuchten die Bauern, die Verfügungsgewalt über die lokale Geistlichkeit und die dörfliche Seelsorge zu erhalten. Aus demselben Grund wollten sie den großen Zehnten allein in ihrem eigenen, lokalen Rahmen verwenden. Abschließend formulierten die aufständischen Bauern, dass man sie auf Grund der Heiligen Schrift belehren solle, wenn eines der Postulate „dem Wort Gottes nit gemäß wäre" – auch hier schlug sich das reformatorische Schriftprinzip nieder.[27]

Im Heiligen Römischen Reich brach also um 1520 auf allen politischen und sozialen Ebenen ein Streit um das landesherrliche Kirchenregiment aus: Wer konnte die jeweilige Kirche vor Ort mit ihren Ressourcen kontrollieren und auf ihre seelsorgerischen Aufgaben verpflichten? Dazu zählte für die Evangelischen vor allem ihr moralisch-pädagogisches Programm, das auf dem Schriftprinzip der *sola scriptura* beruhte: Die Volksschulen zur Alphabetisierung der Gläubigen kosteten ebenso viel Geld wie die Ausbildung eines neuen Pfarrerstands. Das waren Aufgaben, die seit jeher mit dem Kirchengut bestritten worden waren, aber oft derart ungenügend, dass seit Luthers Schrift von 1524 *An die Ratsherren aller Städte deutschen Landes, daß sie christliche Schulen aufrichten und halten sollen* die Ausdehnung der *cura religionis Christiani magistratus* nahelag: Diese Verantwortung der weltlichen Obrigkeit für Kirche und christlichen Glauben erstreckte sich nunmehr neu auch auf die Kontrolle und Finanzierung von Bildungswesen und Seelsorge. Damit entstand auch der Katechismus als neuartige Literaturgattung, die seit Luthers *Deudsch Catechismus* von 1529 in der Volkssprache Glaubenswissen und Glaubensgewissheiten vermittelte, deren Text man nicht herunterleiern oder bloß auswendig lernen, sondern verstehen sollte: Die christliche Entscheidung gründete im Wissen um ihre Bedeutung und ihren Gehalt.

Das Bedürfnis nach einer soliden Binnenmission war auch deshalb weit verbreitet, weil die lateinische Messe den deutschen Laien in einem ganz anderen Maß fernstand als in den romanischen Ländern. Wenn Luther nun die Volkssprache für die Predigt und seine Bibelübersetzung nutzte, ließ sich das (protestantische) Christentum ganz neuartig als nationale Sache begreifen. Die volkssprachliche Debatte in der Gemeinde, in Flugblättern oder Religionsgesprächen machte die christliche Entscheidung in bisher unvorstellbarer Weise zu einer persönlichen Wahl, die sich in den sprachlich vertrauten, normalen Alltag einfügte. Das war gerade in Deutschland ein gewaltiger Umbruch, wo die Kirche bis zur Reformation, ebenso wie das Heilige Römische Reich selbst, nicht natio-

---

27 GÜNTER FRANZ (Hg.): Quellen zur Geschichte des Bauernkrieges, München 1963, 343; vgl. PETER BLICKLE (Hg.): Der Deutsche Bauernkrieg von 1525, Darmstadt 1985; DERS.: Gemeindereformation (wie Anm. 20).

nal, sondern universal und stark auf die Kurie in Rom ausgerichtet gewesen war. Schon seit den Reformkonzilien des 15. Jahrhunderts hatten deshalb deutsche Beschwerdeschriften, die sogenannten *Gravamina der deutschen Nacion*, regelmäßig das kuriale Steuerwesen beklagt, mit seinen Ablässen und dem Verkauf von Kirchenpfründen an den Meistbietenden. Viele Deutsche hofften, der Abfluss von Geldern und die Besetzung von Kirchengütern durch Landesfremde könne gestoppt werden, wenn dank einer Reformation eine autonome Nationalkirche eingerichtet würde – ähnlich wie in Spanien oder Frankreich.

Der Habsburger Karl V. konnte als König Carlos I die nationalkirchliche Tradition in seinen spanischen Besitzungen fortführen, nicht aber als Kaiser im Reich eine solche auf gesamtdeutscher Ebene begründen. Angesichts dieser Lücke entstand gleichsam ein Wettbewerb, wer auf welcher Ebene eine dort eben nicht nationale Kirche errichten konnte, sondern eine reichsständische Landeskirche. Das endete in der Fürstenreformation, welche die lutherische und dann die reformierte Kirche auf Dauer etablierte und dabei das Prinzip *cuius regio, eius religio* entwickelte: Wessen Herrschaft, dessen Religion gilt – für alle Untertanen. Doch anfangs war der Wettbewerb offener, so dass man auch von *cuius religio, eius regio* reden könnte in dem Sinn, dass derjenige sich als legitimer Herrscher erwies, der eine Kirche auf seine eigene Glaubensentscheidung verpflichten konnte und damit die Kontrolle über die Lehrinhalte und das Kirchengut erlangte. Das gelang den Reichsrittern in Sickingens *Pfaffenkrieg* ebenso wenig wie den Bauern im Bauernkrieg: Die Reichsfürsten schlugen beide Bewegungen mit großer Gewalt nieder und eliminierten damit zwei ständische Kollektive aus dem Ringen um politische Selbst- und Mitbestimmung im Reich. Die Städte dagegen waren anfangs bei demselben Bestreben durchaus erfolgreich, zumal dort, wo sie sich wie in Augsburg oder Straßburg, aber ebenso im katholischen Köln, endgültig von einem Bischof oder Abt als Stadtherren emanzipieren konnten. Hier fällte tatsächlich die Gemeindereformation die Entscheidung, eine kollektive Entscheidung, die der Rat auf der Basis von Religionsgesprächen moderierte.

In den fürstlichen Reichsterritorien und insbesondere auf Reichsebene lebten die Religionsgespräche ebenfalls weiter. Die Obrigkeiten sannen ursprünglich oft auf Vermittlung und erbaten sich dazu eine fundierte Entscheidungsgrundlage, wie sie mit Melanchthons *Confessio Augustana* (Augsburger Bekenntnis), Bucers *Tetrapolitana* und Zwinglis *Professio fidei* erstmals am Augsburger Reichstag von 1530 vorgelegt wurden. Die Bekenntnisschriften schufen allerdings keine neue Einheit, sondern lieferten letztlich im Gegenteil die Grundlage dafür, dass die Obrigkeiten die verbindliche und exklusive Wahrheit positiv, staatskirchlich festlegten. Auf diese Konfession wurden nun diejenigen verpflichtet, die sich dafür entschieden hatten – oder für die ihr Fürst diese christliche Entscheidung getroffen hatte.[28]

Das letzte Religionsgespräch, 1557 in Worms, fiel nämlich zeitlich praktisch zusammen mit dem Augsburger Religionsfrieden von 1555. Dieser Friede schrieb das fürstliche Reformationsrecht fest, das *ius reformandi*. Dessen Prinzip, das erst später auf die Formel *cuius regio, eius religio* gebracht wurde, umschrieb und entschied die Territorialisierung der Religionsfrage. Die Untertanen mussten das Bekenntnis des Landesherrn übernehmen oder auswandern. Die Entscheidungsfreiheit vieler, welche die Reformation ermöglicht hatte, wurde zur Entscheidung eines einzelnen Gewissens, zur Fürstenreformation – oder auch zur Fürsten*gegen*reformation. Beides fand aber auf der territorialen Ebene der Reichsstände statt, nicht auf der ‚nationalen' des Reiches Deutscher Nation. Der letzte Versuch Karls V., 1548 mit dem Augsburger Interim durch seine Entscheidung auch in dogmatischen Fragen die kirchliche Einheit in Deutschland zu erzwingen, erschütterte zwar nachhaltig die Autonomie der protestantischen Städte im Reich. Doch er scheiterte letztlich bezeichnenderweise nicht nur am militärischen Widerstand der evangelischen Fürsten, die sich dazu im Fürstenaufstand von 1552 sogar mit dem katholischen Frankreich verbündeten, sondern auch an Zurückhaltung und Bedenken unter katholischen Fürsten, etwa in Bayern und sogar bei den Verwandten in Österreich. Alle Reichsstände fürchteten die „viehische spanische Servitut", ein Ende der ständischen Freiheitsrechte, wenn Karl V. wie geplant ein religiös geeintes Reich seinem Sohn und Nachfolger in Spanien, Philipp II., überlassen würde. Stattdessen übernahm Karls kompromissbereiter und in Österreich sozialisierter Bruder Ferdinand die Kaiserwürde, als Karl V. 1556 abdankte – ein singuläres Ereignis in der Reichsgeschichte. Dass Ferdinand ein Jahr zuvor im Augsburger Religionsfrieden und bereits 1552 im Passauer Vertrag die Neugläubigen von rebellischen Ketzern zu vertragswürdigen Partnern emanzipiert hatte, trug entscheidend zur Frustration dessen bei, der sich stets als Kaiser eines Universalreiches mit einer Universalreligion verstanden hatte.

Der Augsburger Religionsfrieden von 1555 war dagegen das Eingeständnis, dass sich die konfessionelle Einheit im Reich nicht mehr wiederherstellen ließ. Sie wurde stattdessen jeweils auf der nächstunteren Ebene der rund 400 Reichsterritorien durchgesetzt, die einen konfessionellen Flickenteppich bildeten, der den

---

28 Vgl. Anton Schindling/Walter Ziegler (Hgg.): Die Territorien des Reichs im Zeitalter der Reformation und Konfessionalisierung. Land und Konfession 1500–1650, Münster 1997; Walter Ziegler: Die Entscheidung deutscher Länder für oder gegen Luther. Studien zu Reformation und Konfessionalisierung im 16. und 17. Jahrhundert, Münster 2008; Eike Wolgast: Die Einführung der Reformation und das Schicksal der Klöster im Reich und in Europa (Quellen und Forschungen zur Reformationsgeschichte, Bd. 89), Gütersloh 2014.

föderalistischen Charakter des Reiches und Deutschlands besiegelte und zugleich begründete, weil in der Vormoderne nicht Sprache, Ethnie oder Ideologie die staatliche Gemeinschaft und Zusammengehörigkeit begründeten, sondern die gemeinsame Religion. Die vor allem nach 1555 einsetzende Entwicklung, welche heutige Historiker als ‚Konfessionalisierung' bezeichnen, beruhte nicht mehr auf dem Religionsgespräch, sondern auf der vereinheitlichenden orthodoxen Ausbildung von Geistlichkeit und Gläubigen durch die Katechese und auf ihrer kirchlich-obrigkeitlichen Kontrolle in der Visitation.[29] Damit entdeckten die Reichsfürsten den Schutz des wahren Glaubens als Aufgabe, welche ihr Kirchenregiment ebenso legitimierte wie die Staatlichkeit in den einzelnen Reichsständen, die an die Stelle universeller Entscheidungskompetenz von Kaiser und Papst trat. Die Verteidigung des wahren Glaubens erlaubte protestantischen, aber mit etwas mehr Zurückhaltung ebenso katholischen Herrschern den Zugriff auf das Kirchengut. Überall in Deutschland entstanden so gleichsam ‚Reichsstandskirchen' anstelle einer deutschen Nationalkirche. Den Habsburgern sollte es nie gelingen, aus ihrem partikularen katholischen Bekenntnis eine deutsche Angelegenheit zu machen. Eine solche schufen erst die reformierten Hohenzollern 1871, unter allerdings ganz anderen internationalen Vorzeichen.

Im 16. Jahrhundert gelang den Protestantismen aber anderswo durchaus der Schritt zur Nationalkirche.[30] In England ging es bei den Eheproblemen des berüchtigten Heinrich VIII. mit seinen zuletzt sechs Gattinnen gerade nicht um Lehrdifferenzen, sondern um die Oberhoheit des weltlichen Herrschers auch in der anglikanischen Bischofskirche, die er im Streit mit dem Papst schuf, der ihm die Scheidung verweigerte. So entstand auch in England eine Nationalkirche, deren geistliches wie weltliches Haupt Heinrich VIII. mit der Suprematsakte von 1534 wurde und die englischen Könige seither geblieben sind. Heinrichs Caesaropapismus nahm nach einigen Wirren erst unter seiner Tochter Elisabeth I. auch theologisch eindeutig protestantische Züge an. Das wurde aber umso wichtiger in dem globalen und heilsgeschichtlich gedeuteten Konflikt, den die Königin gegen die vermeintlich drohende katholische Universalmonarchie des

---

29 Einen einführenden Überblick zum Forschungskonzept „Konfessionalisierung", das auf Ernst Walter Zeeden, Wolfgang Reinhard und Heinz Schilling zurückgeht, liefert u. a. THOMAS KAUFMANN: Artikel Konfessionalisierung, in: FRIEDRICH JAEGER (Hg.), Enzyklopädie der Neuzeit, Bd. 6, Stuttgart/Weimar 2007, Sp. 1053–1070.
30 Vgl. einführend ANDREW PETTEGREE (Hg.): The Early Reformation in Europe, Cambridge 1992; DERS. (Hg.): The Reformation World, London 2000; DIARMAID MACCULLOCH: The Reformation. A History, London 2003, v. a. 347–399 sowie die Aufsätze von HEINZ SCHILLING: Ausgewählte Abhandlungen zur europäischen Reformations- und Konfessionsgeschichte (Historische Forschungen, Bd. 75), Berlin 2002, 541–699.

Spaniers Philipp II. anführte, und das Selbstverständnis einer protestantischen Nation sollte auch den Umgang mit dem calvinistisch-presbyterianischen Schottland und vor allem dem katholischen Irland nachhaltig und konfliktträchtig prägen.

Sowohl in Schweden als auch in Dänemark, deren lockere Union 1523 unter Christian II. zerbrach, kamen Usurpatoren an die Macht, Gustav I. Wasa und Friedrich I. Sie schufen je eine protestantische Nationalkirche mit vorerst nur wenig volkstümlichem Rückhalt, um ihre fragwürdige Herrschaft zu stärken. Entscheidend war, dass die Könige Bischöfe und Erzbischöfe ernennen konnten und der Klerus zum Teil wie in England durch einen Gehorsamseid an den Herrscher gebunden wurde. Der in Schweden wie Dänemark gestürzte König Christian II., der seine Ansprüche hartnäckig verteidigte, war ein Schwager Kaiser Karls V. Damit fügte sich die Unterwerfung der skandinavischen Kirchen unter die neuen, illegitimen, aber national stilisierten Könige in die Konfrontation mit den Universalmächten Kaiser und Papst. Nationale Bedeutung erwuchs diesen opportunistischen Entscheidungen durch den dort erst jetzt einsetzenden Buchdruck, der zum Teil noch in deutschen Offizinen nationalsprachliche Bibelübersetzungen und konfessionelle Texte hervorbrachte. Auf Dänisch erschien 1524 das Neue Testament und 1550 die gesamte Bibel, die auf Schwedisch 1541 und auf Finnisch 1548 greifbar wurde. William Tyndale legte 1525 die englische Übersetzung des Neuen Testaments vor, und auf seinen Vorarbeiten beruhte die vollständige *Great Bible* von 1539.

Mittelosteuropa nahm deshalb eine andere Entwicklung, weil sich, strukturell ähnlich wie im Reich, keine dominante Monarchie etabliert hatte. Stattdessen setzten die hohen Adligen für sich selbst das *cuius regio, eius religio* durch, so dass ihre Schutzbefohlenen ihren Glauben übernehmen mussten. Die konfessionelle Entscheidung der Magnaten fiel in Ungarn, Polen und Siebenbürgen nicht nur auf Luthertum oder Katholizismus, sondern auch auf das calvinistische, reformierte Bekenntnis und gelegentlich sogar auf die Antitrinitarier, welche die Dreifaltigkeit Gottes als unbiblisch bestritten. Deshalb wurden die Antitrinitarier im Westen von allen Konfessionskirchen gleichermaßen verfolgt. Im Osten war dagegen ein konfessionelles Nebeneinander möglich, das jedoch nicht als Toleranz im modernen Sinn missverstanden werden sollte. Es beruhte darauf, dass hochadlige Herrschaftsträger ihresgleichen den politisch-religiösen Freiraum und die entsprechenden Verfügungsrechte nicht beschneiden wollten, den sie für sich selbst beanspruchten.

Voraussetzung und Garant der bi- oder plurikonfessionellen Kohabitation waren generell starke Ständeversammlungen. In monokonfessionellen und zumal in katholischen Ländern wie Spanien, Frankreich und Österreich gerieten sie in dieser Zeit stark unter Druck und verloren ihre Macht weitgehend. Der Reichstag hingegen, die Tagsatzung der schweizerischen Eidgenossenschaft, die niederländischen Generalstände, der polnische Sejm, der ungarische ebenso wie der siebenbürgische Landtag, der noch stark von der hussitischen Tradition geprägte böhmische Landtag, dessen Königswahl von 1619 in den Dreißigjährigen Krieg führte, später auch unter etwas anderen Umständen das englische Parlament – das war überall der Ort, wo die Ständevertreter, oft in konfessioneller Opposition zum Fürsten, ihre hergebrachten Herrschaftsprivilegien ebenso wahren konnten wie die neu erlangte religiöse Freiheit; und dies meinte zumeist die Herrschaft über die lokale Kirche mit ihren Geistlichen und dem Kirchengut als notwendigen Voraussetzungen, um moderne Staatlichkeit aufzubauen.

Es war kein Zufall, dass sich die reformierten Kirchen in dieser Situation als drittes wichtiges Bekenntnis etablierten. Sie entstanden durch das Bündnis der beiden schweizerischen Reformationsbewegungen mit ganz unterschiedlichen Wurzeln: hier die deutschschweizerische unter der Führung von Zürich und Ulrich Zwingli sowie, nach dessen Tod 1531 in der Schlacht von Kappel, seines Nachfolgers Heinrich Bullinger, und dort Genf, in dem der Franzose Jean Calvin erst ab 1541 seine Lehre durchsetzen konnte. Doch der Calvinismus sollte schon bald, auch dank der 1559 gegründeten Genfer Akademie, den Zwinglianismus an internationaler Strahlkraft übertreffen. Anders als die Zwinglianer und erst recht die Lutheraner, die ihre Kirchen eng in obrigkeitskirchlichen Strukturen einbanden, konzipierte Calvin eine Gemeindekirche, die sich dem weltlichen Herrscher nicht unterzuordnen brauchte und auch nicht in eine umfassende, episkopale oder auch synodale Kirchenverfassung eingebunden sein musste. Die Selbstverwaltung des Glaubens und der Sittenzucht durch die Gemeinde erlaubte es den Calvinisten, nicht nur als Staatskirche zu existieren, wie es etwa in der Kurpfalz oder in Schottland durchaus der Fall war. Ihre weltweite Wirkung verdanken sie indes vor allem denjenigen Ländern, in denen sie sich und ihre kirchengemeindliche Autonomie im Widerstand gegen den katholischen Fürsten behaupteten, der sie zu vernichten drohte: in den von Spanien beherrschten Niederlanden, in Ungarn und im übrigen Habsburgerreich, in England und nicht zuletzt in Calvins Frankreich.

Dass in Frankreich die königliche Entscheidung trotz handfesten Sympathien für innerkirchliche Reformen nicht gegen Rom ausfiel, lag daran, dass König Franz I. und seine Nachfolger diese lieber zusammen mit den von ihnen ernannten Prälaten und damit im Rahmen der katholischen Kirchenstruktur durchführen wollten als gegen sie. Auf diesen Erzbischöfen und Bischöfen ruhte die gallikanische Nationalkirche, und dogmatische oder hierarchische Veränderungen drohten diese wichtige Machtbasis zu erschüttern. Die Sonderstellung des *roi très chrétien*, des allerchristlichsten Königs, hing im europäischen Mächtechor und nicht zuletzt gegenüber dem Kaiser von seiner Beschützerrolle für Papst und

Kirche ab, zudem realpolitisch von seiner Machtstellung in Italien; dort war mit einem Glaubenswechsel wenig zu holen. Ähnlich sah es in den spanischen Königreichen Kastilien und Aragon aus, zwischen denen der katholische Glaube, die Kirchenhierarchie und die Inquisition die wenigen realen institutionellen Brücken schufen. Ein gesamtspanisches Selbstverständnis war zudem eben erst in scharfer, ja mörderischer Abgrenzung von Juden und Muslimen beziehungsweise zu den Konvertiten entstanden, den Marranen (aus dem Judentum) und den Morisken (frühere Muslime). In diese heilsgeschichtlichen Konfrontationen fügte sich die Abwehr der ketzerischen Lutheraner und danach der epochale Kampf Philipps II. gegen die abtrünnigen Niederlande und das England Elisabeths I. so nahtlos ein, dass weder der *rey católico* noch der Adel oder die politisch geschwächten Städte eine Neigung zur neuen Lehre entwickelten. Ferner waren für die längst auch als Druck- und Schriftsprachen etablierten romanischen Sprachen die Bibelübersetzungen von geringerer Bedeutung als in Nordeuropa, selbst wenn sie ab 1530 ebenfalls gedruckt greifbar waren, so die französische Gesamtausgabe und das italienische Neue Testament.

Mit dem Prinzip *cuius regio, eius religio*, das sich europaweit auf unterschiedlichen politischen Ebenen durchsetzte, wurde Religion oder vielmehr Konfession im Prinzip wieder generativ weitergegeben, von den Eltern auf die Kinder. Die freie Entscheidung im Sinn von Matthäus 19,29 – also gegen den Glauben der nächsten Verwandten – war nach der vorübergehenden Offenheit der Reformationsjahrzehnte erneut die lebensgefährliche Option von religiösen Außenseitern, deren Konversion nicht einmal bei den neuen Glaubensbrüdern der Zustimmung und Aufnahme gewiss sein konnte.[31] Immerhin erlaubte der Augsburger Religionsfrieden mit dem *ius emigrandi* denen auszuwandern, die ihrem Gewissen folgen wollten. Dafür mussten sie in den kleinteiligen Strukturen des Reichs oft nicht weit reisen. In den Staatskirchen der spanischen, französischen und englischen Nationalmonarchien waren dauerhafte territoriale Sonderlösungen wie im Reich hingegen nicht möglich: Dort beriefen sich Evangelische, Hugenotten und Dissenter, aber unter protestantischer Herrschaft auch Altgläubige auf ihr Gewissen – eine Entscheidung, die bis zu Widerstand und Tyrannenmord führen konnte. Insofern ist es kein Zufall, dass in Deutschland die entsprechenden Debatten 1555 abbrachen, die der Schmalkaldische Bund ebenso stimuliert hatte wie 1550/1551 die kaiserliche Belagerung von Magdeburg, das die Lutheraner zu *Unseres Herrgotts Kanzlei* stilisierten. Die konfessionelle Vereinheitlichung als Teil einer zusehends absolutistischen Herrschaftspraxis stimulierte fortan an-

---

31 Vgl. HEIKE BOCK: Konversionen in der frühneuzeitlichen Eidgenossenschaft. Zürich und Luzern im konfessionellen Vergleich (Frühneuzeit-Forschungen, Bd. 14), Epfendorf 2009.

derswo die gewalttätige Praxis und theoretische Debatten. In Frankreich folgten auf die Bartholomäusnacht die Widerstandslehre der calvinistischen Monarchomachen und die Ermordung Heinrichs III. und Heinrichs IV. durch intransigente Katholiken; und in England gipfelte der politische und religiöse Konflikt zwischen Parlament und Krone in der Hinrichtung von König Karl I. und der Errichtung von Cromwells Commonwealth.

In der Reformation verwirklichte sich das christliche Potenzial der Entscheidung für den wahren Gott in einer Ausnahmesituation, in der die weltliche Obrigkeit von Städten und Fürsten diese individuelle Herausforderung dank ihrer Autonomie in der Reichsstruktur in ihrem Territorium lenkend begleiteten. Ganz gleich, ob sich die katholische Version des Christentums behauptete oder ob die lutherische oder die reformierte Bekenntniskirche sich etablierte – aus der integrativen abendländischen Institution Kirche mit ihrem universellen Anspruch wurde ein Mittel zur inneren Vereinheitlichung von Staaten und zu ihrer äußeren Abgrenzung: Konfessionelle, territoriale und dynastische Identität wurden idealiter deckungsgleich. Damit schuf die reformatorische Entscheidung zuerst der Stadtbürger, dann aber vor allem der Fürsten die Voraussetzungen dafür, dass sich die Kirchenstrukturen dem System von souveränen Staaten anpassten, wie es seit dem 15. Jahrhundert allmählich die entstandene nationale Vielfalt in Europa abbildete und die beiden Universalherrscher Kaiser und Papst insofern endgültig entmachtete, als sie nur noch in ihrem beschränkten eigenen Territorium das Sagen hatten.

Rafael Walthert
Reformation und Säkularisierung

1 Einstieg

Säkularisierung, so die in diesem Beitrag diskutierte These, stellt eine Folge der Reformation dar. Demzufolge trägt Religion zu ihrem eigenen Relevanzverlust bei. Dies legt den Schluss nahe, dass sich Säkularisierung als unbeabsichtigte Folge der Reformation entwickelte.

Das Explanandum Säkularisierung wie auch das Explanans Reformation dieser These bedürfen einer kurzen Klärung. Reformation soll als eine soziale Bewegung mit religiösem Schwerpunkt verstanden werden. Unter sozialer Bewegung ist dabei, Anthony Giddens folgend, ein „[...] kollektiver Versuch zur Förderung eines gemeinsamen Interesses oder zur Erreichung eines gemeinsamen Zieles durch ein kollektives Vorgehen außerhalb des Bereiches etablierter Institutionen [...]" zu verstehen.[1]

Prominente Beispiele für solche Bewegungen stellen die Bürgerrechtsbewegung in den USA oder die Umweltbewegung dar. Das Ziel einer sozialen Bewegung ist typischerweise umfassend, wie z. B. Gleichberechtigung oder Naturschutz, und wird von verschiedenen Akteuren unterschiedlich gedeutet. Entsprechend ist das kollektive Vorgehen durch eine hohe Vielfalt geprägt. Innerhalb einer sozialen Bewegung gibt es verschiedene Akteure, Organisationen und Strömungen, wobei, im Gegensatz zu einer formalen Organisation, das Zentrum und die Instanzen fehlen, die innerhalb der Bewegung kollektiv verbindliche Entscheidungen treffen könnten.[2] Wird Reformation als soziale Bewegung mit der darin einhergehenden Heterogenität gesehen, stellt sich die Frage, wie die eingangs formulierte These spezifiziert wird. Nach welcher Zeit, welchen Strömungen, welchen Akteuren wird gefragt?[3]

Auch das Explanandum erweist sich als vieldeutig. Geht es beim Relevanzverlust von Religion um die abnehmende Religiosität von Individuen, die

---

[1] ANTHONY GIDDENS: Soziologie, Graz 1995, 680.
[2] Vgl. MARIO DIANI [U.A.]: Organizations, Coalitions, Movements, in: Theory and Society 33 (2004), 281–309, 283–288.
[3] Vgl. BRAD S. GREGORY: Disembedding Christianity. The Reformation Era and the Secularization of Western Societies (Disembedding), in: INGOLF U. DALFERTH (Hg.), Reformation und Säkularisierung. Zur Kontroverse um die Genese der Moderne aus dem Geist der Reformation, Tübingen 2017, 25–55, 25.

schwindende gesellschaftliche Rolle von Religion oder den Rückgang des Einflusses oder der Mitgliederzahlen religiöser Organisationen? Und nach welchen Faktoren eines so umfassenden Prozesses wird gefragt?

Im Folgenden wird die Frage nach dem Zusammenhang zwischen Protestantismus und Säkularisierung auf die Wirkungen der Zürcher Reformation bezüglich fünf verschiedener Dimensionen von Säkularisierung hin spezifiziert. Die entsprechenden Ausführungen sollen aber auch in den Kontext der allgemeineren Diskussion um den besagten Zusammenhang eingebettet werden.

2 Säkularisierung als Modernisierung

Säkularisierung wird hier als Relevanzverlust von Religion und als Teil eines breiteren Vorganges der Modernisierung verstanden, der in die Aspekte Differenzierung, Individualisierung, Diversität und Rationalität unterteilt wird.[4] Diese Dimensionen werden in den folgenden Abschnitten einzeln charakterisiert, worauf ihr Zusammenhang mit der Reformation im Allgemeinen analysiert und spezifische Implikationen der Zürcher Reformation diskutiert werden. Zu jeder Dimension soll abschließend gefragt werden, inwiefern sie zu Säkularisierung beiträgt.

2.1 Differenzierung

2.1.1 Charakterisierung

In soziologischen Konzepten von Modernisierung stehen seit den Klassikern[5] Vorgänge der Differenzierung im Zentrum – so auch bei Säkularisierungstheoretikern wie Bryan Wilson oder Steve Bruce. Unter verschiedenen Begrifflichkeiten,

---

4 Da Säkularisierung in unterschiedlichen Kontexten ganz unterschiedliche Wirkungen zeigt, ist in der aktuellen Diskussion von *multiple secularities* die Rede. MARIAN BURCHARDT/MONIKA WOHLRAB-SAHR/MATTHIAS MIDDEL (Hgg.): Multiple Secularities Beyond the West. Religion and Modernity in the Global Age (Religion and Its Others), Boston 2015. Die folgenden Ausführungen beschränken sich auf den Zusammenhang zwischen Protestantismus und Säkularisierung im westeuropäischen Kontext.

5 Vgl. für eine Übersicht UWE SCHIMANK: Theorien gesellschaftlicher Differenzierung. Lehrbuch, Wiesbaden 2007; und zu den vorklassischen Wurzeln soziologischer Differenzierungstheorien HARTMANN TYRELL: Zur Diversität der Differenzierungstheorie. Soziologiehistorische Anmerkung, in: Historical Remarks on the Diversity of the Theory of Social Differentiation 4 (1998), 119–149.

z. B. strukturelle Differenzierung, funktionale Differenzierung, oder auch bei Durkheim als Arbeitsteilung, wird ein übergreifender Trend identifiziert, im Rahmen dessen sich Gesellschaft in verschiedene Teilbereiche differenziert, wie z. B. Wirtschaft, Politik, Wissenschaft oder Religion, die unterschiedliche Aufgaben wahrnehmen und unterschiedlichen Logiken folgen.

Dabei wird von einem grundsätzlichen Gegensatz zwischen einer Welt der Tradition und der Moderne ausgegangen. In der nicht funktional differenzierten Welt des westeuropäischen Mittelalters stellte das Christentum und die katholische Kirche eine Institution dar, die alle Bereiche des menschlichen Lebens formte.[6] Dieser undifferenzierte Zustand zeigte sich darin, dass das Christentum „not something separate and separable from the rest of life called, religion'"[7] darstellte. Funktionale Differenzierung führte dagegen, wie weiter unten noch ausgeführt wird, zu einer Einschränkung von Religion.

Diese Differenzierung hängt dabei mit einem weiteren Vorgang zusammen, der als Vergesellschaftung bezeichnet wird und die zunehmende Ablösung von gemeinschaftlichen Formen des Zusammenlebens durch gesellschaftliche im Sinne Ferdinand Tönnies bezeichnet:[8] Gemeinschaften, die die Individuen in umfassende Lebenszusammenhänge integrierten, die z. B. Arbeit, Freizeit und Familie beinhalteten, werden durch differenzierte, gesellschaftliche Beziehungen ersetzt, die spezifisch, zeitlich befristet und nicht durch umfassende Solidarität geprägt sind. So überschreiten beispielsweise wirtschaftliche und politische Beziehungen, die das Leben der Individuen bestimmen, die Grenzen von Gemeinschaft. Da aus säkularisierungstheoretischer Perspektive Religion in ihrer Konstitution an die Sozialform Gemeinschaft gebunden ist, sehen entsprechende Theoretiker Vergesellschaftung, englisch *societalization*, als Ausgangspunkt eines Plausibilitäts- und Relevanzverlustes von Religion.[9]

---

6 Vgl. GREGORY, Disembedding (wie Anm. 3).
7 GREGORY, Disembedding (wie Anm. 3), 28.
8 FERDINAND TÖNNIES: Gemeinschaft und Gesellschaft. Grundbegriffe der reinen Soziologie, Darmstadt 1991.
9 Vgl. z. B. KAREL DOBBELAERE: Towards an Integrated Perspective of the Processes Related to the Descriptive Concept of Secularization (Perspective), in: Sociology of Religion 60 (1999), 229–247, 232; BRYAN R. WILSON: Religion in Sociological Perspective, Oxford/New York 1982, 155; zum Gemeinschaftsverständnis DOROTHEA LÜDDECKENS [U.A.]: Religiöse Gemeinschaft, in: DETLEF POLLACK [U.A.] (Hg.), Handbuch Religionssoziologie, Wiesbaden 2018 [im Druck].

2.1.2 Beitrag des Protestantismus

Niklas Luhmann betont, dass Religion eines der Teilsysteme der Gesellschaft sei, dessen funktionale Ausdifferenzierung am frühesten eingesetzt habe und damit die Differenzierung anderer Systeme gleichsam vorbereitet habe.[10] Was kann dabei als spezifischer Beitrag des Protestantismus gesehen werden?

Prominent fungiert in dieser Diskussion insbesondere der Einfluss der Reformation auf die Trennung von Religion und Politik. Wie Pollack zeigt, forderte Luther mit seiner Zwei-Regimente-Lehre eine Trennung von weltlicher und geistlicher Herrschaft.[11] Allerdings sei diese im Rahmen der Politisierung der Reformation wieder außer Kraft gesetzt worden. Außerhalb des protestantischen Establishments und insbesondere in den USA habe die Verbindung von Protestantismus und der Trennung von Religion und Politik jedoch fortgewirkt.[12]

Auch zur Abgrenzung von Religion und Wirtschaft dürfte der Protestantismus beigetragen haben. So ließ sich durch die Abkehr vom Ablasshandel Seelenheil nicht mehr kaufen. Damit fiel die Möglichkeit weg, durch seinen ökonomischen Status seinen religiösen Status zu verändern. Um Erlösung musste man sich mit religionsinternen Mitteln bemühen, beispielsweise mit Glauben. Gerade auch der mit Weber zu diskutierende protestantische Einfluss auf die Herausbildung des Kapitalismus dürfte nicht zuletzt damit zusammenhängen, dass er die „Hemmungen der traditionalistischen Ethik", in der Gelderwerb und Reichtum suspekt waren, und damit die „Fesseln des Gewinnstrebens"[13] sprengte, d.h. der Wirtschaft auferlegte religiöse Schranken beseitigte und damit die zwei Sphären zunehmend voneinander trennte.

Wichtig dürfte zudem der protestantische Beitrag zum Bewusstsein, dass Religion eine eigene Sphäre mit eigener Logik darstellt, gewesen sein. Mit dem Protestantismus wurde Religion als Konzept wichtiger.[14] Auch der Soziologe Joachim Matthes weist darauf hin, dass der Religionsbegriff nach der Kirchenspaltung an Relevanz gewann, da er notwendig wurde, um eine Einheit zu be-

---

[10] NIKLAS LUHMANN: Die Ausdifferenzierung der Religion, in: DERS., Gesellschaftsstruktur und Semantik. Studien zur Wissenssoziologie der modernen Gesellschaft, Bd. 3, Frankfurt am Main 1989, 259–357.
[11] DETLEF POLLACK: Religion und Individualisierung. Kulturelle Wirkungen des Protestantismus, in: INGOLF U. DALFERTH (Hg.), Reformation und Säkularisierung (wie Anm. 3), 141–174, 151.
[12] POLLACK, Religion (wie Anm. 11), 151.
[13] MAX WEBER: Die protestantische Ethik und der Geist des Kapitalismus, in: DERS., Gesammelte Aufsätze zur Religionssoziologie I, Tübingen 1988a, 17–206.
[14] GREGORY, Disembedding (wie Anm. 3), 37.

zeichnen, die früher über den Verweis auf Kirche benannt werden konnte.[15] Beispielsweise dürfte Friedrich Daniel Ernst Schleiermacher mit seiner Identifikation von Religion als eigener, von Wissenschaft oder Moral losgelöster Angelegenheit menschlichen Lebens dazu beigetragen haben, diese in einem arbeitsteiligen Verhältnis zu anderen Sphären zu bestimmen.

2.1.3 Zürcher Reformation

Mit Weber ist die spezifische Wirkung des Protestantismus auf die Rationalisierung des Wirtschaftslebens, die letztlich zu dessen Abkopplung von Religion geführt hat, weniger von der Zürcher Reformation ausgegangen als vom Calvinismus.[16] Im Abschnitt zur Rationalität wird diskutiert, welchen Beitrag die Zürcher Reformation auf die Ausdifferenzierung eines autonomen Systems der Wissenschaft ausgeübt hat. Hier soll deshalb der Blick auf dem Zusammenhang von Religion und der Ausdifferenzierung von Religion und Politik liegen.

Hinsichtlich dieser Trennung scheint das, was mit Pollack für das Luthertum festgestellt werden konnte, auch für die Schweizer Reformation zuzutreffen: Die Einheit von Kirche und politischer Ordnung wurde durch die religiöse Differenzierung aufgehoben. Das führte zwar nicht zu einer völligen Entkopplung religiöser Zuordnungen von politischen Einheiten, aber dazu, dass das Verhältnis zwischen Religion und Politik ab der Reformation Verhandlungsgegenstand war und die zwei Sphären sich nicht mehr ohne weiteres wechselseitig bestimmten. Die Verknüpfung von Religion und weltlicher Herrschaft fand auf kantonaler Ebene weiterhin statt, was den politischen und kriegerischen Auseinandersetzungen zwischen den fünf Orten (Uri, Schwyz, Unterwalden, Luzern und Zug) und den Kantonen Bern und Zürich von den Kappeler- bis zu den Villmergerkriegen fortan eine starke religiöse Dimension gab.[17] Auf die durch die Reformation bedingte Entkopplung von Religion und Politik auf nationaler Ebene folgte längerfristig eine Konfessionalisierung der Kantone. Im Vorfeld des Sonderbundkrieges von 1847 lässt sie sich wieder verstärkt beobachten und entschärfte sich erst, als die Binnenwanderung im 20. Jahrhundert die konfessionelle Diversität

---

15 JOACHIM MATTHES: Was ist anders an andern Religionen? Anmerkungen zur zentristischen Organisation des religionssoziologischen Denkens, in: JÖRG BERGMANN/ALOIS HAHN/THOMAS LUCKMANN (Hgg.), Religion und Kultur (Kölner Zeitschrift für Soziologie und Sozialpsychologie Sonderheft 33), Opladen 1993 16–30.
16 WEBER, Ethik (wie Anm. 13), 84.
17 HANS ULRICH BÄCHTOLD: Artikel Landfriedensbünde, in: Historisches Lexikon der Schweiz: www.hls-dhs-dss.ch/textes/d/D9807.php (20.11.2014).

innerhalb der politischen Einheiten der Kantone erhöhte.[18] Die Reformation hat also einerseits die Loslösung von Religion und Politik begünstigt, dann aber neue Verbindungen durch Konfessionalisierung geschaffen, die erst durch Individualisierung und Mobilität wieder schwächer wurden.

2.1.4 Folgen für Religion

Für Luhmann ist Säkularisierung in erster Linie Aspekt funktionaler Differenzierung: Die religiöse Beobachtung der Welt wurde durch funktionale Differenzierung zu einer Option neben anderen.[19] Der umfassende Anspruch von Religion verschwand, als beispielsweise Politik und Wissenschaft nach eigenen Logiken zu funktionieren begannen, die sich nicht von Religion beeinflussen ließen. Funktionale Differenzierung bedeutet gleichzeitig eine Spezifizierung als auch eine Beschränkung von Zuständigkeit. So schließt auch der Religionssoziologe Dobbelaere: „secularization is only the particularization of the general process of functional differentiation in the religious subsystem."[20] Die Entsprechung zwischen Religion und Gesellschaft, die einmal sehr groß war, geht durch Differenzierung verloren. „Ihre ursprüngliche Sicherheit hatte die Religion in der Gesellschaft selbst"[21], hält Luhmann fest, eine Sicherheit, die durch Differenzierung der Gesellschaft verloren geht. In differenzierter Form stellt Religion kein Dach über die gesamte soziale Ordnung mehr dar, sondern behandelt bloß ein spezifisches Problem.

Mit Blick auf Religion in der Schweiz ist nicht davon auszugehen, dass Differenzierungen wie diejenige zwischen Religion und Politik gestoppt oder gar aufgehoben wird.[22] Insofern Reformation die Differenzierung gefördert hat, hat sie also auch zur Säkularisierung beigetragen.[23]

---

[18] KASPAR VON GREYERZ [u. a.]: Artikel Konfessionalismus, in: Historisches Lexikon der Schweiz: www.hls-dhs-dss.ch/textes/d/D43511.php (10.12. 2009).
[19] NIKLAS LUHMANN: Die Religion der Gesellschaft, Frankfurt am Main 2000, 284f.
[20] DOBBELAERE, Perspective (wie Anm. 9), 231.
[21] LUHMANN, Ausdifferenzierung (wie Anm. 10), 259.
[22] JÖRG STOLZ [u. a.]: Die Zukunft der Reformierten: gesellschaftliche Megatrends – kirchliche Reaktionen, Zürich 2010, 30.
[23] Diese Einschränkung bedeute aber keine Abwertung gegenüber anderen Funktionssystemen, diesen gehe es genauso. Die jeweilige Funktion hat Priorität im jeweiligen Funktionssystem und kann per definitionem nicht von anderen Teilsystemen übernommen werden – deshalb lässt sich auch keine gesamtgesellschaftliche Rangfolge von Funktionen identifizieren. Vgl. NIKLAS LUHMANN: Die Gesellschaft der Gesellschaft, Frankfurt am Main 1998, 747.

2.2 Individualisierung

2.2.1 Charakterisierung

Unter Individualisierung soll hier eine zunehmende Referenz auf das Individuum in zweierlei Hinsicht verstanden werden, einer semantischen und einer strukturellen. Einerseits wird das Individuum Thema, andererseits wird es zum Träger von Entscheidungen. Diesen Trend gibt es in allen der eben genannten ausdifferenzierten Teilsysteme.[24] Er steht in einem engen Zusammenhang mit funktionaler Differenzierung und Vergesellschaftung: Den gemeinschaftlichen Bindungen weitgehend entledigt, wird das Individuum zum exklusiven Kreuzungspunkt sozialer Kreise, seine Biographie stellt eine einzigartige Kombination von Involviertheiten in verschiedenste Zusammenhänge dar, die untereinander, da differenziert, nicht fest gekoppelt sind.[25]

2.2.2 Beitrag des Protestantismus

In der Diskussion um den Zusammenhang zwischen Reformation und Individualisierung besteht genauso Einigkeit darin, dass die Reformation eine wichtige Rolle spielte, wie auch darin, dass sie dabei nur einen Faktor neben anderen darstellt.

Bereits Ernst Troeltsch betonte die Bedeutung des Protestantismus für die Eigenständigkeit des Individuums, da die Reformation einen „Geist individueller Prüfung" autoritärer Ansprüche seitens von Institutionen verbreitet und die Wichtigkeit der individuellen Überzeugung betont habe.[26] Analog dazu sieht Pollack die hohe Relevanz des Glaubens für Luther als Ausgangspunkt einer stärkeren Betonung des Individuums und damit verbunden einer „Depotenzierung der Kirche".[27] Gleichzeitig relativiert er die Bedeutung des Protestantismus für die „Autonomisierung des Individuums",[28] da die von ihm ausgehenden Im-

---

24 Vgl. MONIKA WOHLRAB-SAHR: Individualisierung. Differenzierungsprozess und Zurechnungsmodus, in: ULRICH BECK/PETER SOPP (Hgg.), Individualisierung und Integration. Neue Konfliktlinien und neuer Integrationsmodus?, Opladen 1997, 23–35.
25 Vgl. GEORG SIMMEL: Soziologie. Untersuchungen über die Formen der Vergesellschaftung, Frankfurt am Main 1992.
26 ERNST TROELTSCH: Die Bedeutung des Protestantismus für die Entstehung der modernen Welt, in: Historische Zeitschrift. Beihefte 2 (1928), 3–103.
27 POLLACK, Religion (wie Anm. 11), 150.
28 POLLACK, Religion (wie Anm. 11), 174.

pulse auch zur Etablierung neuer Autoritäten, wie z. B. diejenige der Bibel geführt habe. Zudem identifiziert Pollack nicht-religiöse Faktoren wie das Wirtschaftswachstum nach dem Zweiten Weltkrieg oder die Aufklärung, die für die heutige Form von Individualität prägender gewesen seien.[29]

Ein detaillierteres Bild des protestantischen Beitrages zur Individualisierung ermöglicht der Blick auf die Geschichte der Beichte. Sie zeigt, wie Religion die Biographisierung des Individuums eingeleitet hat.[30] Diese begann bereits vor der Reformation, so im Mittelalter bei der Umstellung des Fokus der Beichte von der Erbsünde auf individuelle Verfehlungen, also Handlungen, die der Einzelne zu verantworten hat. Für das 12. Jahrhundert lässt sich eine weitere Verschiebung der christlichen Analyse von Sünden im Rahmen der Beichte von äußeren Handlungen auf die Intentionen ausmachen. Dementsprechend wurde auch die Busse in die Innerlichkeit, die Einsicht in die Schädlichkeit der Sünde und die Reue verlegt, während äußere Strafen an Bedeutung verloren. Beichte wurde im Spätmittelalter zur Bedingung für die Teilnahme an der Kommunion.[31] Ausgehend davon wurden Empfindungen und das Gewissen als Instanz wichtig und es entstand eine neue Art von Selbstempfinden. Im 4. Laterankonzil von 1215 wurde die Pflicht aller Christen betont, mindestens einmal im Jahr zu beichten. Dementsprechend spricht Alois Hahn bereits für das 12. Jahrhundert von Individualisierung.[32] Einen weiteren Individualisierungsschub ermöglichte die Veränderung der rituellen Situation: Bis ins Spätmittelalter fand die Beichte nicht in Beichtstühlen statt, sondern an der Spitze einer Warteschlange.[33] Fragen, Beurteilungen und auferlegte Bussen konnten von anderen Anwesenden mitgehört werden, das Beichtgeheimnis wurde lax gehandhabt, woraus Myers auf die Möglichkeit der Ausübung eines sozialen Drucks durch gegenseitiges Beobachten schließt. Der Ausschluss der Gemeinschaft und die Privatisierung der Interaktion in räumlicher

---

29 Pollack unterscheidet zwischen drei Individualisierungsschüben in Europa: Einem „theonomen Individualismus" zu Beginn des 16. Jahrhunderts, ausgelöst durch den Protestantismus, der Vorstellung eines autonomen Individuums im Zuge der Aufklärung und der durch einen Wohlstandsschub ausgelösten expressivem Individualismus der 1960er Jahre. Nur ersteren weist er den Protestantismus als Ursache zu. Vgl. zur Betonung der Bedeutung der Aufklärung (und nur mittelbar des Protestantismus) für den „individualistischen Rationalismus", TROELTSCH, Bedeutung (wie Anm. 26), 76.
30 LUHMANN, Ausdifferenzierung (wie Anm. 9), 346.
31 AMY NELSON BURNETT: The Social History of Communion and the Reformation of the Eucharist, in: Past & Present (2011), 77–119, 82.
32 ALOIS HAHN: Konstruktionen des Selbst, der Welt und der Geschichte. Aufsätze zur Kultursoziologie, Frankfurt am Main 2000, 200.
33 Vgl. DAVID W. MYERS: „Poor, sinning folk": Confession and Conscience in Counter-Reformation Germany, Ithaca (New York) 1996, 52f.

Hinsicht wurden erst durch den Beichtstuhl, der in Deutschland nach 1600 eingeführt worden sei, möglich.[34, 35] Dies zeigt, wie Individualisierung bereits im Katholizismus des Spätmittelalters (und in denjenigen protestantischen Traditionen wie dem Luthertum,[36] in denen die Beichte der Einzelnen ebenfalls eine Rolle spielte) ermöglicht wurde.

Im Rahmen der Reformation wurde, wie Max Weber zeigt, außerhalb des Luthertums oft die Beichte abgeschafft, womit ein Mittel des „periodischen ‚Abreagieren' des affektbetonten Schuldbewusstseins"[37] wegfiel und systematische Selbstkontrolle an ihre Stelle tritt.[38] Die Aufgabe der Beichte des Einzelnen bei einem Beichtvater, der als Verkörperung einer Institution auftritt und Sanktionen und Vergebung spenden kann, ist eine grundlegende Veränderung der Konzeption des Individuums. Die Kontrolle und Disziplinierung wurde damit von der Institution entfernt und in Praktiken wie das Tagebuchschreiben verlegt. Das heißt nicht unbedingt, dass die Distanz zwischen Gott und dem Gläubigen abnimmt, auf jeden Fall aber, dass es keine vermittelnde Instanz zwischen Individuum und Gott mehr braucht. Handlungen wurden bei diesen neuen Praktiken nicht mehr isoliert auf die dahinter stehenden Motivationen betrachtet, sondern im Kontext aller Handlungen des Individuums.[39] Nicht einzelne Taten, sondern die Gesamtbiographie ermöglichten die Heilsgewissheit. Es durfte nicht dahingelebt werden, jeder Augenblick wurde wichtig und unersetzlich.[40] Ein neues Konzept von Leben und Zeit – Biographie – wurde wichtig. Sie wurde nicht von äußeren Institutionen angeleitet, sondern die Kontrolle wurde verinnerlicht.

2.2.3 Zürcher Reformation

Zwingli stufte in der Zürcher Reformation die Beichte stark zurück: Er sah sie bloß noch als Gespräch zur Seelsorge und schrieb weder dem Akt noch dem Pfarrer die Kraft zu, von Sünden zu befreien.[41] Gemäß Zwinglis Gemeindeordnung von 1525

---

34 MYERS, Poor (wie Anm. 33), 2.
35 Vgl. Genaueres zur Erfindung des Beichtstuhls JOHN BOSSY: The Social History of Confession in the Age of the Reformation, in: Transactions of the Royal Historical Society 25 (1975), 21–38, 3.
36 Luther erachtete die Beichte vor der Kommunion nicht für notwendig, aber für nützlich. Vgl. BURNETT, Social (wie Anm. 31), 100.
37 WEBER, Ethik (wie Anm. 13), 97.
38 Vgl. HAHN, Konstruktionen (wie Anm. 32), 219.
39 HAHN, Konstruktionen (wie Anm. 32), 217.
40 HAHN, Konstruktionen (wie Anm. 32), 209.
41 „Darumb solt die bycht fry sin. Welicher blöd imm glouben wär, der solt vom priester gelert werden; welcher vest ist, der bedarff sin nüt. Also keme etwan einer, der schon vest imm glouben

bittet der Pfarrer immerhin noch Gott stellvertretend für die ganze Gemeinde um die Vergebung der Sünden. In der Gemeindeordnung von 1535 entfällt auch das und die Angehörigen der Gemeinde bitten selbst darum.[42] Der Pfarrer konnte also nicht länger als Vertreter der Institution oder als Inhaber eines bestimmten Amtscharismas über das Seelenheil entscheiden. Das Individuum wurde damit als Instanz der Entscheidung und Beurteilung seines eigenen Heilszustandes wichtiger – die Zürcher Reformation dürfte also einen Beitrag zur Individualisierung im von Hahn skizzierten Sinne durch ein verändertes Beichtverständnis geleistet haben.

Auch Individualisierung scheint dabei, wie Säkularisierung überhaupt, als Konsequenz nicht intendiert worden zu sein. So diente für Zwingli das Abendmahl unter anderem auch der Herstellung von Gemeinschaft.[43] Auch wenn das Individuum als für sein Heil zuständig erachtet wurde und es diese Zuständigkeit nicht an eine Institution abgeben konnte oder musste, also insofern stärker individualisiert wurde, war die Vereinzelung nicht das Ziel des Reformators.

2.2.4 Folgen für Religion

Die Geschichte der Beichte kann als Weg der Ablösung von äußeren religiösen Autoritäten gesehen werden. Bei Säkularisierungstheoretikern ist die erwartete Folge davon der Relevanzverlust von Religion, da die autoritären Strukturen nicht mehr da sind, die ihre Plausibilität stützten. Der Schluss, dass mehr Wahlfreiheit des Individuums zu weniger Religiosität führt, führt dabei zur Annahme, dass der protestantische Voluntarismus säkularisierend wirkt.[44]

---

ist. Dem were etwas zuogevallen, demm er nit wüßte ußleitung ze geben; fragte den priester und hette sinen radt, glych als wenn er sust zuo sinem bruoder kumpt und im sin sünd klagt, der meinung, das er im weg zeig, wie er davon kömme – denn iederman ist in siner sach blind – und ouch got für inn bitt, das er im sin sünd verzyhen und den glouben meren welle." HULDRYCH ZWINGLI: Auslegen und Gründe der Schlussreden, in: Huldreich Zwinglis sämtliche Werke, Leipzig 1908, Digitale Texte: www.irg.uzh.ch/static/zwingli-werke/index.php?n=Werk.20#a398. Vgl. die Hinweise in RONALD K. RITTGERS: Private Confession and the Lutheranization of Sixteenth-Century Nördlingen,in: The Sixteenth Century Journal 36 (2005), 1063–1085, 1078; sowie ANNEMARIE S. KIDDER: Making Confession, Hearing Confession. A History of the Cure of Souls, Collegeville, (Minnesota) 2010.
42 Vgl. ZWINGLI, Auslegen (wie Anm. 41): www.irg.uzh.ch/static/zwingli-werke/index.php?n=Werk.70#a687; siehe auch RITTGERS, Private (wie Anm. 38), 1078.
43 BURNETT, Social (wie Anm. 31), 117.
44 STEVE BRUCE: A House Divided: Protestantism, Schism, and Secularization, London 1990, 1.

Eine Alternative zu dieser säkularisierungstheoretischen Annahme stellen Ansätze dar, die Individualisierung als bloßen Wandel der Sozialform von Religion ansehen[45] oder betonen, dass Voluntarismus und Wahlfreiheit zu einer Belebung des religiösen Wettbewerbs und letztlich zu einer Zunahme von Religiosität führen.[46,47]

Verfolgt man die Geschichte der Beichte weiter, findet sich tatsächlich eine Loslösung verschiedener Bekenntnisformen von religiösen Ritualen. Wenn Hahn von einem „gesteigerten Einsatz an Bekenntnisritualen"[48] spricht, stellt er gleichzeitig fest, dass Praktiken wie Psychoanalyse und medizinische Anamnese an die Stelle religiöser Rituale treten.[49] Somit rangieren die religiösen Rituale nur noch neben anderen Verfahren zur Selbstfindung. Diese wiesen zudem immer weniger einen gemeinschaftlichen, institutionellen oder gesamtbiographischen Bezug auf: Die Hauptfunktion der meisten dieser Selbstfindungsprozeduren scheint weniger in der Sicherung sozialer Kontrolle, als vielmehr in der fallweisen Sinnstiftung, weniger in der Steigerung der Verantwortung für Schuld, als in der Produktion von Glück durch Überwindung von Traumata zu bestehen.[50]

Die Zurücknahme der kirchlichen Bezüge und die Verinnerlichung der Selbstkontrolle trugen zur Individualisierung bei und haben letztlich zu einem Rückgang der religiösen Zuständigkeit für das Individuum geführt.

2.3 Diversität

2.3.1 Charakterisierung

Diversität als Eigenschaft der Moderne findet sich in verschiedensten Bereichen der Gesellschaft: In der Politik als Vielfalt von Parteien in demokratischen Ländern, in der kapitalistischen Wirtschaft als Vielfalt an Wettbewerbern.

---

45 THOMAS LUCKMANN: Die unsichtbare Religion, Frankfurt am Main 1991.
46 Vgl. ROGER FINKE: The Consequences of Religious Competition. Supply-side Explanations for Religious Change, in: LAWRENCE A. YOUNG (Hg.), Rational choice theory and religion: Summary and assessment, New York 1997, 46–65.
47 Vgl. zur quantitativ-empirischen Überprüfung dieser zwei Thesen im Kontrast zu derjenigen der Säkularisierung GERT PICKEL: 2010. Säkularisierung, Individualisierung oder Marktmodell?: Religiosität und ihre Erklärungsfaktoren im europäischen Vergleich, in: Kölner Zeitschrift für Soziologie und Sozialpsychologie (KZfSS) 62 (2010), 219–245.
48 HAHN, Konstruktionen (wie Anm. 32), 197.
49 Vgl. auch JOHN D. RICHARDSON [U.a.]: 2009. Medieval confession practices and the emergence of modern psychotherapy, in: Mental Health, Religion & Culture 12 (2009), 473–484.
50 HAHN, Konstruktionen (wie Anm. 32), 235.

Auch bezüglich Religion lässt sich Diversität ausmachen. Sie kann unterschiedliche Formen annehmen: Beispielsweise kann damit die gesellschaftlich vorhandene Vielfalt vorhandener Traditionen bezeichnet werden, oder auch das, was Wolf als „intrapersonelle religiöse Pluralität"[51] bezeichnet, also die Involviertheit von Individuen in verschiedenen religiösen Traditionen. Wie Beckford zeigt, stellt Diversität zudem kein bloß deskriptives Maß für den wissenschaftlichen Beobachter dar, sondern wird, meist als Pluralismus bezeichnet, auch auf der Ebene des Untersuchungsgegenstandes beobachtet, bewertet und gezielt gefördert oder eingeschränkt.[52] Entsprechend kann die Möglichkeit von Individuen, die religiöse Involviertheit zu wechseln, durch Werte, Motivationen, Sanktionen usw. wahrscheinlicher oder unwahrscheinlicher gemacht werden. Damit verknüpft ist auch die Frage, ob es einen Markt gibt, auf dem die verschiedenen Segmente aufeinander stoßen[53] oder ob sie aufgrund der dauerhaften Bindung der Individuen nicht in einem Verhältnis der Konkurrenz nebeneinander stehen.

Religiöse Diversität in modernen westlichen Gesellschaften ist auf mehreren der genannten Dimensionen gleichzeitig hoch. Es finden sich viele verschiedene religiöse Traditionen, die Mobilität der Individuen ist groß und auch gleichzeitige Involviertheit einer Person in die Praktiken und Vorstellungen verschiedener Traditionen ist möglich. Mit zunehmender funktionaler Differenzierung wird zudem Religion nicht mehr durch andere Teilsysteme (z. B. Politik) bestimmt. „Das konstitutive Prinzip", schreibt Luhmann mit Blick auf Religion gar, „ist nicht Einheit, sondern Differenz."[54,55]

---

51 CHRISTOPH WOLF: Konzepte zur Messung religiöser Pluralität, in: DETLEF POLLACK/INGRID TUCCI/HANS-GEORG ZIEBERTZ, Religiöser Pluralismus im Fokus quantitativer Religionsforschung, Wiesbaden 2012, 17–37, 21.
52 JAMES A. BECKFORD: Social Theory and Religion, Cambridge/New York 2003, 79.
53 ÉMILE DURKHEIM: Über soziale Arbeitsteilung. Studie über die Organisation höherer Gesellschaften, Frankfurt am Main 1992, 361.
54 LUHMANN, Religion (wie Anm. 19), 273.
55 Es ist zu bezweifeln, dass dies ein spezifisch modernes Phänomen ist: So vermutet Burkhard Gladigow: „Ein (Über-)Angebot an verschiedenen, alternativen, kooperierenden oder komplementären ‚Sinnprodukten' hat offensichtlich, soweit die Verhältnisse historisch fassbar sind, immer bestanden. Nicht der ‚Zwang zur Häresie' ist das Novum europäischer und der von ihr beeinflussten Religionsgeschichte, sondern der Versuch, ein Symbolsystem für alle Lebensbereiche komplexer Kulturen verbindlich zu halten." BURKARD GLADIGOW: Religionsgeschichte des Gegenstandes – Gegenstände der Religionsgeschichte, in: HARTMUT ZINSER (Hg.), Religionswissenschaft: Eine Einführung, Berlin 1988. 6–37, 23.

2.3.2 Beitrag des Protestantismus

Religiöse Diversität dürfte auch im Katholizismus vor und nach der Reformation bestanden haben, dabei handelte es sich aber um eine Diversität unter einem gemeinsamen institutionellen Dach. Mit der Reformation war dieses nicht mehr übergreifend, womit auch auf der Ebene der Zugehörigkeit eine erhöhte Diversität Einzug in Europa hielt.[56] Dabei führte der Protestantismus nicht bloss zur Alternative einer zweiten Institution neben der katholischen Kirche. Wie eingangs bereits kurz ausgeführt handelt es sich um eine soziale Bewegung, d. h. eine Form des Sozialen, die ohne einheitliches organisatorisches Dach funktionierte und auf einer Vielzahl unterschiedlicher Positionen basierte. Sobald sich diese Bewegung aus der katholischen Kirche herauslöste, wurde sie zum Ausgangspunkt für eine Vielzahl von Einheiten, mit großer Dynamik an Schismen und Allianzen.

Mit der Verabschiedung aus der katholischen Kirche änderte sich auch der Modus der Autorität. Zentral wurde die Schrift, die von den unterschiedlichen Akteuren unterschiedlich interpretiert und gegen andere Ansprüche ins Feld geführt werden konnte, die behaupteten, die wahre Tradition zu verkörpern. Dies stellte eine qualitative Änderung des Modus der Diversität dar, die bis in die Gegenwart fortwirkt:

> My basic argument is that the enormous ideological variety of the Western world today – what I call its hyperpluralism – is a complex product of rejections, retentions, and transformations of medieval Western Christianity, in which the Reformation era constitutes the fundamental watershed. Doctrinally, socially, and politically divisive disagreements about what is true, how one ought to live, what matters most in life, and so forth emerged within a Christian context and characterized the Reformation era from its outset in the early 1520s. These disagreements have *never gone away*.[57]

Die Frage ist, ob die so erzeugte innerchristliche Diversität eine nicht-christliche Vielfalt eher ermöglicht als eine Form von Diversität, die sich, wie der mittelalterliche Katholizismus, größtenteils innerhalb einer Kirche abspielt. Auf jeden Fall dürfte sie spezifisch Diversität ermöglicht haben, insofern sie, wie in den vorangegangenen Abschnitten, die Ausdifferenzierung verschiedener Bereiche der Gesellschaft und die Individualisierung gefördert hat. Individualisierung eröffnet dem Individuum Wahlmöglichkeiten, Differenzierung ermöglicht die Unabhängigkeit von Religion von anderen Faktoren, die einschränkend wirken könnten.

---

56 GREGORY, Disembedding (wie Anm. 3), 33.
57 GREGORY, Disembedding (wie Anm. 3), 28 (Hervorhebungen im Original).

Ein wichtiger Faktor dürfte die Stärke einzelner protestantischer Institutionen sein: Diese war in verschiedenen geographischen Regionen und protestantischen Strömungen höchst unterschiedlich, entsprechend stellt Steve Bruce beispielsweise für den schottischen Calvinismus eine höhere Diversität und Dynamik fest als für die Episkopalen, die stärkere Institutionen aufweisen.[58]

2.3.3 Zürcher Reformation

Die Zürcher Reformation wies in ihrem Ausgangspunkt einen pluralistischen Charakter auf, der zu einer Diversität führte, die dann ihrerseits als problematisch erachtet und von den Autoritäten bekämpft wurde.[59] Kreise um Zwingli boten Raum für bereits im Keim bestehende täuferische Strömungen. So nahmen spätere Täufer wie Claus Hottinger am symbolischen Wurstessen bei Christoph Froschauer teil. Eine wichtige Rolle spielten Lesezirkel, die sich der freien Lektüre der Bibel widmeten. Dies zeigt die bereits erwähnte Wichtigkeit der Schrift für die Diversität der Reformationsbewegung.

Diese Bewegungen von unten gerieten in Zürich in Konflikt mit den säkularen Autoritäten, die allen die Kindstaufe vorschrieb.[60] Mit dem Verweis auf *sola scriptura* widersetzten sich die Täufer der Stadt und zelebrierten die Erwachsenentaufe. Diese rituelle Abweichung wurde von der Obrigkeit als Verstoß wahrgenommen und eine mögliche Abspaltung der Täufer von der Kirche bekämpft, bis hin zu Hinrichtungen verschiedener ihrer Exponenten.[61]

Das Beispiel ist einerseits ein Beleg für den Anstieg der Diversität durch die Zürcher Reformation. Die Einheit in der Ablehnung der bestehenden Verhältnisse und der römisch-katholischen Institution führte zum Versuch der Etablierung von Alternativen, die sich in grundlegender Weise unterschieden. Diese Unterschiede ließen sich nicht unter einem organisatorischen Dach zusammenbringen und führten zur Gründung verschiedener reformierter Gemeinschaften. Diese Diversität, das belegt das Beispiel andererseits, wurde aber auch bekämpft. Im Anschluss an Bruce lässt sich vermuten, dass eine solche Bekämpfung von Diversität insbesondere bei einer starken institutionellen Verschränkung zwischen bestimmten Formen von Protestantismus und dem Staat zu erwarten ist:[62] Politische

---

58 BRUCE, House (wie Anm. 44), 3 f.
59 ANDREA STRÜBIND: The Swiss Anabaptists, in: AMY BURNETT/EMIDIO CAMPI (Hgg.), A Companion to the Swiss Reformation, Brill 2016, 389–443, 391.
60 STRÜBIND, Swiss (wie Anm. 56), 397.
61 STRÜBIND, Swiss (wie Anm. 56), 413.
62 BRUCE, House (wie Anm. 44), 3 f.

Autoritäten, die sich mit einer Version von Protestantismus identifizieren, können die Ausgangslage dafür sein, dass alternative Verständnisse bekämpft werden und Diversität eingeschränkt wird.

2.3.4 Folgen für Religion

Im historischen Wörterbuch der Schweiz vermutet Weibel: „Eine Voraussetzung für die S. [Säkularisierung, Anm. RW] der Gesellschaft ist der religiöse Pluralismus, wie ihn die Reformation im 16. Jh. begründet und legitimiert hat."[63] Auch Steve Bruce hält Diversität für einen der wichtigsten Faktoren in der Schmälerung der Plausibilität von Religion.[64] Der Ausschließlichkeitsanspruch religiöser Gemeinschaften sei in Frage gestellt, an die Stelle von religiöser Autorität würden Gebote der Toleranz und der Gleichstellung treten. Auch Niklas Luhmann sieht das gesellschaftliche Nebeneinander verschiedener religiöser Traditionen als Faktor der Säkularisierung.[65] Gerade die Massenmedien würden dazu führen, dass eine Heilige Schrift nicht mehr als authentische Explikation von Realität gesehen werde, sondern als ein Glaubenszeugnis neben anderen. Religion werde dabei als Kultur erkannt, d.h. als menschliche Deutung. Damit verliert Religion den Charakter des unbedingt Gegebenen und kann als Produkt des menschlichen Lebens thematisiert werden.

Das Vorhandensein von Alternativen und die Niederschwelligkeit von Schismen erleichtern den Austritt von unzufriedenen Mitgliedern einer Gemeinschaft. Gerade engagierte und konservative Mitglieder dürften bei Unzufriedenheit dazu tendieren, was zu kleinen konservativen Gemeinschaften mit starken Bindungen führt und einer großen, liberalen Organisation, aus der diese hervorgegangen sind, die aber nur mehr auf Mitglieder mit vergleichsweise wenig *commitment* und auf einem höchst allgemeinen religiösen Grundkonsens basiert. Könnte, wie im Katholizismus, religiöse Devianz in Substrukturen, wie z.B. dem Mönchstum, aufgefangen werden, ginge sie der Dachorganisation nicht verloren.

Mit Hirschle ist zudem die Konkurrenz, die einzelnen religiösen Traditionen widerfährt, auch im nicht-religiösen Bereich zu sehen.[66] Das ökonomische

---

[63] ROLF WEIBEL: Artikel Säkularisierung, in: Historisches Lexikon der Schweiz: www.hls-dhs-dss.ch/textes/d/D11508.php (06.01.2012).
[64] STEVE BRUCE: God is dead: Secularization in the West, Malden 2002, 29.
[65] LUHMANN, Religion (wie Anm. 16), 298.
[66] JOCHEN HIRSCHLE: „Secularization of Consciousness" or Alternative Opportunities? The Impact of Economic Growth on Religious Belief and Practice, in: 13 European Countries. Journal for the Scientific Study of Religion 52 (2013), 410–424.

Wachstum führe dazu, dass das religiöse Bedürfnis von nicht-religiösen Angeboten gestillt werde. Unterschiedlichste Konsumgüter, vertrieben durch absatzorientierte Produzenten und Händler, dringen in verschiedenste Bereiche des Sozialen ein und füllten die „kulturelle Imagination"[67] der Menschen aus, d. h. besetzen während ihres Konsums auch Zeit, die ansonsten für religiöse Beschäftigungen frei gewesen wäre. Kollektives Feiern, das einst vor allem religiös bestimmt war, finde nun beispielsweise in Discos, Festivals und Restaurants statt. Auch die Bespielung der Identitäten der Individuen durch Konsumgüter würde eine Konkurrenz zu religiösen Deutungsangeboten darstellen. [68,69]

Diesen säkularisierungstheoretischen Annahmen eines positiven Zusammenhanges von Diversität und der Abnahme von Religiosität entgegen stehen Ansätze wie diejenige der *rational choice* Religionssoziologie, die von einem umgekehrten Zusammenhang ausgehen: Erhöhte religiöser Diversität führe zu mehr Wettbewerb, stärkeren Bemühungen religiöser Anbieter um ein attraktives Angebot, das zu erhöhtem Konsum von Religion, d. h. mehr Religiosität führt. Empirisch und theoretisch sind diese Annahmen umstritten. Ohne die Diskussion damit zusammenfassen zu können, kann mit Pickel anhand von Ländervergleichen geschlossen werden, dass der Erklärungsbeitrag der Marktthese des *rational choice*-Modells gering sein dürfte.[70]

2.4 Rationalität

2.4.1 Charakterisierung

Modernisierung wird spätestens seit Max Weber als in zentraler Weise durch Rationalisierung bestimmt verstanden. Bereits Weber wies aber auch auf die Schwierigkeit dieses Konzeptes hin, denn man könne „unter höchst verschiedenen letzten Gesichtspunkten ‚rationalisieren', und was von einem aus ‚rational' ist, kann, vom andern aus betrachtet, ‚irrational' sein."[71] Rationalisierung scheint

---

67 HIRSCHLE, Secularization (wie Anm. 66), 413.
68 HIRSCHLE, Secularization (wie Anm. 66), 422.
69 Vgl. zu Bemerkungen weiterer säkularer Konkurrenzen von Religion auch THOMAS SCHWINN: Zur Neubestimmung des Verhältnisses von Religion und Moderne: Säkularisierung, Differenzierung und multiple Modernitäten, in: KZfSS 65 (2013), 73–97.
70 PICKEL, Säkularisierung (wie Anm. 47), 236.
71 MAX WEBER: Vorbemerkung, in: DERS., Gesammelte Aufsätze zur Religionssoziologie I, Tübingen 1988b, 1–16, 11 f.

also für Weber keine einheitliche Angelegenheit zu sein.[72] Es habe sie, so fährt Weber an der eben zitierten Stelle weiter, „auf den verschiedenen Lebensgebieten in höchst verschiedener Art in allen Kulturkreisen gegeben", wobei jeweils charakteristisch sei, welche Bereiche der Gesellschaft in welche Richtung rationalisiert worden seien.

Um dieser Problematik zu begegnen, soll mit Anthony Giddens Rationalisierung als Anstieg von Reflexivität verstanden werden, als Zunahme der Reflexion über die Welt und das Handeln darin.[73] Reflexivität wird dabei als Gegensatz zur stillschweigenden Akzeptanz bestehender Verhältnisse verstanden. Handlungen können Gegenstand eines stärker diskursiven, d.h. verbalisierten Bewusstseins werden, im impliziten praktischen Bewusstsein begründet sein oder gänzlich unbewusst ablaufen, was geringere Reflexivität bedeutet.[74] Die gesteigerte Reflexivität in der Moderne besteht nicht darin, dass sich Individuen dauernd reflektierend durch ihren Alltag bewegen, sondern darin, dass gesellschaftliche Instanzen bestehen, wie z.B. Wissenschaften oder bürokratische Apparate, die reflektierendes Beobachten verschiedenster Bereiche der Welt ermöglichen. So sind alltäglichen Gegenstände, wie z.B. Automobile, durch wissenschaftlichen Fortschritt ermöglicht worden, sowie Gegenstand behördlicher Beobachtung, beispielsweise hinsichtlich von Abgasnormen oder Sicherheitsbestimmungen. Diese die Teilnahme am Straßenverkehr ermöglichende Reflexivität ist dem Automobilisten in seinem alltäglichen Gebrauch nicht bewusst und er könnte sie auch gar nicht nachvollziehen.

Moderne Reflexivität ist grundlegend mit funktionaler Differenzierung verbunden: Dies einerseits durch die damit einhergehende Vielzahl von Perspektiven, so kann ein Sachverhalt wie z.B. der Anstieg des CO_2-Gehaltes in der Atmosphäre Gegenstand wissenschaftlicher, politischer, wirtschaftlicher oder auch religiöser Beobachtungen werden. Andererseits ermöglicht Differenzierung innerhalb der Teilsysteme Spezialisierung und damit einhergehend erhöhte Reflexivität, wie beispielsweise durch Theologie im Religionssystem.

---

[72] Müller äußert sich skeptisch hinsichtlich der Möglichkeit, bei Weber ein konsistentes Rationalitätsverständnis herausarbeiten zu können. In Übereinstimmung mit Schluchter schlägt er vor, zwischen Rationalität/Handlung/Mikroebene, Rationalisierung/Ordnung/Mesoebene und Rationalismus/Kultur/Makroebene zu unterscheiden. HANS-PETER MÜLLER: Rationalität, Rationalisierung, Rationalismus. Von Weber zu Bourdieu? in: ANDREA MAURER/UWE SCHIMANK (Hgg.), Die Rationalitäten des Sozialen, Wiesbaden 2011, 43–64, 47.
[73] ANTHONY GIDDENS: The Constitution of Society. Outline of the Theory of Structuration, Berkeley 1986, 3–6.
[74] Vgl. GIDDENS, Constitution (wie Anm. 73), 4–6.

2.4.2 Beitrag des Protestantismus

In Bezug auf Religion wird Rationalität oft in einen Kontrast mit Ritual gestellt. Je stärker Handeln ritualisiert ist, desto stärker spielen Gewohnheit, Repetition und das Einhalten einer bestimmten Form eine Rolle, desto geringer ist die Kapazität, nicht bereits im Vorneherein Bestimmtes und von allen Erwartetes zu kommunizieren.[75] Damit wird die Möglichkeit von Reflexivität zurückgestellt. Eine Handlungssequenz, die als Ritual bezeichnet wird, kann mehr oder weniger ritualisiert sein: Eine freie Predigt ist weniger ritualisiert als ein standardisierter Bewegungsablauf, das heißt, dass durch die Aufhebung der Messe und die Einführung des Wortgottesdienstes das zentrale gemeinschaftliche christliche Ritual entritualisiert wurde. Damit wurde das Potenzial des zentralen Rituals für Reflexivität erhöht.

Wie bereits in den Ausführungen zur Diversität diskutiert, spielt bei dieser Reflexivität auch das Medium Schrift eine große Rolle. Die Auseinandersetzung mit der Schrift erfolgte durch neue Deutungsmöglichkeiten weniger ritualisiert, sondern zunehmend als Diskussion um Auslegungen, die, wie z. B. bei der Frage der Kindstaufe, grundsätzliche Konsequenzen zeitigten, die wiederum auf die rituelle Praxis zurückwirkten. Reformation stellte eine Herausforderung dar, der dabei nicht nur auf protestantischer sondern auch auf römisch-katholischer Seite mit theologischer Reflexion begegnet wurde. Auch wenn für die meisten Individuen weiterhin keine eigentliche Wahlmöglichkeit bestanden haben dürfte, wurden bisher selbstverständliche Setzungen als Entscheidungen gehandhabt und damit reflexiv.

Neben der Diversität dürfte Rationalität auch mit Individualisierung zusammenhängen, so sei, vermutet Ernst Troeltsch, der „protestantische religiöse Individualismus der persönlichen Überzeugung" mit dem „wissenschaftliche[n] Gewissen und der Freiheit des Gedankens zusammengeflossen."[76]

2.4.3 Zürcher Reformation

Mit Opitz kann an Troeltsch angeschlossen und der Beitrag der Reformation zur Rationalität in der Betonung schulischer Bildung und insbesondere der Bildung

---

75 Vgl. dazu CATHERINE M. BELL: Ritual: Perspectives and Dimensions, New York 1997.
76 TROELTSCH, Bedeutung (wie Anm. 26), 80.

der Pfarrerschaft gesucht werden.⁷⁷ Aus der Zürcher Reformation war es vor allen Heinrich Bullinger, der früh Reformation und Humanismus verband. Im Hinblick auf Reflexivität bedeutsam scheint die Annahme, dass die Bibel für sich genommen als Gottes Werk klar sei und dem Menschen die Aufgabe der Interpretation zukomme, wofür Exegese und eine entsprechende Bildung notwendig war.⁷⁸ Dies führte zur Betonung der Notwendigkeit des Studiums nicht-christlicher klassischer Autoren, um die Bibel als ihrerseits sprachliches Erzeugnis einer bestimmten Zeit verstehen zu können. Die theologische Interpretationsleistung sah Bullinger dabei als stets zu revidierenden Kommentar. „Jede unhinterfragbare oder durch religiöse Autoritäten legitimierte theologische Rede ist so im Prinzip ausgeschlossen."⁷⁹ Das reformierte Wirklichkeitsverständnis dürfte zudem mittelbar über Wissenschaftler wie Conrad Gessner, der die wissenschaftlich-rationale Auseinandersetzung mit der Welt gefördert hat, wirksam geworden sein.

Auch das, was soeben als Entritualisierung bezeichnet wurde, lässt sich in Zürich feststellen. Innerhalb weniger Jahre findet sich rein quantitativ ein starker Rückgang der Zahl von religiösen Ritualen in Zürich.⁸⁰ Zudem lässt sich bei den reformierten Gottesdiensten im Unterschied zur römisch-katholischen Messe eine geringere Ritualisierung ausmachen. Rituelle Gewohnheit und Repetition wurden zugunsten kommunikativer Flexibilität in der Predigt zurückgestellt.⁸¹ Durch die Aufhebung der Messe und der Einführung des Wortgottesdienstes wurde das zentrale gemeinschaftliche christliche Ritual entritualisiert.

2.4.4 Folgen für Religion

Die Betonung von Schrift und die gleichzeitige Entritualisierung kann als ein Schritt im unter anderem von Jürgen Habermas beobachteten Wandel weg von religiös-ritueller zu einer versprachlicht-rationalisierten Herstellung von Solidarität dargestellt werden⁸² Im Rahmen dieses Wandels, in dem Ritualisierung und

---

77 PETER OPITZ: Humanistische „Rationalität" und evangelische Theologie in den Anfängen der Zürcher Hohen Schule, in: HERMANN J. SELDERHUIS/ERNST-JOACHIM WASCHKE (Hgg.), Reformation und Rationalität, Göttingen/Bristol 2015, 175–192, 176.
78 OPITZ, Humanistische (wie Anm. 77), 178.
79 OPITZ, Humanistische (wie Anm. 77), 182.
80 Vgl. ROSMARIE SUNDERLAND: Huldrych Zwingli's reformation: Changes in religious and social customs in sixteenth and seventeenth century Zürich and its environs, Ann Arbor 2002, 309.
81 Vgl. BELL, Ritual (wie Anm. 75).
82 Vgl. JÜRGEN HABERMAS: Theorie des kommunikativen Handelns Band 1. Handlungsrationalität und gesellschaftliche Rationalisierung, Frankfurt am Main 1981, 118 f.

Rituale zurückgehen, der reflexive Diskurs dagegen an Wichtigkeit gewinnt, würde religiösen Referenzen keine Geltung per se mehr zukommen. Habermas Rationalisierungsthese, gemäß welcher letztlich der rationale Diskurs zur Quelle von Solidarität wird, kann in ihrer gesamtgesellschaftlichen Gültigkeit angezweifelt werden,[83] innerhalb des Christentums hat jedoch die Reformation, gerade auch die von Zürich ausgehende, tatsächlich zu einer quantitativen Abnahme an Ritualen geführt.

Seit Durkheim wird Ritualen eine konstitutive Funktion für den Zusammenhalt einer Gruppe und die Plausibilität von Glaubensüberzeugungen zugeschrieben.[84] Von einer Entritualisierung, wie sie in Zürich stattfand, sind dementsprechend markante Folgen zu erwarten und Säkularisierungstheoretiker wie Steve Bruce sehen sie als Ausgangspunkt von Säkularisierung: Wo die rituell reproduzierte Selbstverständlichkeit nicht mehr gegeben wird und stattdessen Deutungen, Interpretationen und entsprechende Entscheidungen dazwischen wichtig werden, würde letztlich Religion an Plausibilität verlieren.

Darüber hinaus sieht Bruce als säkularisierende Folge von Rationalisierung weniger einen frontalen Gegensatz religiöser und wissenschaftlicher Weltbilder und -erklärungen, sondern die Einführung von Technologien, wie, um ein Beispiel von Bruce zu nennen, chemische Mittel gegen Ungeziefer, das Schafe befällt. Die Effizienz einer solchen Technologie mache es letztlich unnötig, göttliche Hilfe gegen dieses Ungeziefer zu erbitten. Immerhin blieben, so Bruce, letzte Probleme wie der individuelle Tod auch durch solche Technologien ungelöst.[85] In Übereinstimmung damit und im Anschluss an Webers Begriff der „Entzauberung" spricht Dobbelaere von „disenchantment" und versteht darunter die seiner Meinung nach wachsende Tendenz, die Welt als „menschengemacht" und berechenbar zu sehen.[86,87]

---

[83] Vgl. DAVID CHEAL: Ritual: Communication in Action, in: Sociological Analysis 53 (1992), 363–374; MICHELE DILLON: 2009 Association for the Sociology of Religion Presidential Address: Can Post-Secular Society Tolerate Religious Differences?, in: Sociology of Religion 71 (2010), 139–156.
[84] ÉMILE DURKHEIM: Die elementaren Formen des religiösen Lebens, Frankfurt am Main 1994.
[85] BRUCE, God (wie Anm. 64), 27.
[86] DOBBELAERE, Perspective (wie Anm. 9), 232.
[87] Dies deckt sich nicht vollständig mit Webers Verständnis von Entzauberung, womit dieser ein Verschwinden von magischen Elementen aus der Religion, z. B. im Protestantismus, bezeichnete, nicht die völlige Verabschiedung von Vorstellungen der Relevanz Gottes. Vgl. WEBER, Ethik (wie Anm. 13), 114.

3 Protestantismus und Säkularisierung

Die vorangehenden Ausführungen relativierten die These des Zusammenhanges von Protestantismus und Säkularisierung. So wurde am Beispiel der Beichte deutlich, dass die Reformation einen Trend zur Individualisierung fortgesetzt hat, der bereits im katholischen Hochmittelalter begonnen hat. Und verschiedentlich zeigte sich, dass auch von außerhalb des Protestantismus und außerhalb von Religion Einflüsse stammten und zu den säkularisierenden Konsequenzen der Moderne beigetragen haben.

Über die verschiedenen Dimensionen von Modernisierung hinweg ließen sich aber durchaus protestantische Einflüsse auf Säkularisierung feststellen, die sich auch für die Zürcher Reformation an verschiedenen Beispielen festmachen ließen. Auf die Rationalisierung des Wirtschaftslebens, die Entritualisierung von Religion, das Eröffnen religiöser Diversität und die Erzeugung des modernen Individuums dürfte die Reformation entscheidende Auswirkungen gehabt haben. Die Konsequenzen daraus dürften wiederum zur Säkularisierung beigetragen haben und immer noch beitragen.

Inwiefern betreffen nun diese nicht-intentionalen Folgen ihren Miturheber, den Protestantismus, in spezifischer Weise? Er ist nicht vor ihren Konsequenzen gefeit – im Gegenteil: „Ländern mit einer katholischen Tradition gelingt es Säkularisierungsprozessen einen größeren Widerstand entgegenzusetzen als nichtkatholischen Ländern (zumindest in Europa)."[88] schließt Pickel. Die Reformation, so schließt auch Gregory, habe das Leben der Menschen christlicher gestalten wollen, letztlich aber zu einem „disembedding", einer Entbettung von Religion aus dem Rest des Lebens der Menschen, geführt.[89,90] Die Beobachtung einer unterschiedlichen „Säkularisierungsresistenz" der protestantischen und katholischen Landeskirchen, lässt sich auch für die Schweiz bestätigen.[91] In jeglicher Hinsicht, den Mitgliederzahlen, dem gesellschaftlichen Einfluss und der abnehmenden Durchdringung mit Glaubensvorstellungen sowie schrumpfender Ritualteilnahme ist in Bezug auf die reformierten Kirchen in der Schweiz im Vergleich zu den katholischen Kirchen von stärkeren Säkularisierungsfolgen zu

---

[88] Pickel, Säkularisierung (wie Anm. 47), 239.
[89] Gregory, Disembedding (wie Anm. 3), 37.
[90] Ähnlich bereits Troeltsch der darauf verwies, „dass aus der kirchlichen Kultur des Protestantismus [...] kein direkter Weg in die kirchenfreie moderne Kultur führen könne. Seine im allgemeinen offenkundige Bedeutung hierfür muss vielfach eine indirekte oder gar eine ungewollte sein", Troeltsch, Bedeutung (wie Anm. 26), 32.
[91] Stolz/Ballif, Zukunft (wie Anm. 22), 56.

sprechen. Die Konstanz dieses Unterschiedes[92] könnte ein weiterer Hinweis darauf sein, dass der Protestantismus tatsächlich in besonderer Weise zur Modernisierung der eigenen Religion und des eigenen Kontexts beitrug, was ungewollte, der Relevanz der eigenen religiösen Tradition letztlich abträgliche Konsequenzen nach sich zog.

---

[92] DETLEF POLLACK: Religiöser Wandel in Deutschland: Muster und Zusammenhänge, in: MICHAEL HAINZ / GERT PICKEL / DETLEF POLLACK [U.A.] (Hgg.), Zwischen Säkularisierung und religiöser Vitalisierung. Religiosität in Deutschland und Polen im Vergleich, Wiesbaden 2014, 19–30, 21.

Peter-Ulrich Merz-Benz
Protestantismus und „moderne Welt"

Die Protestantismusthesen von Max Weber und Ernst Troeltsch aus heutiger Sicht

Die historischen Fakten sind schnell erzählt: In den Jahren 1904 und 1905 erschien im *Archiv für Sozialwissenschaft und Sozialpolitik* die erste Fassung von Max Webers Studie *Die protestantische Ethik und der ‚Geist' des Kapitalismus*.[1] Kurz danach erhielt Max Weber vom Verband der Historiker Deutschlands die Aufforderung, auf der für April 1906 geplanten Jahrestagung des Verbandes über die Ergebnisse seiner Studie vorzutragen. Weber reichte diese Aufforderung jedoch weiter an seinen Heidelberger Kollegen und Freund Ernst Troeltsch. Und Ernst Troeltsch nahm daraufhin die Gelegenheit wahr, der wissenschaftlichen Öffentlichkeit in einem langen und gelehrten Vortrag seine Auffassung über *Die Bedeutung des Protestantismus für die Entstehung der modernen Welt* näher zu bringen. Dieser Vortrag wurde noch im gleichen Jahr in der *Historischen Zeitschrift* publiziert.[2]

Troeltsch hielt unmissverständlich fest, dass er für die Beschäftigung mit dem Thema „Protestantismus und moderne Welt" eigene Gesichtspunkte vorsehe. Und in der Tat haben Weber und Troeltsch mit ihren Protestantismusthesen höchst Unterschiedliches im Blick: Weber den „‚Geist' des Kapitalismus", Troeltsch den modernen Individualismus.

Für Max Weber gilt: Der Kapitalismus ist die „schicksalsvollste Macht des modernen Lebens"[3], und welches der „Geist" ist, der ihn erfüllt, verantwortlich für seine Hervorbildung ebenso wie für sein Wirken – das sucht Weber zu bestimmen. Für Ernst Troeltsch gilt: Der Individualismus ist das universale Gestaltungsprinzip der modernen Welt, sich mit den realen Gegebenheiten in den verschiedensten

---

[1] MAX WEBER: Die protestantische Ethik und der Geist des Kapitalismus. I. Das Problem, in: Archiv für Sozialwissenschaft und Sozialpolitik 20 (1904), 1–54; MAX WEBER: Die protestantische Ethik und der Geist des Kapitalismus. II. Die Berufsidee des asketischen Protestantismus, in: Archiv für Sozialwissenschaft und Sozialpolitik 21 (1905), 1–110.
[2] ERNST TROELTSCH: Die Bedeutung des Protestantismus für die Entstehung der modernen Welt. Vortrag, gehalten auf der IX. Versammlung deutscher Historiker zu Stuttgart am 21. April 1906, in: Historische Zeitschrift 97 (1906), 1–66. Eine zweite, erweiterte Fassung dieses Vortrags erschien 1911 als Monographie: ERNST TROELTSCH: Die Bedeutung des Protestantismus für die Entstehung der modernen Welt, München/Berlin 1911.
[3] MAX WEBER: Vorbemerkung, in: MAX WEBER, Gesammelte Aufsätze zur Religionssoziologie I, Tübingen 1988, 1–16, 4.

Lebensbereichen „amalgamierend" und mithin in unverwechselbaren und einzigartigen Tatsachen gleichzeitig als solcher hervortretend – ihn fassbar zu machen ist die Intention von Troeltsch. Auch weisen die beiden Protestantismusthesen höchst unterschiedliche Konstruktionen auf: Die Protestantismusthese Webers ist der Idealtypus einer historischen Umbildung, die „Veranschaulichung" dessen, was es durch Forschung erst festzustellen und auf den Begriff zu bringen gilt[4]; die Protestantismusthese von Troeltsch ist dagegen erklärtermaßen eine Form von Geschichtsschreibung, allerdings einer ganz besonderen: der Freilegung dessen, was durch alle universalgeschichtlichen Zusammenhänge hindurch das eigentliche Konstituens der modernen Kultur darstellt.[5]

Das ist aber selbstverständlich nicht das letzte Wort. Denn in einem sind sich die Protestantismusthesen von Max Weber und Ernst Troeltsch trotz allem gleich: Beide sind befasst mit der Hervorbildung der besonderen qualitativen Prägung der modernen Welt. Und um auch gleich auf die naheliegende – rhetorische – Frage nach der Aktualität der jeweiligen Befunde bzw. nach dem Weiterbestehen der festgestellten qualitativen Prägungen zu antworten: ‚Es ist noch (fast) alles da'.

1 Die Protestantismusthese Max Webers

„Wer den Spuren der kapitalistischen Entwickelung nachgeht, in welchem Lande Europas es auch sei, immer wird sich ihm dieselbe Thatsache aufdrängen: Die calvinistische Diaspora ist zugleich die Pflanzschule der Kapitalwirtschaft" – kaum ein Befund, der geeigneter sein könnte, die Wirklichkeit, zu deren Erschließung Max Weber seine Protestantismusthese entwickelt hat, zu charakterisieren. Dieser Befund, von Weber zitiert im ersten Teil von *Die protestantische Ethik und der Geist des Kapitalismus*[6], stammt aus Eberhard Gotheins *Wirt-*

---

4 Vgl. hierzu PETER-ULRICH MERZ-BENZ: Individualisierung – kapitalistische „Lebensführung" – Individualismus. Zur Konstitution der modernen Welt aus dem „Geist" der protestantischen Ethik: Max Weber und Ernst Troeltsch, in: Schweizerische Zeitschrift für Soziologie 30 (2004), 167–198, 182f.
5 Vgl. MERZ-BENZ, Individualisierung (wie Anm. 4), 187f.
6 MAX WEBER: Die protestantische Ethik und der Geist des Kapitalismus, in: MAX WEBER, Gesammelte Aufsätze zur Religionssoziologie I (wie Anm. 3), 17–206, 27. Bei dieser Ausgabe handelt es sich um einen „photomechanischen Nachdruck" der Ausgabe von 1920. Nach ihr wird – von einer Ausnahme abgesehen – im Folgenden zitiert.

schaftsgeschichte des Schwarzwaldes von 1892[7] und entspricht im weiteren auch den Ergebnissen der statistischen Untersuchungen von Webers Schüler Martin Offenbacher[8]. Dass die „calvinistische Diaspora [...] zugleich die Pflanzschule der Kapitalwirtschaft [ist]", ist für Weber erklärtermaßen nicht als Forschungsergebnis von Bedeutung, vielmehr sieht er darin – zumindest fürs erste – lediglich eine „Veranschaulichung" desjenigen Ausschnitts der geschichtlichen Wirklichkeit, den er mit seiner Protestantismusthese in den Blick nimmt. In diesem Befund ist vorgedacht, was auf dem Wege der Forschung erst festgestellt werden soll: „Ob und wieweit religiöse Einflüsse", die, losgelöst von allen ökonomischen Bedingungen, unberührt von sämtlichen vorfindlichen, vorab städtischen Lebensformen, wesentlich verantwortlich zeichnen für die „qualitative Prägung und quantitative Expansion" des Geistes des Kapitalismus, die nichts weniger darstellen als den Grund für die Hervorbildung der „konkreten Seiten der [kapitalistischen] *Kultur*" in ihrer Unverwechselbarkeit und Einzigartigkeit.[9] Im Befund: die „calvinistische Diaspora ist zugleich die Pflanzschule der Kapitalwirtschaft" ist dies in nuce festgehalten.

Besondere Aufmerksamkeit widmet Weber den von Benjamin Franklin 1736 formulierten *Necessary hints to those that would be rich*. Aus ihnen hört man – so Weber – den „Geist des Kapitalismus [...] in charakteristischer Weise rede[n]".[10] Denn in den nützlichen Hinweisen Franklins wird – wie Weber gleich hinzufügt – mehr „gelehrt" als bloße „Geschäftsklugheit" oder Techniken erfolgreichen Wirtschaftens; vielmehr „äussert" sich in ihnen ein eigentliches „Ethos".[11] Und das „summum bonum" dieser „Ethik" ist „der Erwerb von Geld und immer mehr Geld, unter strengster Vermeidung alles unbefangenen Geniessens, [...] gänzlich aller eudämonistischen oder gar hedonistischen Gesichtspunkte entkleidet, [...] rein als Selbstzweck gedacht".[12] Wer als moderner Kapitalist tätig ist, erfüllt vielmehr einzig eine ihm auferlegte „Pflicht".[13] Von den erwirtschafteten Gütern „,hat [er] nichts' [...] für seine Person, – außer: der irrationalen Empfindung guter

---

7 EBERHARD GOTHEIN: Wirtschaftsgeschichte des Schwarzwaldes und der angrenzenden Landschaften, 1. Band: Städte- und Gewerbegeschichte. Herausgegeben von der Badischen Historischen Kommission, Strassburg 1892, 674.
8 Vgl. WEBER, Protestantische Ethik (wie Anm. 6), 18 f., 21 f. und 24.
9 WEBER, Protestantische Ethik (wie Anm. 6), 83; erste Hervorhebung durch Verfasser weggelassen.
10 WEBER, Protestantische Ethik I (wie Anm. 1), 12 f.
11 WEBER, Protestantische Ethik (wie Anm. 6), 33.
12 WEBER, Protestantische Ethik (wie Anm. 6), 35.
13 WEBER, Protestantische Ethik (wie Anm. 6), 36.

‚Berufserfüllung'".[14] Und in diesem Sinne eignet seiner Lebensführung „ein gewisser asketischer Zug".[15]

Diese Pflicht oder, präziser, diese „Berufspflicht" ist Weber zufolge begründet in der protestantischen Ethik. Es sind „psychologische *Antriebe*", „[geschaffen] durch den religiösen Glauben und die Praxis des religiösen Lebens", „welche der Lebensführung [des Kapitalisten; PUMB] die Richtung [weisen] und das Individuum in ihr [festhalten]".[16] Näherhin ist es die Ethik des Calvinismus, welche das Motiv kapitalistischer Berufsarbeit erfüllt. Webers Interesse gilt dabei vor allem anderen der calvinistischen „Lehre von der *Gnadenwahl*".[17] Gemäß einem absolut freien Entschluss Gottes steht „von Ewigkeit her [fest]", welcher „Teil der Menschen selig wird" und welcher „verdammt bleibt".[18] Die Menschen wissen zwar um diese Teilung, doch sie wissen nicht, wer zu den Erwählten gehört und wer nicht, für sich nicht und für niemand anderen. Dass Gottes Ratschlüsse „durch menschliche Einwirkung wandelbar" sein könnten, ist ein gänzlich „unmöglicher Gedanke", und folgerichtig vermögen die Menschen weder durch Verdienste, noch durch Verschulden das Schicksal des Erwähltseins zu beeinflussen.[19]

Wie aber kann – so lautet für Weber das „entscheidende Problem" – das einzelne Individuum in seiner inneren Einsamkeit und Ungewissheit diese Lehre dennoch „ertragen"?[20] Wie vermag es, den „Qualen", die ihm durch die calvinistische Gnadenwahllehre in seiner gesamten Lebensführung bereitet werden, entgegenzutreten? Die Antwort führt direkt zum Grundgedanken der Weberschen Protestantismusthese: Die Gnadenwahllehre bleibt in ihrer Unerbittlichkeit, ihrer ganzen „pathetischen Unmenschlichkeit" unvermindert bestehen. Doch gibt es für den Gläubigen Mittel, um sich zumindest „die subjektive Gewissheit der eigenen Gewähltheit" zu verschaffen.[21] Und das „hervorragendste" dieser Mittel ist die „*rastlose Berufsarbeit*".[22] Weber spricht hier bezeichnenderweise von Gewissheit als „Selbstgewissheit" und meint damit nicht Gewissheit, wie sie einer gewonnenen Einsicht entspringt, sondern Gewissheit als ein intuitives Wissen um das eigene Vermögen. Es ist die Gewissheit, „die Angst um die Seligkeit los[werden]" oder, präziser noch, über das „technische Mittel" zu verfügen, um in

---

14 WEBER, Protestantische Ethik (wie Anm. 6), 55.
15 WEBER, Protestantische Ethik (wie Anm. 6), 36.
16 WEBER, Protestantische Ethik (wie Anm. 6), 86.
17 WEBER, Protestantische Ethik (wie Anm. 6), 89–93.
18 WEBER, Protestantische Ethik (wie Anm. 6), 93.
19 WEBER, Protestantische Ethik (wie Anm. 6), 93.
20 WEBER, Protestantische Ethik (wie Anm. 6), 102.
21 WEBER, Protestantische Ethik (wie Anm. 6), 105.
22 WEBER, Protestantische Ethik (wie Anm. 6), 105.

sich selbst diese Angst fortwährend herunterkämpfen zu können.²³ Bezeichnenderweise sind es – gemäß einer früheren Formulierung – „psychologische Antriebe, welche der Lebensführung [des Kapitalisten; PUMB] die Richtung [weisen] und das Individuum in ihr [festhalten]" – „psychologische Antriebe", „[geschaffen] durch den religiösen Glauben und die Praxis des religiösen Lebens".²⁴ Doch die Angst um das Erwähltsein ist so absolut wie die Geltung der Gnadenwahllehre. Beim Ertragen der Gnadenwahllehre und ihrer Folgen geht es buchstäblich *um alles.*

Dementsprechend machtvoll muss daher auch das Mittel sein, um diese Angst tatsächlich erfolgreich fortwährend herunterkämpfen zu können. Das Mittel ist – bekanntermaßen – die Berufsarbeit, doch wirksam ist die Berufsarbeit eben nur, wenn sie „rastlos" ist, und zwar – wie gleich hinzuzufügen ist – so rastlos wie nur immer möglich. Im Klartext: Für die Rastlosigkeit der Berufsarbeit gibt es *kein* irdisches Maß, denn was in der Berufsarbeit und durch diese erreicht werden soll oder, was dasselbe meint, was den psychologischen Antrieb zur Berufsarbeit ausmacht, ist nicht von dieser Welt. Warum spricht Weber von der Berufsarbeit als einem „technischen Mittel"? Die Berufsarbeit ist die systematische, rational durchgestaltete „*Methode* der ganzen Lebensführung".²⁵ Wer die Berufsarbeit zum Prinzip der Lebensführung macht und danach strebt, diesem Prinzip möglichst in jedem Moment seines Lebens zur Wirkung zu verhelfen, der vermag über sein Tun die größtmögliche Kontrolle auszuüben, und das heißt wiederum: die Angst um das Erwähltsein möglichst effektiv zu bekämpfen, fernab jeglichen blinden Anrennens gegen die doch so quälende Ungewissheit. Um diese Methode praktizieren zu können, dafür bilden die Realitäten des Wirtschaftshandelns die bestmögliche Voraussetzung; sie sind es, die der Methode nahezu uneingeschränkt zur Wirkung verhelfen – und aus der traditionellen Wirtschaft wird die kapitalistische Wirtschaft: Güterproduktion, Gütererwerb, grenzenloses Gewinnstreben, das doch vom Ruch des bloßen Gewinnstrebens befreit ist, weil letztlich gottgewollt. Und dafür, dass dieses Tun zu Zeiten auch unmittelbar, im alltäglichen Leben in die richtigen Bahnen gelenkt wurde, jenseits jeglicher „Zeitvergeudung"²⁶, schon gar jeglichen „unbefangenen" Genießens²⁷, tat die puritanische Lebensauffassung noch das ihre. – Auf diese Weise, als unbedingtes und unbegrenztes sich Ausleben eines psychischen, für sich selbst jedoch reli-

---

23 WEBER, Protestantische Ethik (wie Anm. 6), 110.
24 WEBER, Protestantische Ethik (wie Anm. 6), 86; Hervorhebung durch den Verfasser weggelassen.
25 WEBER, Protestantische Ethik (wie Anm. 6), 114.
26 WEBER, Protestantische Ethik (wie Anm. 6), 167.
27 WEBER, Protestantische Ethik (wie Anm. 6), 190.

giösen Antriebs wird der Kapitalismus „zur schicksalsvollsten Macht des modernen Lebens"²⁸.

Die Protestantismusthese Max Webers trägt weitgehend die Züge eines Idealtypus, näherhin des Idealtypus einer historischen Umbildung.²⁹ Der Begriff des Idealtypus ist eine Errungenschaft Webers; was die Begründung der Sozialwissenschaft und mithin die logischen Grundlagen des Idealtypus angeht stützt sich Weber dagegen praktisch ausnahmslos auf die Erkenntnistheorie und vor allem auf die Methodologie Heinrich Rickerts.³⁰ Die Protestantismusthese ist nichts anderes als das „Gedanken"- bzw. „Phantasiebild" einer geschichtlichen Entwicklung, welche in den Begebenheiten des realen, kausal bedingten Geschehens nur andeutungsweise und partiell verkörpert ist. Auf diesen „unwirklichen" Charakter des Idealtypus aber kommt es gerade an. Denn wird eine reale geschichtliche Entwicklung gleichsam mit ihrem Idealtypus konfrontiert, dann treten allfällige Entsprechungen hervor; ja es wird überhaupt erst sichtbar, wo, an welcher Stelle in der Wirklichkeit Kausalverbindungen von der Art, wie sie im Idealtypus in reinster Form vorgedacht, konstruiert sind, bestehen und erforscht werden können. Weber selbst schreibt: „Um die wirklichen Kausalzusammenhänge zu durchschauen, konstruieren wir unwirkliche".³¹ Oder wie es in *Die protestantische Ethik und der Geist des Kapitalismus* heißt:

> [Angesichts] des ungeheuren Gewirrs gegenseitiger Beeinflussungen zwischen den materiellen Unterlagen, den sozialen und politischen Organisationsformen und dem geistigen Gehalte der reformatorischen Kulturepochen [kann] nur so verfahren werden, daß zunächst untersucht wird, ob und in welchen Punkten bestimmte ‚Wahlverwandtschaften' zwischen gewissen Formen des religiösen Glaubens und der Berufsethik erkennbar sind.³²

Auf diese Weise wird der Forschung die Richtung gewiesen. In jedem Fall aber gilt: Die Webersche Protestantismusthese ist *keine* historische Kausalerklärung; sie ist vielmehr eine logisch-methodische Konstruktion, die Kausalerklärungen, die begriffliche Erfassung von Wirkungsverhältnissen im realen Geschehen, erst ermöglichen soll.

---

28 WEBER, Vorbemerkung (wie Anm. 3), 4.
29 Vgl. zum Begriff des Idealtypus PETER-ULRICH MERZ[-BENZ]: Max Weber und Heinrich Rickert. Die erkenntniskritischen Grundlagen der verstehenden Soziologie, Würzburg 1990, § 15., bes. §§ 15ba., 15bb. und 15bc. Zum Begriff des Idealtypus einer historischen Umbildung vgl. MERZ [-BENZ], Max Weber und Heinrich Rickert, 403–405.
30 Vgl. MERZ[-BENZ], Max Weber und Heinrich Rickert (wie Anm. 29), Teil I und Teil II, bis § 15a.
31 MAX WEBER: Gesammelte Aufsätze zur Wissenschaftslehre. Vierte, erneut durchgesehene Auflage, herausgegeben von Johannes Winckelmann, Tübingen 1973, 287.
32 WEBER, Protestantische Ethik (wie Anm. 6), 83.

Als Idealtypus besitzt Webers Protestantismusthese eine – wie ich das nennen möchte – *Macht des wirklichkeitsöffnenden Blicks*, die ihresgleichen sucht. Mit der Protestantismusthese als Leitfaden vermochte Weber die Wirklichkeit unseres sozialen und kulturellen Lebens, näherhin die Wirklichkeit unseres Wirtschaftens und Arbeitens in einer Weise aufzuschließen, dass vor uns etwas erstanden ist, dessen wir uns in dieser Form noch nicht bewusst geworden sind. Diese *Macht des wirklichkeitsöffnenden Blicks* besitzt Webers Protestantismusthese nach wie vor. Und in erster Linie dieser Macht müssten eigentlich auch die Bemühungen um die Rezeption der Weberschen Protestantismusthese gelten – und nicht der Feststellung allfälliger empirischer Zusammenhänge zwischen der Kapitalwirtschaft heute und der Kapitalwirtschaft vor hundert Jahren. Im Folgenden möchte ich auf diesem m.W. nicht begangenen Weg der Weber-Rezeption zumindest einen ersten Schritt tun.

2 „Das Gefühl, gebraucht zu werden" – protestantische Arbeitsethik heute

Im Jahr 2016 fand in der Schweiz die Abstimmung über die 2012 lancierte Volksinitiative zur Einführung des „Bedingungslosen Grundeinkommens" (BGE) statt. Dieses Reformvorhaben verwirklichen zu wollen hieß für die Initianten, einen Diskurs zu eröffnen, mit dem das einzurichtende ‚neue Stück Wirklichkeit' denkbar gemacht werden sollte, auf dass es, und sei es – erst einmal – auch nur vor unserem geistigen Auge, als solches erstehe. Dazu gehörte, ganz selbstverständlich, sich in bereits bestehende Diskurse einzufügen: in diejenigen der Sozialpolitik, der sozialen Sicherung, der Finanzierbarkeit gesellschaftlicher Innovationen, des Gemeinnutzes, der politischen Vergemeinschaftung – um nur die wichtigsten zu nennen. Beim BGE kam indes etwas Entscheidendes hinzu: Mit ihm wurde ein Diskurs wieder zum Leben erweckt, der völlig vergessen schien. Es wurden – bildhaft gesprochen – Geister gerufen, von denen man annahm, sie seien längst verschwunden. Der Diskurs, von dem hier die Rede ist, ist gerade der Diskurs der Protestantischen Arbeitsethik bzw., präziser, bescheidener auch, das, was von ihm in die seit Ende der 1980er Jahre mit wechselnder Intensität geführten Auseinandersetzungen um das BGE ‚hineinragt'. Im Falle der erwähnten Volksinitiative tritt der vergessene Diskurs sogar deutlicher hervor als früher, wird das BGE doch nicht mehr in erster Linie unter sozialpolitischen und sozialreformerischen Gesichtspunkten verstanden; vielmehr erscheint das BGE als gesellschaftlicher Entwurf, Vorgriff auf ein in Gestalt eigenverantwortlich gewählter Tätigkeiten, auch Berufstätigkeiten, geführtes Leben, Ausdruck kreativer Selbstverwirklichung. Der Begriff der Arbeit bezeichnet denn auch die Stelle, an der in den Auseinandersetzungen um das BGE der Diskurs der Protestantischen Arbeitsethik sichtbar und mithin zum Gegenstand der Diskussion wird.[33]

Aufschluss über das Verhältnis des Arbeitsbegriffs zur Intention des BGE erhalten wir durch die Erörterung einer Frage, die – das mag zunächst erstaunlich wirken – gar nie gestellt, in zahlreichen Diskussionsäußerungen aber beantwortet wurde. Es handelt sich um die Frage, was jemanden dazu bringt, in fremdbestimmter Arbeit einen Sinn zu sehen? Als Motiv hierfür wird des Öfteren der ökonomische Zwang genannt, ergänzt durch den vorab von Seiten der Gegner des BGE angebrachten Hinweis, viele Bezüger kleiner Einkommen würden mit der Einführung des BGE ihre Berufsarbeit aufgeben. Wichtiger ist eine zweite Antwort, eine Antwort, die gleichzeitig die Diagnose einer Befindlichkeit mit einschließt: Die Motivation zu fremdbestimmter Lohnarbeit bestehe – so lautet die alles entscheidende Formulierung – im „Gefühl, gebraucht zu werden"[34]; einzig aus diesem Grund gelte es, den gestellten Anforderungen zu genügen. Auch schwingt die Bedeutung mit, es herrsche ein *Gefühl des Verpflichtetseins* – verpflichtet zu sein, sich der im ‚Gebrauchtwerden' ausgesprochenen Anerkennung würdig zu erweisen.

Der Kontext dieses „Gefühls" wird in verschiedenen Diskussionsäußerungen genau beschrieben, nicht aber das, was dieses Gefühl ausmacht. Nur so viel scheint sicher: Das „Gefühl, gebraucht zu werden", steht in keinem Bezug zu irgendwelchen Arbeitsinhalten und hat auch nichts zu tun mit dem Gefühl der Unverzichtbarkeit für eine bestimmte Art der Produktion. Auch gibt es keine Verbindung zur Arbeitsqualität: Das Gefühl, die Arbeit um ihrer selbst willen gut

---

33 Zur Fülle der im Zusammenhang mit dem BGE behandelten Themen vgl. Sascha Liebermann: Aus dem Geist der Demokratie: Bedingungsloses Grundeinkommen, Frankfurt am Main 2015.

34 Eine der wenigen Stellen, an denen diese Formulierung explizit verwendet wird und das mit ihr Gemeinte nicht bloß dem Sinn nach präsent ist, als implizite Voraussetzung der verfolgten Argumentation, ist der Artikel von Rudolf Strahm *Der süsse Traum vom bedingungslosen Grundeinkommen* vom 1. Juni 2012 (www.rudolfstrahm.ch/der-susse-traum-vom-bedingungslosen-grundeinkommen/). Strahm hält geradezu apodiktisch fest: „In unserer Gesellschaft gibt es *keine grössere Demütigung* eines jungen Menschen, als das Gefühl, *nicht gebraucht* zu werden [Hervorhebungen PUMB]." Das in diesem Gefühl zum Ausdruck kommende Absolute gilt indes fraglos auch für das gegenteilige Gefühl: *das Gefühl, gebraucht zu werden*, größtmögliche Auszeichnung statt größtmögliche Demütigung. Denn bezahlte Arbeit, sprich: ‚gebraucht zu werden als Arbeitskraft', ist – wie Strahm betont – „nicht einfach Entfremdung". Bezahlte Arbeit kann vielmehr als solche, jenseits der realen Arbeits- und Produktionsverhältnisse, „auch Erfüllung" sein. Im ‚Gebrauchtwerden' als Arbeitskraft wird das Gefühl erweckt, zu mehr bestimmt zu sein, als mit der Arbeitstätigkeit vorgegeben.

zu machen, etwa aufgrund einer besonderen Affinität zum Material, und deshalb „gebraucht zu werden", ist nicht gemeint. Und selbstverständlich ist das „Gefühl, gebraucht zu werden", auch von ökonomischen Erwägungen vollkommen unabhängig.

All dies verweist auf eine einzige Bestimmung: Das „Gefühl, gebraucht zu werden", besitzt zwar eine empirische Gestalt, gleich einem – wie man auch sagen könnte – „psychischen Antrieb"; in den Gestalten seines zutage Tretens erschöpft es sich aber gerade nicht, seine Herkunft ist eine andere. Es ist vielmehr, als suche sich mit ihm, es auf diese Weise erfüllend und dem, der bezahlte Arbeit verrichtet „Erfüllung" bringend, etwas auszudrücken, das aus einer anderen Sphäre stammt. Das, was dieses Gefühl ausmacht, bleibt unsichtbar. Es wirkt, doch was es wirkt, wird nicht in realer Münze abgegolten. Und nur um keine Missverständnisse aufkommen zu lassen: Dass dieses Gefühl instrumentalisiert werden, mit ihm Arbeitsplatzpolitik betrieben werden kann – das „Gefühl, gebraucht zu werden", als Kompensat für schlechte Bezahlung –, ist ein Faktum – und gleichzeitig wiederum ein Beleg für seine besondere Bestimmtheit. Ausharren in einer ungeliebten Arbeitssituation nur um des Gefühls willen, gebraucht zu werden – das muss ein starkes Gefühl sein. Letztlich heißt dies nichts anderes, nichts Geringeres, als dass das „Gefühl, gebraucht zu werden", mit irdischen Mitteln nicht gestillt werden kann. Die Verpflichtung, sich der in diesem Gefühl und mit ihm ausgesprochenen Anerkennung würdig zu erweisen, besteht dementsprechend nicht gegenüber einer irdischen Macht, vielmehr ist ausdrücklich von einem *Ethos* des Gebrauchtwerdens zu sprechen.

Die Übereinstimmung mit dem Arbeitsbegriff der Protestantischen Ethik ist damit offenkundig und sie geht gar noch weiter: Denn wird das aus dem „Gefühl" des ‚Gebrauchtwerdens' heraus Geleistete nicht in realer Münze abgegolten und fehlt gleichzeitig auch die Gewissheit darüber, ob die Pflicht, sich des ‚Gebrauchtwerdens' würdig zu erweisen, tatsächlich erfüllt wurde, dann mischt sich unter die Beweggründe der Arbeitstätigkeit zwangsläufig auch die Angst des ‚nicht Gebrauchtwerdens'. Und folgerichtig besteht die Arbeitstätigkeit immer auch darin, gegen diese Angst anzukämpfen – und zwar rastlos, denn die Angst des ‚Überflüssigwerdens' wird nicht vergehen; ihre Überwindung bleibt ebenso im Ungewissen wie die Erfüllung der Pflicht des ‚Gebrauchtwerdens'. Mit einem Wort: In der Antwort auf die Frage nach dem Sinn fremdbestimmter Arbeit sind die Spuren der protestantischen Arbeitsethik klar erkennbar, ja, es zeichnen sich in diesen Spuren gar Analogien zur calvinistischen Gnadenwahllehre ab.

Es ist diese Bestimmung von Arbeit, zu der der Arbeitsbegriff, wie er enthalten ist in der Idee des BGE, in größtmöglichem Gegensatz steht – was wiederum dessen Verständnis befördert: ‚Meine Arbeit ist meine Sache' – so heißt es im Sinne des BGE –, nicht diejenige ökonomischer Zwänge, unternehmerischer oder höherer, gar überirdischer Interessen. Was ich tue, ist sinnvoll – sinnvoll, weil Ausdruck meines, meines eigenen Vermögens zu kreativer Tätigkeit –, von mir eigenverantwortlich gewählt, Teil meines selbstbestimmten Lebens. Ob ich ein Arbeitsverhältnis eingehe, also nach bekannter Manier Lohn beziehe, entscheide einzig ich. – Der Unterschied zwischen dem Arbeitsbegriff nach Maßgabe des BGE und der Bestimmung der Arbeit in der Protestantismusthese könnte grösser kaum sein. Und nebenbei bemerkt: Was den Arbeitsbegriff angeht, ist die Aussage, mit dem BGE werde eine quasi-religiöse Arena betreten, ebenso aufschlussreich wie unzutreffend. „*Religiöse* Arena" muss es heißen – ohne jede Einschränkung. Daher ist es auch alles andere als erstaunlich, wenn in den Diskussionen um das BGE – gleich um welche ‚Partei' es sich handelte – unversehens vom „Credo" des Kontrahenten die Rede war, von etwas, das sich Argumenten entzieht, oder schlicht von „Glaubensfragen" und zuweilen ein eigentlicher moralischer Furor losbrach – und nicht zu vergessen die Feststellung, beim BGE handle es sich um nichts weniger als eine „Erlösungsstrategie". Das macht deutlich: ‚es geht um mehr'.

Stichwort *wirklichkeitsöffnender Blick*: Es ist die Protestantismusthese Max Webers, die, gleich einem Leitfaden für das Verständnis der „modernen Welt", uns gewahr werden lässt, wie sehr die protestantische Ethik unseren Begriff von Arbeit noch immer bestimmt.

3 Die Protestantismusthese von Ernst Treoltsch

Am Gegenstand seiner Erkenntnisbemühungen lässt Ernst Troeltsch keinen Zweifel. Worum es ihm in seiner „Untersuchung" über *Die Bedeutung des Protestantismus für die Entstehung der modernen Welt* einzig zu tun ist, ist „die Darlegung des Kausalzusammenhangs zwischen Protestantismus und moderner Welt".[35] Sein Bestreben ist die Erklärung des Hervorgehens eines historischen Individuums aus einem zeitlich früheren, einem gleichermaßen einzigartigen Zustand des Geschichtsgeschehens. Troeltsch betreibt nach eigenem Bekunden ausschließlich Geschichts*forschung*. Es ist die „*tatsächliche* Bedeutung des Protestantismus für die Entstehung der modernen Kultur"[36], die er festzustellen sucht, und dies dementsprechend in „empirisch-historischen" Begriffen. Der

---

35 TROELTSCH, Die Bedeutung des Protestantismus. Vortrag (wie Anm.2), 65; TROELTSCH, Die Bedeutung des Protestantismus, 2. Auflage (wie Anm. 2), 101. Im Folgenden wird dieser Text nach der 2. Auflage zitiert.
36 TROELTSCH, Die Bedeutung des Protestantismus (wie Anm.2), 102, Hervorhebung des Verfassers.

Verwendung von „Idealbegriffen" ist er abhold, sind diese doch seiner Auffassung nach prinzipiell normativen Charakters. Für Troeltsch gibt es nur die Alternative ‚empirische Tatsachenforschung' oder ‚normative Begründung der Tatsachen mittels Idealbegriffen'. Und folgerichtig weist er jeden Gedanken an eine „normative Bedeutung" des Protestantismus für die „heutige Existenz" als Gegenstand wissenschaftlicher „Untersuchung" weit von sich.[37] Darin ist jedoch keine Kritik an Weber zu sehen, da Troeltsch die Möglichkeit, wonach Idealbegriffe auch eine begriffslogische Bedeutung besitzen können, schlicht und einfach verkennt. Die Grundlage seiner geschichtswissenschaftlichen Forschung, insbesondere „[s]einer Begriffsbildung", ist – wie dies bekanntlich auch für die Sozialwissenschaft Max Webers zutrifft – die „Methodenlehre" Heinrich Rickerts: „Jeder Kundige" – so Troeltsch – „erkennt" dies.[38]

Protestantismus und moderne Welt sind demnach zu begreifen als „historische Individuen", unverwechselbare und einzigartige Wirklichkeiten *der* Geschichte und *in* der Geschichte. Sie gilt es fassbar zu machen in „[empirisch]-historischen Allgemeinbegriffen", sprich: Individualbegriffen, „die die wirklichen Tatbestände als Ganzes erscheinen lassen" und die insofern allgemein sind, als sie an den unverwechselbaren und einzigartigen Wirklichkeiten das „allgemein Bedeutsame" zeigen.[39] Und in derselben Weise soll auch – und gerade – der „*Kausal*zusammenhang zwischen Protestantismus und moderner Welt" in einem Begriff, näherhin in einem Begriff der „Individualkausalität", dargestellt oder – wie Troeltsch sich ausdrückt – „dargelegt" werden. Allerdings schränkt Troeltsch den Gegenstand seiner Erkenntnisbemühungen sogleich ein, und zwar in einer Weise, die sich für den Aufbau seiner Protestantismusthese als äußerst folgenreich erweist. Troeltsch hält nämlich fest, es gehe ihm um „die Darlegung des Kausalzusammenhangs zwischen Protestantismus und moderner Welt [...], *soweit ein solcher überhaupt besteht*".[40] Was damit gemeint ist, erschließt sich jedoch einzig aus seinem Begriff der modernen Welt. Und das Charakteristikum der modernen Welt ist der Individualismus.

Die Beschaffenheit der modernen Welt „erhellt sich" nach Auffassung von Troeltsch einzig an ihrem Gegensatz zur religiösen, durch den Katholizismus geprägten Einheitskultur des Mittelalters.[41] Moderne Welt: das „ist überall die Bekämpfung und Ersetzung" der kirchlichen Einheitskultur durch eine Vielzahl

---

37 TROELTSCH, Die Bedeutung des Protestantismus (wie Anm. 2), 102.
38 TROELTSCH, Die Bedeutung des Protestantismus (wie Anm. 2), 25 [Anm. 1].
39 TROELTSCH, Die Bedeutung des Protestantismus (wie Anm. 2), 24.
40 TROELTSCH, Die Bedeutung des Protestantismus (wie Anm. 2), 101f, Hervorhebung des Verfassers.
41 Vgl. TROELTSCH, Die Bedeutung des Protestantismus (wie Anm. 2), 9–24.

„*autonom* erzeugte[r] Kulturideen".⁴² Diese Kulturideen werden nicht mehr von „göttlichen Normen" beherrscht, überhaupt sind sie von jeglichen Einwirkungen ihnen fremder Normen frei; vielmehr vermögen sie ihre Geltung aus sich selbst zu begründen, „aus ihrer überzeugenden Kraft".⁴³ Und dies schließt auch und gerade die Begründung von Kulturideen als „*rationelle* Überzeugungen" ein.⁴⁴ Worauf Troeltsch hier offenkundig Bezug nimmt, ist der wesentlich von Johann Gottfried Herder eingeleitete Prozess der Selbstaufklärung der Aufklärung. Gegenstand der Aufklärung ist demnach – in letzter Konsequenz – auch die Vernunft selbst, die Vernunft, verkörpert in der Geschichte und durch diese. Und folgerichtig reflektiert die Vernunft mit der Selbstbegründung der Kulturideen und mithin der Kulturen auch ihr eigenes Auftreten in der Wirklichkeit, um dadurch auf „die Verschiedenheit", sprich: auf die je unverwechselbare, einzigartige historische und kulturelle Bedingtheit der „angeblich" reinen, weil vermeintlich einzig in sich selbst begründeten „rationalen Begriffsbildungen" zu stoßen.⁴⁵ Und was damit hervortritt, die von Troeltsch verfolgte – wenngleich von ihm nicht als solche erklärte – ‚historistische' Argumentation zu Ende bringend, ist die Autonomie der Kulturgebilde, welche den für die moderne Welt charakteristischen Individualismus ausmacht: die Autonomie der Kulturgebilde, welche selbst noch die Möglichkeitsbedingungen ihrer eigenen Denkbarmachung in sich trägt. So kann Troeltsch schließlich festhalten, die moderne Welt sei die Welt des „gesteigerte[n] Individualismus der Überzeugungen, Meinungen, Theorien und praktischen Zielsetzungen".⁴⁶

Was bedeutet dies für das Verständnis des Kausalzusammenhangs von Protestantismus und moderner Welt? Troeltsch argumentiert wie folgt: An der Hervorbildung der modernen Welt waren die verschiedensten konkreten geschichtlichen Mächte beteiligt, deren Wirkungen auf den Gebieten der Familie, des Rechts, des Staates, der Wirtschaft, der Gesellschaft und schließlich auch der Wissenschaft und der Kunst überdies recht unterschiedlich ausfielen. Der Protestantismus war an all diesen Wirkungen ebenfalls beteiligt⁴⁷, doch ohne auch nur für eines dieser Gebiete „einfach [der] Schöpfer" zu sein.⁴⁸ In die aus-

---

42 TROELTSCH, Die Bedeutung des Protestantismus (wie Anm. 2), 12.
43 TROELTSCH, Die Bedeutung des Protestantismus (wie Anm. 2), 12.
44 TROELTSCH, Die Bedeutung des Protestantismus (wie Anm. 2), 12, Hervorhebung des Verfassers.
45 TROELTSCH, Die Bedeutung des Protestantismus (wie Anm. 2), 14.
46 TROELTSCH, Die Bedeutung des Protestantismus (wie Anm. 2), 12, Hervorhebung durch Verfasser weggelassen.
47 TROELTSCH, Die Bedeutung des Protestantismus (wie Anm. 2), 23; vgl. zudem 46–85.
48 TROELTSCH, Die Bedeutung des Protestantismus (wie Anm. 2), 85.

schließliche Verantwortung des Protestantismus fällt vielmehr einzig die den modernen Individualismus begründende „Seelenverfassung"[49], das, was *uns überhaupt dazu bringt, die Kulturgebilde als autonome Wirklichkeiten zu gestalten, unverwechselbar und einzigartig.* Durch den Protestantismus besitzt der „Gedanke der Freiheit, der Persönlichkeit, des autonomen Selbst einen metaphysischen Untergrund", und dieser „[wirkt] auch [und gerade] da [nach], wo er bestritten und geleugnet wird".[50] Der Protestantismus hat die Individualisierung „von der Bindung an eine hierarchische Weltanstalt gelöst", „bewusst als Prinzip formuliert" und „zu freier Verschmelzung mit allen Interessen und Mächten des Lebens beweglich gemacht".[51] Spätestens an dieser Stelle wird indes klar, dass die von Troeltsch beschriebene Wirkung des Protestantismus auf die Hervorbildung der modernen Welt entgegen seiner eigenen Vorgaben keinen Kausalzusammenhang nach dem Begriff der Individualkausalität darstellt und schon gar keinen Gegenstand der empirisch-historischen Begriffsbildung.

Bestätigt wird dieser Befund durch die von Troeltsch vorgenommene Bestimmung des Protestantismus selbst. Demnach gilt es zu unterscheiden zwischen Altprotestantismus und Neuprotestantismus, womit die Frage nach der Bedeutung des Protestantismus für die Entstehung der modernen Welt in eine besondere, bisher nicht angezeigte Richtung gelenkt wird. So ist nach Darstellung von Troeltsch der Neuprotestantismus bereits Teil der modernen Welt, während die Kluft zwischen dem Altprotestantismus und der modernen Welt sowohl allgemein als auch religionsgeschichtlich betrachtet viel zu groß ist, als dass zwischen ihnen eine erkennbare Verbindung bestehen könnte.[52] Mit einem Wort: „Aus der kirchlichen Kultur des Protestantismus führt kein direkter Weg in die kirchenfreie moderne Kultur".[53] Die Bedeutung des Protestantismus für die moderne Welt entfaltet sich vielmehr in einer Schicht *unter* derjenigen der sozialen, politischen und ökonomischen Kräfte. Sie „muss vielfach eine indirekte oder gar ungewollte sein, und das Gemeinsame, das beide [Protestantismus und moderne Welt] verbindet, muss sehr tief in den verborgenen und nicht unmittelbar bewussten Tiefen [des] Gedankens [des Protestantismus selbst] liegen".[54] Im Klartext heißt dies: Das Protestantismus und moderne Welt Verbindende liegt in einer rein religiösen Schicht, denn *aus der Tiefe seines eigenen Gedankens* vermag der

---

49 TROELTSCH, Die Bedeutung des Protestantismus (wie Anm. 2), 21.
50 TROELTSCH, Die Bedeutung des Protestantismus (wie Anm. 2), 21.
51 TROELTSCH, Die Bedeutung des Protestantismus (wie Anm. 2), 21.
52 Vgl. TROELTSCH, Die Bedeutung des Protestantismus (wie Anm. 2), 25–30.
53 TROELTSCH, Die Bedeutung des Protestantismus (wie Anm. 2), 31.
54 TROELTSCH, Die Bedeutung des Protestantismus (wie Anm. 2), 31f.

Protestantismus „das Kulturleben in sich hinein[zu]ziehen"[55], diesem seine „Seelenverfassung"[56] zu verleihen und so selbst „zu einer Lebensmacht" zu werden.[57] Und was hier wirkt, ist der Gedanke der Heilsgewissheit. Doch anders als Weber bezieht sich Troeltsch hierfür nicht auf den Calvinismus, sondern auf das Luthertum.

Der Ausgangspunkt ist derselbe: Auch für Luther ist die Heilsgewinnung einzig Sache des Individuums. Anders als beim Calvinismus besteht diese jedoch in einem „einfachen, radikalen, persönlichen Glaubensentschluss"[58] – unberührt von allen äußeren Vorgaben und frei von jeglichem Bezug zu einer rationalen, methodisch gestalteten Lebensführung. Und die Konsequenz ist: Für die Gewinnung der Heilsgewissheit als eines persönlichen Akts „[braucht es] etwas rein Persönliches" – so Troeltsch.[59] Heilsgewinnung geschieht im „persönlichen Leben" und durch dieses. Mit einem Wort: Das Persönliche ist die Ausdrucksform der Heilsgewinnung und im Persönlichen liegt die Heilsgewissheit. Auch für Luther bedeutet Gewinnung der Heilsgewissheit „Askese". Doch meint Luther mit „Askese" – ganz im Gegensatz zu Calvin – ein umstandsloses Sich-Einfügen, ja Sich-Ergeben in den Weltlauf – „innerweltliche Askese" auch dies, doch rein passiv und nicht „aktiv und aggressiv".[60] Und Berufsarbeit heißt für Luther dementsprechend nichts anderes, als sich bedingungslos in die gegebene Lage, in die objektive historische Ordnung zu fügen. Der Gläubige lebt in der Welt und überwindet sie bei sich selbst, indem er ihr nirgends vertraut und sich „ihrem Lauf doch demütig unter[wirft]"[61], sich auf diese Weise bereithaltend für die ihm im Innersten seiner Person zuteilwerdende göttliche Gnade. Troeltsch hält fest: „Das Luthertum duldet die Welt in Kreuz und Leid und Martyrium, der Calvinist meistert sie zur Ehre Gottes in rastloser Arbeit."[62]

Mit diesem Gedanken der Heilsgewissheit ist allerdings etwas Entscheidendes geschehen: „Der neue Weg zum alten Ziel wird" – so Troeltsch – „wichtiger als dieses Ziel selbst"; was Mittel war, wird selbst zum Ziel und gewinnt einen „neuen Gehalt".[63] Und folgerichtig erreiche die „Entwicklung des Protestantismus" den „Punkt", „wo der Weg der persönlichen Ueberzeugung wichtiger wurde als das

---

55 TROELTSCH, Die Bedeutung des Protestantismus (wie Anm. 2), 87.
56 TROELTSCH, Die Bedeutung des Protestantismus (wie Anm. 2), 21.
57 TROELTSCH, Die Bedeutung des Protestantismus (wie Anm. 2), 87.
58 TROELTSCH, Die Bedeutung des Protestantismus (wie Anm. 2), 33.
59 TROELTSCH, Die Bedeutung des Protestantismus (wie Anm. 2), 96.
60 TROELTSCH, Die Bedeutung des Protestantismus (wie Anm. 2), 42f.
61 TROELTSCH, Die Bedeutung des Protestantismus (wie Anm. 2), 41.
62 TROELTSCH, Die Bedeutung des Protestantismus (wie Anm. 2), 44.
63 TROELTSCH, Die Bedeutung des Protestantismus (wie Anm. 2), 96.

Ziel der übernatürlichen Rettung".[64] Das Entscheidende aber kommt erst – eine Konsequenz, die Troeltsch m. E. zu wenig herausstreicht: Das Ziel der übernatürlichen Rettung geht ins Persönliche ein, ins Persönliche in seiner reinsten Form, und macht aus diesem ein überwirkliches Prinzip; die persönliche Überzeugung wird zum Ziel ihrer selbst, sie ist fortan ihr eigener Glaubensinhalt. Mithin ist das Gerettetwerden *nicht mehr ein Erdulden, sondern eine eigentliche Form der Wirklichkeitsgestaltung*, ausgedrückt im Prinzip, sich der Welt einzig aus einer individuellen Einstellung heraus zuzuwenden und sich ihrer auch nur aufgrund autonomer, selbst gesetzter Kriterien zu versichern. Auf diese Weise, gestaltet als „persönliches Leben", vermag der Luthersche Gedanke der Heilsgewissheit sich mit den unterschiedlichsten „Interessen und Mächten des Lebens" zu „verschmelzen"[65], diese – in den bekannten Worten von Troeltsch – aus den „Tiefen seines [eigenen] Gedankens" in sich „hineinziehend.[66] Der Individualismus wird zu einem Glaubenssatz erhöht, und darin besteht die ureigenste Wirkung des Protestantismus auf die Hervorbildung der modernen Welt.

Und jetzt folgt die unvermeidliche Frage: Wo in unserem Zusammenleben und in welcher Weise ist diese Wirkung heute noch feststellbar oder, das Entscheidende bereits andeutend, *spürbar*? Sicherlich nicht an der Oberfläche des sozialen Geschehens, ist doch die Einsicht, welche uns die Protestantismusthese von Ernst Troeltsch vermittelt, *kein* Ergebnis empirisch-historischer Forschung. Mit seiner Protestantismusthese bezeichnet Troeltsch vielmehr das, was seit dem Aufkommen des Themas *Individualisierung* Mitte der 1980er Jahre in all den Erörterungen des Individualisierungsprozesses als einer Wirklichkeit menschlichen Handelns, in all den Versuchen, diesen Prozess begrifflich zu bestimmen, stillschweigend als vermeintlich geklärter Sachverhalt mitgeführt wurde und noch immer mitgeführt wird. Zu ihm führt uns die Protestantismusthese von Ernst Troeltsch. Lassen wir uns von ihr unseren Blick lenken, ersteht vor uns *das, was an der Individualisierung das Individualistische ist*.

---

64 TROELTSCH, Die Bedeutung des Protestantismus (wie Anm. 2), 100.
65 TROELTSCH, Die Bedeutung des Protestantismus (wie Anm. 2), 21.
66 TROELTSCH, Die Bedeutung des Protestantismus (wie Anm. 2), 18 und 87.

4 Das Individualistische der Individualisierung – das eigentlich Protestantische in unserer heutigen Welt

Das Thema *Individualisierung* erfreut sich seit den 1980er Jahren einer immensen Aufmerksamkeit – zu Beginn hätte diese kaum grösser sein können –, doch nach wie vor wartet das damit gemeinte soziale und kulturelle Phänomen auf seine begriffliche Bestimmung. Der Grund hierfür ist bekannt: Es besteht keinerlei Klarheit darüber, wo in der sozialen und kulturellen Wirklichkeit sich Individualisierung überhaupt abzeichnet bzw. – nach der noch immer zutreffenden Feststellung von Ulrich Beck – welches die „analytischen Dimensionen von Individualisierung" sind.[67]

Bemüht, diesen Mangel zu beheben, verleiht Ulrich Beck der „Individualisierung" eine dreifache Bedeutung: 1) „*Herauslösung* aus historisch vorgegebenen Sozialformen und -bindungen im Sinne traditionaler Herrschafts- und Versorgungszusammenhänge (,Freisetzungsdimension')", 2) „*Verlust von traditionalen Sicherheiten* im Hinblick auf Handlungswissen, Glauben und leitende Normen (,Entzauberungsdimension')" und 3) „*eine neue Art der sozialen Einbindung* (,Kontroll- bzw. Reintegrationsdimension')".[68] Es ist das Individuum, dem es nach seiner Freisetzung obliegt, im Modus des sich Behauptens im „Massenmarkt" möglicher Existenzformen für sich neue Formen des geordneten Zusammenlebens zu erschließen und zu realisieren – Formen der „Re-Integration und Kontrolle" (noch) verfügbarer Handlungsmuster, sozialer Verpflichtungen und Schemata an Orientierungswissen. Entscheidend dabei ist: Unbesehen der Inhalte, um die es geht, und ebenso des Gestaltetseins der einzelnen Lebensbereiche, stets erfährt sich das Individuum als Teil des Spannungsfelds von „objektiver Lebenslage" und „subjektivem Bewusstsein".[69] Und wer Individualisierungsprozesse begrifflich zu erfassen sucht, sollte dementsprechend unterscheiden können zwischen „dem, was mit den Menschen geschieht, und dem, wie sie in ihrem Verhalten und Bewusstsein damit umgehen" – so wiederum Beck.[70]

Sucht sie dies zu leisten, sieht sich die Individualisierungstheorie jedoch einem unüberwindbaren Hindernis gegenüber. Und wie gleich zu betonen ist, be-

---

[67] ULRICH BECK: Risikogesellschaft. Auf dem Weg in eine andere Moderne, Frankfurt am Main 1986, 206 f.
[68] BECK, Risikogesellschaft (wie Anm. 67), 206.
[69] BECK, Risikogesellschaft (wie Anm. 67), 206 f.
[70] BECK, Risikogesellschaft (wie Anm. 67), 207.

steht – zumindest in der Soziologie – dieses Hindernis für die Individualisierungstheorie schlechthin. Seine Unüberwindbarkeit rührt daher, dass es sich bei ihm um eine Aporie handelt, soll heißen: seine Überwindung, die Begründung der Individualisierungstheorie, zöge zwangsläufig den Verlust des Begriffs der Individualität nach sich. Das Hindernis, von dem hier die Rede ist, hat – bildhaft gesprochen – eine Vorder- und eine Rückseite. Die Vorderseite bildet die in der Soziologie bekannte Gegenüberstellung zweier Wirklichkeitsbehauptungen, einer *individualisierungstheoretischen* und einer *systemtheoretischen*, und ihrer Denkbar- und Darstellbarmachung in Kategorien der soziologischen Theorie. Die Rückseite bildet der soziologische Begriff von Individualität als solcher.

An die Systemtheorie ergeht – mit schöner Regelmäßigkeit, auch und gerade vonseiten der Individualisierungstheorie – der Vorwurf der Annahme einer „vom Handeln und Denken der Individuen unabhängigen Existenz und Reproduktion des Sozialen"[71], als handle es sich bei den sozialen Gebilden um höherstufige Entitäten, die unabhängig vom Handeln und Denken der Individuen sozusagen ein Eigenleben führen. Dieser ‚übergeordneten' sozialen Wirklichkeit stellt die Individualisierungstheorie die Wirklichkeit der „Autonomisierung" gegenüber, der Herauslösung des Individuums aus sozialen Zwängen, einhergehend mit der ihm zugeschriebenen Verpflichtung – einer Verpflichtung, die mit zunehmender „Autonomisierung" ein immer größeres Ausmaß annimmt –, sein Leben nach eigenen Vorstellungen zu gestalten, auf der Grundlage in Eigenverantwortung gefällter Entscheidungen.[72] Dem Individuum ist es aufgegeben, sich im Dickicht der bestehenden Regelungen, der „institutionellen Anforderungen, Kontrollen und Zwänge" zurechtzufinden, um daraufhin aus einzelnen dieser Regelungen, wie aus Elementen, die Vorgaben seiner Lebensführung herzustellen. „[Der] oder die einzelne [rückt auf diese Weise] selbst [...] zur lebensweltlichen Reproduktionseinheit des Sozialen" auf.[73]

Dies kann jedoch nicht das letzte Wort sein: Denn zum einen bleibt unklar, ob es sich bei der „Autonomisierung" lediglich um die Herauslösung des Individuums aus sozialen Zwängen handelt oder ob mit der „Autonomisierung" das Individuum überhaupt erst zum Individuum wird; im ersten Fall würde das Individuum seine Individualität bereits besitzen, wogegen es im zweiten Fall diese erst

---

71 ULRICH BECK/ELISABETH BECK-GERNSHEIM: Individualisierung in modernen Gesellschaften – Perspektiven und Kontroversen einer subjektorientierten Soziologie, in: ULRICH BECK/ELISABETH BECK-GERNSHEIM (Hgg.), Riskante Freiheiten. Individualisierung in modernen Gesellschaften, Frankfurt am Main 1994, 10 – 39, 29.
72 Vgl. BECK, Risikogesellschaft (wie Anm. 67), 216 f.; BECK/BECK-GERNSHEIM, Individualisierung (wie Anm. 71), 14 f.
73 BECK, Risikogesellschaft (wie Anm. 67), 209.

gewönne. Und zum andern – und wichtiger noch – wird die „Soziologie" vonseiten der Individualisierungstheorie zwar aufgefordert, „ihre Begriffsbildung und Forschungsroutinen [zu] überdenken"[74], also nicht länger die Betrachtungsperspektive „von unten", vom Individuum aus zu verkennen, doch wird nach wie vor nicht ersichtlich, ob es sich bei den Angaben zum Verhältnis von Mensch und Gesellschaft um Kategorien der soziologischen Theorie oder um Wirklichkeitsbehauptungen handelt.

Bei näherem Hinsehen wird indes deutlich, dass die Individualisierungstheorie von einem materialen Vorbegriff des Verhältnisses von Mensch und Gesellschaft ausgeht, auf den die soziologische Betrachtungsweise gleichsam abgestimmt werden muss. Demnach verkörpern die gesellschaftlichen Strukturen eine Wirklichkeit, die der Wirklichkeit des menschlichen Handelns gegenübersteht, die Menschen formend, prägend, „in" ihnen oder – wie es bezeichnenderweise heißt – ihnen „gegenüber [agierend]".[75] Selbst die – dem Vernehmen nach – „akzeptierte Einsicht der Soziologie, [...] dass Mensch und Gesellschaft (Gesellschaft, [verstanden] als strukturiertes Geflecht sinnhafter menschlicher Interaktionen) sich gegenseitig bedingen und daher auch nicht isoliert voneinander ‚gedacht' werden dürfen"[76], beruht offenkundig auf der Voraussetzung, Mensch und Gesellschaft seien zwei gesonderte Tatsachenbereiche. Es ist daher auch nichts als konsequent, wenn festgestellt wird, es gelte diese beiden Tatsachenbereiche ‚zusammenzubringen', und dies mittels einer eigens zu diesem Zweck entwickelten Betrachtungsweise bzw. „Forschungsperspektive".[77] Mithin soll nicht nur „erkennbar [werden], inwieweit und in welcher Weise der Mensch ein Produkt gesellschaftlicher Verhältnisse (eine ‚Charaktermaske') ist", vielmehr gilt es diese „Begrenzung [...] zu überwinden, daß die gesellschaftlichen Strukturen und Verhältnisse nun auch ihrerseits als Ergebnisse des Handelns (der ‚Praxis') der menschlichen Subjekte erkannt und dargestellt werden".[78] Die Rede von der „Forschungsperspektive" verweist erneut auf die zentrale Frage: Ist das Individuum eine Tatsache, dessen Verhältnis zur Gesellschaft es lediglich noch zu

---

74 BECK/BECK-GERNSHEIM, Individualisierung (wie Anm. 71), 31f.
75 BECK, Risikogesellschaft (wie Anm. 67), 206.
76 KARL-MARTIN BOLTE: Subjektorientierte Soziologie – Plädoyer für eine Forschungsperspektive, in: KARL-MARTIN BOLTE/EBERHARD TREUTNER (Hgg.), Subjektorientierte Arbeits- und Berufssoziologie, Frankfurt am Main/New York 1983, 12–36, 14. Vgl. gesamthaft BOLTE, Subjektorientierte Soziologie, 26–32.
77 Wovon hier die Rede ist, ist die „Forschungsperspektive subjektorientierte Soziologie" von Karl-Martin Bolte, welche Ulrich Beck für sich als methodische Grundlage reklamiert; vgl. BECK, Risikogesellschaft (wie Anm. 67), 206.
78 BOLTE, Subjektorientierte Soziologie (wie Anm. 76), 28.

erforschen gilt, oder muss erst denkbar und darstellbar gemacht werden, was das Individuum in der Gesellschaft zum Individuum macht? Bleibt diese Frage offen, tritt das Begründungsproblem einer eigentlichen *soziologischen Individualisierungstheorie* gar nicht hervor.

Die Voraussetzung für die Bestimmung des Verhältnisses von Mensch und Gesellschaft ist – richtig verstanden – eine ganz andere: Der Mensch, das Individuum ist eine Tatsache, und als Tatsache ist das Individuum auch Tatsache der Gesellschaft. Die Gesellschaft ist im Individuum immer schon präsent. Das Individuum spricht und handelt, und aus ihm und mit ihm spricht und handelt die Gesellschaft. Es ist die Aufgabe der Soziologie, das Vermitteltsein von Individuum und Gesellschaft in Kategorien der soziologischen Theorie gleichsam vor unserem geistigen Auge erstehen zu lassen, auf dass die Verhältnisse der sozialen Wirklichkeit für die empirische Forschung überhaupt erst zugänglich werden. Auf die Kategorien bzw. „[auf] die *primären Abstraktionen* kommt es an" – primäre Abstraktionen wie Handeln, Gruppe, Organisation, System Gesellschaft u. v. a. m. Sie entscheiden darüber, wie die soziale Wirklichkeit „angeschnitten" wird und als was sie uns daraufhin entgegentritt.[79] Immer aber geht es um die Ausfaltung des Vermitteltseins von Mensch, von Individuum und Gesellschaft. Ob Individuum und Gesellschaft als Tatsachen isoliert voneinander gedacht werden können oder nicht, ist als Frage obsolet, denn der „homo sociologicus" sieht diese Frage gar nicht vor. Doch selbst mit dieser Klärung wird – wie gleich hinzuzufügen ist – das Begründungsproblem einer soziologischen Individualitätstheorie noch immer nicht in vollem Umfang sichtbar.

Was das Hindernis, welches sich der Entwicklung einer soziologischen Individualisierungstheorie entgegenstellt, endgültig zu einem unüberwindbaren Hindernis macht, liegt auf dessen Rückseite. Wie immer die kategoriale Bestimmung des Spannungsfeldes von „objektiver Lebenslage" und „subjektivem Bewusstsein", subjektivem Erleben aussieht, auf welche Weise die den Individuen übergeordneten Existenzformen des Sozialen und die „aktive Eigenleistung" der Individuen, verstanden als Herstellung einer eigenen Lebensführung aus vorfindlichen Regelungen, zusammengebracht werden – das Verhältnis von Individuum und Gesellschaft wird als Vermittlungsverhältnis gedacht.[80] Von Indivi-

---

79 Diese ebenso treffenden wie anschaulichen Formulierungen stammen von Charles Ackerman und Talcott Parsons; vgl. CHARLES ACKERMAN/TALCOTT PARSONS: Der Begriff ‚Sozialsystem' als theoretisches Instrument, in: TALCOTT PARSONS, Zur Theorie sozialer Systeme, herausgegeben von Stefan Jensen, Opladen 1976, 69–84, 72f.
80 Vgl. hierzu auch die ‚Diagnose' von Niklas Luhmann, wonach in der Soziologie das Verhältnis von Gesellschaftsganzem und Individuum noch immer als „Konditionierungs- oder Steigerungsverhältnis" gedacht wird; vgl. NIKLAS LUHMANN: Individuum, Individualität, Individualis-

dualität zu sprechen setzt so gesehen implizit immer auch eine Vorstellung von Gesellschaft voraus – und umgekehrt. Individualität oder Gesellschaft aus diesem Vermittlungsverhältnis herauszulösen, bedeutete folgerichtig die Auflösung dieses Verhältnisses und mithin den Verlust alles dessen, was in diesem Verhältnis und durch dieses bestimmt ist. Die Begriffe von Individualität und Gesellschaft gingen verloren und mit ihnen nichts weniger als die Aussicht auf das, was das Fundament einer soziologischen Individualitätstheorie darstellt: das Verständnis der *Individualität der Individuen* bzw. des *Individualistischen an der Individualisierung*.

Individualität aber bedeutet Unverwechselbarkeit, Einzigartigkeit und zuhöchst „In-dividualität"; verliert ein Individuum, gleichgültig, ob es sich dabei um eine Person, ein Ding oder einen Vorgang handelt, nur einen winzigen Teil von dem, was *seine* Individualität ausmacht, hört diese als Ganze auf zu bestehen.[81] Individualität ist der Begriff alles dessen, was den empirisch vorfindlichen als individuell qualifizierten Personen, Dingen, Vorgängen, Lebensformen gemeinsam ist, in und mit der empirischen Wirklichkeit seinen Ausdruck findet und doch über sie hinausweist. Im Begriff der Individualität schwingt etwas mit, das, obschon ausgedrückt in und durch Tatsachen, sich nicht nur der Tatsächlichkeit und mithin seiner begrifflichen Bestimmung *ent*zieht – so, als sei es nicht von dieser Welt –, sondern umgekehrt Tatsachen erst zu individuellen Tatsachen macht, indem es diese in sich *hinein*zieht, ihnen die Tatsächlichkeit des Individuellen von sich aus gibt. Das ist es, was an der Individualität das Individualistische ist. Und eben dies lässt Ernst Troeltsch mit seiner Protestantismusthese erstehen, macht es für unseren Geist ‚*er*spürbar' – jenseits unseres Begriffsvermögens und für uns in der Wirklichkeit doch unmittelbar präsent. Alfred Weber,

---

mus, in: NIKLAS LUHMANN, Gesellschaftsstruktur und Semantik. Studien zur Wissenssoziologie der modernen Gesellschaft, Bd. 3, Frankfurt am Main 1989, 149–258, 154. Im ersten Fall erscheint das Verhältnis von Individuum und Gesellschaft als Kombination von zusehends „anspruchsvolleren Kollektivzielen" und immer mehr „individuellen Freiheiten" – beide einander bedingend und auf diese Weise steigernd –, im zweiten Fall als Ergebnis eines „evolutionären Prozesses" zunehmender gesellschaftlicher Differenzierung – eines Prozesses, im Zuge dessen die Gesellschaft selbst für die Individualisierung des Individuums verantwortlich zeichnet, die Individualität des Individuums gleichsam aus sich selbst erzeugend; vgl. LUHMANN, Individuum, 150–154. In beiden Fällen wird das Verhältnis von Individuum und Gesellschaft als Vermittlungsverhältnis gedacht.

81 Der Begriff des Individuums hat insbesondere auch die Bedeutung des „Untheilbaren". Zum Begriff des Individuums bzw. zu demjenigen der Individualität vgl. HEINRICH RICKERT: Die Grenzen der naturwissenschaftlichen Begriffsbildung. Eine logische Einleitung in die historischen Wissenschaften, Tübingen/Leipzig 1902, 342–356; sowie MERZ[-BENZ], Max Weber und Heinrich Rickert (wie Anm. 29), § 7.

der jüngere Bruder von Max Weber, hat von der „immanenten Transzendenz" der sozialen und kulturellen Tatsachen gesprochen[82], womit er nichts anderes ausdrücken wollte, als dass in diesen Tatsachen mehr steckt, als wir uns kraft des Denkens, kraft unserer Möglichkeiten zur intellektuellen Durchschaubarmachung der Wirklichkeit gewahr zu werden vermögen: etwas, das wie *aus eigener Kraft* in die Wirklichkeit kommt. Troeltschs „Individualität" *ist* eine Tatsache von „immanenter Transzendenz", über sich hinausweisend ins Religiöse, in die Sphäre der Glaubenssätze. Und das fügt sich auch insofern gut, als uns unsere Individualität doch – ob wir uns dies eingestehen oder nicht – irgendwie *heilig* ist.

Eine Bemerkung zum Schluss: Die Protestantismusthesen von Max Weber und Ernst Troeltsch haben eines gemeinsam: Sie sind ein Hinweis darauf, dass in dem, was wir als Gegenstand sozialwissenschaftlicher Erkenntnis ansehen, oftmals etwas ‚ist', das doch nur erspürt oder erahnt zu werden vermag. Sich dessen bewusst zu sein, ist Ausdruck einer Sensibilität, die das Fach Soziologie sich bewahren sollte.

---

[82] ALFRED WEBER: Artikel „Kultursoziologie", in: Handwörterbuch der Soziologie, herausgegeben von Alfred Vierkandt, Stuttgart 1931, 284–294, 289f.

Ursula Amrein
Zwingli, Wiedertäufer, Bildersturm
Gottfried Keller und die Zürcher Reformation

> Wenn die Religionen sich wenden, so ist es, wie wenn die Berge sich aufthun; zwischen den großen Zauberschlangen, Golddrachen und Krystallgeistern des menschlichen Gemütes, die ans Licht steigen, fahren alle häßlichen Tazzelwürmer und das Heer der Ratten und Mäuse hervor. So war es zur ersten Reformationszeit auch in den nord-östlichen Teilen der Schweiz und sonderlich in der Gegend des zürcherischen Oberlandes, als ein dort angesessener Mann, der Hansli Gyr genannt, aus dem Kriege heimkehrte. (6, 335)[1]

Programmatisch beginnt Gottfried Keller seine Novelle *Ursula*, die er 1877 als Teil der *Züricher Novellen* veröffentlichte. Fakten und Fiktion sind in dieser Geschichte eng verwoben. Keller lässt Zwingli als historische Figur auftreten und spiegelt dessen Wirken in der erfundenen Geschichte von Ursula Schnurrenberger und Hansli Gyr. Zugleich deutet er die konfessionellen Auseinandersetzungen im Rückgriff auf apokalyptisch anmutende Bilder und Figuren. Die Zürcher Reformation erhält dadurch die Signatur eines epochalen Ereignisses. Keller inszeniert sie als explosiven Akt, der unberechenbare Energien freisetzt. Sie bringt verborgene Schätze ans Tageslicht, zeitigt aber auch zerstörerische Effekte. In der Doppelgestalt des Drachen ist diese Ambivalenz beispielhaft gefasst. Golddrachen, Zauberschlangen und Krystallgeister begleiten das Geschehen ebenso wie hässliche Tazzelwürmer.

Mit *Ursula* setzt Keller Zwingli ein Denkmal. Er würdigt dessen Wirken ausdrücklich aus der Perspektive der Nachträglichkeit und damit im Wissen um die kulturelle und politische Bedeutung der Reformation. Im historischen Erzählen bildet sich mithin die eigene Gegenwart ab. Was Keller an Zwingli interessiert und wie er im Schreiben über das frühe 16. Jahrhundert gleichzeitig das 19. Jahrhundert zur Darstellung bringt, ist Gegenstand der folgenden Ausführungen.

---

[1] WALTER MORGENTHALER/URSULA AMREIN/THOMAS BINDER u.a. (Hgg.): Gottfried Keller. Sämtliche Werke. Historisch-Kritische Ausgabe (HKKA), Zürich/Frankfurt am Main, 32 Bde., 1996–2013. – Die Zitatnachweise erfolgen direkt im Text mit Angabe der Bandnummer und Seitenzahl. Beim Nachweis von Stellen, die in der Buchausgabe nicht gedruckt sind, wird auf die elektronische Edition der HKKA (eHKKA) verwiesen (www.ehkka.ch).

1 Zwingli als Lichtgestalt und die Schattenseiten der Reformation

Keller datiert die Novelle genau. Die Erzählung setzt 1523 in der Zeit unmittelbar vor der ersten Zürcher Disputation ein und endet nach Zwinglis Tod auf dem Schlachtfeld von Kappel 1531 mit einem versöhnlich gestimmten Ausblick in die Zukunft. Sein historisches Wissen bezieht Keller wesentlich aus Johann Jakob Hottingers *Huldreich Zwingli und seine Zeit dem Volke dargestellt* (1842), Melchior Schulers *Die Thaten und Sitten der Eidgenossen* (1838) und Johann Caspar Mörikofers *Ulrich Zwingli nach den urkundlichen Quellen* (1867/1869).[2] Er hat diese Werke eingehend studiert, übernimmt Texte daraus praktisch unverändert und bestätigt über weite Strecken auch die von der Geschichtsschreibung im 19. Jahrhundert durchgesetzten Deutungskonventionen. Doch anders als in den genannten Arbeiten geht es ihm nicht um eine historische Dokumentation. Im Einzelnen um Faktentreue bemüht, sucht er das Geschehen im Medium der Literatur exemplarisch zu fassen.

Bei Keller gewinnt Zwingli Kontur als Lichtgestalt. Er gehört der Welt der „Krystallgeister" (6, 335) an und zeigt sich umzingelt von teuflischen Drachen. Seine Feinde verteilen sich auf zwei Lager. Auf der einen Seite stehen die Wiedertäufer, die selbst aus der Reformation hervorgegangen sind und sich in ihrer Radikalisierung von Zwingli abspalten. Auf der anderen Seite befinden sich mit den fünf Innerschweizer Orten die klassischen Gegner der Reformation. Sie widersetzen sich Zwinglis Bestrebungen offensiv. Zwei Mal zieht er gegen sie ins Feld und verliert bei der entscheidenden Schlacht von Kappel sein Leben.

In der parallel dazu gesetzten Geschichte von Ursula und Hansli entfalten die Konflikte ihr zerstörerisches Potential und werden am Ende nur mühsam überwunden. Die Wiedertäufer treiben Ursula nahezu in den Wahnsinn, während Hansli Gefahr läuft, als streberischer und emotional verhärteter „Mustersoldat" (6, 388) Zwinglis zu enden. Seine Nähe zum Reformator deutet sich bereits in der assoziativen Verknüpfung der Namen *Hansli* und *Zwingli* an. In der Bildlogik des Textes kommt auch seinem Nachnamen eine besondere Bedeutung zu. Der *Gyr* oder Geier gehört zur sagenhaften Familie der Drachen.[3] Als Vogel Greif ist er

---

[2] Kellers historische Studien sind im HKKA-Kommentarband zu den *Züricher Novellen* dokumentiert, vgl. 22, 57–58, 71–72.
[3] Zur Bedeutung der Namen „Hansli" und „Gyr" vgl. im Einzelnen MICHAEL ANDERMATT: Konfessionalität, Identität, Differenz. Zum historischen Erzählen von Conrad Ferdinand Meier und Gottfried Keller, in: Internationales Archiv für Sozialgeschichte der deutschen Literatur 27 (2002), 32–53, 47–50.

insbesondere in der Heraldik präsent, so beispielsweise im Wappen von Greifensee, jener in der „Gegend des zürcherischen Oberlandes" (6, 335) liegenden Ortschaft, die in den *Züricher Novellen* mit dem *Landvogt von Greifensee* eine wichtige Rolle spielt (Abb. 1). Wer mit Kellers Vorliebe für sprechende Namen vertraut ist, erkennt in Hansli darüber hinaus eine versteckte Anspielung auf Johannes und damit auf die biblische Figur des ersten und *echten* Täufers. Solchermaßen ausgewiesen, erscheint er prädestiniert zum Gegenspieler der Wiedertäufer.

Stattlich tritt Hansli zu Beginn der Erzählung in Erscheinung. Als Söldner kehrt er im Januar 1523 aus päpstlichen Kriegsdiensten zurück und befindet sich auf dem Weg zu seinem Hof am Bachtel. Er trägt eine prächtige, „schwer befiederte" (6, 336) Uniform und nimmt damit gleichsam die Züge des herrschaftlichen Wappentiers an. Seine „silberblanke Rüstung" glänzt im „Scheine der Wintersonne", und während er über die schneebedeckte Brücke bei Rapperswil geht, läuft „im See unter ihm ein zweiter Abglanz" mit (6, 337).

Noch bevor er im Zürcher Oberland ankommt, vernimmt er Unheilvolles. „Geh nur heim auf Deinen Berg", ruft ihm einer nach, „der wimmelt, wie ein Hund voll Flöhe, von Schwärmern und Propheten, die in den Wäldern predigen, tanzen und Unzucht treiben, und die Weiber sind toller, denn die Männer" (6, 339). Hansli erschrickt, freut er sich mit der Aussicht auf ein friedliches Leben doch insbesondere auf das Wiedersehen mit der Nachbarstochter Ursula. Ihr Name bedeutet wörtlich „kleine Bärin". Als solche begegnet sie ihm denn auch in ungestümer Wildheit, verquerter und doch treuherziger Naivität. Sie begrüßt ihn, als ob sie bereits seine Frau wäre. „Aber wir sind ja noch gar nicht getraut", wendet sich Hansli befremdet ab, worauf sie erwidert:

> Weißt Du denn noch nicht, daß wir hier zu den Heiligen und Sündelosen des neuen Glaubens gehören, die keiner weltlichen noch geistigen Obrigkeit mehr unterthan sind? In uns ist der Geist Gottes, wir sind sein Leib und wir thun nichts, als allein seinen Willen! (6, 343).

Hansli sieht in ihren Augen „ein sanftes sinnliches Feuer glühen, aber zugleich auch die Flamme des Irrlichts, welche die Bescheidenheit dieser Seele versengt hatte, und er merkte, daß sie von der Wahnkrankheit befallen war, wie eine süße Traube vom Rost" (6, 344).

Keller malt das Leben der Wiedertäufer mit drastischen und spöttischen Worten aus. Er tut dies in Anlehnung an die genannten Abhandlungen und in ausgesprochen polemischer Absicht. Seine Darstellung wird zum Zerrbild, das der historischen Situation in keiner Weise gerecht, sondern dazu dient, Zwinglis Gegner lächerlich zu machen. Dass die Beschreibung der Wiedertäufer außerdem zahlreiche Attacken enthält, die erst mit Blick auf Kellers eigene Gegenwart verständlich werden, ist unten genauer auszuführen.

Mit Enoch Schnurrenberger rückt Keller zunächst Ursulas Vater ins Bild. Der Name Schnurrenberger, so wird behauptet, stamme von „Berg des Snurro, des Schnurranten, Possenreißers" (6, 345), wobei in Anspielung auf den Propheten Enoch die Figur als falscher Prophet charakterisiert ist. Mit „seltsam glitzernden Augen" begafft er Hansli, hält sich für einen „sogenannten Durchschauer" und weckt bei ihm das „widerwärtige" Gefühl, als wenn er von „Ungeziefer bekrochen" wäre (3, 346).

Als auftrumpfender Gegner Zwinglis profiliert sich der „kalte Wirtz von Goßau" (6, 348). Pocht Zwingli auf die Auslegung der Schrift, so schleudert dieser die Bibel weg und schreit in hybrider Selbstvergottung:

> Was ist die Schrift? [...] eine leere Haut, ein Balg, wenn ich nicht den heiligen Geist hineinblase! eine tote Katze, wenn ich sie nicht mit dem Odem Gottes auf die Beine jage! Sie ist eine tonlose Pfeife, eine stumme Geige, wenn ich nicht darauf spiele! Ich bin die Offenbarung und das Wort. (6, 349)

Zur üblen Gesellschaft gehört weiter der „Schneck von Agasul" (6, 350). Auch er ist versteckt auf den Reformator bezogen, der während seiner Amtszeit im „Haus zur Sul" wohnte. Allein schon äußerlich gibt er das Gegenbild zum besonnen und klar formulierenden Reformator ab. Er zeigt sich als

> eine gedrungene Gestalt mit rollenden Augen und trotzig vorgestreckter breiter Unterlippe im schwärzlichen Gesicht. [...] Von seiner Unterlippe hatte ein ihm feindlicher Priester gesagt, sie sehe aus wie des Teufels Ruhebänklein, von welchem der gefallene Engel die haarigen Beine herunterbaumeln und sich schaukeln lasse, wenn der Schneck rede. Sonst hatte er nichts Eigentümliches an sich, als daß er ein Freund des Schmuckes schien; denn er trug mehrere vergoldete Ringe mit roten und grünen Glassteinen an den Fingern. Man sagte ihm nach, daß er in früheren Jahren die Schuhe aufgeschnitten und auch an den Zehen solche falschen Ringe getragen habe. (6, 350)

Sehnsüchtig erwarten die Wiedertäufer das „neue Jerusalem", denn hier soll jeder „eine neue junge Frau" bekommen „und könne sich der alten, wenn er eine solche habe, bei dieser Gelegenheit entledigen, da mit jeglichem Uebel aufgeräumt würde" (6, 362f.). Vorerst richten sich ihre Gelüste auf Ursula. Sie weiß die Zudringlichkeiten tapfer abzuwehren, verkümmert aber zusehends in einer Gesellschaft, die buchstäblich ins Infantile abrutscht:

> Neuestens hatte [Enoch] den Spruch: „Wer sich nun selbst erniedrigt, wie dies Kind, der ist der Größeste im Himmelreich!" wörtlich auszulegen und auszuüben begonnen. [...] Ein paar

fremde Weiber zogen Tannzapfen an langem Faden in der Stube herum, weil sie kein anderes Spielzeug zu schaffen wußten oder solches ihren eigenen Kleinen abgesehen hatten.

Zuweilen vereinigten sich alle die bejahrten Leutchen, bildeten einen Ring und tanzten im Kreise, sangen Kinderliedchen, klatschten in die Hände und hüpften in die Höhe. (6, 399f.)

Keller beschreibt das groteske Spiel über mehrere Seiten, man glaubt an eine skurrile Erfindung und ist überrascht, wie direkt er sich auf vorgefundenes Material bezieht. Die zitierte Passage beispielsweise stammt nahezu wörtlich aus Melchior Schulers *Die Thaten und Sitten der Eidgenossen* (1838):

Einer dieser Schwärmer rief einst: „Werdet wie die Kinder!" und verlangte, sie sollen ganz wie Kinder handeln. Da fingen sie, besonders die Weiber, an, Kinderspiele zu treiben; sie sprangen, sie klatschten, gaben einander Aepfel, zogen Tannzapfen an einem Faden auf dem Boden herum und dgl. Andere zerrissen die Schrift, weil es heiße: „Der Buchstabe tödtet, der Geist aber macht lebendig."[4]

Für Hansli ist auf seinem Hof keine Bleibe. Er zieht in die Stadt und trifft im Wirtshaus zum Elsasser auf Zwingli. Erstmals bringt Keller hier den Reformator ins Bild. Als Staatsmann und Humanist bewegt sich dieser souverän auch unter den Soldaten. Hansli zieht sein Wohlwollen auf sich und wird nun in eine Reihe von Begebenheiten verwickelt, die alle historisch verbürgt sind. Dazu gehören namentlich die Zürcher Disputationen, der Bildersturm und die Inhaftierung der Wiedertäufer im Ketzerturm. Gemäß Hottingers Darstellung in *Huldreich Zwingli und seine Zeit* (1842) entkamen sie der Gefangenschaft und behaupteten danach, der „Engel des Herrn" hätte sie in wundersamer Weise gerettet.[5] Keller greift diese Szene auf und macht Hansli zum Fluchthelfer. Er will Ursula aus dem Gefängnis befreien, sie vermag ihn nicht zu erkennen, folgt ihm aber wie in Trance. Die Wiedertäufer nutzen die Chance zur Flucht, erklären das Ereignis zum Wunder und verbreiten laut die Legende vom „Engel des Herrn" (6, 385). Doch statt Ursula wirklich zu retten, verliert Hansli sie im Tumult und gibt sie mutlos auf.

Erneut begibt er sich in Kriegsdienste und wird zu Zwinglis „Mustersoldat" (6, 388). Er nimmt am ersten Kappeler Krieg von 1529 teil, zieht danach in die Schlacht gegen den Herzog von Mailand und wird als Rottmeister zum pingeligen, geradezu drachenhaften Aufseher. Im südlichen Italien erliegt er beinahe den Verführungskünsten der schönen „Freska von Bergamo" (6, 395) und wird zum Gespött der Soldaten. Um ihn zu demütigen, locken sie ihn absichtlich in die Falle.

---

4 MELCHIOR SCHULER: Die Thaten und Sitten der Eidgenossen, Bd. 2, Zürich 1838, 113.
5 JOHANN JAKOB HOTTINGER: Huldreich Zwingli und seine Zeit dem Volke dargestellt. Mit historischen Abbildungen, gezeichnet von Franz Hegi, Zürich 1842, 306.

Schockhaft erkennt Hansli seine falsche Existenz, er kehrt zurück nach Zürich und schließt sich Zwingli auch im Zweiten Kappeler Krieg an.

Als Ursula von seiner Rückkehr erfährt, folgt sie ihm aufs Schlachtfeld und steht unversehens Zwingli gegenüber. „Sein sympathischer Anblick erhellte die Seele des unverwandt schauenden Weibes, [so] daß von dieser Erscheinung ein lichter Strahl von Gesundheit und lindem Troste in ihre gequälte Brust" hinüberzog (6, 404). Zwingli – in der Gestalt des Heilands – ist nun ganz aus ihrer Sicht geschildert. Er trägt einen Harnisch und ein Schwert, doch die Waffe berührt er nicht und zieht leise betend und mit ahnungsvoll ergebenem Ausdruck an ihr vorbei. Die Erzählung läuft nun auf einen gleichsam doppelten Schluss hinaus: Zwinglis Tod einerseits, das Happy End des Paars andererseits.

Zur Beschreibung von Zwinglis Tod zieht Keller alle erdenkbaren Register. Ursula überlebt die Schlacht, indem sie Zuflucht unter einem „alten Buchenbaum findet", in dessen „Wurzeln" sie sich setzt. Von hier aus nimmt sie am „unglücklichen Ausgang" des Geschehens teil. Zu den Gefallenen gehören zahlreiche angesehene Zürcher, unter ihnen Zwingli, der „unter einem Baume" liegt (406f.). Die Beschreibung orientiert sich offensichtlich an Franz Hegis – und Keller sicher bekannter – Druckgrafik, abgebildet in Hottingers *Huldreich Zwingli und seine Zeit* (Abb. 2). Die „sinkende Sonne", so fährt der Text weiter, glänzt ihm „ins friedliche Antlitz; sie schien ihm zu bezeugen, daß er schließlich nun doch recht gethan und sein Amt als ein Held verwaltet" habe (6, 406f.). Und weiter:

> Wie die große goldene Welthostie des gereinigten Abendmahles schwebte das Gestirn einen letzten Augenblick über der Erde und lockte das Auge des darnieder liegenden Mannes an den Himmel hinüber.
>
> Vom Rigiberge bis zum Pilatus hin und von dort bis in die fernab dämmernden Jurazüge lagerte eine graue Wolkenbank mit purpurnem Rande gleich einem unabsehbaren Göttersitze. Auf derselben aber schwebten aufrechte leichte Wolkengebilde in rosigem Scheine, wie ein Geisterzug, der eine Weile innehält. Das waren wohl die Seligen, die den Helden in ihre Mitte riefen, und zwar, wie er einst an König Franz I. geschrieben, nicht nur die Heiligen des alten und neuen Testamentes und der Christenkirche, sondern auch die rechtschaffenen Heiden: Herkules, Theseus, Sokrates, Aristides, Antigonus, Numa, Camillus, die Catonen und die Scipionen. Und auch Pindaros war da mit schimmernder Kythara, dem der Sterbende einst eine begeisterte Vorrede geschrieben. (6, 407)

Mit der Formulierung „goldene Welthostie des gereinigten Abendmahles" distanziert sich Keller von der katholischen Lehre der Transsubstantiation und damit von der bei der Heiligen Messe vorgenommenen Verwandlung von Brot und Wein in den Leib und das Blut Christi. Zugleich leitet das Bild der „Welthostie" über zu Zwinglis Vision einer Versöhnung im Reich der Seligen. Die Vision des sterbenden Zwingli ist frei erfunden, doch ließ sich Keller auch hier von Hottinger inspirieren. Dieser überliefert das Schreiben Zwinglis *Kurze Darlegung des christlichen Glau-*

bens an König Franz I. (1531), in dem Zwingli das Christentum als „Weltreligion" beschreibt und den Himmel als Ort der Seligen.

Zwinglis Vision korrespondiert offensichtlich mit der Eingangsszene. Die „hässlichen Tazzelwürmer" sind verschwunden, die glänzenden „Krystallgeister" in Zwinglis Predigten aufgehoben, von denen es bei Keller ausdrücklich heißt, dass sie wie „lauterer Krystall in den krystallenen Aether tauchten" (6, 366). Die sich zwischen Rigi und Pilatus entfaltende Vision ist topografisch außerdem präzise verortet. Sie verdankt sich dem Blick vom Kappeler Schlachtfeld in die Innerschweiz. Zwinglis Vision mithin erstrahlt über dem klassischen Feindesland der Reformation, und so inszeniert Keller den sterbenden Reformator denn auch nicht als Verlierer, sondern zeigt ihn als stillen Helden, der den Weg in die Zukunft weist.

Keller soll sich vom Schlachtfeld vor Ort ein Bild gemacht haben. Doch spätestens mit der Errichtung des Zwingli-Denkmals 1838 war die Gegend in und um Kappel visuell vielfach präsent. Dazu trugen zahlreiche Druckgrafiken bei, die in den Blättern der Antiquarischen Gesellschaft und in verschiedenen Neujahrsblättern zirkulierten. Analog zu Kellers Beschreibung dominiert auch hier der Blick über Kappel hinweg in die Innerschweiz. Beispielhaft dafür steht die frühe Illustration von Franz Hegi (Abb. 3). Das von Rigi und Pilatus eingerahmte Panorama spielt in der Imaginationsgeschichte der Schweiz bis in die touristische Gegenwart eine zentrale Rolle. Es hat seine Vorläufer in der Sagenwelt, insbesondere in den zahlreichen Berichten von den Drachen, die den Pilatus bevölkern. Besonders berühmt ist jener Drache, der auf seinem Flug von der Rigi zum Pilatus den mit Heilskräften versehenen Drachenstein fallen ließ. Zu sehen ist er auf der Abbildung von Johann Leopold Cysat aus dem Jahr 1661 (Abb. 4). Wie im Einzelnen noch zu erläutern ist, bekämpfte Keller die katholische Innerschweiz mehrfach im Bild des Drachen. Es wäre ihm in seiner oft skurrilen Bildphantasie durchaus zuzutrauen, dass er in *Ursula* insgeheim den Drachenstein durch die „Welthostie" ersetzt. Das Wort „Welthostie" übrigens findet sich nur bei Keller. Google führt als einzige Belegstelle die Novelle *Ursula* an.

Neben diesen visionären Schluss stellt Keller einen gleichsam realistischen. Ursula rettet den verwundeten Hansli, sie heiraten jetzt nach „Vorschrift der bestehenden Ordnung" (6, 410) und ziehen auf den Gyrenhof am Bachtel, wo die lichten Seiten der Reformation überleben. Ende gut, alles gut, so könnte man sagen. Doch es bleibt ein Ungenügen. Der Schluss wirkt aufgesetzt. Ursulas Gesundung ist schlecht motiviert und Hansli doch ein arger Durchschnittsbürger. Das Paar hat die schönsten Jahre seines Lebens verpasst, und wie weggewischt sind die traumatischen Erfahrungen der Vergangenheit. Psychologisches Erzählen geht anders.

Es gibt indes andere Deutungsansätze, die im Ergebnis weit ergiebiger und spannender sind. Keller nämlich, so lautet die grundlegende These, porträtiert in *Ursula* tatsächlich seine Zeit. Es sind die Jahre nach der Gründung des Bundesstaats, die für den hoffnungsvollen Aufbruch stehen und zugleich in die Krisenjahre der Gründerzeit führen. Keller wird die politischen, wirtschaftlichen und sozialen Krisen dieser Zeit im Roman *Martin Salander* (1886) erst später direkt ansprechen. Für die *Züricher Novellen* hingegen kam ein offen pessimistischer Schluss nicht in Frage. Dennoch verfällt der Zyklus keinem naiven Zukunftsglauben. Fortschritts- und Verfallsgeschichte sind unaufgehoben vermittelt, die optimistische Zukunftsperspektive wird spukhaft von Momenten existentieller Bedrohung durchzogen. Nicht nur aus Ursulas Augen schaut der Wahnsinn, auch der Narr von Manegg sowie der Landvogt von Greifensee und Figura Leu aus der gleichnamigen Novelle kennen diesen Zustand des Irreseins.

Für die These, dass Keller in *Ursula* kaschiert die eigene Gegenwart zur Darstellung bringt, gibt es gute Argumente. Im historischen Erzählen gewinnt Keller die Möglichkeit, seine Zeit ungestraft zu kritisieren, seine Gegner bloßzustellen und zu karikieren. Exemplarisch dafür steht die polemisch verzerrte Beschreibung der Wiedertäufer. Keller zeigt sie als falsche Propheten, sie zerstören die bürgerliche Ordnung, missachten die Gesetze von Moral und Sitte und fordern aus purem Egoismus die Aufhebung des privaten Eigentums. Sie führen sich als Verrückte auf, gebärden sich als „Fanatiker, Maulwerker und Spekulanten aller Art" (6, 345). Bereits die zeitgenössische Kritik erkannte in dieser Beschreibung eine verkappte Abrechnung mit den Kommunisten.[9]

Belegt ist, dass sich Keller mehrfach mit dem Kommunismus beschäftigte. Als 24-Jähriger kam er in Kontakt mit Wilhelm Weitling. In Deutschland aufgrund seiner klassenkämpferischen Agitation verfolgt, hielt sich Weitling 1843 in Zürich auf, wurde hier verhaftet und in der Folge ausgewiesen. Keller interessierte sich lebhaft für Weitlings Ideen, beschäftigte sich mit seinen Schriften, distanzierte sich allerdings vehement vom Kommunismus. Am 10. Juli 1843 hielt er in seinem Tagebuch fest, das „Nachdenken" über „wichtig werdende Zeitfragen" mache ihn ganz „confus", das „Elend" auf Erden könnte dem „Comunismus viele Anhänger" bringen, und er fährt fort:

> Ein Prediger desselben, der Schneidergeselle Weitling [...], ist hier arretirt worden. Die Arrestation hat bei der liberalen Partei Unwillen erregt, da sie gewaltthätig aristokratisch

---

[9] Bereits der einflussreiche Berliner Germanist, Wilhelm Scherer, hatte 1878 anlässlich seiner Rezension in der *Deutschen Rundschau* auf diesen Zusammenhang hingewiesen und in Kellers Wiedertäufern „eitle reformatorische Communisten" erkannt. Dieser Darstellung folgt auch GERHARD KAISER: Gottfried Keller. Das gedichtete Leben, Frankfurt am Main 1981, 494–499.

2 Historische Verspiegelung I: Wiedertäufer und Kommunisten

Es lohnt sich, an dieser Stelle den Kontext der Novelle genauer auszuleuchten. Die Geschichte der Wiedertäufer beschäftigte Keller schon früh. „Wiedertäufer, Kindernarren", lautet eines der ersten Notate aus der Zeit um 1857 (22, 412). Nach seinem Rücktritt als Staatsschreiber 1876 nahm Keller das Projekt wieder auf und veröffentlichte *Ursula* ein Jahr später in den *Züricher Novellen*. Der Zyklus umfasst eine Rahmennovelle sowie fünf in sich geschlossene Erzählungen. In der Form des damals beliebten Kulturbildes vergegenwärtigen diese je einen für die Geschichte Zürichs relevanten Zeitabschnitt.[6] Zürich bedankte sich beim Dichter für den Novellenzyklus mit der Verleihung des Ehrenbürgerrechts.

Die Eröffnungsnovelle *Hadlaub* ist Anfang des 14. Jahrhunderts verortet und rückt die Entstehung der Manessischen Liederhandschrift ins Zentrum. Die folgende Novelle, *Der Narr auf Manegg*, handelt vom Niedergang der Ritter von Manesse und zugleich vom Aufstieg des städtischen Bürgertums an der Wende zum 15. Jahrhundert. Auch mit dem *Landvogt von Greifensee* ist eine Schwellensituation bezeichnet. Salomon Landolt, Junggeselle und letzter Landvogt von Greifensee, markiert biografisch und politisch das Ende des Ancien Régime 1798. Humoristisch werden in dieser Novelle unter anderem die auf die Reformation zurückgehenden Zürcher Sittenmandate und das gleichzeitig etablierte Ehegericht vorgeführt.[7] *Das Fähnlein der sieben Aufrechten* gehört zu Kellers wohl bekanntesten Erzählungen und betrifft die Zeit unmittelbar nach der Gründung des schweizerischen Bundesstaats 1848. Den Abschluss bildet die im frühen 16. Jahrhundert spielende Novelle *Ursula*.

Irritierend an dieser Abfolge ist, dass Keller mit Zwingli und der Reformation historisch zurückgreift und dadurch die Logik durchbricht, wonach an letzter Stelle der *Züricher Novellen* eine die eigene Gegenwart betreffende Erzählung zu erwarten wäre. Die Forschung hat sich bemüht, diesen Bruch mit Kellers Zeitnöten beim Schreiben zu erklären. *Ursula* war, so wird postuliert, bei der Drucklegung des Bandes ganz einfach nicht fertig und musste deshalb am Ende platziert werden.[8]

---

[6] Zur Konzeption und zum Aufbau des Zyklus vgl. MICHAEL ANDERMATT: Artikel „Züricher Novellen" (1878), in: URSULA AMREIN (Hg.): Gottfried Keller-Handbuch. Leben – Werk – Wirkung, Stuttgart 2016, 104–117.
[7] Mit der juristischen Bedeutung dieses Gerichts befasst sich der Beitrag von Andreas Thier im vorliegenden Band.
[8] Zur genetischen Argumentation vgl. den HKKA-Kommentarband (wie Anm. 2), 35–37.

ausgeführt und die freie Presse durch eine mitternächtliche Untersuchung zugleich beleidigt wurde. Indessen könnte ich dem Comunismus des Weitling und seiner Freunde keine gute Seite abgewinnen, da er einerseits in Hirngespinsten besteht, welche unmöglich auszuführen wären, ohne das Elend größer zu machen, weil sie die ganze gegenwärtige Ordnung der Dinge nicht nur außen, sondern bis in unser Innerstes hinein, umstürzen würden; anderseits mir aber nur die Folge einer immer mehr um sich greifenden Genuß- und Bequemlichkeitssucht zu sein scheint; hauptsächlich aber scheint es mir ein kurzsichtiger und gieriger Neid dieser guten Leute gegen die Reichen dieser Welt zu sein. Sie wollen nicht, wie Weitling deutlich sagt, blos zu essen, sie wollen es vollauf, üppig und gut haben; sie wollen auch einmal an die Reihe. O ihr Thoren! – [...] mit euren wirklich fanatischen, weltstürmenden Gedanken bleibt mir vom Halse, scherrt euch ins Tollhaus, wenn ihr's aufrichtig, und zum Teufel, wenn ihr es nur für euren werthen Bauch gemeint habt! (18, 37–41)

Knapp eine Woche später, am 16. Juli 1843, doppelte er nach:

Diese Komunisten sind wie besessen. Ich habe mich 2 Stunden mit einigen herumgezankt; es waren Schneidergesellen, sammt ihrem Meister, und ein etwas studirt scheinender Bursche mit guter Zunge. [...] Der Meister aber ist ein heftiger Demokrat und ehrlicher Republikaner, welcher vom Komunismus endliche Besiegung aller Aristokratie und ihrer Sippschaft hofft, und darum an ihn glaubt. (18, 53)

So wie Keller die Wiedertäufer als sektiererische Abkömmlinge der Reformation beschreibt, so sieht er im Kommunismus die verwerfliche Abspaltung vom echten Republikanismus. Beim „Meister", den er im zitierten Abschnitt erwähnt, handelt es sich um Konrad Wuhrmann, einen Freund von Kellers frühverstorbenem Vater. Als Drechslermeister war Rudolf Keller vom ländlichen Glattfelden in die Stadt gezogen und gehörte hier zur aufstrebenden Schicht der Handwerker, die sich für soziale, schulische und kulturelle Anliegen einsetzten und auch ein Hilfswerk für Witwen und Waisen aufbauten. Keller ist nach dem Tod seines Vaters in diesem Milieu aufgewachsen, das er nun von den Kommunisten beansprucht sieht. Weitling wohnte während seines Zürcher Aufenthalts beim „Meister" Wuhrmann, wo auch Keller häufig verkehrte. Keller wird Konrad Wuhrmann später im *Fähnlein der sieben Aufrechten* als „Schneidermeister Hediger" porträtieren (6, 259).

Im September 1861 begegnete Keller mit Ferdinand Lasalle einem weiteren prominenten Vertreter des frühen Sozialismus. Lasalle war Mitbegründer und Gründungspräsident des *Allgemeinen Deutschen Arbeitervereins* (1863). Jakob Baechtold, Kellers Biograf und mit dem Dichter zeitweise eng befreundet, berichtet von dieser denkwürdigen Begegnung. Gemäß Baechtold befand sich Lasalle mit illustrer Gefolgschaft auf der Durchreise in Zürich. Zu einer Zusammenkunft war auch Keller eingeladen und soll sich dort über laszive, Champagner trinkende und Havanna-Zigarren rauchende Nihilistinnen und Gräfinnen so aufgeregt haben, dass er, nachdem Lassalle sich auch noch als „Magnetiseur und

Tischrücker" aufgespielt hatte, brachial auf diesen losging.[10] Für Keller war es die Nacht vor seinem Amtsantritt als Staatsschreiber, die Nacht mithin, in der er sich aus finanziellen Gründen gezwungen sah, seine Existenz als freier Schriftsteller aufzugeben. Im Rausch verschlief er den Morgen und musste von seinem Förderer, Regierungsrat Franz Hagenbuch, persönlich aus dem Bett geholt und in die Amtsstube gebracht werden. Keller entschuldigte sich bei Lassalle, worauf dieser ihm eine Visitenkarte mit der Bemerkung zukommen ließ:

> Lieber Keller! Ihre Karte habe erhalten u. sehr bedauert, daß ich nicht zu Haus war, um Ihnen persönlich zu sagen, daß Niemand besser als ich weiß: „Wundersam ist Bacchus Gabe!" u. Niemand also bereiter sein kann, über etwas Weinlaune zur Tagesordnung überzugehn.[11]

3 Historische Verspiegelung II: Kappeler Kriege und Freischarenzüge

Wie raffiniert Keller Geschichte und Gegenwart verspiegelt, zeigt sich auch in der Parallelisierung der beiden Kappeler Kriege von 1529 und 1531 und den Freischarenzügen von 1844 und 1845, die sich jeweils gegen die Innerschweiz richteten. Keller selbst war zwei Mal als Freischärler unterwegs (Abb. 5). Anlass zu den Freischarenzügen gab die Berufung der Jesuiten an die Höheren Schulen in Luzern. Im Gegenzug schlossen sich die katholisch-konservativen Regierungen im Sonderbund zusammen. Mit den militärischen Auseinandersetzungen verhärteten sich die Fronten. Erst die Aufhebung des Sonderbunds beruhigte die Situation und machte den Weg frei für die Gründung des Bundesstaates 1848. Mit ihrer demokratischen Verfassung nahm die Schweiz im damaligen Europa eine politische Vorreiterrolle ein.

Der junge Keller mischte sich lautstark in die Kämpfe ein. Die radikal-liberale Bewegung in Zürich hatte ihn politisiert. In diesem Kontext konnte er seine erste Publikation überhaupt veröffentlichen. Das Kampfgedicht mit dem Titel *Sie kommen, die Jesuiten!* erschien 1844 prominent in der republikanischen Zeitung *Die freie Schweiz*. Auch war es mit einer Illustration des namhaften Karikaturisten Martin Disteli versehen, der die polemische Rhetorik des Gedichts gekonnt zu-

---

10 JAKOB BAECHTOLD: Gottfried Kellers Leben. Seine Briefe und Tagebücher, Bd. 2, Berlin ³1894, 320 f.
11 Zit. in: eHKKA (wie Anm. 1).

spitze (Abb. 6).[12] Keller zeigt die Schweiz als unschuldige Braut, die von den Ultramontanen, den nach Luzern berufenen Jesuiten, in teuflischer Weise bedrängt wird. So heißt es in der zweiten Strophe:

> Da reiten sie auf Schlängelein
> Und hintennach auf Drach' und Schwein.
> Was das für munt're Bursche sind!
> Wohl graut im Mutterleib dem Kind –
> Sie kommen, die Jesuiten!

Keller bietet die gesamte antikatholische Rhetorik auf. Die Jesuiten erscheinen in Drachen- und Schlangengestalt als Abkömmlinge des Teufels und stinken infernalisch. Auf dem Blatt umzingeln sie das unschuldige Mädchen, das schon als verloren gilt:

> O Schweizerland, du schöne Braut,
> Du wirst dem Teufel angetraut!
> Ja, weine nur, du armes Kind!
> Vom Gotthard weht ein schlimmer Wind –
> Sie kommen, die Jesuiten! (27, 206)

Vergegenwärtigt man sich an dieser Stelle nochmals die Eingangsszene mit dem Hinweis auf die „häßlichen Tazzelwürmer und das Heer der Ratten und Mäuse" (6, 335), so braucht kaum noch betont zu werden, dass Keller in *Ursula* auf ein bekanntes und weit verbreitetes Bilderrepertoire rekurriert. Vor dem Hintergrund des in der Schweiz mit der Gründung des Bundesstaats mühsam ausbalancierten konfessionellen Friedens unterließ er es jedoch, die katholische Innerschweiz so offensiv zu verspotten, wie er das in der Zeit des Sonderbunds getan hatte. Er lässt den Spott indes nicht aus und überträgt die antikatholische Rhetorik auf die Beschreibung der Wiedertäufer, die teilweise auch jesuitische Züge annehmen.

Keller veröffentlichte 1844 nicht nur *Sie kommen, die Jesuiten!*, sondern führte ausdrücklich auch den Reformator Zwingli gegen die Katholiken ins Feld. Im Gedicht *Frühling* parallelisiert er Naturgewalt und politisches Geschehen und verkündet trotzig, sollten die Jesuiten in die Schweiz kommen, so werde er seine Heimat sofort verlassen:

> Denn lieber gepeitscht in Sibirien sein,
> Als Herrenknecht in dem Vaterland!

---

[12] Zu Kellers kulturkämpferischer Publizistik und Rhetorik vgl. MICHAEL ANDERMATT: „Hussah! Hussah! Die Hatz geht los!" Antikatholizismus bei Gottfried Keller, in: Germanistik in der Schweiz. Zeitschrift der Schweizerischen Akademischen Gesellschaft für Germanistik 10 (2013), 305–317.

Viel lieber mit Türken Allah schrein
Als in Zwingli's Volk Jesuiten-Trabant! (13, 27)

Mit dieser Inanspruchnahme fügt sich Keller bestens in die Zwingli-Rezeption des 19. Jahrhunderts. Anlässlich der Feiern zu seinem 300. Todestag 1831 sowie zum 400. Geburtstag 1884 wird Zwingli zum nationalpatriotischen Helden, der die Schlacht von Kappel zwar verloren, im Effekt aber doch die Reformation durchgesetzt hat. In der Geschichte und Nachgeschichte des Sonderbunds wird er so zur wehrhaften Gründerfigur der modernen Schweiz. 1837 schrieb Charlotte Birch-Pfeiffer als erste Zürcher Theaterdirektorin das vaterländische Trauerspiel *Ulrich Zwingli's Tod*. 1838 folgte die Errichtung des Schlachtdenkmals in Kappel. 1877 veröffentlichte Keller die Novelle *Ursula* und 1885 erhielt der Reformator ein Denkmal vor der Wasserkirche in Zürich (Abb. 7). Mit Buch, Schwert und ostentativ gegen die Innerschweiz gerichtetem Blick, gewinnt er hier martialische Züge. Keller hingegen setzt auf den Staatsmann und Humanisten, der noch in der Schlacht von Kappel auf den Gebrauch seiner Waffe verzichtet.

Dass ausgerechnet dieses Zwingli-Denkmal das Vorbild für ein Keller-Denkmal abgeben sollte, geht auf Pläne von Lydia Welti-Escher zurück. Sie blieben unverwirklicht. Keller seinerseits hatte sich schon zuvor für ein Alfred Escher-Denkmal vor dem Zürcher Hauptbahnhof stark gemacht. Anlässlich der Denkmalweihe 1889 hob er die Verdienste des Politikers, Wirtschaftsführers und Eisenbahngründers hervor. Der Text erschien in der *Neuen Zürcher Zeitung*. Es ist Kellers letzte Veröffentlichung. Gut möglich, dass er vor diesem Hintergrund Parallelen zwischen den beiden Gründerfiguren Zwingli und Escher sah. Explizit gemacht hat er sie nicht. In der Imaginationsgeschichte des 19. Jahrhunderts jedenfalls wären diese durchaus plausibel gewesen. Denn nicht nur Kellers Zwingli, sondern auch das Escher-Denkmal (Abb. 8 und 9) steht in der ikonografischen Tradition des Drachentöters. Diese Tradition ist im 19. Jahrhundert weit verbreitet. Sie steht in direktem Zusammenhang mit dem Prozess der Nationenbildung und wird im Sinne eines Gründungsmythos vergegenwärtigt.

4 Der Bildersturm und die „Logik des klanglosen Worts"

Bei aller Wertschätzung Zwinglis steht Keller der Reformation aber auch kritisch gegenüber. In *Ursula* artikuliert sich diese Kritik in der Beschreibung des Bildersturms. Mit der zweiten Zürcher Disputation und deren Folgen liegt auch dieser Passage ein reales Ereignis zugrunde:

> Die Pfingstzeit des Jahres 1524 war für die in den Kirchen zu Stadt und Land versammelte Bilderwelt kein liebliches Fest geworden; denn infolge einer weiteren Disputation und daherigen Ratsbeschlusses wurde, unter Zustimmung des Volkes, alles Gemalte, Geschnitzte und Gemeißelte, Vergoldete oder Bunte von den Altären und Wänden, Pfeilern und Nischen genommen und zerstört, also daß der Kunstfleiß vieler Jahrhunderte, so bescheiden er auch in diesem Erdenwinkel war, vor der Logik des klanglosen Wortes erstarb. (6, 366f.)

Die „Logik des klanglosen Worts" und die Selbstgerechtigkeit einer Institution, die keine „Surrogate" (6, 367) duldet, führen zu sinnlicher Verarmung und münden zuletzt in Gewalt und Zerstörung. Gleich einem „Gewitter" bricht der Bildersturm in *Ursula* herein. Der „Kirchenschatz" wird „zu Handen des Staates" veräußert, vom Volk geplündert, von Trödlern und Krämern verramscht. Auf dem Weg aus den „verödeten Kirchenhallen" in die Kaufhäuser blitzt die alte Pracht zum letzten Mal auf. Alles „schimmerte auf dem kurzen Wege im letzten Sonnenlicht, eh' es in den düstern Hallen des Turmes verschwand" (6, 367f.). In diesem Spektakel fällt Hansli ein achtlos beiseitegeschobener Teppich auf. Er hebt ihn auf und sieht:

> eine anmutige Schilderei sich entwickeln. In einem Walde, der durch einige auf bläulichem Grunde stehende Eberschenbäume angedeutet war, haschte eine Drossel, auf dem Aste sitzend, nach dem blutroten Beerenbüschel, sich daran zu letzen. Ein Fuchs lauerte gierig auf den arglosen Vogel, nicht ahnend, daß hinter ihm ein junger Jäger den Bogen nach ihm spannte, während dem Jäger schon der Tod nach dem Genicke griff, zuletzt aber der Heiland durch den Wald kam und den Tod an dem Reste des Haarschopfes packte, der ihm hinten am kahlen Schädel saß. (6, 369)

Hansli ersteht den Bildteppich für die bereits deutlich vom Wahn gezeichnete Ursula. Sie empfängt ihn als „Engel Gabriel" (6, 374), betrachtet aber mit „Verstand" die „Schilderei" (6, 375) und kommentiert:

> Das ist gar ein schönes Tuch, wie ich noch keines gesehen; man sieht wohl, daß es im Himmel gewoben ist, und Du hast es mir gebracht wie einen Brief. Der ganze Lauf der Welt ist drauf zu lesen, eines jagt dem andern nach und zuletzt kommt der Heiland und überwindet den Tod und alle Uebel. Das gibt eine schickliche und feine Wiegendecke für unsern Haushalt! (6, 376)

In der Gestalt des Erzengels Gabriel erweist sich Hansli tatsächlich als Verkünder der frohen Botschaft. Totentanz und Vertilgungskampf, das Fressen- und Gefressenwerden, sind in der Heilsbotschaft aufgehoben. Ursula entziffert den vermeintlichen Brief aus dem Himmel denn auch richtig. Es ist nicht das „klanglose Wort", das sie weckt, sondern ein aus der Vorzeit stammendes Wissen, das dem Teppich eingewoben ist. Er ist mit einfachem „Kunstfleiß" (6, 367) geschaffen und wird nicht als kultischer Gegenstand präsentiert. Der Teppich transportiert mithin nicht religiöses, sondern ein die Zeiten überdauerndes menschliches Wissen. Er figuriert als Trostspender und Ursula nimmt ihn als schützende Decke mit in den Ketzerturm und aufs Schlachtfeld.

In Kellers Literarisierung des Bildersturms artikuliert sich mithin eine Kulturkritik, die sich gegen eine um ihre sinnliche Wahrnehmung betrogene religiöse Entwicklung richtet. Das „klanglose Wort" steht dafür, aber auch Hanslis emotionale Verhärtung, wenn Ursulas „weiche Brust auf seinem fühllosen Harnisch" (6, 341) liegt. Eine Wiederkehr des Verdrängten in entstellter Form lässt sich im vom Keller als hemmungslos beschriebenen Gebaren der Wiedertäufer ausmachen und zeigt sich auch dort, wo Hansli im sinnlich gezeichneten Italien beinahe den Verführungskünsten der schönen Freska, einem offensichtlichen Trugbild (Freske), erliegt.

5 Die Reformation im Prozess der Säkularisierung

Auf Zwingli und die Zürcher Reformation kommt Keller auch in seinem autobiografisch geprägten Bildungsroman *Der grüne Heinrich* zu sprechen. Vor diesem Hintergrund erschließt sich nochmals eine neue Perspektive auf *Ursula*. Im Roman will Heinrich aufzeigen, wie die „Religion und meine Kinderzeit zusammengekuppelt wurden" (1, 96) und wie die Kirche aus dem aufgeweckten Kind einen verstockten Jungen machte. Er erinnert sich in diesem Zusammenhang an den toten Vater:

> Der Freiheitssinn meines Vaters in religiöser Hinsicht war vorzüglich gegen die Uebergriffe des Ultramontanismus und gegen die Unduldsamkeit und Verknöcherung reformirter Orthodoxen gerichtet, gegen absichtliche Verdummung und Heuchelei jeder Art, und das Wort Pfaff war bei ihm daher öfter zu hören. Würdige Geistliche ehrte er aber und freute sich, ihnen Ergebenheit zu zeigen, und wenn es wo möglich ein erzkatholischer, aber ehrenwerther Priester war, welchem er Ehrerbietung beweisen konnte, so machte ihm dies um so größeres Vergnügen, gerade weil er sich im Schooße der Zwingli'schen Kirche sehr geborgen fühlte. Zwingli's Erscheinung ist reiner und milder, als diejenige Luther's. Er hatte einen freieren Geist und einen weiteren Blick, war viel weniger ein Pfaff als ein humaner Staatsmann, und besiegelte sein Wirken mit einem schönen Tode auf dem Schlachtfeld, das Schwert in der Hand. Daher war sein Bild meinem Vater ein geliebter sicherer Führer und Bürge. Ich aber stand nun auf einem anderen Boden und fühlte wohl, daß ich bei aller Ehrerbietung für den Reformator und Helden doch nicht Eines Glaubens mit meinem Vater sein würde, während ich seiner vollkommenen Duldsamkeit und Achtung für die Unabhängigkeit meiner Ueberzeugung gewiß war. (11, 403 f.)

Heinrich löst sich von der Religion und wird überzeugter Atheist. Keller benennt damit eine wichtige Station seiner eigenen Biografie. In Heidelberg kam er 1848 in

Kontakt mit dem Religionsphilosophen Ludwig Feuerbach, der Gott als Projektion des Menschen demontierte. Für Keller war diese Philosophie von unmittelbarer Evidenz. Mit der Abschaffung Gottes entfällt das Jenseits, der Tod steht nicht mehr am Übergang in ein ewiges Leben, sondern markiert das definitive Ende einer Existenz, die sich ausschließlich im Diesseits abspielt.[13]

Entsprechend vielschichtig ist das Bild, das Keller von der Reformation zeichnet. Während er diese im *Grünen Heinrich* einer überwundenen Vorzeit zurechnet, zeigt er in *Ursula* einen Zwingli, dessen Vision die Verweltlichung der Religion bereits antizipiert. In beiden Fällen aber verortet Keller die Zürcher Reformation kulturgeschichtlich im Prozess der Säkularisierung und erklärt sie zur wichtigen Etappe auf dem Weg in die ihrerseits ambivalent bewertete Moderne.

Abbildungen

Abb. 1: Wappen der Gemeinde Greifensee.

---

[13] URSULA AMREIN: Atheismus – Anthropologie – Ästhetik. Der „Tod Gottes" und die Transformationen des Religiösen im Prozess der Säkularisierung, in: WOLFRAM GRODDECK (Hg.): Der grüne Heinrich. Gottfried Kellers Lebensbuch – neu gelesen, Zürich 2009, 111–140.

Zwingli, Wiedertäufer, Bildersturm —— 261

Abb. 2: Zwingli's Tod. Lithografie von Franz Hegi. 1842
(Zentralbibliothek Zürich, Graphische Sammlung und Fotoarchiv).

Abb. 3: Das Schlachtfeld bei Kappel. Lithografie von Franz Hegi. 1819 (Zentralbibliothek Zürich, Graphische Sammlung und Fotoarchiv).

Abb. 4: Pilatusdrache und Drachenstein. Lithografie von Johann Leopold Cysat. 1661 (Zentral- und Hochschulbibliothek Luzern, Sondersammlung Handschriften und alte Drucke).

Abb. 5: Gottfried Keller als Freischärler mit Trommel. Zeichnung von Johannes Ruff. 1845 (Zentralbibliothek Zürich, Graphische Sammlung und Fotoarchiv).

Abb. 6: „Sie kommen, die Jesuiten!". Mit einer Illustration von Martin Disteli. 1844 (Zentralbibliothek Zürich, Handschriftenabteilung).

Abb. 7: Ulrich Zwingli-Denkmal vor der Wasserkirche in Zürich. Einweihung 1885 (Baugeschichtliches Archiv Zürich).

Abb. 8: Alfred Escher-Denkmal vor dem Hauptbahnhof Zürich. Einweihung 1889 (Baugeschichtliches Archiv Zürich).

Abb. 9: Drachenbezwinger. Detailansicht des Escher-Denkmals (Baugeschichtliches Archiv Zürich).

Verzeichnis der Autorinnen und Autoren

Prof. Dr. Ursula Amrein
Professorin für Neuere deutsche Literaturwissenschaft am Deutschen Seminar der Universität Zürich

Prof. Dr. Eva-Maria Faber
Professorin für Dogmatik und Fundamentaltheologie an der Theologischen Hochschule Chur

Prof. Dr. Jörg Frey
Professor für Neutestamentliche Wissenschaft mit Schwerpunkt Antikes Judentum und Hermeneutik an der Theologischen Fakultät der Universität Zürich

Prof. Dr. Thomas Krüger
Professor für Alttestamentliche Wissenschaft und Altorientalische Religionsgeschichte mit zusätzlichem Schwerpunkt orientalische Sprachen an der Theologischen Fakultät der Universität Zürich

Prof. Dr. Ralph Kunz
Professor für Praktische Theologie mit den Schwerpunkten Homiletik, Liturgik und Poimenik an der Theologischen Fakultät der Universität Zürich

Prof. Dr. Thomas Maissen
Direktor am Deutschen Historischen Institut Paris, mit Forschungsschwerpunkt Staatspersonifikationen in der Frühen Neuzeit

Prof. Dr. Peter-Ulrich Merz-Benz
Titularprofessor am Soziologischen Institut der Universität Zürich mit Schwerpunkt auf Soziologische Theorie und Theoriegeschichte, erkenntnistheoretische und methodologische Grundlagen der Sozialwissenschaften, Kultursoziologie, Gesellschaftstheorie und Religionssoziologie

Prof. Dr. Peter Opitz
Professor für Kirchen- und Dogmengeschichte von der Reformationszeit bis zur Gegenwart an der Theologischen Fakultät der Universität Zürich

Prof. Dr. Thomas Schlag
Professor für Praktische Theologie mit den Schwerpunkten Religionspädagogik, Kirchentheorie und Pastoraltheologie an der Theologischen Fakultät der Universität Zürich

Prof. Dr. Andreas Thier
Professor für Rechtsgeschichte, Kirchenrecht, Rechtstheorie und Privatrecht an der Rechtswissenschaftlichen Fakultät der Universität Zürich

Prof. Dr. Christiane Tietz
Professorin für Systematische Theologie an der Theologischen Fakultät der Universität Zürich

Prof. Dr. Rafael Walthert
Assistenzprofessor für Religionswissenschaft mit systematisch-theoretischer Ausrichtung an der Theologischen Fakultät der Universität Zürich

www.ingramcontent.com/pod-product-compliance
Lightning Source LLC
Chambersburg PA
CBHW030531230426
43665CB00010B/851